ÉLÉMENTS

D'ÉCONOMIE POLITIQUE

ÉLÉMENTS

D'ÉCONOMIE POLITIQUE

PAR

P. BEAUREGARD

Professeur d'Économie politique à la Faculté de Droit de Paris.

———— ⚙ ————

PARIS

MAISON QUANTIN	A. PICARD et KAAN
7, RUE SAINT-BENOIT.	11, RUE SOUFFLOT.

L. LAROSE et FORCEL
22, RUE SOUFFLOT

AVANT-PROPOS

Mon but, en composant cet ouvrage, a été surtout de fournir un livre d'études aux élèves de l'*Enseignement secondaire spécial*, et un guide commode à leurs maîtres. J'ai donc cru devoir respecter scrupuleusement l'ordre tracé par le programme du 10 août 1886. Mais, comme ce programme, très vaste, comprend l'ensemble de la science économique, j'ai été amené à écrire, en réalité, un traité d'économie politique, qui pourra ce me semble être utilisé dans tous les ordres de l'enseignement secondaire, et même par le grand public. J'ai du reste tâché, bien qu'il soit difficile d'adapter sa pensée au plan conçu par d'autres, de ne rien sacrifier de ce que je crois essentiel à la bonne construction d'un livre. Estimant qu'il faut, avant tout, donner une vue d'ensemble des sciences dont on expose les faits et les principes, j'ai essayé de faire en sorte qu'après avoir lu ce livre on sût clairement ce qu'est, ce que comprend l'économie politique. Ai-je réussi ? C'est au public à en juger.

L'ouvrage est divisé en vingt-huit leçons à peu près égales. Les maîtres pourront donc distribuer leur enseignement sans scinder les matières, et trouveront encore le temps nécessaire à la revision des sujets les plus difficiles. En outre, à la fin de chaque leçon, je signale quelques lectures à faire, car on apprécie mieux la valeur des idées en les trouvant exprimées sous des formes diverses et il est bon de faire connaissance avec les maîtres de l'Économie politique. Mes indications se réfèrent à l'ouvrage de M. Xavier Trency : *Extraits des Économistes des* XVIIIe *et* XIXe *siècles*, recueil de fragments bien choisis qui, pour beaucoup, pourra remplacer la bibliothèque qu'ils n'ont pas.

Bien que venant après d'autres livres excellents, ce Précis d'Économie politique se recommandera, à ce qu'il me semble, par la disposition des matières, choisie de façon à répondre aussi exactement que possible aux besoins de l'enseignement et du public de nos écoles. On me l'avait demandé et j'ai pris grand plaisir à l'écrire.

P. B.

PRÉCIS
D'ÉCONOMIE POLITIQUE

PREMIÈRE LEÇON

INTRODUCTION

Programme officiel : L'Économie politique. — Son but. — Ses rapports avec les autres sciences et notamment avec le droit. — Divisions de l'Économie politique : Production, Distribution, Circulation et Consommation des Richesses.

L'Économie politique. — On dit volontiers de l'économie politique qu'elle est la « science de la richesse ». Cette formule est exacte, et si elle ne satisfait pas aux conditions d'une bonne définition, elle offre du moins, dans sa concision, un point de départ excellent à celui qui veut se faire une idée générale de l'objet de la science économique.

Soumis à des besoins dont le cours même de sa vie amène l'inévitable répétition, et dont les progrès de la civilisation augmentent incessamment le nombre, l'homme consacre une grande partie de ses forces et de son temps à s'assurer la possession des choses matérielles indispensables à sa conservation et à son bien-être. Ces choses constituent la richesse et celle-ci est l'objet propre de l'économie politique, qui l'étudie dans sa nature et dans toutes ses évolutions.

Il faut cependant se garder de confondre l'Économie politique avec la technologie. L'économiste n'a pas à s'occuper des procédés spéciaux grâce auxquels chaque richesse est produite. Il ne dresse pas un tableau des arts industriels et ne se charge point d'enseigner, par exemple, comment se fait le pain ou se confectionne un vêtement. Tout autre est son rôle : s'attachant aux phénomènes d'ordre général, il recherche les causes et les conditions d'existence, de développement et de distribution de la richesse.

Aperçu des phénomènes économiques. — Ainsi restreint à des phénomènes d'ordre général, l'objet de l'économie politique n'en reste pas moins singulièrement large et complexe. Un rapide coup d'œil jeté sur les principaux phénomènes économiques le montrera suffisamment.

Sans doute, en se reportant aux époques primitives, on peut concevoir un âge en quelque sorte *prééconomique* où les faits concernant la richesse étaient si simples qu'ils n'eussent pu donner lieu à aucune étude suivie. Tant que l'homme reste isolé, chassant, pêchant ou recueillant des produits naturels, aucune complication n'est concevable. Il produit la richesse par des procédés rudimentaires, puis la consomme, sauf à produire et à consommer de nouveau quand la faim ou le froid l'y poussera.

Mais dès que la famille, premier germe des sociétés futures, se constitue et devient permanente, des idées nouvelles se font jour et des complications se produisent.

Sous l'autorité du chef, une division des tâches s'opère entre les membres de la famille, ou bien dans certains cas les efforts de plusieurs sont méthodiquement combinés pour atteindre un même but. En même temps le sentiment de la prévoyance se développe. Au lieu de consommer la richesse à mesure qu'elle est produite, on prend l'habitude d'en mettre une partie de côté, soit pour constituer une réserve en vue des époques de pénurie, soit pour faciliter les prochains efforts. La vie économique devient ainsi régulière, et l'homme commence à être armé pour la production. Le capital apparaît sous des formes diverses : matières premières extraites de la terre et qu'on transformera à loisir, outils qui rendront le travail plus productif, troupeaux dont le lait et la laine formeront pour ceux qui les élèvent la plus précieuse ressource. Ces faits nous paraissent aujourd'hui bien simples; ils supposent cependant une certaine expérience acquise, des efforts d'invention et la découverte d'arrangements dignes déjà d'appeler l'attention.

Mais le cadre économique n'est pas dès ce moment complet. Deux catégories de phénomènes nous échappent encore.

Pour les voir apparaître, il faut supposer que la réunion d'un certain nombre de familles ait donné naissance à une société. Ce pas franchi, en effet, le pouvoir antérieurement absolu du chef sur les membres de la famille ne tarde pas à s'atténuer et chacun acquiert, dans une mesure quelconque, le droit de disposer de son travail à son gré et celui d'approprier la richesse. Alors apparaissent nettement des faits nouveaux ou qui du moins étaient restés jusque-là presque insaisissables.

Chacun comprend bien vite qu'il vaut mieux pour lui, au lieu d'éparpiller ses forces à produire tous les objets dont il a besoin, se consacrer à une tâche spéciale. Tel produira du blé, tel autre des outils, un troisième des vêtements, etc., puis, entre tous ces producteurs, l'échange interviendra pour procurer à chacun ce qu'il n'aura pas fabriqué lui-même. La richesse une fois produite changera donc de mains avant d'être consommée. Entre la *production* et la *consommation* un nouvel ordre de phénomènes économiques surgit : il s'opère une *circulation de la richesse*.

Ce n'est pas tout : puisque chacun est désormais propriétaire de ce qu'il a produit, chacun subit la responsabilité ou recueille les avantages de son plus ou moins d'habileté, d'énergie, voire de chance. Les uns deviennent riches, les autres le sont moins ou même restent pauvres. D'autre part, quand une œuvre de production réclame le concours de plusieurs, il faut qu'une entente intervienne pour fixer entre eux les rôles et le partage du produit. La richesse en un mot est l'objet d'une répartition, source d'inégalités dans les fortunes, occasion de conventions multiples entre les hommes. Un quatrième ordre de phénomènes économiques apparaît donc : il y a *distribution de la richesse*.

Désormais le cadre économique est complet. Les progrès de la civilisation n'engendreront aucune catégorie nouvelle. Mais, dans chaque catégorie, les phénomènes iront se multipliant et se compliquant. Les sociétés avancées au milieu desquelles nous vivons en sont la preuve. On n'y rencontre aucun fait économique qui ne se range aisément dans l'un des quatre groupes : production, circulation, distribution et consommation, mais dans chacun de ces groupes que de nuances et de complications !

Pour la *production*, les progrès de l'industrie, surtout la découverte des machines et le développement de l'industrie des transports, ont amené une série de combinaisons variées, depuis la *petite* jusqu'à la *grande* industrie ; combinaisons entre lesquelles il faut savoir choisir, selon les cas, en connaissance de cause.

La *distribution* a naturellement subi le contre-coup des transformations de la production. Plus l'organisation du travail se complique, plus se compliquent aussi les rapports contractuels qui fixent la part de chacun dans le produit. Quand j'achète, chez un marchand, un objet quelconque moyennant quelques sous, il faut que ces quelques sous aillent rémunérer peut-être dix ou vingt individus qui ont participé à la fabrication de l'objet.

Pour la *circulation*, les progrès sont encore plus apparents. La multiplicité des échanges a obligé les hommes à inventer des procédés pour les faciliter : *commerce, monnaie, crédit* avec tous ses rouages (banques, bourses, circulation fiduciaire, etc.).

La *consommation* enfin présente aujourd'hui des variétés aussi importantes que nombreuses: l'épargne sous des formes diverses, le luxe et les arts, l'assistance aux indigents, les dépenses de l'État, etc.

Tous les phénomènes dont nous venons de donner un rapide aperçu appartiennent à l'économie politique. Étroitement reliés entre eux, puisque tous visent un même objet, la richesse, ils offrent à l'économiste un vaste champ de recherches, bien digne d'une étude longue et attentive.

La science et l'art en Économie politique. — De cette étude que pouvons-nous attendre ? Un ensemble de recherches peut aboutir à trois résultats différents:

1° Ou bien il amène la formation d'une science. Il faut pour cela que l'étude des phénomènes permette de généraliser, de constater des relations de cause à effet, en un mot de poser des lois : d'affirmer par exemple, à raison des observations qu'on a relevées, ou en s'appuyant sur des raisonnements convaincants, que, dans telles conditions, tel fait se produira. Ainsi l'astronomie est une science car elle découvre des lois : comme celle de la gravitation. Il en est de même du droit qui met en lumière les règles du juste, etc.

2° Ou bien il engendre un art. L'art diffère profondément de la science. Celle-ci découvre les lois, celui-là les applique en vue d'un résultat à obtenir. Ainsi la médecine, qui est un art, s'appuie sur des lois empruntées à diverses sciences (physique, chimie, sciences naturelles) pour imaginer les moyens les plus propres à nous conserver ou à nous rendre la santé.

3° Parfois enfin, des études entreprises il ne sort ni une science, ni un art. Ceux qui s'y livrent se bornent à amasser des matériaux, des renseignements, qui serviront à d'autres pour édifier une science ou perfectionner leur art. C'est ainsi que l'histoire, qui certainement n'est pas un art, n'est pas davantage une science, mais bien une source de renseignements, précieuse à la fois au droit, à la morale, à la politique, à la philosophie.

Il faut d'ailleurs ajouter que, très souvent, du même ensemble d'études, se dégagent à la fois une science et un art, et c'est tout naturel puisque l'art n'est que l'application des données de la science. L'étude du droit en fournit un exemple, car la science juridique qui cherche les règles du juste trouve son complément dans l'art juridique (ou législatif) qui essaye d'assurer le respect de ces règles dans les rapports des hommes entre eux.

Il en est de même pour l'économie politique.

Tout d'abord, on ne saurait contester que les études économiques donnent naissance à un art. Dans tous les pays, les gouvernements n'ont-ils pas, fréquemment, à prendre des décisions intéressant la vie économique des peuples qu'ils dirigent? Ils font œuvre d'art économique comme le médecin fait œuvre d'art médical. D'autre part, tous les procédés inventés par les hommes, en vue d'accroître le mouvement de la richesse ou de le régulariser, donnent naissance à des phénomènes d'art économique. Quand l'homme imagine la monnaie, ou invente les banques, quand il limite le taux de l'intérêt ou frappe les marchandises étrangères d'un droit de douane à leur entrée dans le pays qu'il habite, il fait, avec plus ou moins de bonheur et d'habileté, œuvre d'art économique.

Mais faut-il aller plus loin? Derrière l'art économique qui cherche à réaliser un certain idéal, y a-t-il une science capable d'indiquer les lois générales à observer pour atteindre ce but?

On l'a nié et quelques-uns en doutent encore, arguant de l'impossibilité où nous serions, selon eux, de réduire à des lois les mouvements de la volonté humaine. Mais c'est là une opinion attardée autant qu'inexacte. Il y a une science économique aussi bien qu'un art économique et il est facile de le comprendre.

L'Économie politique étudie l'homme s'efforçant d'approprier la nature à la satisfaction de ses besoins. La nature et l'homme, voilà les deux forces en présence pour l'économiste. Comment s'étonner s'il constate que ces forces obéissent à certaines lois permanentes? Pour la nature, c'est l'évidence même: les sciences naturelles nous font connaître un grand nombre des lois générales dont elle subit l'action. Quant à l'homme, la philosophie n'analyse-t-elle pas ses sentiments, et les mobiles auxquels il obéit? Ne pouvons-nous pas prévoir ce qu'il fera dans telle circonstance donnée? Sans doute si l'on voulait prédire la décision que prendra tel individu déterminé on risquerait de se tromper, mais si l'on s'attache à l'ensemble, à la masse, l'affirmation n'est plus périlleuse. Or l'économiste, d'accord avec le philosophe, observe qu'en règle générale, les hommes font de préférence ce qu'ils croient être conforme à leur intérêt. C'est de là qu'il part pour prévoir leurs actes. — Connaissant ainsi les règles qui s'imposent à la nature et celles auxquelles les hommes se conforment ordinairement, il peut suivre les évolutions de la richesse, en dégager les causes et poser des lois économiques.

Un fait bien frappant, et facile à constater, suffirait d'ailleurs à démontrer l'existence de ces lois.

Nous examinions, il y a un instant, le spectacle que présentent les sociétés civilisées quand on les envisage au point de vue de la richesse. Nous en constations l'extrême complexité: les richesses étant produites de tous côtés en grandes quantités, circulant par la voie de l'échange, se répartissant entre leurs producteurs et étant finalement consommées par des individus qui ne se sont pas préoccupés de les produire. — Le pain que chacun de nous a mangé hier avait peut-être été fabriqué avec du blé venu d'Amérique ou de Russie. — Pourtant on chercherait en vain quelle autorité préside à tous ces mouvements et les ordonne. Sans doute, il y a bien dans nos lois un certain nombre de prescriptions qu'ont dû observer, et celui qui a fait venir le blé d'Amérique et celui qui l'a acheté pour le moudre, et celui qui a fabriqué le pain, et celui qui nous a vendu ce pain, et nous-même qui l'avons acheté. Mais ce n'est là qu'une réglementation très lâche, qui a pu régulariser quelque peu ces mouvements, si même elle ne les a pas gênés, qui en tous cas n'en a pas été la cause. Si bien qu'on peut en faire abstraction et constater que tout s'est fait spontanément, et comme de soi-même. Or, toutes ces évolutions de la richesse se font avec une régularité presque parfaite. Nous ne voyons pas, par exemple, que le pain manque en France quand la récolte est restée au-dessous de la moyenne ; les insuffisances se comblent très méthodiquement. — C'est là une preuve décisive que les mouvements économiques ne se font pas au hasard, et que des lois naturelles les régissent. Ce sont ces lois que l'économie politique dégage et formule.

But de l'Économie politique. — Il est maintenant facile d'apercevoir le but de l'économie politique.

Comme toute science, elle se propose avant tout la recherche de la vérité et tend à mettre l'homme à même de comprendre ce qui se passe autour de lui. Mais, en même temps, elle lui permet de juger de ce qu'il doit faire dans les circonstances où ses intérêts sont en jeu. Aux individus, elle fournit des notions utiles pour la gestion de leurs affaires privées, à la société elle donne de précieux conseils pour la conduite des affaires publiques, car elle enseigne à chacun les lois naturelles dont il peut s'aider ou qu'il doit respecter pour atteindre au résultat qu'il poursuit.

Rapports de l'Économie politique avec les autres sciences et notamment avec le droit. — Toutes les sciences ont entre elles des rapports plus ou moins étroits, car, en réalité, il n'y a qu'une science, ayant pour objet la connaissance de tous les phénomènes que peut observer l'homme et la découverte des lois qui les régissent. C'est l'impossibilité où nous sommes d'embrasser à la fois tous les genres de recherches qui nous a contraints à établir des classifications, à distinguer plusieurs sciences. Entre ces sciences dont chacune n'est qu'une partie d'un tout, il se fait naturellement un échange de renseignements.

Mais chaque science se rapproche plus particulièrement de quelqués autres à raison de sa nature propre ou de sa méthode. Il en est ainsi pour l'économie politique.

1° L'ÉCONOMIE POLITIQUE EST UNE SCIENCE MORALE. — Elle appartient au groupe des sciences morales. On appelle ainsi celles qui étudient l'homme dans les diverses manifestations de sa volonté ; or l'économie politique s'occupe de celles de ces manifestations qui ont pour objet la richesse.

Les autres sciences morales sont : la philosophie, la politique, la morale et le droit. A la philosophie, l'économie politique emprunte la connaissance psychologique de l'homme, elle lui fournit en retour des observations qui confirment ou rectifient ses données. A la politique, elle offre les plus précieux renseignements puisqu'elle éclaire les gouvernements sur tout ce qui concerne les intérêts matériels des sociétés qu'ils dirigent. Elle ne rend pas moins de services à la morale, car elle démontre par ses observations que l'utile et le juste concordent. L'économie politique constate, en effet, que la population la plus honnête dans ses idées et dans ses mœurs est aussi la plus apte à produire la richesse. — Énergie au travail, sagesse dans les dépenses, observation loyale des contrats, voilà les conditions essentielles de la vigueur économique. — Or tout cela demande une moralité élevée.

Mais c'est surtout entre les deux sciences du droit et de l'économie politique que les rapports sont intimes. — L'une et l'autre étudient les rapports des hommes entre eux. Mais la première les envisage au point de vue du juste, la seconde au point de vue de l'utile. Leurs données se complètent donc réciproquement, et il serait aussi dangereux de vouloir faire des lois en tenant compte seulement de l'équité, que de chercher à développer la richesse au mépris des règles du juste.

Mais, tout en proclamant hautement les rapports de l'économie politique avec les autres sciences morales, il faut se garder de les exagérer. On a été jusqu'à dire que l'économie politique, ne s'occupant que des intérêts matériels, devait être sous la dépendance des autres sciences morales, et notamment du droit et de la morale. Il y a là, tout au moins dans la forme, une singulière exagération.

En tant qu'elle observe les phénomènes et constate les lois qui les dirigent, chaque science est évidemment indépendante ; elle n'a pas besoin de l'approbation des autres pour proclamer la vérité. Tout ce que l'on peut dire, c'est que chaque science ne nous faisant connaître qu'un côté de la vérité, il faut toujours comparer ses enseignements avec ceux des autres quand on a quelque mesure à prendre. Or cette comparaison pourra nous obliger à rejeter l'emploi de procédés propres à augmenter la richesse, si par exemple ils sont contraires à l'équité, tandis qu'on ne devra jamais sacrifier la justice au soin des intérêts matériels.

2° L'ÉCONOMIE POLITIQUE EST UNE SCIENCE D'OBSERVATION. — Si l'économie politique est une science morale à raison de son objet, par sa méthode elle est une science d'observation.

Toute science emploie nécessairement deux moyens d'investigation : l'observation et le raisonnement, car c'est seulement quand un certain nombre de faits ont été observés qu'on peut généraliser et poser des lois, ou bien par des rapprochements passer du connu à l'inconnu. Mais la part faite à chacune de ces deux sources du savoir n'est pas toujours la même.

Dans les sciences abstraites, le savant, partant de faits peu nombreux, que rien ne saurait venir modifier à son insu, peut pousser très loin ses déductions. — En mathématiques, par exemple, étant donné que deux lignes peuvent être parallèles, on est en droit de déduire de là toute une série de conséquences sans crainte de se tromper, si d'ailleurs on raisonne bien.

Les sciences naturelles au contraire, doivent surtout observer. La quantité des faits particuliers y est tellement considérable qu'il faut, pour généraliser, attendre que la masse des observations concordantes justifie et même impose une conclusion.

Pour l'économie politique, c'est à doses à peu près égales qu'elle doit combiner l'observation et le raisonnement. Les phénomènes qu'elle étudie ne sont pas seulement nombreux, ils sont en outre compliqués et changeants. On doit toujours craindre que quelque élément ait échappé à l'observateur ou qu'une modification se soit introduite entre deux observations. On n'avancera donc que pas à pas, en vérifiant chaque déduction par des observations nouvelles. Mais en même temps on attendrait en vain que les faits parlent d'eux-mêmes : ils sont pour cela trop complexes. Il faut donc qu'à tout instant l'hypothèse et le raisonnement viennent diriger les recherches et aident l'économiste dans ses analyses. — L'économie politique n'en mérite pas moins le nom de science d'observation parce qu'on appelle ainsi toute science qui s'interdit d'affirmer ce qu'elle n'a pu vérifier dans les faits.

Ce caractère de l'économie politique montre qu'elle n'est pas seulement apparentée aux sciences morales, mais aussi aux sciences physiques et naturelles. Elle l'est d'ailleurs encore à ces dernières parce que, comme elles, elle étudie la nature. On doit seulement renoncer à exiger d'elle la précision absolue que peuvent atteindre les sciences physiques et naturelles, car, si rigoureuse qu'elle soit dans sa méthode, elle n'envisage que les mobiles agissant ordinairement sur la généralité des hommes, sans pouvoir tenir compte de tous les cas particuliers.

La statistique. — L'économie politique fait ses observations principalement à l'aide de la statistique. — La statistique a pour objet le groupement méthodique des faits sociaux susceptibles de dénombrement. Elle fournit aux sciences sociales et notamment à l'économie politique des indications précises, en leur laissant le soin d'en tirer des conséquences. — Elle est née des besoins des gouvernements, car les premières recherches de ce genre furent faites sur les ordres de certains princes et pour les renseigner : par exemple pour leur faire connaître le nombre des soldats dont ils pouvaient disposer, les impôts susceptibles d'être levés, etc. ; mais aujourd'hui son rôle s'est étendu. Tout ce qui intéresse la vie sociale lui est matière à investigations. C'est ainsi qu'elle fait connaître à l'économiste le mouvement du commerce extérieur, le rendement des principales industries, le nombre d'ouvriers ou la quantité de capitaux employés par chacune d'elles, le relevé des dépôts des caisses d'épargne, etc. Tous ces chiffres sont recueillis et publiés, soit par les soins des gouvernements qui, pour être renseignés, ont institué des bureaux de statistique attachés à certains ministères, soit par le zèle de sociétés privées qui réunissent, mettent en ordre et discutent les travaux de leurs membres.

Origines de la Science économique. — L'importance de l'observation en économie politique explique la naissance tardive de cette science. L'économie politique est en effet une science toute jeune, elle date seulement d'un peu plus de cent ans. C'est que jusqu'à la fin du siècle dernier on n'a guère observé.

L'antiquité n'a pas plus aperçu l'économie politique qu'elle n'a découvert les sciences naturelles. Aristote cependant avait vu qu'il y avait là matière à une étude particulière, mais cette étude il ne l'entreprit pas. Quant à Xénophon, ses *Economiques* ne traitent que de l'économie domestique.

Le moyen âge ne fut pas plus perspicace, et il faut arriver au xvi⁵ siècle pour trouver un essai de généralisation scientifique. A cette époque, les relations commerciales des villes maritimes d'Italie avec le Levant avaient fait de ces villes les banques du monde entier. Les monnaies d'or et d'argent s'amassaient dans leurs comptoirs. Un pareil fait et la prospérité qui l'accompagnait devaient frapper l'attention. L'observation s'imposait en quelque sorte. Mais on ne la poussa pas plus loin, l'on s'en tint aux apparences et l'on aboutit au *système mercantile*. Ce système, qui voyait dans la monnaie la richesse par excellence, celle dont un peuple ne saurait jamais posséder une trop grande quantité et qu'il doit s'efforcer d'acquérir de préférence à toute autre, n'était qu'une énorme erreur et restait dénué de toute portée scientifique.

Au xviii⁰ siècle, l'attention des philosophes se dirige sur la constitution et les transformations des sociétés. Ils commencent à observer les faits sociaux, et notamment ceux qui concernent la richesse. *Quesnay*, médecin de Louis XV, fonde la première école d'économistes : celle des *Physiocrates* dont *Turgot, Mirabeau* (le père du tribun) et *Condillac* sont les représentants les plus illustres. Cette école observe et classe les principaux phénomènes économiques, elle découvre aussi le jeu de quelques lois naturelles. Mais elle tombe dans une grave erreur en considérant (et c'est de là que vient son nom) la terre (φύσις) comme ayant seule la puissance de produire la richesse.

Enfin, paraît *Adam Smith*, qu'on a surnommé le père de l'économie politique. Il écrit en Angleterre et son premier ouvrage intitulé : *Recherches sur la nature et les causes de la Richesse des nations*, paraît en 1776. Il y réfute l'erreur des Physiocrates en montrant que c'est le travail qui crée la richesse et que les industries par lesquelles l'homme transforme les matières premières sont tout aussi bien productives que les industries extractives. Il eut pour principaux disciples immédiats : *Ricardo, Malthus* et *Stuart Mill* en Angleterre; *Jean-Baptiste Say* en France.

Désormais la science économique était constituée. La liste des phénomènes qu'elle doit étudier était connue, les principales lois qui régissent ces phénomènes étaient découvertes.

Depuis, les progrès ont été incessants, grâce à l'importance sans cesse plus grande donnée à l'observation et grâce au perfectionnement de ses procédés.

Divisions de l'Économie politique. — Nous avons constaté précédemment que tous les phénomènes économiques se classent d'eux-mêmes en quatre groupes selon qu'ils intéressent la *production*, la *distribution*, la *circulation* ou la *consommation* de la richesse. Nous ne pouvons mieux faire que de suivre le plan ainsi tracé par la nature des choses en consacrant une partie distincte de cet ouvrage à chacun des groupes de phénomènes que nous venons d'énumérer. Nous ajouterons toutefois une cinquième partie qui sera consacrée à l'étude des *Applications de l'Économie politique à la législation financière*.

Lire dans les *Extraits* :

Bastiat : Avantages sociaux de l'échange (p. 329).
Droz : But et utilité de l'économie politique. Elle est le plus puissant auxiliaire de la morale (p. 240).

DEUXIÈME LEÇON

PREMIÈRE PARTIE

PRODUCTION DE LA RICHESSE

Programme officiel : Production de la Richesse. — Les éléments de la Production.

Production de la Richesse. — Qu'est-ce que produire la richesse ?

Il faut pour le savoir déterminer la portée exacte du mot « richesse » que nous avons employé jusqu'ici dans son sens le plus ordinaire sans aucune préoccupation de rigueur scientifique. L'économie politique lui donne une signification plus précise, partant moins large, que la langue vulgaire. Il ne faut pas s'en étonner. Chaque science est obligée de se créer un vocabulaire propre que l'on doit connaître pour éviter d'incessantes confusions.

Définition de la Richesse. — Est richesse, en économie politique, tout objet matériel, utile et approprié par l'homme. *La richesse* est l'ensemble des objets qui présentent ces trois caractères.

Le premier ne demande aucune explication, tout le monde sachant distinguer une chose matérielle d'une chose immatérielle. L'utilité et l'appropriation méritent au contraire de nous arrêter quelques instants.

UTILITÉ. — On désigne ainsi la qualité que possède une chose d'être apte à satisfaire l'un des besoins de l'homme, de quelque nature que soit ce besoin. Ainsi le pain est utile car il répond au besoin de se nourrir, et un vêtement ne l'est pas moins puisqu'il nous préserve du froid; mais d'autres objets, comme les diamants ou le tabac, le sont également bien qu'ils servent à satisfaire des besoins moins pressants. Sans doute l'économie politique attache un grand intérêt à la distinction des besoins de première nécessité et des besoins de bien-être ou de luxe. Elle n'hésite pas, par exemple, à blâmer le développement exagéré des derniers dans une société : mais elle ne peut refuser le caractère d'utilité aux choses qui permettent de les satisfaire. C'est dire que, de même que le mot *richesse*, le mot *utilité* est pris par elle dans un sens un peu différent de celui qu'il reçoit ordinairement.

La définition que nous venons de donner de l'utilité montre que cette notion ne peut se séparer de la notion du besoin. Quelles que soient ses qualités, une chose n'est pas utile si elle ne répond pas à un besoin ressenti par l'homme. Il résulte de là que l'utilité est essentiellement variable, car le besoin l'est lui-même. Telle chose, utile aujourd'hui, peut ne l'être plus demain, parce que le besoin auquel elle répondait aura cessé d'exister. Si, par exemple, le goût, aujourd'hui répandu, de certains objets d'art venait à disparaître, ces objets cesseraient d'être utiles et par conséquent ne feraient plus partie des richesses. Il est rare qu'un besoin disparaisse ainsi complètement d'une société, mais il arrive souvent qu'après avoir été ressenti par tous ou presque tous il ne le soit plus que par quelques-uns. L'objet alors n'est plus utile que pour ces derniers. Les caprices de la mode en sont meilleur exemple. En pareil cas, l'objet ne cesse pas d'être une richesse, mais c'est une richesse moins recherchée, ayant moins de valeur qu'antérieurement.

APPROPRIATION. — Une chose utile n'est pas une richesse tant que l'homme ne l'a pas appropriée par son travail. Jusque-là, en effet, elle n'est pas à sa disposition. Il y a dans les entrailles de la terre quantité d'objets, tels que les minerais, qui nous seront très utiles quand nous aurons pu nous en emparer, mais actuellement nous ne pouvons les appeler des richesses. — Presque toujours d'ailleurs le défaut d'ubiquité de la matière empêche qu'une chose puisse être partout à la fois profitable à tous. Elle ne sera donc une richesse pour moi que lorsqu'un acte d'appropriation, c'est-à-dire d'appréhension physique m'en aura assuré la jouissance. Je ne puis considérer le fruit qui pend à un arbre, n'appartenant à personne, comme une richesse pour moi tant que je n'ai pas effectué la cueillette, puisque le premier venu qui passera pourra le détacher et m'en priver.

Expressions à rejeter. — Grâce aux trois caractères très nets que nous venons d'indiquer, il est facile de savoir si une chose mérite ou non la qualification de richesse. C'est là un avantage précieux qu'il faut se garder de compromettre en employant certaines expressions qui détournent le mot richesse de son sens exact.

On parle quelquefois de *richesses immatérielles* et de *richesses naturelles*.

Par richesses immatérielles on désigne des choses qui, sans être matérielles, sont pourtant utiles à l'homme. Une société, dit-on, n'est-elle pas riche des talents de ses membres? Une belle harangue, une mélodie harmonieuse, ne sont-elles pas choses propres à satisfaire un besoin intellectuel de l'homme? Sans doute, et cependant il est évident qu'on force ainsi d'une façon choquante le sens des mots. Malgré l'autorité de J.-B. Say qui l'a introduite dans la science, il vaut mieux renoncer à cette expression.

Par richesses naturelles on désigne les objets matériels que la nature nous fournit spontanément. Mais ce ne sont pas là des richesses, ce sont des moyens offerts à l'homme d'en produire. Sans doute quelques-uns de ces objets n'exigent de la part de l'homme qu'un mince effort (exemple : le poisson dans la rivière, le fruit qui pend à un arbre sauvage), encore cet effort est-il nécessaire. L'expression de richesses naturelles a donc le tort de confondre les agents de la production avec le produit. Nous conseillons de l'éviter soigneusement.

Ce que c'est que produire. — On comprendra maintenant aisément en quoi consiste la production d'une richesse. L'homme produit soit quand il approprie une chose utile, soit quand il donne de l'utilité à la chose qu'il possède, soit enfin quand il augmente l'utilité qu'avait déjà cette chose. Qu'il extraie la houille d'une mine, qu'il transforme un minerai de fer en outil, ou qu'avec de la farine il fabrique du pain, dans chacun de ces cas il produit une richesse.

Comme on le voit par ces exemples, produire n'est pas *créer*. L'homme, en effet, est impuissant à créer un atome de la matière. Mais il peut *transformer* celle qui existe et c'est ce qu'il fait quand il produit une richesse. La chose qui n'était pas à sa disposition devient une chose appropriée, ou bien l'objet qui lui était inutile ou même nuisible est remplacé par un autre propre à satisfaire l'un de ses besoins.

Les éléments de la production. — Du moment que la production consiste en une transformation de la matière, on aperçoit sans peine deux éléments indispensables à toute production : la matière qui sera transformée et le travail de l'homme qui la transformera.

Mais il y en a d'autres.

L'homme, en effet, serait le plus souvent impuissant à agir sur la matière à l'aide de ses seules forces. Pour qu'il en soit autrement il faut supposer des cas tout à fait exceptionnels, par exemple qu'il porte un fardeau, ou qu'il poursuive un gibier et s'en empare. En général, il est obligé d'appeler à son secours les forces naturelles qui l'entourent. S'il sème du blé, il compte sur les réactions chimiques des éléments qu'il met en présence; s'il construit une machine c'est pour utiliser la force de la vapeur, etc. En réalité, son œuvre consiste à disposer convenablement les forces naturelles puis à attendre de leur action le résultat qu'il souhaite. C'est le rôle des inventeurs d'imaginer les meilleures dispositions à prendre dans ce but.

Enfin dès les débuts de l'humanité un dernier élément s'ajoute aux précédents. C'est le capital. Quand l'homme a produit des richesses en quantités excédant ses besoins, il a bien vite l'idée de profiter du répit que lui procure l'existence de ressources assurées pendant quelque temps pour fabriquer des armes, des outils, etc. Son travail en est rendu plus productif. Encouragé par ce premier résultat, et devenu d'ailleurs plus maître de son temps, il recommence, accroît son outillage, le perfectionne, constitue des réserves de matières premières, si bien que, peu à peu, le capital, ce nouvel élément de la production, acquiert une importance considérable. Il rend aujourd'hui aux sociétés avancées des services dont il leur serait impossible de se passer.

En résumé trois éléments concourent à la production de la richesse :

1° LA NATURE, qui fournit à l'homme la matière à transformer et des forces naturelles pour l'aider dans son œuvre ;

2° LE TRAVAIL, effort de l'homme en vue de produire ;

3° LE CAPITAL, résultat d'un travail antérieur, et accumulé en vue d'augmenter la puissance productive de l'homme.

Nous consacrerons un chapitre distinct à chacun d'eux.

CHAPITRE PREMIER

Rôle de la nature dans la production

Programme officiel : La terre et les agents naturels.

La terre et les agents naturels. — Le premier agent de la production est la nature, c'est-à-dire la terre avec tout ce qu'elle contient et les agents naturels de toute espèce qui nous entourent : gaz, cours d'eau, courants atmosphériques, lumière et chaleur du soleil, etc.

Les anciens économistes désignaient le plus souvent cet ensemble de matériaux et de forces par le mot unique « terre » qu'ils prenaient dans un sens très large. C'était étendre d'une façon évidemment vicieuse la signification du terme employé; mais cette singularité n'étonnera pas si l'on se rappelle l'importance exagérée donnée par les premiers économistes, les physiocrates, à la terre dans l'œuvre de la production. Aujourd'hui que cette erreur est dissipée on a rectifié la langue économique sur ce point. On peut d'ailleurs employer indifféremment plusieurs expressions qui sont également correctes, dire par exemple : *la nature*, ou bien *la terre et les agents naturels*, ou même simplement *les agents naturels*.

Ce que nous fournit la nature. — Si nombreux que soient les services qu'elle nous rend, on peut les ramener aux catégories suivantes. Nous lui devons :

1º L'ensemble des conditions climatérologiques (climats) au milieu desquelles nous vivons ;

2º L'emplacement, pour nous, pour nos cultures, pour nos bestiaux, pour nos usines ;

3º Les matières premières, c'est-à-dire les matériaux bruts que nous transformons en richesses. Tels sont par exemple les minerais, les graines, les arbres, etc ;

4º Les forces naturelles qui nous aident dans nos travaux et dont nous avons déjà donné quelques exemples : forces des animaux, des vents, des gaz, des cours d'eau, des affinités ou des réactions chimiques, etc.

Une société humaine produira d'autant plus facilement que le sol qu'elle habite sera mieux partagé à ces divers points de vue.

Ce serait, en effet, une grande erreur de croire que les dons de la nature sont communs à tous les hommes. Leur usage, supposant une appropriation de la matière, est nécessairement le privilège exclusif de ceux qui ont fait cette appropriation. La fertilité d'un sol, par exemple, ne peut évidemment profiter qu'à ceux qui l'habitent : la force d'un cours d'eau constitue un avantage dont jouit seul le peuple établi sur ses bords. C'est seulement parce que les nations échangent entre elles leurs produits que, d'une façon indirecte, chacune participe aux dons que les autres ont reçus de la nature. Les pays qui ne peuvent produire assez de blé pour leur consommation doivent évidemment se féliciter de ce que la nature offre aux habitants de l'Amérique des terres fertiles en grande quantité, car l'Amérique leur fournit le blé qui leur manque en échange des produits qu'eux-mêmes sont plus particulièrement aptes à produire. C'est là, sans doute, un fait d'une grande portée, puisqu'il montre qu'une certaine solidarité existe entre les nations, et que celles-ci sont faites pour s'entr'aider, non pour se combattre. On doit même en tenir le plus grand compte quand on envisage le sort de la race humaine dans son ensemble, et l'on peut dire alors que tous les hommes profitent des dons de la nature, en quelque endroit que ces dons se manifestent. Mais, d'abord, ils n'en profitent pas également. La nation qui possède de grands avantages naturels fait, dans l'échange international, des bénéfices plus grands que ceux qu'obtiennent les autres. Et surtout, si l'on se préoccupe, comme on doit le faire, des lois de développement de chaque peuple en particulier, si l'on cherche les causes de son plus ou moins de vigueur économique ou de l'aspect de sa production, il faut étudier avec soin les conditions spéciales au milieu desquelles la nature l'a placé, car elles fournissent presque toujours l'explication des faits constatés.

LES CLIMATS. — La vie sociale est loin d'avoir la même intensité sur tous les points du globe. Or, l'observation et l'histoire mettent à ce sujet en évidence une loi curieuse. Ce ne sont pas les nations paraissant à première vue les plus richement douées par la nature qui présentent les plus grandes chances de développement économique, bien au contraire. Ces nations, habitant les régions de la zone tropicale, jouissent, semble-t-il, de faveurs exceptionnelles. Grâce au climat, le sol, avec une prodigieuse fécondité, leur fournit presque spontanément des produits naturels en abondance : certains arbres, comme le palmier, donnent « non seulement une denrée alimentaire, mais aussi des matériaux pour la construction des demeures et des pirogues ou pour la fabrication du mobilier;

c'est un combustible et un mode d'éclairage ». Cependant la civilisation n'a jamais atteint dans ces contrées le degré jusqu'où elle s'est élevée sur d'autres points du globe, en apparence moins favorisés. La chaleur y engourdit les forces physiques, en même temps qu'une abondance obtenue sans effort y endort l'énergie morale. Les pays froids, malgré les rigueurs d'un climat qui force l'homme à une lutte incessante contre les éléments, offrent un terrain plus propice aux progrès de la vie sociale. Mais la zone tempérée est, sans contredit, la plus favorable à ces progrès. L'homme y est incessamment sollicité au travail, « car si la nature y est généreuse, elle l'est avec mesure et seulement pour ceux qui l'étudient et la comprennent ». Ce ne sont plus en effet des produits achevés qu'elle offre spontanément à l'homme, mais des matériaux qui deviendront des richesses s'il sait et veut les transformer. Nécessaire, le travail se développe sans qu'une chaleur accablante ou un froid excessif y mette obstacle.

Là est, sans aucun doute, le secret de la supériorité de l'Europe sur les autres parties du globe. C'est surtout à son climat tempéré qu'elle doit d'avoir conservé et développé les germes de la civilisation pour les répandre ensuite sur le monde grâce au développement des rapports internationaux et à la colonisation.

L'EMPLACEMENT. — La superficie totale du globe est d'environ 51 milliards d'hectares; mais, comme la mer en couvre les trois quarts, les portions habitables de la sphère terrestre se trouvent réduites à 13 milliards 600 millions d'hectares. Ces territoires sont très inégalement répartis entre les cinq parties du monde, et, dans chacune d'elles, entre les nations qui y sont établies. Ainsi l'Europe ne comprend que 990 millions d'hectares, ce qui représente seulement la quatorzième partie des terres habitables. Sur ce total la France continentale absorbe, d'après les dernières évaluations, un peu plus de 52 millions et demi d'hectares. Sa population étant de 37 millions d'habitants environ, elle compte donc 72 habitants par kilomètre carré (cent hectares). Autour d'elle, la Belgique a une densité moyenne de 174 habitants par kilomètre carré, l'Angleterre atteint 150, l'Allemagne 76, tandis que la Suisse s'arrête à 64, l'Autriche-Hongrie à 53, l'Espagne à 30, la Russie d'Europe à 15.7, enfin les États-Unis à 5 seulement.

Ces constatations sont importantes.

D'abord elles nous obligent à reconnaître qu'il y a une limite à l'augmentation du nombre des hommes, car il faut un certain emplacement pour nourrir chaque individu. Mais, en même temps, elles montrent que nous sommes encore assez loin de cette limite pour n'avoir pas à nous en préoccuper outre mesure. Nous verrons que certains disciples immédiats d'Adam Smith sont tombés dans de graves erreurs pour n'avoir pas tenu compte de cette observation.

En outre, pour chaque peuple, le plus ou moins d'étendue des terres dont il dispose explique souvent l'organisation particulière de son industrie. L'Amérique, par exemple, est, aujourd'hui encore, un peuple bien plutôt agricole que manufacturier parce que des terres immenses, à mettre en culture, sollicitent les travailleurs et leur promettent de beaux bénéfices. En même temps, sur ces vastes espaces on se contente d'une culture rudimentaire qui suffit largement à entretenir une population nombreuse au total et pourtant clairsemée. La Belgique, au contraire, dont le territoire est très étroit pour la population qui l'habite, pratique une culture extrêmement savante et demandant beaucoup de capitaux, de manière à arracher à la terre tout ce qu'elle peut donner. En même temps, elle cherche à accroître ses ressources en développant son industrie, de sorte qu'elle présente le spectacle d'un peuple chez lequel l'industrie et l'agriculture ont une importance à peu près égale.

Ce n'est pas seulement l'étendue qu'il faut considérer dans le territoire habité par chaque nation, c'est aussi la configuration et le relief du sol. — C'est, par exemple, un grand avantage pour un peuple que d'avoir un facile accès sur des mers d'une navigation sûre. Le développement du commerce y est un puissant stimulant aux progrès de la production. L'Angleterre présente le meilleur exemple des bénéfices que procure une pareille situation. La France de son côté, assise sur deux mers d'accès facile, est privilégiée si on la compare aux peuples du centre de l'Europe.

C'est encore une cause de supériorité pour une nation que de posséder sur son territoire des fleuves navigables, pénétrant profondément dans l'intérieur des terres, convenablement reliés entre eux, formant en un mot un réseau naturel bien constitué. Un fleuve est un « chemin qui marche » et qui n'a rien coûté à établir.

Enfin la vie sociale ne présente pas sur un sol hérissé de montagnes, les mêmes aspects que dans les pays peu accidentés. La dissémination des terres cultivables s'oppose à la multiplication des grandes villes ; par là elle tend à maintenir la simplicité des mœurs. En même temps, certains arrangements spéciaux se produisent : pendant l'hiver, par exemple, une partie de la population montagnarde redescend vers la plaine pour y chercher une occupation et des moyens de subsistance.

NATURE DU SOL. — MATIÈRES PREMIÈRES. — La nature du sol a nécessairement une influence considérable sur le développement, soit agricole, soit industriel. De la façon dont la couche supérieure est composée dépend le plus ou moins de fertilité naturelle des terres. Si considérable qu'aient été les terres disponibles en Amérique quand la civilisation européenne y a été importée, le prodigieux développement qui, dans cette contrée, a étonné le monde, n'eût pas été possible si ces terres avaient été des terres pauvres, ou seulement rebelles à une culture superficielle.

La composition du sous-sol intéresse plus particulièrement l'industrie.

Un peuple qui possède des mines de houille abondantes et d'une exploitation facile, ou de riches gisements de minerais métalliques, a de grands avantages sur ceux qui sont moins bien doués à ces points de vue. Il trouve chez lui le combustible et les premiers éléments de toute fabrication, tandis que les autres doivent se les procurer à grands frais.

L'Angleterre est particulièrement favorisée sous ce double rapport. Ses gisements houillers, qui sont considérables, sont en même temps réguliers et peu profonds : leur exploitation, relativement peu coûteuse, fournit presque la moitié de la production totale du globe, évaluée à 280 millions de tonnes. Ses minerais de fer, les plus précieux pour l'industrie, fournissent chaque année à la consommation 17 millions de tonnes, tandis que la production de l'Allemagne et celle des Etats-Unis, qui tiennent le second rang, ne dépassent pas 5 millions de tonnes chacune, et que celle de la France s'élève à peine à 3 millions. Ces dons naturels ont fait la fortune de l'Angleterre; c'est à eux qu'elle doit la place qu'elle occupe à la tête des nations industrielles.

Les faits de cette nature n'expliquent pas seulement le présent, ils aident à entrevoir l'avenir, et montrent dans quel sens s'opérera peu à peu le développement des peuples. L'industrie, ayant avant tout besoin de combustible, tendra naturellement à suivre les déplacements de la production minière. Or, à cet égard, l'Europe peut concevoir certaines craintes. Ses mines de houille sont, en effet, peu de chose à côté des gisements immenses que nous savons exister ailleurs. L'Angleterre elle-même commence à s'inquiéter. D'enquêtes faites sur l'ordre de son parlement, il résulte que les mines dont elle dispose seront épuisées dans deux ou trois siècles. Comment résistera-t-elle alors à la concurrence de l'Amérique, dont les houillères, à peine entamées encore, ont une superficie presque égale à celle de la France, et représentant vingt fois celle des houillères anglaises ? Et ce n'est pas seulement l'Amérique qui se trouve ainsi désignée pour un grand avenir industriel; l'Australie possède des terrains houillers équivalents à ceux de l'Europe entière (62,000 kil. carrés), et, en Chine, le bassin houiller de Sé-Tchuan, à lui seul, présente une étendue de 250 kil. carrés.

Voilà des faits qui permettent sans doute de reléguer parmi les chimères la crainte, parfois **exprimée**, que le charbon ne vienne à manquer aux hommes, mais qui légitiment aussi les inquiétudes de certains peuples. Il ne faudrait rien moins, pour dissiper celles-ci, que la découverte d'un moteur nouveau qui, se substituant à la machine à vapeur et rendant plus rare l'emploi des combustibles, relèverait les peuples de l'Europe de leur prochaine infériorité.

FORCES NATURELLES. — Il y a peut-être moins d'inégalités dans le départ des forces mises par la nature à la disposition des divers peuples, car les principales de ces forces, l'élasticité des gaz (notamment de la vapeur) et l'électricité, présentent ce précieux avantage qu'on peut les développer à peu près où l'on veut. Pourtant, certains peuples jouissent de privilèges importants.

La Suisse, par exemple, grâce à ses cours d'eau, peut employer pour la filature un cheval hydraulique, qui revient en moyenne à 500 francs, là où il nous faut un cheval-vapeur qui en coûte au moins douze cents. Et ces inégalités s'accroîtraient singulièrement si l'on arrivait, comme on essaye actuellement de le faire, à utiliser les plus puissantes forces de la nature : celles des marées, des grandes chutes d'eau, des rayons solaires, etc.

Action de l'homme sur la nature. — Nous venons de reconnaître au milieu dans lequel vivent les sociétés une immense influence sur leur développement; il ne faut toutefois pas l'exagérer. L'homme n'est pas absolument l'esclave de la nature. Sans doute, dans certaines conditions, le progrès d'une société peut se trouver enrayé par le climat qui alourdit l'intelligence et endort la vigueur, par la configuration du territoire qui s'oppose à l'expansion d'une race, ou par la pauvreté du sol et du sous sol. Mais, quand il a une fois franchi les premières étapes, l'homme peut, dans une certaine mesure, agir sur la nature au point de la modifier dans ce qu'elle a de défectueux.

L'histoire des civilisations en fournit la preuve.

Les peuples ont presque tous passé par quatre phases successives. D'abord, peuples pêcheurs et chasseurs, ils vivent des seuls produits de leur pêche ou de leur chasse. Plus tard, ils ont l'idée de domestiquer des animaux, d'en former des troupeaux, et on les appelle peuples pasteurs. Quand la découverte des premiers procédés de culture les détermine à se fixer sur un sol déterminé et à l'exploiter régulièrement, ils deviennent peuples agricoles. Enfin l'invention des outils et le développement des manufactures les transforment en peuples industriels.

Sous les deux premières périodes, qui sont des temps de barbarie presque complète, ils sont évidemment à la merci de la nature, forcés de se déplacer, d'abord quand le gibier ou le poisson vient à manquer, plus tard quand leurs troupeaux ont épuisé les végétations spontanées dont ils les nourrissent.

Mais il n'en est déjà plus de même pour un peuple agricole. Entre la terre et lui commence une lutte dont il sortira vainqueur. Quand l'augmentation du nombre des hommes ne permettra plus de s'en remettre, pour les nourrir, à la fertilité naturelle des terres, il faudra bien entrer dans la voie des *amendements*. Des procédés divers, qui se perfectionneront peu à peu, transformeront les portions antérieurement cultivées et y multiplieront les récoltes. Les travaux de drainage, de dessèchement ou d'irrigation livreront à la culture celles qui jusque-là ne produisaient rien et restaient en friche.

Pour le peuple industriel, les progrès sont plus grands encore parce que sa puissance est plus considérable. Il ne se bornera pas à améliorer les terres, au besoin il les conquerra sur les mers, les lacs et les fleuves. Une importante partie du sol de la Hollande n'est à l'abri des eaux que grâce à un ingénieux système de canalisation et de digues de défense. D'autres portions qu'on appelle des *polders*, ont été conquises sur la mer. En France, des travaux semblables ont eu lieu dans les Landes.

En même temps qu'il transforme et conquiert le sol cultivable, un peuple riche et puissant peut supprimer un certain nombre des obstacles nés du milieu. On le voit creuser des ports, compléter par des canaux le réseau incomplet de ses cours d'eau, percer au besoin les montagnes qui coupaient les communications, etc.

Le climat même n'échappe pas absolument à son action. L'homme peut l'assainir. La science lui faisant connaître les causes qui rendent un territoire insalubre, il peut s'efforcer de supprimer ces causes. Toute civilisation, pour s'étendre, doit se livrer à ce travail, car il lui faut conquérir un sol qui à l'état naturel n'est, le plus souvent, qu'un marécage.

Cette puissance de l'homme civilisé en face de la nature est du reste affirmée par un fait particulièrement intéressant en lui-même : la colonisation. N'est-il pas instructif autant que curieux de voir une race restée à peu près barbare, les conditions défavorables du milieu où elle vit ayant enrayé ses progrès, se réveiller tout à coup et sortir de son apathie, sous l'effort d'une nation plus avancée qui lui apporte, avec ses connaissances scientifiques et ses capitaux, le moyen de corriger la nature et de s'affranchir du joug qui, depuis des siècles peut-être, pesait sur elle.

Appropriation des agents naturels. — Cette action incessante de l'homme sur la nature produit un résultat qui mérite d'appeler notre attention. C'est la transformation graduelle d'une partie des agents naturels en capitaux par le fait de l'appropriation. L'exemple le plus frappant à ce point de vue est ce qui se passe à l'égard de la terre. Nul objet ne paraît plus qu'elle présenter le caractère d'un agent naturel. Pourtant, dans les sociétés avancées, on la considère comme un capital. Et c'est justice ; car les terres dont nous nous servons pour la culture ne sont plus celles que la nature nous avait offertes, mais bien d'autres que nous avons substituées à celle-ci, en les constituant pour ainsi dire de toutes pièces pendant le lent écoulement des siècles. A vrai dire, de ce que la nature avait d'abord fourni à notre agriculture il ne reste plus aujourd'hui que l'emplacement; quant au sol, il n'est plus le même: il est aujourd'hui formé des substances que nous y avons péniblement apportées, débarrassé des eaux qui l'encombraient, couvert de constructions qui en permettent l'exploitation, etc.

Il en est de même pour bien d'autres choses à l'égard desquelles les transformations subies sont si évidentes qu'elles rendent le phénomène moins surprenant. Un outil, ou une machine, par exemple, ne représentent, en somme, qu'une quantité plus ou moins considérable de minerai transformé. Là encore, il y a un agent naturel qui par l'appropriation et le travail de l'homme est devenu un capital.

Est-ce à dire, comme on l'a prétendu, que le rôle de la nature dans l'œuvre de la production diminue avec les progrès de la civilisation. Bien au contraire. Plus nous perfectionnons l'agent naturel, plus grands sont les services qu'il nous rend ; et ce n'est pas parce que son nom a changé et que nous l'appelons capital que nous pouvons oublier que c'est la nature qui nous l'a fourni.

Au reste, il est des agents naturels qui échappent à cette transformation. Ce sont ceux que nous ne pouvons approprier, comme la force du vent, celle de la vapeur ou celle de l'électricité, — ou même l'air et la mer dont on peut approprier des parcelles, mais jamais l'ensemble.

Rôle passif de la nature. — Si l'on cherche de quelle façon la nature intervient dans la production, on constate que son rôle est purement passif. Bien, en effet, que toujours en mouvement, elle constitue un milieu organisé sans aucune préoccupation de l'œuvre à accomplir. Seul l'homme a, dans la production, un rôle actif parce que seule sa volonté dirige les phases de cette production. Aussi doit-on éviter de présenter la nature comme étant un *agent* de la production; on peut seulement dire qu'elle en est un *élément*.

L'usage des dons naturels est-il gratuit? — Enfin l'on a beaucoup discuté sur la question de la gratuité ou de la non-gratuité des services que nous rend la nature. Mais il nous semble aisé de trancher le débat.

L'usage des dons naturels est certainement gratuit, mais seulement dans une certaine mesure, parce qu'il faut défalquer du bénéfice qu'il procure la valeur du travail auquel l'homme a dû se livrer pour conquérir cet usage. Parfois, il est vrai, la défalcation à faire est de si peu de chose que la gratuité est presque absolue. C'est ce qui arrive pour le fruit sauvage qu'il suffit de cueillir. Mais de pareils cas sont rares : en général le travail dont il faudra tenir compte sera considérable. Si, par exemple, un homme veut établir un moulin sur une chute d'eau, il lui faudra, pour y arriver, se livrer à de grosses dépenses et à de grands efforts. Mais, par la suite, l'emploi du moulin lui épargnera beaucoup de temps et de fatigues. — A un certain moment l'avantage ainsi obtenu compensera exactement la peine prise pour la construction du moulin : à partir de ce moment, la chute d'eau constituera pour lui un don gratuit.

L'usage des dons naturels est donc bien gratuit, mais dans une certaine mesure seulement, et l'on voit combien on se tromperait en se représentant la terre et les agents naturels comme des moyens de production mis à l'absolue discrétion de l'homme. Ce n'est au contraire, qu'à force d'ingéniosité et d'efforts musculaires qu'il arrive à s'aider de la nature dans la production des richesses.

Lire dans les *Extraits :*

Dunoyer *:* Théorie des produits immatériels (p. 256).

TROISIÈME LEÇON

CHAPITRE II.

Le travail et l'industrie

§ 1er.

LE TRAVAIL

Programme officiel : Le Travail.

Définition. — Caractères. — Le travail est une manifestation de l'activité humaine. Il suppose donc essentiellement un effort fait par l'homme, mais non pas un effort quelconque. Deux conditions doivent se trouver réalisées pour que l'on puisse dire que l'homme travaille.

Il faut d'abord que l'effort auquel il se livre soit volontaire. Nous n'appelons pas « travail » un acte purement instinctif. Aussi a-t-on fait observer avec raison que l'homme seul travaille, tandis que la fourmi et l'abeille, par exemple lorsqu'elles remplissent leur grenier ou leur ruche, ne travaillent pas, leur activité étant dirigée par un invincible instinct.

Il faut, en second lieu, que l'effort soit fait en vue d'un but autre que la satisfaction que nous pouvons trouver à l'accomplir. Tout acte de l'homme est évidemment inspiré par le désir d'atteindre une fin quelconque; mais, lorsque le résultat cherché n'est autre que la satisfaction, le plaisir que nous éprouvons en agissant, nous disons que l'homme se distrait et non pas qu'il travaille. Voilà pourquoi le même acte accompli par deux hommes peut être considéré comme travail à l'égard de l'un et non à l'égard de l'autre. Le promeneur et le facteur des postes, s'ils parcourent la même route dans le même temps, se livrent à un effort identique, aussi voulu, aussi persistant; pourtant le second seul travaille et non le premier. C'est que le promeneur ne cherche d'autre résultat que le plaisir qu'il goûte par l'accomplissement de son acte.

Le travail peut donc être défini : tout effort volontaire de l'homme en vue d'un but autre que la satisfaction immédiate que peut nous procurer l'accomplissement de cet effort.

Il n'est pas indispensable, au contraire, quoi qu'on en ait dit, pour qu'il y ait travail, que l'effort paraisse pénible à celui qui s'y livre. — Le savant, l'artiste, travaillent alors même que, passionnés pour la science ou pour l'art, leurs recherches et leurs tentatives leur causent les plus vives satisfactions. C'est qu'ils se proposent autre chose que le plaisir ainsi éprouvé : l'un veut découvrir les lois de la nature, l'autre cherche à réaliser son idéal. — Cela suffit, peu importe que l'effort leur soit agréable ou pénible.

Mais, si l'idée de peine et celle de travail ne sont pas absolument inséparables, il faut reconnaître que presque toujours la première accompagne la seconde. Cela est si vrai que, dans toutes les langues, travail et peine sont deux mots presque synonymes. Le penchant à l'inaction, l'amour de l'oisiveté, sont innés chez l'homme; c'est seulement sous l'empire de la nécessité, ou tout au moins poussé par la prévoyance, qu'en général il arrive à les vaincre.

Il semble, à première vue, qu'il y ait à cet égard une sorte de contradiction dans les lois de la nature. Puisque la satisfaction de nos besoins exige que nous travaillions, pourquoi le travail nous est-il pénible ? Mais cette contradiction n'est qu'apparente : l'opposition que nous venons de relever constitue en réalité le principe d'action le plus puissant, la cause de tout progrès.

Poussés au travail par le besoin et retenus en même temps par la répulsion que nous cause l'effort, nous cherchons sans cesse à réaliser l'économie de l'action ; c'est à dire à atteindre le but cherché avec la moindre somme de travail possible. De là les arrangements et les inventions qui augmentent incessamment la puissance du travail de l'homme.

Cela est si vrai que, selon l'observation d'Adam Smith, « une grande partie des machines employées dans les manufactures ont été originairement inventées par de simples ouvriers qui, naturellement, appliquaient toutes leurs pensées à trouver les moyens les plus courts et les plus aisés de remplir la tâche particulière qui leur était confiée ». C'est ainsi, par exemple qu'un enfant, le jeune Humphry Potter, employé à ouvrir et à fermer les robinets de la machine à vapeur primitive, frappé du rapport de situation des bras du balancier et des robinets, « eut l'idée de relier par deux bouts de corde le balancier aux robinets et s'en alla jouer[1] ».

1. M. Jourdan. *Cours Analytique*, p. 99.

Travail musculaire et travail intellectuel. — Le travail supposant un effort *volontaire*, on ne peut concevoir qu'il soit purement physique; l'intelligence intervient nécessairement pour diriger l'action du corps. Bien rarement aussi se bornera-t-il à un effort de l'esprit, car cet effort ne saurait se manifester à l'extérieur sans l'intervention des muscles. Ainsi, presque toujours, le travail suppose une coopération des forces intellectuelles et musculaires. Mais, dans cette coopération, les parts sont le plus souvent très inégales. Le manœuvre déploie surtout les forces de son corps, le savant celles de son esprit. Selon que l'action musculaire ou que l'action intellectuelle prédomine le travail est dit : *musculaire* ou *intellectuel*.

. Cette distinction est intéressante surtout à raison des rôles respectifs de ces deux catégories de travaux. — De même que l'esprit dirige le corps, le travail intellectuel dirige le travail musculaire. — Le savant, l'inventeur, le chef d'industrie, découvrent, imaginent, organisent; l'artisan, l'ouvrier, suivent les conseils des premiers ou obéissent à leurs ordres.

De l'influence des divers travaux sur la production. — Tout travail contribue-t-il à la production de la Richesse ? — C'est là une question débattue, sur laquelle pensons-nous, il est cependant facile de s'entendre pourvu qu'on ne se perde pas dans les stériles subtilités de la terminologie.

Il convient d'abord d'éliminer deux catégories de travaux, auxquels leur caractère exceptionnel enlève toute importance. Le travailleur n'atteint pas toujours le but qu'il se propose; l'ouvrier négligent ou maladroit peut gâcher les matériaux qu'il emploie sans aucun résultat. Le travail loin d'être productif en ces cas, n'aboutit qu'à une double perte de temps et de matières premières. — Il peut arriver aussi qu'un individu se propose un but absurde, comme de détruire une maison pour la reconstruire : il travaille, soit, mais son travail est destructif et non pas productif de richesses.

Heureusement de pareils faits sont rares. Nous pouvons les négliger, et c'est en supposant un travail raisonnable et atteignant le but auquel il tend que nous devons chercher si tous les travaux contribuent à la production de la richesse.

La vérité est que presque tous ont un effet quelconque sur la production. Sans doute, on peut citer quelques exemples en sens contraire : celui du médecin lorsqu'il rend la santé à un individu qui ne travaille pas, celui du chanteur ou du musicien qui nous procure un délassement. De pareils travaux n'intéressent évidemment pas la production des richesses; ce qui n'est pas dire, d'ailleurs, qu'ils soient blâmables ou même seulement inutiles.

Mais les cas de ce genre sont très peu nombreux. Le plus souvent, en y réfléchissant, on s'aperçoit que le travail qui, par lui-même et par les préoccupations de son auteur, semble le plus étranger à la production de la richesse, peut avoir sur celle-ci une influence considérable. C'est que, dans un organisme aussi compliqué que l'organisme social, tout se tient, il n'y a pas à établir de lignes de démarcation. Le savant, par exemple, en poursuivant la recherche de la vérité pour elle-même, fournira souvent, sans y songer, le principe d'inventions et d'arrangements dont l'industrie profitera.

Tout ce que l'on peut dire, c'est que, si presque tous les travaux influencent la production, ils n'exercent pas leur action sur elle d'une façon également directe, immédiate. À ce point de vue, il est intéressant de les classer dans les deux catégories suivantes :

1° **TRAVAUX DIRECTEMENT PRODUCTIFS**. — Certains travaux ont pour but immédiat la transformation de la matière en vue de la satisfaction de nos besoins. Ils sont directement productifs. Les exemples abondent autour de nous. Tel est le travail de l'ouvrier, qu'il fabrique d'ailleurs des objets de première nécessité ou des objets de luxe; tel est encore celui du patron qui dirige un atelier ou une fabrique, celui de l'architecte qui a dressé les plans du bâtiment que l'on construit, ou celui du dessinateur qui a fourni le modèle du dessin que l'on grave. Tous ces individus ont travaillé en vue d'une richesse déterminée à produire.

Leur travail reçoit souvent la dénomination très heureuse de : *Travail industriel.*

2° **TRAVAUX INDIRECTEMENT PRODUCTIFS**. — Il est d'autres travaux dont le résultat est, non plus la production d'une richesse déterminée, mais la création ou tout au moins l'augmentation des forces productives. Ils ne transforment pas la matière, mais ils mettent l'homme à même, ou mieux à même de la transformer. Ce sont tous ceux qui créent ou perfectionnent les éléments de la production.

Tantôt l'élément créé ou perfectionné est le travail.

Il en est ainsi quand un adolescent acquiert par l'apprentissage les qualités voulues pour bien exercer le métier auquel il se destine. Les efforts auxquels se livrent, en pareil cas, et celui qui enseigne, et celui qui apprend, ne produisent directement aucune richesse, mais ils perfectionnent un instrument de la production, le travail, et par là augmentent la puissance productive de la société. L'apprentissage fini, leur influence se fera sentir par une augmentation de richesses. Le travail du médecin produit un effet semblable quand il a pour résultat de rendre la santé à un travailleur. Il en est de même pour l'inventeur. Une invention industrielle, en effet, n'est autre chose que la découverte d'un procédé nouveau pour mieux travailler, c'est-à-dire pour mieux mettre en œuvre les forces de la nature. Trouver un moyen nouveau de fabriquer une

richesse, ce n'est donc pas produire cette richesse, mais perfectionner le travail qui la produira. Pour être indirect, l'effet n'en
est pas moins important. — Il faut aussi tenir compte du travail
de tous ceux qui s'efforcent d'assurer dans la société le maintien
de l'ordre et de la sécurité. Pourtant l'État et ses nombreux
agents, militaires, marins, magistrats, agents de police, diplomates,
bureaucrates de toute espèce, ne produisent directement aucune
richesse, mais, en protégeant le travail, ils en augmentent la puissance.

Tantôt c'est le capital qui sera créé ou augmenté.

C'est à ce résultat que tend le travail d'épargne. L'acte d'épargner suppose un effort d'abstinence dans le but de conserver la
richesse créée; il rentre donc de la façon la plus rigoureuse dans la
définition que nous avons donnée du travail. Pourtant, on ne voit
pas qu'il produise aucune richesse. Ce n'est évidemment qu'en abu-
sant des mots qu'on a pu dire : qu'épargner c'est produire. Mais
l'épargne intéresse au plus haut point la production de la richesse,
parce qu'elle fournit aux travailleurs l'un des éléments les plus
propres à accroître les résultats de leurs efforts : le capital.

Tantôt, enfin, c'est la nature elle-même qui sera, par certains
travaux, non pas sans doute créée, mais perfectionnée pour les
hommes, parce que ceux-ci seront mis à même d'en tirer meilleur
parti.

La nature, en effet, ne nous rend que les services que nous savons
exiger d'elle. Nous la faire connaître, nous livrer ses secrets, c'est
la perfectionner pour nous. C'est ce que font avec une ardeur infa-
tigable tous les hommes d'études, tous les penseurs qui, cherchant la science pour la science, découvrent peu à peu les lois
naturelles gouvernant le monde. Ils créent ainsi, au profit de tous,
l'immense fonds commun de nos idées, de notre savoir, et c'est dans
ce fonds commun que vient chaque jour puiser l'homme ingénieux, l'inventeur qui trace à l'industrie la voie qu'elle doit suivre.
Ici encore, bien qu'indirecte, l'influence de pareils travaux est
considérable. Qui oserait, par exemple, refuser à ceux qui ont
successivement découvert les lois de l'électricité une large part dans
la production actuelle de la lumière électrique ?

**Importance économique des travaux indirectement
productifs.** — Les nombreux exemples que nous venons de présenter montrent assez la portée qu'il convient d'attacher à la distinction des travaux directement productifs et des travaux indirectement
productifs. Très intéressante en ce qui touche au rôle ou, si l'on veut,
à la manière d'agir sur la production des divers travaux, elle ne
signifie rien quant au degré de leur influence. On tomberait dans
une lourde erreur si l'on s'imaginait que les travaux de la première

catégorie, parce qu'ils sont directement productifs, sont plus importants que les autres. C'est le contraire qui est la vérité, et il est aisé de le comprendre.

Les travaux de la seconde catégorie ont sur ceux de la première de grands avantages.

Tandis, en effet, que ceux-ci mettent seulement en œuvre les forces productrices existantes, ceux-là augmentent ces forces. Les résultats des travaux industriels sont donc nécessairement limités par la quantité d'éléments à mettre en jeu, tandis qu'on ne peut assigner aucune borne aux perfectionnements dont ces éléments sont susceptibles. Il y en a sans doute, mais si éloignés que nous ne pouvons les apercevoir.

D'autre part, les travaux de la seconde catégorie jouissent pour la plupart du précieux privilège de se perpétuer dans le temps et de se répandre presque instantanément dans l'espace. Nous ignorons quand a été découverte la culture du blé, et nous dresserions difficilement la liste des hommes qui l'ont perfectionnée en inventant la rotation des cultures ou les procédés de la culture intensive. Mais toutes ces inventions nous servent encore aujourd'hui et augmentent, dans une mesure incalculable, la productivité du travail de ceux qui cultivent les terres. De même, une invention n'est pas plutôt réalisée qu'elle va perfectionner les procédés du travail et augmenter son rendement, non pas seulement dans l'endroit où elle s'est produite, mais partout où les hommes sont assez intelligents pour la comprendre et l'appliquer.

De pareils avantages ne sauraient laisser aucun doute sur la supériorité des travaux indirectement productifs comparativement aux travaux directement productifs. Grâce à eux, on peut l'affirmer sans hésitation, les quelques hommes qui ont inventé et perfectionné, par exemple, la machine à vapeur ou la machine à filer, ont plus fait à eux seuls pour la production des richesses que ne pourraient faire, en de nombreuses années, des milliers de travailleurs, si habilement dirigés qu'on les suppose.

Les préjugés concernant le travail. — Ces réflexions sont d'autant plus instructives que les hommes se sont presque toujours laissé guider par des idées fausses dans leur appréciation de l'utilité des divers travaux. Les sociétés antiques tenaient le travail industriel dans un injuste dédain, que n'explique que trop la pratique de l'esclavage. Les Grecs, notamment, n'avaient aucunement compris le rôle des artisans dans une société; ils ne s'intéressaient qu'aux travaux de l'intelligence et méprisaient le travail qui a pour objet direct de produire des richesses. Chez les Romains, même à une époque avancée, les esprits les plus élevés ne s'étaient pas dégagés de préjugés semblables. Cicéron, écrivant à son fils, déclarait que le commerce est un métier sordide; tous les artisans se livrent, selon lui, à des occupations dégradantes : « Nec enim quidquam ingenuum potest habere officina. » — Au moyen âge, les idées n'étaient guère plus justes, et même à la veille de la Révolution le travail industriel n'était pas encore remis en honneur. Pendant bien longtemps, dans l'ancienne France, les arts et métiers, l'industrie et le négoce furent pour la noblesse des causes de dérogeance.

Nous n'avons plus ces préjugés; nous savons reconnaître les mérites d'un travail auquel nous devons en partie l'existence et le bien-être. Mais, si nous avons eu raison de réagir contre des idées injustes, nous devons éviter soigneusement de tomber d'un excès dans un autre. C'est ce qu'oublient trop ceux qui, méconnaissant les immenses services dus à la science, au génie d'invention et au travail d'épargne, exaltent jusqu'à l'hyperbole le travail manuel et prétendent que l'ouvrier est spolié parce que sa rémunération n'absorbe pas la totalité des richesses produites, richesses à la production desquelles, en réalité, il a seulement contribué.

Conditions de productivité du travail. — Le travail d'un individu sera d'autant plus productif que l'effort de cet individu sera plus énergique, plus habilement dirigé et durera plus longtemps. L'énergie, l'habileté et la durée sont donc les conditions générales de productivité du travail. Ce sont là des vérités évidentes, mais il reste à savoir quelles causes influeront sur ces trois qualités du travail et en amèneront le développement.

Or, l'homme est une force à la fois physique, intellectuelle et morale. C'est donc en examinant sa nature sous ce triple point de vue qu'on doit trouver les causes dont nous parlons.

NATURE PHYSIQUE DE L'HOMME. — De la nature physique de l'homme dépendent ses forces musculaires et sa santé.

Les forces musculaires de l'homme sont relativement faibles, et on ne peut guère espérer les augmenter. Mais, à mesure que nous progressons, leur importance en matière économique décroît sans cesse, les inventions industrielles tendant à simplifier la tâche de chacun et surtout à substituer l'action de l'intelligence à celle des muscles. Lorsqu'il s'agit, par exemple, de mettre en train, de diriger ou de surveiller une machine, il n'est pas nécessaire d'être doué d'une bien grande force.

Nous n'en dirons pas autant de la santé. Elle a encore et aura toujours la plus grande influence sur la productivité du travail, car elle n'intéresse pas seulement le jeu des forces physiques, mais aussi celui de l'intelligence : *Mens sana in corpore sano !*

NATURE INTELLECTUELLE DE L'HOMME. — L'intelligence implique l'habileté dans l'effort. Le travail sera donc d'autant plus productif que l'homme qui s'y livrera sera plus intelligent Cette vérité nous est apparue déjà, sous l'une de ses faces, lorsque nous avons constaté la supériorité du travail intellectuel sur le travail musculaire.

Heureusement, si la force corporelle de l'homme est restreinte et peu susceptible d'augmentation, nous n'apercevons aucune limite au développement de sa puissance intellectuelle. Ce développement devient même de plus en plus facile avec le temps, les idées acquises suscitant des idées nouvelles et l'hérédité fixant peu à peu, dans un lent affinement de la race, les résultats des progrès accomplis.

NATURE MORALE DE L'HOMME. — C'est en étudiant la nature morale de l'homme que l'on découvre les causes les plus importantes parmi toutes celles qui influent sur la productivité de son travail; car une telle étude nous fait connaître les mobiles auxquels il obéit, ceux d'où dépendent (dans les limites de ses forces) l'énergie et la durée de ses efforts. Peu importerait qu'il eût des muscles puissants et une intelligence exercée, s'il n'était pas porté à s'en servir pour produire des richesses.

Or, la volonté de l'homme, nous l'avons déjà montré est, à cet égard, sollicitée en sens contaires par deux forces opposées: le penchant à essayer de satisfaire les besoins qu'il éprouve le pousse au travail, le penchant à l'oisiveté l'en détourne.

Il n'est nullement certain que le premier l'emportera en toute circonstance. Certains peuples ont préféré l'oisiveté au travail, faisant consister le bien-être dans le repos et n'accordant à l'effort que ce qu'on ne peut lui refuser sans périr aussitôt. En pareil cas, la civilisation s'arrête, et les races qui sont tombées dans cette erreur végètent ou disparaissent. Comme le rappelle fort à propos M. Courcelle-Seneuil [1] : « Il existe encore une religion antique dont les sectateurs disent : « Il vaut mieux être assis que debout, couché qu'assis, mort que vivant », qui fait consister la perfection dans la contemplation, et le bonheur suprême dans l'anéantissement au sein de Dieu; quels progrès a faits dans le monde la race ingénieuse et savante qui l'a acceptée et qui gît, depuis des siècles, aux bords de l'Indus et du Gange, dans l'abjection et la servitude? »

Ainsi, on peut l'affirmer hardiment, l'aptitude de l'homme à ressentir des besoins avec assez de force pour que son instinct de paresse et d'inaction soit vaincu est la condition essentielle de tout progrès.

Toutes les causes propres à augmenter cette aptitude seront donc favorables au développement de la productivité du travail.

Ces causes sont nombreuses. Sans revenir sur l'influence que peuvent avoir, à cet égard, les conceptions religieuses d'un peuple,

---

1. *Traité historique et pratique d'Économie politique*, t. I, p. 32.

l'exemple que nous venons de rappeler nous paraissant suffisant, nous signalerons les suivantes :

1° LA LIBERTÉ DU TRAVAILLEUR. — L'homme ne travaille énergiquement que lorsqu'il est libre, c'est-à-dire que lorsqu'il travaille pour lui-même et non pour un autre.

L'humanité n'a eu que trop l'occasion de s'en convaincre par l'expérience, car son histoire offre malheureusement de nombreux exemples de la violation de cette loi économique autant que morale.

L'antiquité pratiquait l'esclavage, institution contre nature, en vertu de laquelle, ainsi qu'on l'a très bien dit, une partie de l'espèce humaine était mise en dehors de l'humanité. Travaillant pour son maître, et poussé seulement par le désir d'éviter les mauvais traitements, comment l'esclave travaillerait-il avec énergie ? Les Romains le comprirent, et, ne voulant pas renoncer à une pratique profondément entrée dans leurs mœurs, ils essayèrent du moins d'intéresser l'esclave au travail. Le maître confiait souvent à l'esclave un ensemble de biens (un pécule) dont il lui laissait, dans certaines limites, l'administration et même la jouissance. Plus tard, quand la difficulté d'assurer la culture du sol devint une cause de décadence pour l'empire romain, on établit sur les terres, sous le nom de colons, des esclaves qu'on cherchait à encourager en leur garantissant, sous certaines conditions, le maintien de la situation qui leur était faite. Mais ce n'étaient là que des palliatifs insuffisants. Il eût fallu affranchir les esclaves et ramener à la production les classes libres qui, séparées du travail, dépérissaient dans l'oisiveté et la corruption.

L'invasion des barbares amena rapidement la suppression de l'esclavage, mais un nouveau mal apparut bientôt : le servage, fruit de l'organisation féodale. Sous ce régime, qui consacrait le morcellement de la souveraineté, le serf, sans être esclave, est sous la domination presque absolue du seigneur. Il travaille bien pour lui-même, si l'on veut, mais les corvées lui enlèvent une partie de son temps, et des redevances de toute espèce, prélevant le plus clair de ses gains, lui laissent à peine de quoi subsister. Comment l'énergie de sa volonté n'en serait-elle pas énervée ? D'ailleurs, il ne peut quitter la glèbe à laquelle il est attaché, et doit, par conséquent, renoncer à toute autre industrie que la culture, quels que soient ses goûts et ses aptitudes.

Plus tard enfin, et jusqu'à une époque bien rapprochée de nous, on a vu les nations civilisées de l'Europe rétablir l'esclavage dans les colonies du nouveau monde. C'est seulement en 1833 qu'il est aboli dans les colonies anglaises. La France suit cet exemple en 1849. Quelques années après, les États-Unis nous imitent, malgré des résistances qui amenèrent la terrible guerre de sécession. A une époque toute récente, en 1876, l'Espagne supprime l'esclavage sur la côte de Guinée. Enfin, en 1888, une loi consacre définitivement son abolition dans l'empire du Brésil.

Ces actes d'émancipation furent inspirés aux divers gouvernements par un mouvement irrésistible de l'opinion publique, qui s'élevait avec indignation contre la violation flagrante d'une loi morale. Mais la science économique ne put qu'approuver et seconder ce mouvement, et le résultat montra une fois de plus le parfait accord du juste et de l'utile. Après une période de transition difficile pour quelques-unes, les colonies remplacèrent les esclaves par des travailleurs libres et par des machines, la production s'accrut et l'événement qu'elles avaient redouté comme une cause de mort fut pour elles le signal d'une prospérité plus grande.

L'esclavage et le servage ne sont pas les seules institutions qui puissent gêner la liberté du travailleur. Il en est d'autres qui consistent en réglementations plus ou moins étroites; les corporations qui existaient en France sous l'ancien régime en sont le plus célèbre exemple. Mais ces entraves visent plutôt l'organisation du travail que le travail lui-même. Nous en réservons momentanément l'étude.

2° La prévoyance. — Pour que le travail soit très productif, il faut que l'homme soit doué de prévoyance. Grâce à cette qualité, il escompte en quelque sorte ses besoins futurs : son travail devient plus énergique en même temps que plus continu.

3° La sécurité. — Dans la lutte engagée entre le besoin ressenti par l'homme et l'amour du repos, le plus ou moins de sécurité dont jouit le travailleur peut avoir une influence décisive : encouragé à travailler s'il est sûr de profiter du produit de ses efforts, il préférera rester dans l'oisiveté s'il se sent menacé de perdre sa peine. La sécurité dont nous parlons ne dépend pas seulement de la situation d'un pays vis-à-vis de ses voisins, de ses alliances et de sa puissance militaire, mais aussi, dans une large mesure, de l'ordre qui règne à l'intérieur et de la façon dont les droits de chacun y sont reconnus et sanctionnés. Le régime de la propriété et celui des contrats exercent ici une influence considérable.

4° La conscience du travailleur. — La productivité du travail dépendra enfin en grande partie, au moins dans les sociétés civilisées, de la conscience du travailleur. Dans l'état de civilisation, en effet, la plupart des hommes ne travaillent pas pour eux-mêmes, mais pour autrui. Nous verrons bientôt que l'organisation du travail amène des conventions en vertu desquelles le travailleur loue son travail à un chef d'entreprise, moyennant une rémunération fixée souvent d'après le temps consacré au travail, quel que soit le résultat de ce dernier. L'énergie et la persévérance dans l'effort ne sont plus en pareil cas inspirées par le besoin de se nourrir, de se vêtir, etc, mais seulement par le besoin d'exécuter loyalement le contrat. Ce mobile nouveau aura-t-il la même action que celui qu'il remplace? Cela dépend uniquement de l'honnêteté du travailleur.

Enseignements à tirer des observations qui précèdent. — Les vérités que nous venons d'exposer sont élémentaires. Leur intérêt est pourtant bien grand, car elles tracent les voies à suivre pour développer la puissance industrielle des peuples. Voici, à titre d'exemples, quelques-unes des règles de conduite qu'il convient d'en dégager :

1° La puissance productrice d'une nation dépend en grande partie de son organisation politique, administrative et judiciaire, et des lois concernant la propriété et le régime des contrats, car ces institutions déterminent la constitution du milieu social au sein duquel l'homme agit et se développe. La sécurité à tous les points de vue et la liberté individuelle, conditions essentielles, on l'a vu, de la productivité du travail, y sont attachées. Le législateur ne doit pas l'oublier. Parmi les projets toujours nombreux de réformes, dont quelques-uns sont proposés et défendus avec acharnement, quelquefois même avec violence, il doit rejeter impitoyablement tous ceux qui risqueraient de compromettre la sécurité et la liberté de l'individu. La prospérité du pays dépend de sa fermeté.

2° Mais il ne doit pas s'en tenir là ; des mesures ayant plus directement en vue le développement de la productivité du travail s'imposent à son attention.

L'instruction et l'éducation forment et développent l'être physique, intellectuel et moral. C'est un droit et un devoir pour l'État d'exiger que chaque enfant reçoive un minimum d'instruction. Il est naturel aussi que l'enseignement, sous toutes les formes, à tous les degrés, figure au nombre des services publics.

En même temps, des mesures d'ordre général bien combinées peuvent écarter les fléaux qui risqueraient de décimer la population. L'État peut, par exemple, protéger et secourir les enfants abandonnés, surveiller l'industrie nourricière et réglementer le travail des enfants dans les manufactures pour empêcher qu'il ne soit abusif et ne ruine leurs forces. Il peut aussi assurer l'observation des principales règles de l'hygiène. De l'état de la santé publique dépend, en effet, la moyenne de la vie dans une société ; or, une nation chez laquelle un grand nombre d'individus mourraient jeunes, après avoir dépensé, mais avant d'avoir produit, serait évidemment dans une mauvaise situation économique. De grands progrès sont possibles à cet égard. En Angleterre, par exemple, la mortalité est descendue, dans le cours des deux derniers siècles, de 8 à 2,8 p. 100, et la moyenne de la vie humaine y atteint aujourd'hui quarante ans. Elle est seulement de 39,1 en France, mais la composition de la population s'y présente dans des conditions assez favorables ; car sur 1,000 habitants, 617, dont l'âge varie de 15 à 60 ans, se trouvent dans la période de la vie où l'homme peut produire. En Angleterre, cette catégorie d'individus représente seulement les 573 millièmes de la population.

Ces exemples et ces faits prouvent que les lois peuvent beaucoup pour le développement de la productivité du travail, mais c'est à la condition que leur intervention reste enfermée dans de sages limites. Un zèle intempestif serait au moins aussi redoutable que la négligence. C'est qu'en effet toute réglementation porte atteinte à la liberté du travailleur ; elle n'est donc bienfaisante qu'autant que le résultat utile, en vue duquel on la trace, l'emporte sur l'effet nuisible qu'elle produit indirectement. Or, les cas où il en est ainsi ne sont pas très nombreux.

Cette observation n'est pas d'ailleurs spéciale à la matière qui nous occupe en ce moment. Nous examinerons plus tard le rôle qui revient à l'État dans l'ordre économique, et nous constaterons que ce rôle est restreint, l'intervention de l'État n'étant utile qu'à la condition d'être très réservée. Pour le moment, nous nous contenterons de citer un exemple qui intéresse la productivité du travail.

Nous avons dit que celle-ci dépend en partie du temps pendant lequel le travailleur peut supporter la fatigue sans interrompre son travail. Mais dans nos sociétés, où la production est continue, il y a évidemment des limites qu'il serait dangereux de dépasser. Un travail trop prolongé devient moins productif, en même temps qu'il fatigue à l'excès celui qui s'y livre. Or, les limites sont variables : dans telle industrie, celle des textiles par exemple, dix heures forment le maximum ordinaire, tandis que, pour d'autres, l'effort ne pourra en général se prolonger utilement que pendant huit heures, ou pourra, au contraire, durer onze ou douze heures. L'État devra-t-il entreprendre de réglementer une matière aussi délicate et complexe ? On le lui a souvent demandé. En Angleterre, par exemple, la classe ouvrière a souvent réclamé une loi qui réalisât le programme contenu dans un refrain populaire : « Huit heures pour le travail, huit heures pour s'amuser, huit heures pour dormir et huit shellings par jour. » — C'est demander à l'État ce qu'il ne peut faire utilement. En cédant à de pareilles sollicitations, le législateur s'exposerait à abaisser, par les entraves imposées aux volontés individuelles, la puissance industrielle de la nation. Tout ce qu'il peut faire, c'est de tracer une limite très large, restant sûrement en deçà des besoins de l'industrie et ayant seulement pour effet d'empêcher des abus trop criants. C'est ce qu'a fait, en France, l'Assemblée constituante qui, en 1848, fixa, par une loi qui est encore en vigueur, un maximum de douze heures à la journée de travail dans les usines et les manufactures.

Inégalités dans la productivité du travail chez les

divers peuples. — Les conditions d'où dépend la productivité du travail ne sont pas réalisées au même degré chez tous les peuples. On a essayé de se rendre compte d'une façon précise des différences qui pouvaient exister entre eux à cet égard. Tel statisticien affirme, par exemple, qu'en représentant par l'unité la moyenne du travail fourni dans un temps donné par l'ouvrier anglais, la productivité du travail de l'ouvrier français, allemand ou belge devrait s'exprimer par 0,75 à 0,90, tandis que les autres peuples de l'Europe atteindraient seulement 0,60 à 0,85. Sans chercher tant de précision, les différences sont assez sensibles pour s'imposer à l'observation. M. de Bismarck déclarait, il y a quelques années, en pleine tribune du Reichstag, que les ouvriers français alors occupés à Berlin fournissaient une plus grande somme de travail que les ouvriers allemands ; la supériorité de l'ouvrier anglais n'est contestée par personne, tandis que certaines nations, comme la Hollande et le Danemark, sont signalées par toutes les enquêtes pour un manque d'énergie qui stérilise les efforts de populations ouvrières pourtant sages et pleines de bonne volonté.

Quelle que soit sa situation à cet égard, un peuple ne peut parvenir à la maintenir si elle est favorable, à la modifier au cas contraire, qu'en s'inspirant des principes économiques que nous venons d'exposer.

Lire dans les *Extraits* :

Jules Simon : Fraternité du travail intellectuel et du travail manuel (p. 444).

De Laveley : Influence du régime politique sur la productivité du travail (p. 450).

QUATRIÈME LEÇON

§ 2

ORGANISATION DU TRAVAIL. — LA COOPÉRATION

Programme officiel : Organisation du travail.

Organisation du travail. — La coopération. — Tout ce que nous avons dit jusqu'ici du travail et de sa productivité serait aussi vrai pour un Robinson isolé dans son île que pour un homme vivant au sein d'une société nombreuse et policée. Mais la vie sociale engendre des phénomènes qui influent profondément sur la puissance productive de l'homme, et dont il nous faut maintenant tenir compte. Les individus, dans une société, ne travaillent pas isolément. Il se fait entre eux des arrangements propres à faciliter le travail et à augmenter sa puissance. Le travail, en un mot, *s'organise* : il y a *coopération* entre les travailleurs.

Cette coopération se présente sous deux aspects principaux : *le travail combiné* et la *division du travail.*

TRAVAIL COMBINÉ. — Il y a travail combiné chaque fois que plusieurs hommes s'unissent pour un même effort. Tous les jours, par exemple, on voit, dans les ports, de longues files d'individus attelés au même câble, s'efforçant par une traction continue de haler quelque navire. Ailleurs des maçons, par des efforts cadencés, hissent quelque fardeau jusqu'au haut d'un échafaudage. Dans ces cas et dans tous les cas semblables, il y a travail combiné parce que les efforts de plusieurs concourent au même résultat immédiat.

DIVISION DU TRAVAIL. — La division du travail suppose aussi que plusieurs individus s'entendent pour atteindre un but commun, mais le procédé employé est tout différent. Au lieu de s'unir pour un effort identique, ils se partagent la besogne. Cette division du travail se fait de deux façons.

1° PAR LA SPÉCIALITÉ DES PROFESSIONS. — Au lieu de chercher à produire lui-même tout ce dont il a besoin, tel individu se voue à la production d'un seul objet, le fabrique en quantités dépassant de beaucoup ses besoins et peut, grâce à cet excédent, se procurer les autres choses par l'échange. Ou bien, il se met en mesure d'offrir ses services aux autres, qui le rémunéreront en lui abandonnant une partie des richesses qu'ils produisent. C'est ce que nous voyons autour de nous. Chacun choisit une profession : les uns sont agriculteurs, les autres boulangers, tailleurs, cordonniers, ou bien professeurs, médecins, avocats, etc.

2° PAR LA RÉPARTITION DES TÂCHES. — Il est bien rare qu'un individu fabrique à lui seul un objet quelconque : presque toujours le travail est décomposé en une série de tâches dont chacune est confiée à un ouvrier qui en a la spécialité. Dans une fabrique de draps, par exemple, certains ouvriers seront chargés de trier les laines, d'autres les dégraisseront et laveront, d'autres encore les sécheront ; il y aura des batteurs, des cardeurs, des bobineurs, des ourdisseurs, des tisseurs, etc.; les contremaîtres auront pour mission de surveiller ces diverses opérations, et les chefs de l'entreprise se réserveront la direction générale, l'achat des matières premières et la vente des produits. Chez le plus humble artisan, on observera quelque arrangement du même genre. Pour peu qu'il ait un apprenti, le moindre cordonnier de village saura bien diviser le travail : il se réservera la tâche la plus fatigante et chargera l'enfant de préparer le travail, de cirer le fil, d'entretenir les outils, de faire les courses, etc. En même temps, la femme recevra les pratiques, tiendra les comptes et s'occupera du ménage.

Effets de la coopération sociale. — Les phénomènes que nous venons de décrire et de classer ne sont nullement spéciaux aux sociétés avancées. Conséquences nécessaires de la sociabilité, on les retrouve partout où existent des habitudes de vie en commun. Les hommes, en organisant leur travail, ne font qu'obéir à une loi de leur nature.

Loi bienfaisante, car la coopération augmente dans des proportions variables, mais qui, avec les progrès de la civilisation, deviennent considérables, la productivité de leur travail.

La combinaison des efforts permettra souvent aux hommes de faire ce qu'un individu isolé entreprendrait en vain. Nous en avons un prodigieux exemple dans les monuments de l'Égypte, blocs immenses que des milliers d'hommes ont pu transporter et mettre en place en les traînant à force de bras. En outre, il n'est pas rare que plusieurs hommes, en se réunissant pour un même effort, obtiennent un résultat plus grand que s'ils travaillaient isolément. Deux hommes dans un temps donné transporteront plus de matériaux en travaillant ensemble qu'en se partageant la besogne, car ils pourront se servir d'un brancard qu'aucun des deux ne pourrait manier à lui seul.

La spécialisation des professions a plus d'avantages encore, car en même temps qu'elle économise le temps et les dépenses d'apprentissage, elle permet à chacun d'acquérir une grande habileté dans le métier qu'il a choisi. Ce second résultat est d'autant mieux assuré que chacun est libre d'obéir, en son choix, à son goût et à ses aptitudes particulières.

Mais c'est surtout la division des tâches qui a frappé, à bon droit, les économistes. Par sa complexité, par ses effets sur la production et par les perfectionnements dont elle est susceptible, elle mérite en effet l'attention qu'ils lui ont accordée.

Ce n'est pourtant que bien tardivement qu'on en a compris l'importance. Des penseurs comme Diderot et Beccaria avaient bien signalé le fait, mais sans en voir la portée. Le premier, Adam Smith, mit le phénomène en pleine lumière.

Son ouvrage sur la nature et les causes de la richesse des nations débute par une description magistrale de la division des tâches et tout son livre en suit les complications. L'exemple de la fabrication des épingles, par lequel il montre les effets de la division des tâches, est resté classique. « Non seulement, dit-il, la fabrication des épingles forme un métier particulier, mais cet ouvrage est divisé en un grand nombre de branches, dont la plupart constituent autant de métiers particuliers. Un ouvrier tire le fil à la bobille, un autre le dresse, un troisième coupe la dressée, un quatrième empointe, un cinquième est employé à émoudre le bout qui doit recevoir la tête... enfin l'important travail de faire une épingle est divisé en dix-huit opérations distinctes ou environ, lesquelles, dans certaines fabriques, sont remplies par autant de mains différentes, quoique dans d'autres le même ouvrier en remplisse deux ou trois. J'ai vu une petite manufacture de ce genre qui n'employait que dix ouvriers. Quand ils se mettaient en train, ils venaient à bout de faire entre eux environ douze livres d'épingles par jour, or chaque livre contient au delà de quatre mille épingles de dimension moyenne. Ainsi, ces dix ouvriers pouvaient faire entre eux plus de 48,000 épingles dans une journée ; donc chaque ouvrier, faisant la dizième partie de ce produit, peut être considéré comme faisant dans sa journée 4,800 épingles. S'ils avaient tous travaillé à part, indépendamment les uns des autres, chacun d'eux assurément n'eût pas fait vingt épingles, peut être pas une seule dans sa journée. » Admet-on que chacun eût fait 20 épingles, la division des tâches multipliait la productivité du travail par 240. Pourtant, dans l'atelier décrit par

Adam Smith, la division du travail n'était pas poussée aussi loin qu'elle aurait pu l'être, puisqu'il n'y avait que dix ouvriers pour dix-huit tâches différentes. Bien d'autres exemples ont été ou pourraient être proposés.

Avantages de la division des tâches. — Cette augmentation de la productivité du travail par la division des tâches s'explique par les raisons suivantes :

On retrouve d'abord les avantages que nous avons relevés à propos de la spécialité des professions, c'est-à-dire l'économie du temps et des frais d'apprentissage, le développement de l'habileté professionnelle et la possibilité pour chacun de suivre ses goûts et d'utiliser ses aptitudes. Les deux premières causes agissent même ici avec d'autant plus de force qu'on peut se contenter d'apprendre et de pratiquer une partie d'un métier et non un métier complet. L'ouvrier peut donc acquérir rapidement une connaissance approfondie des procédés de travail, des *tours de mains*. S'il est intelligent, il aperçoit les perfectionnements possibles ; aussi avons-nous constaté déjà que beaucoup d'inventions mécaniques sont dues à de simples ouvriers.

En outre, la division des tâches permet d'employer des individus qui, sans elle, trouveraient difficilement à s'occuper d'une façon suivie. Les femmes et les enfants, par exemple, chargés de travaux qui leur conviennent, rendent aujourd'hui de grands services dans les manufactures.

On évite aussi des pertes de temps, l'ouvrier n'ayant pas à passer d'une occupation à une autre, et les outils sont constamment utilisés, au lieu qu'avec le travail complexe, les uns chôment nécessairement pendant qu'on se sert des autres.

Enfin, la division des tâches permet d'utiliser des machines. La machine en effet ne peut exécuter que des tâches très simples, qu'elle répète indéfiniment ; c'est donc seulement à la condition de décomposer le travail qu'on peut découvrir les occasions d'en faire emploi. Nous verrons prochainement, comment à leur tour les machines favorisent les progrès de la division des tâches.

Limites au développement de la division du travail. — Les progrès de la division du travail dépendent essentiellement dé deux conditions : la densité de la population et la possibilité de produire le même objet par grandes quantités.

1º Le plus ou moins de densité de la population influe d'abord sur la division des professions, parce que la variété des besoins à satisfaire en dépend. Il est clair que les besoins sont d'autant plus variés dans une société que les individus y sont plus nombreux, et, comme il serait absurde de se livrer à la fabrication d'un produit qui n'aurait pas de consommateurs, le nombre des professions se trouve limité par celui des besoins ressentis. — La division des tâches est également limitée par la densité de la population, parce que la quantité d'objets de chaque espèce à produire varie avec le nombre des hommes. Dans l'atelier, en effet, il faut diviser les tâches de manière à occuper chaque ouvrier pendant tout le temps du travail ; si donc la consommation ne réclame, par exemple, que 48,000 épingles par jour et qu'un seul ouvrier puisse les aiguiser en une demi-journée, il faudra bien charger cet ouvrier d'une autre tâche, sous peine de le laisser perdre son temps.

2° La même considération explique que la division des tâches puisse être perfectionnée quand on peut fabriquer un même objet par grandes quantités. La concentration des entreprises produit, à cet égard, le même résultat que l'augmentation des besoins. Si, en effet, quatre manufactures se partagent la fabrication de 192,000 épingles par jour, les besoins à satisfaire ne sont pour chacune que de 48,000, tandis que si une seule peut se charger de toute la besogne, elle aura à répondre à une demande quadruple. Elle sera plus à l'aise pour ses arrangements intérieurs ; la limite à la division des tâches se trouvera reculée.

On se tromperait donc si, en présence de l'augmentation de productivité qui résulte de la division du travail, on croyait l'homme en possession d'un moyen lui permettant d'augmenter indéfiniment sa puissance industrielle. A tout instant, il y a des limites qu'il ne peut franchir ; mais ces limites peuvent être reculées. Nous montrerons prochainement combien elles l'ont été depuis un siècle, grâce au perfectionnement des moyens de transport, à la rapidité d'accumulation des capitaux et à l'invention des machines.

Nombreuses applications de la division du travail. — La division du travail n'a pas lieu seulement entre les individus : nous la verrons dans un instant s'opérer entre nations.

Elle n'est pas non plus bornée aux efforts qui tendent directement à produire des richesses. Le savant, par exemple, découvre les lois de la nature, les propriétés des corps, mais c'est le plus souvent un autre que lui qui, du principe mis en lumière, tire l'application pratique. Et entre les savants eux-mêmes, ne se fait-il pas sans cesse une division du travail que dénonce la distinction des diverses sciences ? C'est donc un phénomène d'ordre général que l'on retrouve dans toutes les manifestations de l'activité humaine.

Lire dans les *Extraits* :

Adam Smith : Heureux effets de la division du travail pour l'industrie et pour la société (p. 101).

§ 3.

RÉSULTATS GÉNÉRAUX DE L'ORGANISATION DU TRAVAIL.
L'INDUSTRIE

Programme officiel : L'industrie. — Classification des industries.
Le commerce.

L'Industrie. — Pris dans son sens le plus large, le mot *industrie* s'applique à l'ensemble des travaux directement productifs ; aussi avons-nous dit que ces travaux portent le nom de Travaux Industriels[1].

Dans un sens restreint, le mot *industrie* désigne une catégorie seulement de ces mêmes travaux.

Ainsi, de même qu'on distingue la *science*, synthèse générale de nos connaissances, et *les diverses sciences*, branches de ces connaissances, on distingue l'*industrie* et *les diverses industries*.

L'expression dont nous nous occupons reçoit même une troisième acception. On l'emploie souvent pour désigner conjointement toutes les branches de la production autres que l'agriculture. C'est ainsi que l'on oppose parfois le développement de l'*industrie* au progrès de l'*agriculture*, et que l'on dit d'un peuple qu'il est plutôt *agricole* qu'*industriel*.

Il pourra paraître regrettable qu'un même mot ait ainsi des significations diverses : en réalité, l'inconvénient n'est pas grand, le sens général de la phrase qui contient ce mot suffisant presque toujours à empêcher toute confusion.

CLASSIFICATION DES INDUSTRIES. — Si l'on s'attache à la nature des services qu'ils nous rendent, on peut ranger les divers travaux industriels dans les cinq groupes suivants :

1° INDUSTRIES EXTRACTIVES. — Ce sont celles qui, par des procédés divers, extraient du sein de la nature, mais sans modifier leur structure intime, des substances utiles à l'homme : telles sont la pêche, la chasse, la cueillette des fruits spontanés, l'exploitation des bois, des mines et des carrières.

---

1. Voy. p. 33.

2° Industrie agricole. — Elle s'adresse aussi à la terre pour produire des substances utiles, mais c'est au moyen de métamorphoses que l'homme dirige, grâce à la connaissance acquise par lui des lois de la vie végétale et animale.

3° Industries manufacturières. — Leur rôle est de transformer les matières premières que nous procurent les industries extractives et agricole. C'est dans ce groupe que l'on rencontre les variétés les plus nombreuses : Entreprises de constructions, Établissements métallurgiques, Fabriques de tissus, de produits alimentaires, de monnaies, de bijoux, etc.

4° Industrie commerciale. — Le commerce assure le fonctionnement des échanges, également indispensable à la production et à la consommation des richesses. Recevant les marchandises des mains du producteur, le commerçant se charge de les conserver et de les mettre à la disposition du consommateur.

5° Industrie des transports. — Ce groupe comprend toutes les industries qui, par les procédés les plus variés, en se servant de la mer, des fleuves, des canaux, des routes, des voies ferrées, rendent aux hommes le service de faciliter leurs déplacements, et augmentent l'utilité des choses en les rapprochant de ceux qui les demandent.

Nécessité d'un développement proportionnel simultané des diverses industries. — Il est aisé de voir que toutes ces industries ne sont pas indépendantes les unes des autres.

D'une part, elles coopèrent à la même œuvre : les industries extractives et agricole fournissent les matériaux que les industries manufacturières mettent en œuvre, et les industries du commerce et des transports jouent le rôle d'intermédiaires grâce auquel les échanges et les déplacements nécessaires s'accomplissent. Dans leur ensemble, elles forment donc une sorte de filière par laquelle toute marchandise doit passer avant de servir à la satisfaction de nos besoins.

D'autre part, c'est seulement grâce aux services qu'elles se rendent mutuellement que chacune d'elles peut recruter un personnel disposé à lui consacrer uniquement toute son activité. L'ouvrier des manufactures a besoin que l'agriculture lui fournisse des aliments, et l'ouvrier agricole s'en remet aux fabriques de drap du soin de lui procurer des vêtements ; le voiturier compte sur les industries extractives pour produire le charbon avec lequel il se chauffera ou fera fonctionner sa locomotive, et la compagnie minière sait que les chemins de fer sont là pour transporter ses produits dans les centres de consommation, etc.

C'est assez dire que la régularité du mouvement économique exige que les diverses industries se développent constamment d'une façon proportionnelle. Si un grand nombre de travailleurs se portait tout à coup vers l'une d'elles de façon à augmenter son rendement sans qu'un progrès correspondant se fît sentir dans les autres, l'équilibre indispensable se trouverait rompu ; le travail cesserait d'être convenablement organisé. Une partie des produits obtenus serait alors inutilisable, la société éprouverait une perte sèche et sa puissance productrice serait diminuée.

Le commerce et les transports. — La constatation de ces vérités évidentes met en singulière lumière l'importance du rôle de l'industrie commerciale et de son auxiliaire l'industrie des transports. Si elles n'existaient pas, en effet, ou si elles étaient peu développées, l'obligation de manufacturer les matières premières pour en faire des produits achevés, et la nécessité de maintenir un équilibre constant entre les travaux d'extraction et ceux de transformation, opposeraient les plus graves obstacles aux progrès de l'organisation industrielle.

Il faudrait d'abord que chaque manufacture se plaçât à proximité de l'entreprise extractive ou agricole qui lui fournit les matières premières. Quelques-unes pourraient se trouver dans un grand embarras, les établissements métallurgiques par exemple, qui, ayant également besoin de charbon et de minerais métalliques, seraient obligés de choisir entre le voisinage des houillères et celui des mines de fer, de cuivre, d'étain, etc.

Chaque industrie serait en outre obligée de rester, autant que possible, à la portée des consommateurs. Chaque ville s'efforcerait de développer à proximité de son marché l'ensemble complet de toutes les branches de la production. On y renoncerait sans doute pour les industries que l'absence de certains agents naturels rendraient impraticables, mais ce ne serait qu'à regret, puisqu'il faudrait faire venir de loin, difficilement et à grands frais, les produits qui feraient ainsi défaut.

En un mot, l'organisation industrielle, au lieu d'obéir aux indications de la nature, de suivre les agents naturels dans leur distribution, se verrait dominée par des nécessités de voisinage. Comment dans de pareilles conditions la production serait-elle abondante ?

Heureusement, grâce aux industries du commerce et des transports, c'est à un tout autre spectacle que nous assistons.

Dans un même pays, chaque région a ses industries de prédilection dont les conditions naturelles favorisent le développement. En France, par exemple, certains départements cultivent presque exclusivement la vigne, d'autres le blé, tandis que quelques-uns se livrent surtout à l'élevage du bétail. — La Normandie, qui reçoit des cotons et des laines par le Havre et la Seine, est couverte de filatures et de tissages, tandis que certains départements du Nord, qui produisent de la houille et des betteraves, groupent sur leur sol les industries métallurgiques et sucrières. Il n'importe : où qu'ils soient obtenus, les produits transportés à peu de frais iront retrouver le consommateur.

Ce groupement des industries par région n'a pas seulement l'avantage de permettre un meilleur emploi des dons de la nature; mettant en relations suivies les chefs et les ouvriers d'entreprises analogues, il facilite le perfectionnement des procédés, permet la généralisation rapide des progrès de la technique industrielle et développe l'habileté par le stimulant de l'émulation. Il évite aussi aux commerçants de grandes pertes de temps et des déplacements continus, en leur offrant centralisés les produits des industries similaires.

Il y a plus : cette division du travail que l'on observe entre les diverses régions d'un même pays, le commerce et les transports en permettent l'organisation entre les nations. Chaque peuple a aujourd'hui certaines spécialités qu'il développe largement, sauf à demander aux autres pays, par la voie de l'échange, les produits qu'il aura négligés. Deux exemples suffiront pour montrer jusqu'où de pareils arrangements peuvent s'étendre. L'Angleterre produit à peine la moitié du blé qu'elle consomme; mais les manufactures lui fournissent amplement de quoi acheter ce qui lui manque. L'Amérique produit le coton en telle quantité que son industrie manufacturière, relativement peu développée, n'en transforme qu'une faible portion en produits achevés; mais les peuples de l'Europe lui viennent en aide et c'est ainsi que l'on voit l'Angleterre, la France, l'Allemagne, la Belgique, etc., consacrer chaque année des forces immenses à manufacturer un produit de la terre qu'elles ne pourraient songer à tirer, dans des conditions rémunératrices, de leur propre sol.

Ces faits n'impliquent nullement que les homme soient dispensés de maintenir un équilibre constant entre les diverses branches de la production. Mais, grâce aux industries du commerce et des transports, il n'est plus nécessaire que cet équilibre se trouve réalisé dans chaque région ou même sur le territoire de chaque nation. Il suffit qu'il le soit dans l'ensemble du monde. — Les relations des peuples en deviennent plus étroites et l'industrie peut s'organiser dans les conditions les plus favorables au développement de sa productivité.

Productivité des diverses industries. — Il est d'autant plus intéressant de constater l'importance du rôle rempli par l'industrie commerciale et par celle des transports, qu'on a voulu leur refuser le caractère d'industries productives. Mettre la marchandise à la disposition du consommateur ou la transporter d'un endroit dans un autre, a-t-on dit, ce n'est pas la transformer. Il y a là une erreur : ces industries opèrent une transformation de la chose par rapport à l'homme, une transformation subjective si l'on veut. La chose qui est à notre disposition n'est pas pour nous la même que celle qui est loin de nous. Elle jouit à un plus haut degré de la qua'ité de nous être utile; or, nous avons vu qu'il y a production de richesse chaque fois qu'un objet matériel et approprié est rendu utile ou *plus utile* qu'il ne l'était antérieurement.

Ceux qui refusent le caractère productif aux industries du commerce et des transports devraient d'ailleurs, en bonne logique, le refuser aussi aux industries extractives. Ils ne le font pas parce que ce serait absurde, et pourtant l'ouvrier qui extrait la houille de la mine ne lui fait subir aucune métamorphose, il la déplace seulement, l'arrachant au sol pour l'amener au dehors.

Tout ce que l'on peut dire, c'est, qu'à raison des liens de dépendance qui existent entre elles, les industries n'ont pas toutes une importance égale.

Les industries extractives et l'agriculture en ont une exceptionnelle parce qu'elles sont indispensables à l'existence des autres. Elles fournissent les matières premières qui servent à toute production. Sans elles la vie serait impossible.

Les industries manufacturières, qui transforment ce que leur livrent les précédentes, ne viennent qu'en second ordre. A l'extrême rigueur, bien que ce soit difficile à concevoir, l'homme pourrait vivre sans elles, mais il vivrait seulement, il ne se développerait pas. En réalité les progrès de la civilisation les ont rendues indispensables. Nous leur devons d'abord une préparation des objets de première nécessité dont l'habitude nous a mis dans l'impossibilité de nous passer, puis la satisfaction des besoins de bien-être et tous les raffinements du luxe.

Viennent enfin les industries du commerce et des transports. Si considérables que soient les services qu'elles nous rendent, ils sont moins essentiels que ceux des trois premiers groupes d'industries. Un retard dans leur développement n'empêcherait pas nécessairement la civilisation d'atteindre un niveau très élevé. Privée de leur intermédiaire, la production serait entravée, mais non pas rendue impossible. Elles permettent, en un mot, de perfectionner l'organisation du travail; elles ne sont pas absolument indispensables à cette organisation.

Dangers d'un développement excessif du commerce et des transports. — Il résulte de ce que nous venons de dire qu'il est très important pour une société de ne pas consacrer une portion excessive des forces productives dont elle dispose aux industries du commerce et des transports, car ce ne pourrait être qu'au détriment des trois premiers groupes, et il serait absurde de prétendre perfectionner l'industrie en commençant par l'affaiblir.

Pour le commerce, le danger peut venir du nombre des intermédiaires de toute sorte, commerçants en gros, commissionnaires, courtiers, représentants de commerce, marchands au détail, entre les mains desquels la chose passe avant d'arriver du producteur au consommateur. Comme chacun de ces intermédiaires fait payer ses services, leur trop grand nombre est un mal qui se traduit par une élévation du prix de revient de la marchandise. En France, par exemple, on compte un commerçant sur dix habitants, ce qui est évidemment une proportion trop élevée. — C'est surtout le commerce de détail qui prête à ces excès. A Paris, par exemple, on a constaté, dans ces dernières années, que le prix du pain restait stationnaire ou même augmentait, alors que le prix du blé tendait à baisser. La hausse des salaires payés aux ouvriers boulangers explique ce fait en partie, mais non pas complètement. Il est dû aussi à l'accroissement exagéré du nombre des boulangeries et au luxe excessif des installations.

Il semble que l'industrie des transports soit à l'abri de pareils abus. Pourtant, si l'on construit des lignes de chemins de fer dans des régions dont le trafic est trop restreint pour indemniser des frais d'établissement, d'entretien et d'exploitation, si l'on creuse des canaux inutiles, si l'on multiplie à l'excès les ports de mer, etc., on arrive au même résultat : enlever aux industries extractives, agricoles et manufacturières, des capitaux et des bras qu'elles pourraient utiliser et les employer en perfectionnements dont elles ne profiteront pas.

L'observation que nous présentons n'est pas, d'ailleurs, absolument spéciale au commerce et aux transports. Toute industrie peut prêter à des critiques semblables. Si, par exemple, dans une mine, dans une manufacture ou dans une ferme, on emploie dix ouvriers pour un travail que huit pourraient accomplir, il y a évidemment gaspillage des forces productrices, le travail est mal organisé.

Mais l'inconvénient, en pareil cas, ne tarde pas à se corriger de lui-même. La mine, la fabrique ou l'exploitation qui emploie trop d'ouvriers, produisant trop chèrement, ne peut soutenir la concurrence des autres où les tâches sont mieux réparties ; elle succombe ou se réforme. Ainsi, pour les industries extractives, agricoles et manufacturières, le mal ne peut guère se généraliser. Il n'en est pas de même pour le commerce ni pour l'industrie des transports. Pour le commerce, les habitudes prises peuvent s'opposer pendant un long temps aux réformes désirables. Nous en avons actuellement la preuve dans les plaintes inconsidérées que suscite l'organisation des grands magasins. Ils rendent cependant le service de simplifier les rouages commerciaux en réunissant le commerce de gros et le commerce de détail. — Quant aux moyens de transport, des idées économiques fausses au sujet des services qu'on peut attendre de leur développement, risquent d'entraîner mal à propos une nation à de grandes dépenses sur lesquelles on ne peut plus revenir une fois qu'elles ont été faites.

Lire dans les *Extraits* :

Condillac : Productivité de l'industrie (p. 87).
Montesquieu : Utilité de l'industrie (p. 43).

CINQUIÈME LEÇON

---

§ 4

EFFETS DES INVENTIONS SUR L'ORGANISATION ET SUR LA PRODUCTIVITÉ DU TRAVAIL. LES MACHINES — LA GRANDE PRODUCTION

Programme officiel : Organisation du travail (*suite*). — L'industrie (*suite*).

Instabilité de l'organisation industrielle. — L'organisation du travail et la distribution des industries dans une société ne sont jamais définitives. Elles varient avec les conditions économiques. — Sans doute, la force des habitudes tend à maintenir les arrangements adoptés, et, tant qu'aucune cause nouvelle n'entre en jeu, ce qui était continue d'être; mais dès qu'un intérêt sérieux sollicite un changement, un mouvement se dessine et, au bout d'un certain temps, un équilibre nouveau s'est établi.

Quinze ou vingt ans ne s'écoulent guère sans apporter de grands changements dans les groupements des industries sur le territoire d'un même pays, et dans les rapports des peuples entre eux, si les modifications sont moins fréquentes, il s'en fait pourtant de considérables. Quand l'Amérique, par exemple, possédera assez de fabriques pour transformer elle-même en tissus le coton que produit son sol, il faudra bien qu'en Europe on occupe à autre chose une partie des bras et des capitaux qu'absorbent aujourd'hui les filatures. A ce moment, une modification plus ou moins profonde, s'opérera dans notre organisation industrielle. — Mais c'est surtout dans l'organisation intime de chaque industrie qu'une grande mobilité est nécessaire, car cette mobilité est presque toujours indispensable pour que les inventions soient mises à profit. Quand, par exemple, les découvertes de l'ingénieur Bessemer eurent transformé la technique de la fabrication des aciers, il fallut bien, dans les fabriques d'acier, modifier la distribution des tâches entre les ouvriers, puisque les opérations à effectuer n'étaient plus les mêmes.

Les machines. — La grande production. — De toutes les découvertes de l'homme, aucune n'a eu sur l'organisation du travail et sur sa productivité autant d'influence que l'invention des machines.

On appelle ainsi des engins qui se distinguent de l'outil (instrument simple, tenu ou manié par l'homme) en ce qu'ils sont mus par les forces naturelles. Toutes les civilisations en ont imaginé au moins quelques-unes : les moulins à vent et à eau par exemple. Mais c'est seulement au cours du xix° siècle que ces engins ont pris dans la production l'immense place qu'ils y occupent aujourd'hui. L'invention de la machine à vapeur, à la fin du siècle dernier, a mis à la disposition de l'homme une force naturelle puissante qu'il peut susciter à sa volonté. Des combinaisons ingénieuses en ont multiplié les applications, et l'industrie a désormais à son service des machines nombreuses et variées, assez puissantes pour qu'une seule d'entre elles suffise à mettre en mouvement des centaines d'organes opératoires imités des outils manuels de l'homme, tels que fuseaux, navettes, poinçons, etc.

Que la productivité de l'industrie en ait été augmentée, il est à peine besoin de le démontrer. On a souvent comparé la machine à un esclave travaillant à la place de l'homme, sous sa direction : encore faut-il ajouter que cet esclave fait preuve dans l'exécution de sa tâche d'une puissance, d'une précision et d'une rapidité dont son maître serait incapable. Sans doute, les machines ne travaillent pas gratuitement ; il faut les fabriquer, les entretenir et les alimenter ; de nombreux ouvriers et d'immenses capitaux sont exclusivement employés à produire les métaux et la houille nécessaires à ces monstres. Mais, quelles que soient les défalcations à faire, les services rendus restent considérables.

Or, ces services, les machines n'ont pu les rendre sans entraîner des modifications profondes dans l'organisation du travail :

1° D'une part, la puissance de leur action a rendu moins utile, partant plus rare, la combinaison que nous avons désignée sous le nom de *travail combiné*[1]. Pour reprendre les exemples présentés à son occasion, le câble de halage est aujourd'hui remplacé, dans

1. Voy. p. 39.

la plupart des cas, par le remorqueur et les matériaux de construction sont hissés par une grue à vapeur et non plus à force de bras.

2° Mais, d'autre part, l'emploi de machines puissantes entraînant de grands frais, les entreprises de dimensions moyennes se sont souvent trouvées dans l'impossibilité d'en user. Elles ont alors cédé la place à une organisation nouvelle. De grandes entreprises se sont fondées qui disposent, grâce le plus souvent à l'association, de capitaux abondants, réunissent sous les ordres d'un directeur un personnel nombreux et mettent en œuvre l'outillage le plus perfectionné. Nous avons ainsi assisté, depuis cinquante ans surtout, à une évolution très marquée vers la *grande production*.

Avantages de la grande production. — Ce mouvement n'a pas seulement permis d'utiliser les engins les plus puissants; il a encore contribué à augmenter la productivité du travail, grâce à certains avantages inhérents à la grande production.

1° Elle permet d'abord une plus parfaite distribution des tâches, car elle recule l'une des limites que rencontre la division du travail dans l'atelier. Nous renvoyons sur ce point nos lecteurs aux explications précédemment fournies[1].

2° Elle tend à élever le niveau intellectuel du personnel chargé des fonctions de direction.

Dans la petite industrie, en effet, celui qui possède un capital suffisant devient naturellement patron. Dans les grandes entreprises, au contraire, le capital étant le plus souvent constitué au moyen d'une association, le directeur est un agent salarié, choisi par les associés à raison de sa capacité.

D'ailleurs, en diminuant le nombre des chefs, la grande production rend aisé de les mieux choisir ; et en permettant de les rétribuer largement elle attire à elle des hommes de talent.

3° La production en grand procure encore une grande économie sur les frais d'installation, car une grande usine ne coûte pas dix fois plus à construire que dix petites, sa construction exigeant moins de terrain et de matériaux de toute espèce.

4° Elle permet enfin une économie analogue sur les frais généraux.

On appelle ainsi la portion des dépenses qui ne concernent pas la fabrication proprement dite, et qui restent à peu près les mêmes, quelle que soit l'activité de la production. Or, un mécanicien suffira peut-être pour une grande machine comme pour une petite; un comptable tiendra les livres d'une manufacture occupant 400 ouvriers aussi bien que si elle n'en employait que 50; le loyer pour

1. Voy. p. 43.

une filature de 100.000 broches ne sera pas dix fois plus élevé que celui d'une filature de 10.000 broches, etc.

Ces avantages expliquent l'évolution dont nous parlions tout à l'heure. L'invention des machines en fut le point de départ, mais le mouvement ne s'est pas arrêté aux industries qui les utilisent : il a gagné de proche en proche et s'est étendu même à des entreprises qui n'emploient pas ou presque pas les machines. C'est ainsi que, dans certaines branches de l'industrie commerciale, les grands magasins se sont substitués à la foule des détaillants.

Critiques dirigées contre les machines et la grande production. — Aux avantages, il est juste d'opposer les inconvénients. L'organisation industrielle moderne, qui fait une si large place aux machines, à la grande production, et à l'extrême division du travail, n'est pas sans en présenter quelques-uns, mais dont on a singulièrement exagéré la gravité.

Presque toutes les machines, à leur apparition, ont soulevé les protestations, souvent violentes, de la classe ouvrière. Il n'est pas besoin de remonter bien haut pour accumuler les exemples.

Au XVIᵉ siècle, l'introduction d'une machine à tisser les rubans suscite une émeute, le magistrat « la supprime et fait étouffer ou noyer l'inventeur ». La même machine est interdite à Leyde, en 1629. Une autre est prohibée dans toute l'Allemagne en 1685. La première machine à eau pour tondre la laine est réduite en cendres en 1758. A la fin du siècle dernier, le parlement anglais est accablé de pétitions dénonçant les machines à carder, inventées par Arkwight. Pendant les quinze premières années du XIXᵉ siècle, les ouvriers anglais, groupés sous le nom de *Luddistes*, détruisent de nombreuses machines à vapeur dans les districts manufacturiers de la Grande-Bretagne. Enfin, les noms de Jacquart, de Heargreaves, d'autres encore, rappellent des souvenirs semblables.

De pareils excès sont sans doute moins à craindre de nos jours, au moins dans les pays les plus avancés, mais les préjugés n'ont pas disparu. Il s'est trouvé des économistes distingués, dont le plus célèbre est Sismondi, pour dresser le procès en règle des machines et de la grande production, et leurs arguments, repris par les socialistes, servent aujourd'hui de thème aux déclamations contre notre organisation industrielle.

1° On reproche d'abord aux machines de priver l'ouvrier de son salaire. Travaillant à la place de l'homme, dit-on, elles chassent la main-d'œuvre de l'atelier où elles pénètrent. Là où dix hommes étaient occupés auparavant, il n'en faut plus que deux, la machine remplaçant les huit autres. Montesquieu tenait déjà un raisonnement semblable : « Les machines, disait-il, dont l'objet est d'abréger l'art, ne sont pas toujours utiles. Si un ouvrage est à un prix médiocre et qui convienne également à celui qui l'achète et à l'ouvrier qui l'a fait, les machines qui en simplifieraient la manufacture, c'est-à-dire qui diminueraient le nombre des ouvriers, seraient pernicieuses... »

Il serait exagéré de déclarer ces craintes absolument vaines.

La machine, si elle est introduite brusquement dans l'industrie, peut, en modifiant les arrangements antérieurs, froisser quelques intérêts particuliers. Un certain nombre d'ouvriers, incapables d'un nouvel apprentissage, peuvent se trouver éliminés. Il se peut même que, dans son ensemble, la demande de bras soit diminuée pendant quelque temps. Au moment où, à la fin du xviiie siècle et au début du xixe, la découverte des premières machines révolutionna l'industrie anglaise, la classe ouvrière subit de cruelles souffrances. Mais ces souffrances furent et devaient être passagères. Le bon marché des marchandises, résultat de l'emploi des machines, en habituant à une consommation plus grande, permit bientôt d'accroître la production. Les ateliers s'agrandirent et se multiplièrent, le concours des ouvriers devint plus nécessaire que jamais et le taux des salaires s'éleva au moment même où l'abondance des produits rendait la vie moins coûteuse. La crise n'avait été qu'un mal passager pour un grand bien ; encore cette crise avait-elle été tout à fait exceptionnelle. Il ne peut plus être question de nos jours de bouleverser de fond en comble l'organisation industrielle : les inventions ne portent plus que sur des perfectionnements de détail. Or ces perfectionnements, pour se généraliser, rencontrent de grandes résistances. Pendant longtemps, l'ancien outillage peut lutter sans trop faiblir : c'est graduellement que les réformes s'accomplissent, et l'ouvrier en profite sans avoir commencé par en souffrir.

2° Les contempteurs des machines et de la grande production leur ont encore reproché d'être incompatibles avec le développement physique, intellectuel et moral de l'ouvrier.

Avec son développement physique. — A raison de l'entassement des travailleurs dans les ateliers, au milieu d'une atmosphère surchauffée et viciée, et dans le bruit des machines.

Avec son développement intellectuel. — Parce qu'en réduisant chacun à une tâche infime, elles limitent les efforts de son intelligence qui finit par s'atrophier.

Avec son développement moral. — Parce qu'elles désorganisent la famille. En exigeant la présence de l'ouvrier à l'usine, dit-on, elles suppriment l'atelier domestique ; et surtout, en offrant, grâce à la simplification des tâches, de nombreux emplois aux femmes, elles enlèvent les mères de famille à leurs foyers, au ménage, à l'éducation des enfants. Privé des joies de la famille, exposé aux tentations, comment l'ouvrier ne tomberait-il pas dans la dissipation ?

De ces critiques, la dernière est la plus sérieuse; les autres ne le sont guère.

En reprochant aux grands ateliers de nuire à la santé de l'ouvrier, on oublie que la productivité exceptionnelle des grandes entreprises permet l'amélioration des installations, la diminution du temps de travail et l'élévation des salaires, toutes conditions propres à l'entretien des forces.

Le développement intellectuel, quoi qu'on dise, n'est pas moins favorisé, les machines débarrassant l'ouvrier des tâches les plus ingrates pour lui laisser surtout des fonctions de surveillance et de direction. Comme on l'a très bien dit, l'ouvrier des manufactures ne se préoccupe pas uniquement de sa tâche spéciale, « il assiste à une œuvre collective et le rapprochement entre le peu qu'il fait et l'importance de ce qui se fait autour de lui est propre à élever son esprit, à développer en lui le sentiment de la solidarité[1]. » Faut-il ajouter, qu'en groupant les ouvriers et en augmentant leurs loisirs, l'organisation nouvelle les met à même de s'instruire par des échanges d'idées et par l'étude ?

Le relâchement des liens de famille est au contraire une conséquence regrettable de cette organisation; mais il serait excessif de l'en rendre seule responsable. Bien avant l'invention des machines, les femmes travaillaient dans les manufactures. Le mal vient en réalité de l'insuffisance des salaires du chef de famille, et c'est des progrès mêmes de la production qu'après une période transitoire on peut en espérer la suppression.

3° Enfin le régime industriel moderne a été accusé d'aggraver le danger des crises commerciales en poussant les chefs d'entreprises à produire à l'excès, sans se préoccuper des demandes correspondantes des consommateurs. Munis de machines puissantes, occupant de nombreux ouvriers, ils accumulent, dit-on, les produits sans mesure jusqu'au moment où, ne trouvant plus d'acheteurs, ils succombent en provoquant des désastres autour d'eux.

Il est incontestable que de pareils faits ne sont pas rares. On ne peut nier que les crises économiques, quand elles éclatent, ne soient plus graves aujourd'hui qu'autrefois. Mais qui s'en étonnera ? Plus un instrument est puissant, plus il est dangereux d'en mésuser. Renoncera-t-on pour cela aux services qu'il peut rendre ? Il serait d'ailleurs injuste d'oublier que, dans la plupart des cas, les machines et la grande production contribuent à adoucir, pour la classe la plus intéressante, la classe ouvrière, les effets de ces crises. Le chef d'une entreprise moyenne et qui n'emploie que des outils peu coûteux, n'hésitera pas, en présence d'une crise grave, à suspendre la production et à congédier son personnel. Un grand entrepreneur

---

1. M. Cauwès. *Précis d'Écon. polit.*, t. I, p. 230.

ne peut agir aussi librement. Il lui faut tout au moins conserver ses ouvriers d'élite, ceux qui forment le cadre de son organisation. Il sera moins maître encore de ses actions s'il emploie des machines, car celles-ci représentent un capital considérable qu'il est difficile de laisser inactif et qui, d'ailleurs, se détériore dès qu'on cesse de l'entretenir. Le travail sera donc ralenti, mais non pas supprimé, et les ouvriers traverseront la phase difficile sans en souffrir à l'excès.

En résumé, si l'emploi des machines et l'organisation de la grande production ne sont pas exempts d'inconvénients, ceux qu'ils présentent sont en général transitoires et bien moindres qu'on ne l'a voulu dire. Il serait évidemment absurde de prétendre obliger l'humanité à sacrifier, pour les éviter, ses plus belles conquêtes industrielles : les socialistes eux-mêmes reculent devant cette conséquence logique de leurs critiques.

L'effet des inventions n'est pas égal dans toutes les industries. — Nous avons, jusqu'ici, montré les effets des inventions sur la productivité et sur l'organisation du travail, sans distinguer entre les industries. Le tableau que nous avons tracé n'est donc exact qu'à titre d'aperçu général. Si l'on veut préciser davantage, il faut examiner successivement ce qui se passe dans chacune des branches de la production. On relève alors, entre certaines d'entre elles, d'importantes différences, les inventions n'y développant pas la puissance productive avec une égale force et l'organisation du travail n'y paraissant pas susceptible des mêmes transformations.

1º LES INDUSTRIES MANUFACTURIÈRES, DU COMMERCE ET DES TRANSPORTS, forment un premier groupe remarquable par ses aptitudes à profiter largement des inventions et à se plier à toutes les exigences dans la distribution des tâches. C'est à la nature de leurs opérations qu'elles doivent ces précieux avantages.

a) Ayant à transformer des matières premières déjà tirées du sol, ou bien à échanger et à transporter les richesses produites, elles sont à peu près maîtresses du temps et de l'espace. Rien ne s'oppose, en général, à ce qu'elles choisissent leur emplacement, à ce qu'elles s'étendent ou croissent en nombre autant qu'il est nécessaire. Rien non plus ne les empêche de se livrer au travail sans interruption et de répéter un nombre indéfini de fois les mêmes actes. Elles peuvent donc, en quelque sorte, multiplier à leur gré les avantages que procure une invention, jusqu'à ce que les demandes des consommateurs soient entièrement satisfaites.

Supposons, par exemple, qu'une manufacture, employant aujourd'hui les procédés les plus perfectionnés, fournisse des tissus à 10 francs le mètre et qu'elle en vende à ce prix 100,000 mètres par an. Si demain une invention permet d'abaisser à 5 francs le prix de vente, le nombre des amateurs de tissus augmentera ; au lieu de 100,000, c'est peut-être 400,000 mètres qui seront demandés. Eh bien, rien n'empêche que ces 400,000 mètres soient produits. D'abord, dans la fabrique supposée, on peut fabriquer à l'aide des nouveaux procédés, et sans interruption, autant de mètres que la durée de la journée de travail le permettra. Si cela ne suffit pas, la fabrique peut s'agrandir. Si elle ne peut s'agrandir assez, d'autres seront fondées, jusqu'à ce qu'on ait tiré de l'invention nouvelle tout le parti dont elle est susceptible. Il n'y a d'autres limites que les demandes des consommateurs.

De même, dans l'industrie des transports, rien n'empêche une compagnie de chemin de fer de multiplier les locomotives et les wagons, de lancer plus de trains sur la même ligne, de construire au besoin des lignes nouvelles. Et, pour le commerce, l'extension incessante des grands magasins et l'accroissement de leur nombre sont des faits du même ordre.

b) La distribution des tâches ne trouve pas moins de latitude dans ces industries. Sous la seule condition de former leur personnel aux fonctions nouvelles qui vont lui être confiées, elles peuvent prendre tous les arrangements nécessaires pour l'application des perfectionnements. La nature ne leur oppose aucun obstacle. Dans une manufacture, dans un grand magasin, dans une compagnie de chemin de fer, on peut, si la puissance de l'outillage ou l'étendue de la clientèle l'exige, diviser le travail entre des milliers d'ouvriers aussi bien qu'entre trente ou quarante.

Ces raisons expliquent pourquoi les manufactures et les entreprises de transport ont tiré si bon parti des machines, pourquoi ces mêmes entreprises et l'industrie commerciale ont poussé si avant l'organisation de la grande production. Dans l'évolution qui s'est opérée depuis le commencement du siècle, et surtout depuis cinquante ans, elles tiennent incontestablement la tête. Nous rappelions, il y a un instant, l'existence des grands magasins, des compagnies de chemin de fer ou de navigation ; des faits aussi importants s'observent dans les manufactures : l'industrie cotonnière n'en est plus à compter les filatures de 120,000 et même de 200,000 broches et, parmi les établissements métallurgiques, il en est, comme le Creuzot, qui mettent en œuvre des dizaines de mille chevaux vapeur et groupent autour d'eux toute une population d'ouvriers.

Ce n'est pas à dire que, même dans ces trois groupes d'industries la petite production doive jamais disparaître. Parmi les positions qu'elle occupe encore, il en est sur lesquelles elle pourra se maintenir.

Dans l'industrie manufacturière, la production en grand, qui se recommande par le bon marché de ses produits, reste inférieure pour les articles de goût et de luxe. A Paris, par exemple, où l'on fabrique surtout des objets, comme les *articles de Paris*, d'une conception fantaisiste et d'une exécution délicate, 60 p. 0/0 au moins des fabricants se contentent d'un ou de deux ouvriers seulement.

Pour l'industrie commerciale, si l'on doit s'attendre à voir diminuer encore le nombre des détaillants, il ne faut pas compter qu'ils disparaîtront. Il est bien des objets qu'on ne peut se passer d'avoir constamment à sa disposition dans son voisinage. D'ailleurs, les classes pauvres rompront difficilement avec l'habitude des achats aux petits magasins. Là où l'argent est rare et ne se trouve pas toujours à heure dite, on ne peut guère procéder à des approvisionnements réguliers dans de grands établissements, qui d'ailleurs n'accordent aucun crédit. Ces raisons sont si fortes que toutes les tentatives faites à Paris pour fabriquer et vendre le pain par grandes quantités ont échoué devant les résistances des petits ménages, sur le concours desquels on avait eu le tort de compter.

Enfin, quant à l'industrie des transports, ne faudra-t-il pas toujours que des entreprises aux proportions modestes se chargent de relier les petits centres de population aux grands courants de la circulation des richesses ?

Mais ce sont là des faits d'une portée secondaire qui ne doivent pas détourner l'attention du fait essentiel : l'extraordinaire aptitude des industries manufacturières, commerciale, et des transports à tirer pleinement parti des inventions et à modifier, dans ce but, jusqu'aux plus extrêmes limites, les attributions de leur personnel.

2° L'AGRICULTURE, au contraire, est de toutes les branches de la production celle à qui les inventions sont le moins profitables et où la division des tâches rencontre le plus d'obstacles.

a) Loin d'être maîtresse du temps et de l'espace, l'agriculture est, sous ce double point de vue, dans l'étroite dépendance de la nature. Quoi qu'elle fasse, il lui faut bien se soumettre aux lois du renouvellement des saisons, et quelqu'intérêt qu'elle ait à multiplier les exploitations, elle ne peut dépasser les bornes du territoire dont elle dispose. Toute invention en matière agricole est donc nécessairement limitée dans son effet, puisque, dans un temps donné, on ne saurait l'appliquer qu'un certain nombre de fois et sur une quantité de champs déterminée. Le progrès réalisé peut sans doute, même dans ces conditions, être considérable, mais il n'est pas susceptible d'une extension indéfinie.

b) La nature ne met pas moins d'entraves aux combinaisons concernant la répartition des fonctions entre les ouvriers agricoles. Un laboureur ne peut se spécialiser dans une tâche, comme le fait l'ouvrier des villes, sous peine de rester pendant de longs jours inoccupé. Chaque plante exigeant des soins dans une saison et n'en exigeant pas dans une autre, une exploitation agricole ne peut pas se consacrer uniquement à une espèce de culture et ne produire, par exemple, que du blé, comme une filature ne produit que des tissus. Il faut qu'elle réunisse plusieurs genres de culture et que chacun des ouvriers qu'elle emploie se livre à plusieurs sortes de travaux.

Aussi l'influence des machines et de la grande production sur les progrès agricoles a-t-elle été relativement médiocre.

Sans doute, les exploitations agricoles ont mis à profit les machines. On a imaginé pour elles des moissonneuses et des faucheuses mécaniques, des machines à labourer, à semer, à battre, etc. Tout cela est excellent, mais l'emploi en restant borné par la force des choses, on a seulement perfectionné le travail agricole, on ne l'a pas révolutionné comme on a révolutionné l'industrie.

La grande production, elle aussi, a reçu des applications en agriculture. On peut citer de grandes fermes, de vastes installations qui ont donné de bons résultats. Mais elles restent rares, et c'est encore une question discutée que de savoir si la petite culture ne doit pas être préférée à la grande.

En réalité, c'est à d'autres arrangements, à d'autres inventions aussi que l'agriculture doit surtout les progrès qu'elle a faits depuis un siècle. Elle s'est efforcée de mettre à profit les enseignements de la science, en modifiant ses procédés techniques. Connaissant les secrets de la germination des plantes, sachant, par exemple, ce que le froment, dans une culture d'un hectare, doit pouvoir absorber d'azote (54 k. 6), d'acide phosphorique (26 k. 4), de potasse ou de soude (40 k. 3), de magnésie et de chaux (22 k. 7), elle analyse le sol et apprend à lui restituer, par des engrais bien choisis, les substances que la précédente moisson lui a enlevées. Elle sait encore, par la succession des cultures, donner aux terres le temps de se reconstituer à l'aide de l'eau et de l'atmosphère, ou même aider à leur reconstitution. Au blé, par exemple, dont la croissance coûte à la terre de grandes quantités d'azote, succédera le trèfle, qui emprunte cette même matière à l'atmosphère et dont les racines seront abandonnées dans le sol, etc. Grâce aux découvertes de ce genre, on a pu substituer à l'ancienne culture *extensive* une culture de plus en plus *intensive*, mais sans échapper, même dans les pays les plus avancés, aux obstacles qui fatalement ralentissent et limitent les progrès dans cette branche de la production.

3. ENFIN LES INDUSTRIES EXTRACTIVES occupent une situation intermédiaire entre les deux groupes que nous venons d'étudier. Elles aussi, dépendantes de la nature, sont empêchées par elle d'étendre à leur gré l'effet des inventions et de modifier en toute liberté l'organisation du travail; mais elles le sont bien moins que l'agriculture. — Au moins, cela est-il vrai des plus importantes, de celles qui extraient de la terre le charbon et les minerais métallurgiques.

Sans doute une découverte qui permettrait d'isoler à moindres frais le fer mêlé au sol, ou d'exploiter avantageusement des minerais jusque-là négligés comme trop peu riches serait limitée dans ses effets par le nombre et l'importance des gisements. Une machine nouvelle assurant avec économie l'assèchement des mines ne pourrait être appliquée qu'aux mines exploitées ou susceptibles de l'être. Enfin, la concentration des entreprises et la spécialité des tâches ne sauraient dépasser les bornes imposées par l'étendue de chaque mine ou de chaque gisement. Cependant la latitude reste assez grande. La division du travail surtout peut être poussée très loin grâce à l'ordinaire importance de pareilles exploitations. Les compagnies minières, par exemple, ont le plus souvent sous leurs ordres de véritables armées d'ouvriers. Ayant d'ailleurs, avant tout, besoin de procédés puissants, elles ont trouvé dans les machines les auxiliaires les plus précieux et ont ainsi profité, dans une large mesure, de la plus grande invention industrielle de l'homme.

De la rapidité d'accroissement de la productivité dans les diverses industries. — De l'étude théorique qui précède, que devons-nous conclure ?

L'humanité, dans son développement, est aux prises avec un grave problème. La civilisation se manifeste incessamment par une augmentation graduelle des besoins de toute espèce : d'une part, parce que l'homme civilisé éprouve plus de désirs que l'être primitif, d'autre part, parce que le nombre des hommes s'accroît sans cesse. — Il faut que la production suive une évolution semblable. S'il en était autrement, la civilisation s'arrêterait d'abord, puis la misère, se généralisant, entraînerait une rapide décadence.

Sommes-nous menacés de pareils maux ?

1° Pour les industries manufacturières, du commerce et des transports, aucune inquiétude n'est à concevoir. Le problème est dès aujourd'hui résolu : l'emploi des machines et l'organisation de la production en grand y étant susceptible d'une application indéfinie, on pourra constamment multiplier dans ces industries la force productive à mesure que le besoin s'en fera sentir. Sans doute il faudra pour cela qu'un travail constant augmente, dans les proportions convenables, les capitaux disponibles, et qu'on s'habitue de plus en plus à la pratique de l'association qui, en groupant les ressources, favorise la concentration des entreprises. L'homme ne pourra jamais prétendre augmenter la production sans prendre beaucoup de peine. Mais il ne rencontrera, venant de la nature, aucun obstacle au succès de ses efforts. Bien au contraire, il lui sera possible, à mesure qu'il poussera plus avant dans les voies indiquées, de réaliser une économie relative sur les frais de production. Plus, en effet, la division du travail se perfectionnera, plus fortement agiront les causes qui la rendent profitable. Pour doubler le produit dans les manufactures, par exemple, il n'est pas nécessaire de doubler le travail et le capital qu'elles mettent en œuvre, et une compagnie de chemin de fer n'est pas obligée de décupler le nombre de ses locomotives pour transporter dix fois plus de marchandises. Les industries manufacturières, des transports et du commerce en un mot, obéissent à une loi bienfaisante, la loi du *rendement plus que proportionnel*. L'équilibre nécessaire entre l'augmentation des besoins et celle des approvisionnements n'y sera donc pas mis en péril.

2° Mais ces industries, nous le savons, ne se suffisent pas à elles-mêmes. Si les matières premières venaient à manquer, à quoi nous serv'rait le développement des industries qui les transforment et les font circuler ? Sans doute, nous pourrions profiter de l'économie réalisée sur ces dernières pour consacrer plus de bras et de capitaux aux industries extractives et agricole. Mais cela fait, l'obstacle reparaîtrait bientôt et la population, continuant de croître, la décadence commencerait.

Il semble que ces dangers soient imminents. N'avons-nous pas constaté que les industries extractives et agricole se heurtent à la force naturelle des choses qui, en limitant pour elles l'effet heureux des inventions, rend leurs progrès lents et difficiles? D'éminents penseurs l'ont cru, en effet, et nous verrons plus tard à quelles théories désolantes cette conviction les a conduits.

Heureusement, il n'en est pas ainsi.

Pour les industries extractives, les limites à l'accroissement de la production resteront, pendant de longs siècles, à l'état purement théorique. C'est que nous sommes bien loin d'avoir entamé l'exploitation de toutes les mines et de tous les gisements que le sol renferme. Les quelques renseignements déjà fournis par nous[1] le démontrent surabondamment. Ces réserves, mises à notre disposition à mesure que la civilisation se répandra sur tous les points du globe, nous fourniront aisément les suppléments de rendement dont nous aurons besoin.

Il en est de même pour l'agriculture, bien qu'à un moindre degré. Sans doute on peut, dès aujourd'hui, entrevoir une époque où toutes les terres arables seront occupées et exploitées. Cependant, il en reste beaucoup en Amérique, en Asie, en Afrique, en Océanie, qui sont encore à l'état de terres vierges. En outre, il s'en faut bien que, même dans les pays les plus avancés, toutes les terres soient cultivées comme elles pourraient l'être. En France, par exemple, on calcule que, si les progrès accomplis dans le Nord s'étendaient au Midi, on obtiendrait un surcroît de récolte suffisant

1. Voy. p. 25.

pour que nous puissions nous suffire à nous-mêmes. Et si tout notre sol était traité par les procédés les plus perfectionnés de la culture intensive, ce n'est plus 37 millions d'habitants que notre agriculture nourrirait, c'est peut-être 90 ou 100 millions !

Ces constatations sont évidemment rassurantes. La marche normale des choses nous assure au moins deux ou trois siècles encore de parfaite sécurité. Pourtant un jour viendra où les limites que nous pouvons actuellement entrevoir seront atteintes, toutes les terres étant cultivées et les perfectionnements aujourd'hui connus ayant partout reçu leur pleine application. Seules, de nouvelles découvertes, de nouvelles inventions, pourront alors permettre à l'humanité de continuer sa marche en avant. Se produiront-elles ? On ne peut évidemment pas l'affirmer, mais nous ne voyons aucune raison pour ne pas l'espérer.

Lire dans les *Extraits* :

Michel Chevalier : Ce que serait une société où n'existeraient pas les machines (p. 355).

Bastiat : Les machines sont un bien pour la Société (p. 327).

SIXIÈME LEÇON

§ 5.

DE LA NÉCESSITÉ D'ABANDONNER A L'INITIATIVE INDIVIDUELLE L'ORGANISATION DU TRAVAIL ET L'EMPLOI DES FORCES INDUSTRIELLES

Programme officiel : La liberté du travail. — Aperçu historique :
Les corporations, Turgot. — Le rôle de l'entrepreneur dans l'industrie.

Les conditions d'une bonne organisation et d'un bon fonctionnement de l'Industrie. — Les développements qui précèdent permettent de résumer en peu de mots les conditions à réaliser pour la bonne organisation et le bon fonctionnement de l'Industrie dans un pays.

1° Il faut une distribution convenable des capitaux et du travail entre les diverses branches de la production, chacune d'elles devant être à même de fournir à la consommation ce qu'elle demande et peut acheter, ni plus ni moins. Et cette distribution est sans cesse à refaire, car les désirs des consommateurs et la façon dont ceux-ci entendent disposer de leurs revenus sont essentiellement variables.

2° Il faut en même temps que, dans chaque industrie, les perfectionnements en tous genres pénètrent et se généralisent aussi rapidement que possible, puisque les progrès de la productivité sont à ce prix.

Sans espérer atteindre la perfection, nous devons au moins nous préoccuper de l'approcher, car l'incurie en pareille matière serait immédiatement punie. Le développement excessif d'une industrie aux dépens des autres entraînerait fatalement une crise économique.

c'est-à-dire la stagnation des affaires pendant un certain temps, le ralentissement général de la production et, finalement, une diminution du total des richesses existantes. Et si un peuple, s'endormant dans la routine, cessait de se maintenir au niveau des progrès industriels, il serait bientôt distancé par les autres et hors d'état de soutenir leur concurrence.

Solution du problème par le principe de la liberté du travail. — Les peuples les plus avancés résolvent aujourd'hui ce double problème en proclamant le principe de la liberté du travail, c'est-à-dire qu'ils s'en remettent à l'initiative individuelle du soin d'opérer la distribution des capitaux et des travailleurs entre les industries, et de tirer parti des inventions industrielles.

Cela ne veut pas dire, qu'on l'observe bien, que l'État se désintéresse entièrement de la production des richesses. La liberté du travail, même dans les pays qui la respectent le mieux, subit un certain nombre de restrictions. En France, notamment, l'État se réserve, ou confie à certains particuliers, le monopole exclusif de certaines industries. C'est ainsi, par exemple, qu'il fabrique seul les tabacs, la poudre, les cartes à jouer, qu'il dirige le service des postes et celui des télégraphies, et qu'il a confié à des compagnies privées la construction et l'exploitation des principales voies ferrées. Il intervient aussi pour réprimer les fraudes, par exemple en punissant les falsifications ; pour protéger les faibles, en réglementant le travail des femmes et des enfants dans les manufactures ; ou même dans l'intérêt du public, en soumettant à la nécessité de l'autorisation les établissements insalubres, en limitant l'exercice de certaines professions, en entourant de garanties la création des sociétés par actions, etc.

Mais il est aisé de voir que, dans presque tous ces cas, son intervention est motivée par des raisons d'ordre particulier. D'une façon générale, il n'entend pas diriger l'organisation du travail. On ne le voit pas décider quelles marchandises seront produites dans le pays, et quelles seront achetées à l'étranger — combien d'exploitations comptera telle industrie et quelles seront les proportions de chacune d'elles — combien d'articles de tout genre seront livrés à la consommation — comment on s'y prendra pour les fabriquer — à quelle profession chacun se livrera, etc...

Sur tous ces points, il s'en remet à l'initiative individuelle. Chacun, libre de disposer de son travail à son gré, agira comme bon lui semblera, réunissant des capitaux pour fonder une entreprise grande ou petite, appliquant les procédés les plus nouveaux ou conservant le vieil outillage, produisant assez, trop, ou trop peu, louant ou ne louant pas son travail à autrui, choisissant la profession qui lui convient, ou même n'en choisissant aucune ; et c'est de toutes ces volontés indépendantes les unes des autres que devront résulter l'organisation et le progrès.

Ils en résultent en effet.

C'est qu'en réalité l'absence de lien entre les volontés individuelles n'est qu'apparente. Un mécanisme économique très simple suffit à les diriger toutes, ou presque toutes, dans les divers sens qui conviennent à l'intérêt général. Ce mécanisme repose tout entier sur l'accord à peu près constant de l'intérêt de tous avec celui de chacun.

L'ouvrier désire gagner un salaire élevé ; c'est dans ce but qu'il choisit une profession plutôt qu'une autre, qu'il se déplace, change de résidence, ou même entreprend un nouveau métier. Or, l'industrie qui l'attire est précisément celle qui a besoin d'un supplément de bras : en obéissant aux suggestions de son intérêt individuel, il concourt à un mouvement favorable dans la distribution des forces productives.

La recherche d'un placement profitable guide tout aussi sûrement les possesseurs de capitaux. Ils offrent de préférence leur concours aux entreprises bien constituées dont les chances de réussite sont les plus sérieuses.

De leur côté, les producteurs, préoccupés de réaliser des bénéfices, s'efforcent de mesurer exactement leur production sur les besoins de la consommation. Car, s'ils produisent trop, ils ne peuvent pas vendre et se ruinent, — et s'ils ne produisent pas assez, des concurrents viennent prendre la place qu'ils laissent vacante. Ils tâchent en conséquence de deviner l'étendue des débouchés probables, et cela ne leur est pas extrêmement difficile, chacun d'eux ayant une clientèle dont il connaît les habitudes et les ressources.

Enfin chaque entreprise, obligée de compter avec la concurrence de ses rivales, se trouve poussée, par son intérêt même, à perfectionner sans cesse son organisation, son outillage et ses procédés, à accueillir et susciter les idées nouvelles. Si elle agissait autrement, elle succomberait bientôt et céderait la place à de plus diligents.

Le rôle de l'entrepreneur dans l'industrie. — Ainsi, les efforts de tous tendent au même but; il ne reste plus qu'à les coordonner. C'est le rôle de l'entrepreneur.

On appelle en effet entrepreneurs, ou patrons, les hommes qui fondent et dirigent les entreprises. A eux revient donc le soin :

1º De déterminer si telle fabrication doit être entreprise, et dans quelle mesure, étant donnés les débouchés qu'elle a chance de trouver à l'intérieur du pays ou chez les autres peuples. Ils doivent, en conséquence, établir avec soin le prix auquel ils pourront livrer l'objet, en tenant compte de toutes les dépenses nécessaire à sa production, s'informer par tous les moyens des quantités de marchandises qui trouveront acheteur à ce prix et des endroits où on devra les expédier pour les vendre, connaître les entreprises similaires, leurs ressources, le prix de revient de leurs produits et l'importance de leur production, etc.

2° De surveiller toutes les variations qui se produisent dans le milieu où ils opèrent, de manière à modérer ou à activer leur production au gré des circonstances.

3° De se tenir au courant des inventions de tout genre pour n'être jamais dépassés par leurs concurrents, d'indiquer aux chercheurs les perfectionnements désirables, et de choisir entre les procédés nouveaux qu'on leur propose ceux qui peuvent donner de bons résultats, en rejetant les autres.

4° De provoquer les mouvements du travail et du capital, en attirant par la hausse du salaire ou de l'intérêt les ouvriers et les capitalistes quand la production doit s'étendre, en les écartant au cas contraire.

5° Enfin de maintenir unis et cohérents les éléments ainsi assemblés, et de les conduire au but par une habile direction.

Ce rapide aperçu du rôle de l'entrepreneur montre assez quelle en est l'importance, quelles qualités il faut pour le bien remplir et quels risques il fait courir.

Chefs des entreprises, les entrepreneurs ont la direction du mouvement industriel. C'est sur leur initiative que s'opèrent toutes les modifications d'où doivent résulter les progrès de l'organisation et de la productivité du travail.

Pour remplir parfaitement une pareille tâche, il faut un jugement sûr, un sens très net des situations économiques, les connaissances techniques les plus profondes, beaucoup d'expérience, de décision, de souplesse d'esprit et de force de volonté.

Les hommes qui réunissent tant et de si belles qualités sont nécessairement rares; ce n'est pourtant qu'à la condition d'en posséder un nombre suffisant qu'un peuple peut développer ses forces productives et maintenir sa situation industrielle dans le monde.

Enfin l'entrepreneur est exposé à de grands dangers, parce qu'il assume les risques de l'entreprise. Si elle ne donne pas de bénéfices, il ne sera pas rémunéré de sa peine, et, en cas de désastre, sa fortune personnelle répondra des erreurs qu'il aura pu commettre, ou même des fatalités qui auront déjoué ses calculs.

Ces considérations suffisent à coup sûr pour justifier la rémunération élevée qu'obtient l'entrepreneur quand il réussit. Nous les rappellerons quand nous nous occuperons de la part qui lui revient dans la richesse produite et quand nous rencontrerons certaines doctrines dont les partisans le présentent comme une sorte de parasite s'enrichissant injustement par le travail d'autrui.

Avantages et inconvénients de la liberté du travail. — Comme on le voit, en proclamant la liberté du travail, on n'abandonne pas au hasard l'organisation et le fonctionnement de l'industrie. Des lois naturelles dirigent les volontés individuelles et, grâce à elles, une sorte de hiérarchie s'établit; des chefs commandent, et c'est sous leur direction que les efforts se combinent, que les progrès s'accomplissent.

Il est dès lors aisé d'apercevoir les immenses avantages de ce régime qui laisse un libre champ à l'initiative individuelle. Guidé par l'intérêt personnel, pouvant d'ailleurs concentrer son attention sur une portion restreinte du mouvement économique, l'individu juge sainement de ce qu'il convient de faire; supportant les conséquences de ses actes en cas d'échec, bénéficiant de leur réussite, il apporte dans l'exécution le soin et l'ardeur qu'inspire le sentiment de la responsabilité; indépendant enfin dans l'exercice de ses facultés, il imagine mille moyens variés pour arriver à son but. Ainsi, les divers membres de la société concourent, avec toute l'énergie dont ils sont capables, aux progrès de la production. Ici encore, une sorte de division du travail s'opère, et les graves problèmes de la distribution du travail et des capitaux entre les industries, du perfectionnement de la fabrication, de l'équilibre à maintenir entre la production et la consommation, au lieu de s'imposer à une autorité qui en serait accablée, se trouvent résolus grâce aux efforts de tous.

Mais la liberté a ses périls, qu'il ne faut pas hésiter à reconnaître.

Tous les hommes ne savent pas distinguer leur intérêt véritable; même s'ils le distinguent, il se peut qu'ils n'en tiennent pas compte; parfois même leur intérêt personnel les conduit à des actes contraires à l'utilité générale. Quelques exemples montreront les principaux dangers qui peuvent en résulter.

Il faut, avons-nous dit, que la distribution du travail varie sans cesse, au gré des besoins de l'industrie. Mais le travail et le travailleur ne font qu'un; or, outre l'ignorance où l'ouvrier peut rester de ces besoins, qui ne connaît les mille liens que l'homme doit rompre pour se déplacer et les penchants qu'il doit parfois vaincre pour rester là où le sort l'a fait naître? Affections, habitudes, intérêts de fortune d'un côté, illusions, préjugés, désirs de bien-être de l'autre, voilà autant de faits qui mettent obstacle à ses déplacements ou les provoquent mal à propos.

De même, les capitalistes, par négligence, par défaut de renseignements, ou sous l'influence d'idées fausses, accordent parfois leur crédit à des entreprises mal conçues et le refusent à celles qui pourraient réussir.

De son côté, l'entrepreneur n'est pas toujours à la hauteur de sa tâche. Il se laisse parfois tromper, calcule mal les chances de gains, et les risques de perte, s'attache inconsidérément à une invention sans portée et repousse avec entêtement celle qui l'enrichirait. Ce n'est pas toujours, en effet, aux plus habiles que revient le rôle d'entrepreneur. La fondation des entreprises exigeant en général des ressources considérables, ceux qui possèdent des capitaux se trouvent naturellement désignés pour le remplir. Sans doute, il n'en est pas toujours ainsi : dans la petite industrie, il peut arriver qu'un homme, avec très peu de capitaux, fonde une entreprise pour laquelle il n'emploie d'autre travail que le sien propre et, au besoin, l'aide de sa femme et de ses enfants mineurs. C'est le *producteur isolé*, le propriétaire ou le fermier d'un petit champ, ou l'artisan des villes. Parfois aussi, un homme intelligent et habile, qui a déjà fait ses preuves ou qui a imaginé une combinaison nouvelle, inspire confiance à quelques capitalistes qui le mettent à même de fonder une entreprise qu'il dirigera. Mais il n'en reste pas moins vrai qu'en général le rôle d'entrepreneur revient au capital plutôt qu'au travail. Or la distribution des capitaux entre les hommes est en partie le résultat du hasard. Beaucoup auraient été incapables de gagner eux-mêmes ce qu'ils doivent à une succession, à une libéralité, à une chance heureuse. Ceux-là vont prendre part peut-être à la direction de l'industrie, tandis que des hommes doués de toutes les qualités qu'exige l'entreprise resteront dans les derniers rangs de la hiérarchie industrielle.

Pourquoi il faut écarter l'Intervention de l'État dans l'organisation et le fonctionnement de l'Industrie. — Ce sont là les inconvénients inhérents à la liberté. Mais, en les signalant, gardons-nous d'en exagérer l'importance.

Si la distribution des forces industrielles ne s'opère pas toujours avec la régularité voulue, s'il y a des entrepreneurs maladroits, ces imperfections restent limitées. La grande masse des ouvriers obéit aux lois économiques ; la plupart des capitalistes savent distinguer les bonnes entreprises des mauvaises et les entrepreneurs intelligents et habiles sont beaucoup plus nombreux que les incapables. Ces derniers d'ailleurs sont vite éliminés, la ruine de leurs entreprises les obligeant bientôt à céder la place à d'autres.

Au reste les inconvénients s'atténuent à mesure que la civilisation progresse. Le développement de l'instruction dissipe les erreurs et les préjugés ; l'habitude de l'association et le perfectionnement des moyens de communication facilite la divulgation des renseignements utiles en même temps que les déplacements des hommes et des capitaux ; enfin la distribution des fonctions subit elle-même une influence favorable puisque l'extension de la grande production augmente sans cesse la part de l'intelligence dans la direction des entreprises[b].

1. Voy. p. 53.

C'est donc à la liberté même et aux progrès qu'elle engendre qu'il faut laisser le soin d'atténuer les dangers de la liberté.

Il existe pourtant des doctrines qui ne tendent à rien moins qu'à substituer, entièrement ou en partie, l'action de l'autorité à l'initiative individuelle dans la direction de la production.

Les uns voudraient que l'État, réunissant dans sa main toutes les forces industrielles, se fît entrepreneur et imposât à tous sa volonté : ce sont les socialistes. Mais, sans parler de l'intolérable tyrannie d'un État qui prétendrait fixer à chacun sa profession, sa tâche, l'endroit où il doit l'accomplir, etc., comment l'autorité assumerait-elle un pareil rôle ? On ne lui demande rien moins qu'une connaissance parfaite d'un milieu économique qui varie sans cesse et qu'une appréciation impeccable des goûts et des aptitudes de chacun ! C'est exiger l'impossible. Comment, avec les lenteurs administratives et en l'absence de toute responsabilité directe, une armée de fonctionnaires réussirait-elle là où suffisent à peine les efforts de tous aiguillonnés par l'intérêt individuel et la responsabilité immédiate ? En réalité, les socialistes n'ont proposé ce système que dans le but de supprimer les inégalités de fortune entre les hommes ; mais, sous prétexte de mieux distribuer les richesses, une telle organisation en tarirait les sources.

D'autres, sans aller aussi loin, réclament de l'État un ensemble de mesures qui ne supprimeraient pas absolument la liberté du travail mais qui en préviendraient les abus[1]. Il faut rejeter énergiquement ces prétentions. Le régime de la liberté du travail doit être appliqué sans réserve et l'initiative individuelle respectée même dans ses égarements. Il faut tout accepter, inconvénients comme avantages, parce que les uns et les autres sont inséparables. En agissant autrement l'État se heurterait à des difficultés sans nombre et chacune de ses erreurs provoquerait des crises violentes ; en même temps, par une tutelle intempestive il énerverait l'action des individus. Voulant empêcher leurs écarts il arrêterait leur élan et découragerait leurs tentatives.

Aperçu historique. — Ces conclusions de l'économie politique ne sont pas seulement approuvées par la raison, elles sont confirmées par l'histoire.

Le régime de la liberté du travail n'a pas un long passé. En France, par exemple, il date à peine d'un siècle. C'est que l'orga-

---

1. Ils triomphent parfois. En Autriche, par exemple, une loi du 15 mars 1883 a soumis à la condition de l'autorisation certaines entreprises, telles que cabinets de lecture et commerces d'aliments au détail, en réservant au gouvernement le droit de refuser l'autorisation s'il estime que les établissements de ce genre sont assez nombreux dans l'endroit où le requérant veut s'établir. On ne peut que blâmer l'État de prendre une pareille responsabilité.

nisation industrielle dépend intimement de l'organisation sociale et que la liberté du travail est impossible sans l'égalité civile. Quand la constitution politique d'une nation, favorisant les uns aux dépens des autres, accorde à une caste dominatrice des droits et des privilèges qu'elle refuse à la masse, la tyrannie des puissants ne manque pas d'envahir le domaine économique et de peser plus ou moins lourdement sur la liberté du travail. Il arrive aussi que les opprimés se révoltent contre leurs oppresseurs, forment des associations étroitement unies qui se coalisent pour secouer le joug ; mais, après la victoire, chaque groupe se fortifie sur le terrain qu'il a conquis, en écarte les autres, et, sacrifiant la liberté à la sécurité, fait appel à l'État, dont il n'obtient l'aide qu'en se mettant à sa discrétion. Les régimes résultant de pareils faits sont nécessairement inférieurs. Sans doute, à l'époque où ils s'établissent, ils peuvent rendre de grands services, si, par exemple, ils offrent à l'initiative individuelle la protection dont elle a besoin pour croître et se fortifier. Une organisation, si étroite et si gênante qu'on la suppose, vaut mieux qu'un état de barbarie ! Mais, quand la Société s'est transformée, quand l'égalité civile a été reconnue par les lois et a pénétré dans les mœurs, les avantages disparaissent, tandis que les inconvénients subsistent. L'heure est alors venue où les régimes de transition doivent faire place à la liberté.

La réglementation du travail, au cours de l'histoire des sociétés humaines a revêtu deux formes principales : l'institution des castes héréditaires et celle des corporations.

CASTES HÉRÉDITAIRES. — Ce régime, qui fut celui de l'Égypte et est encore celui de l'Inde, classe d'après leur naissance les hommes dans les diverses professions. Chaque catégorie de fonctions devient ainsi le bien propre, le patrimoine héréditaire d'une caste. Un pareil système suppose évidemment la superposition de plusieurs races conquérantes dans un même pays, les vainqueurs s'étant réservé les fonctions sociales les plus élevées et ayant refoulé les vaincus dans les autres. Une fois fondé, il se maintient par l'effet des superstitions religieuses. Oublieux des origines, les peuples qui le subissent le croient de création divine ; chaque caste leur apparaît comme prédestinée aux fonctions qu'elle remplit.

Il est à peine besoin d'indiquer les vices d'une organisation de ce genre. Si elle assure la distribution des travailleurs dans les diverses industries et favorise l'instruction professionnelle en maintenant chacun dans les occupations au milieu desquelles il a été élevé, elle tue l'initiative en délimitant une fois pour toutes le cadre des activités économiques, s'oppose aux progrès qui bouleverseraient l'ordre établi et ne tient aucun compte des goûts ni des aptitudes.

LES CORPORATIONS. — Les corporations, groupes légalement constitués qui réunissent les artisans exerçant la même profession dans une région, nous intéressent particulièrement, parce que leur histoire est intimement liée à celle de l'industrie en France.

Il en exista certainement en Gaule sous la domination romaine. Les *collèges d'artisans*, connus à Rome dès le temps de Cicéron, furent en effet multipliés par l'empire, qui s'en servit comme d'un moyen d'assurer la production mise en péril par la corruption des mœurs, en attachant, au besoin malgré eux, les travailleurs à certaines fonctions. Ces collèges se répandirent alors dans tout l'empire romain.

Mais l'invasion des Germains les dispersa ; c'est tout au plus si quelques-uns subsistèrent dans le midi de la France.

C'est seulement au moyen âge, vers le XIIe siècle, qu'ils reparaissent sous le nom de corporations, pour prendre dans l'organisation industrielle la place prépondérante qu'ils ont occupée jusqu'à la révolution.

A cette époque, les corporations naissent de la nécessité où les artisans se trouvent de se défendre contre les abus du régime féodal. La tyrannie des seigneurs avait en effet réduit à une sorte de servage les populations des villes aussi bien que celles des campagnes. C'est par les villes que l'émancipation devait commencer. Les artisans de même profession se groupent en *confréries* ou *corporations* ; ils s'encouragent, ils se défendent les uns les autres, ils s'arment, ils rendent la vie aux communes ; bientôt la lutte s'engage. Secondées par la royauté, les communes triomphent et arrachent au seigneur, de gré ou de force, des chartes qui garantissent leur sécurité et leur indépendance.

Les corporations ne disparaissent pas après la victoire. Elles achèvent, au contraire, de s'organiser en rédigeant leurs statuts. En même temps qu'elles protègent leurs membres contre les dangers du dehors, elles organisent une juridiction intérieure qui maintient l'ordre entre eux et juge les questions relatives au métier. Pendant le XIIIe et le XIVe siècle, elles rendent ainsi de grands services. Dans ces temps encore troublés, elles sont le refuge grâce auquel peuvent se développer les arts et l'industrie.

Pourtant, dès cette époque, les inconvénients inhérents à ce genre d'institutions se manifestent. Les corporations deviennent vite exclusives. Chacune d'elles entend rester seule maîtresse du métier qu'elle exerce. De tous côtés des monopoles se constituent à leur profit, pour lesquelles elles demandent et obtiennent la sanction royale. Elles en sont jalouses et défendent leurs droits par des procès aussi fréquents que ridicules. Leur réglementation intérieure n'est pas moins oppressive. Le *maître* seul peut exercer le métier à son propre compte ; or, n'est pas maître qui veut ; de longues épreuves sont imposées. Il faut d'abord être apprenti, le plus souvent de onze à dix-huit ans ; l'apprenti doit son travail au maître, qui en échange le nourrit et l'instruit. Puis on devient *compagnon*, c'est-à-dire ouvrier à gages. Enfin, au bout d'un temps plus ou moins long, on est admis à se présenter à la maîtrise qui n'est obtenue qu'à la suite d'un examen et de la confection d'un *chef-d'œuvre*. Une fois admis enfin, le nouveau maître, qui a déjà payé des droits d'examen, doit encore verser différentes sommes à titre de bienvenue. Le plus grave est que les fils de maître sont affranchis de ces formalités ; il n'y a pour eux ni apprentissage ni examen. Ces corporations forment donc une sorte de caste héréditaire, ayant accaparé le travail et ne laissant guère les étrangers pénétrer dans son sein. Il est si facile de les repousser en déclarant que le chef-d'œuvre n'en est pas un !

Elles vont plus loin encore. Redoutant la concurrence, elles réglementent minutieusement les conditions et les procédés du travail. Les statuts de la corporation des orfèvres, par exemple, leur font défense d'employer l'or et l'argent, sinon à certains titres, ou de composer des œuvres en mêlant le cuivre doré ou argenté à l'or et à l'argent. Les diverses opérations à accomplir sont aussi décrites avec soin. Et, pour éviter toute fraude, les maîtres sont tenus d'établir leur atelier dans un lieu apparent sur la voie publique. Il en était ainsi dans toutes les corporations.

Enfin, pour empêcher l'affluence dans les diverses professions, on limite le nombre des apprentis. Beaucoup de maîtres ne peuvent en avoir qu'un seul, encore ne peuvent-ils souvent le prendre qu'après une première année de maîtrise.

De pareils abus appelèrent l'attention de la royauté. En lui demandant de garantir leurs privilèges, les corporations lui avaient fourni un prétexte d'intervention, elle en profita.

Tirant à elle le monopole usurpé par les corporations, elle déclara le travail un *droit régalien* et s'attribua le pouvoir exclusif de conférer le droit d'exercer chaque métier.

En conséquence, elle confirma les statuts des corporations, mais en les revisant dans un sens moins exclusif. En même temps, elle ne se fit pas faute d'accorder des *brevets* à des individus étrangers aux corporations. C'était le régime du bon plaisir ; il eut pourtant quelques bons résultats, la tyrannie des corporations fut atténuée et quelques inventeurs profitèrent des concessions royales.

Malheureusement Colbert, en voulant perfectionner, revint en arrière. Il édicta pour les corps de métier les règlements les plus oppressifs et créa des inspecteurs chargés d'en surveiller l'exécution. Il croyait assurer ainsi le développement de l'industrie, tandis qu'il étouffait celle-ci et la stérilisait. Les inventeurs furent découragés par cette réglementation qui ne prévoyait pas que les procédés de fabrication pussent changer. La plupart durent quitter la France et aller chercher fortune en Angleterre.

Seule, la grande industrie, qui naissait alors, fut mieux traitée. Colbert, comprenant qu'il fallait la soustraire à la surveillance de petits patrons jaloux, accorda aux fondateurs de grandes entreprises des brevets qui les en exemptaient. Les manufactures ainsi privilégiées furent appelées manufactures royales.

Le XVIII° siècle ne fit que s'engager plus avant dans cette voie déplorable. Les règlements y furent encore plus étroits, plus oppressifs de toute liberté que ceux de Colbert. En même temps, les guerres et la mauvaise politique portaient le dernier coup à l'industrie. A l'avènement de Louis XVI, elle était en pleine décadence.

A ce moment, les idées libérales étaient vivement agitées en France. De grands penseurs découvraient les principales lois de l'économie politique. Ils dénoncèrent l'iniquité et les dangers du système réglementaire et réclamèrent la liberté du travail.

SUPPRESSION DES CORPORATIONS. — L'un d'eux, le plus illustre, *Turgot*, devenu ministre, entreprit la réforme; un édit de 1776 supprima les corporations. Mais les protestations des intéressés furent si violentes que Louis XVI sacrifia son ministre et qu'un nouvel édit rétablit à Paris 6 corps de marchands et 44 communautés d'arts et métiers. Un certain progrès fut pourtant réalisé : quelques professions restèrent libres et la réglementation pour les autres s'adoucit. En 1779, des lettres patentes accordèrent la liberté dans le choix des procédés de fabrication; les produits conformes aux règlements étaient seulement revêtus de certaines marques qui les signalaient au public. C'étaient là d'heureuses atténuations au régime antérieur, mais ce régime subsistait encore.

Enfin, la suppression des corporations, décidée en principe dans la nuit du 4 août 1789, fut accomplie par le décret des 2-17 mars 1791.

La liberté du travail était définitivement proclamée en France.

Nous verrons seulement plus tard que, craignant qu'on n'usât de la liberté pour rétablir les corporations, le législateur de cette époque apporta au principe quelques restrictions regrettables, qui depuis ont disparu.

Lire dans les *Extraits* :

Adam Smith : Éloge de la liberté du travail (p. 113).
Turgot : Édit proclamant la liberté du travail (p. 141).

SEPTIÈME LEÇON

CHAPITRE III

Le Capital.

§ 1er.

Programme officiel : Le Capital; différentes espèces de Capital.

La nature et le travail ne sont pas les seuls éléments de la production. Il en existe un troisième dont le rôle est si important, dont il serait si malaisé à l'homme de se passer, que nous n'avons pu étudier l'organisation du travail sans en tenir compte. C'est le capital, sur lequel nous allons maintenant concentrer notre attention.

Le fonds intellectuel et le fonds matériel. — Il fut un temps où l'homme, en face de la nature dont il ignorait les secrets et les lois, était réduit au seul secours de ses forces musculaires et des quelques idées que lui suggéraient ses instincts. Peu différent du fauve, il vivait du produit de sa chasse ou de sa pêche.

Mais il était capable d'observer, et l'observation devait éveiller sa pensée. L'être primitif qui, au fond de sa caverne, eut le premier l'idée de fabriquer une arme avec une branche d'arbre ou un éclat de pierre, mit fin à l'âge stérile en créant le premier capital. L'humanité fit alors son premier pas dans la voie du progrès; l'homme n'entretint plus seulement sa vie, il commença de se transformer.

Grâce au premier outil fabriqué, il put assurer plus aisément son existence, eut quelques loisirs, observa mieux et réfléchit : de nouvelles idées lui vinrent. A l'âge de la pierre taillée succéda celui du bronze, puis les animaux furent domestiqués, les céréales découvertes, etc. Chaque progrès, en augmentant ses ressources, lui permit d'en accomplir de nouveaux. La marche en avant, d'abord lente et coupée de chutes ou de reculs, s'accentua et, peu à peu, au cours des âges, deux fonds se sont formés : l'un, intellectuel, réservoir de nos idées et de notre savoir; l'autre, matériel, réservoir de richesses de toute sorte.

Ces deux fonds ne peuvent subsister et croître que par l'effort incessant des hommes. Le fonds intellectuel disparaîtrait bientôt si quelques générations négligeaient de s'assimiler les idées qu'elles ont reçues des précédentes pour les transmettre aux suivantes; et quant au fonds matériel, quelques années suffiraient à l'anéantir presque, si nous consommions les richesses qu'il renferme sans les reconstituer aussitôt. De pareils faits sont heureusement rares, mais non pas impossibles. Dans notre histoire, l'invasion des Germains et la chute de l'Empire romain en offrent un exemple. Les traditions scientifiques furent alors rompues, d'immenses richesses détruites sans qu'on les reconstituât : il a fallu trente générations et des siècles de souffrances pour regagner le terrain perdu.

C'est qu'en effet, cette double accumulation d'idées et de richesses, c'est la civilisation même. L'homme y puise sans cesse, et c'est en y puisant qu'il reste un être conscient, intelligent et puissant.

Il y trouve, notamment, les secours les plus précieux dans le domaine économique.

Nous faisant connaître la nature, et transformant l'homme lui-même, le fonds intellectuel, on l'a vu, nous sert à perfectionner les deux premiers éléments de la production : la nature et le travail.

Le fonds matériel nous en fournit un troisième, le capital.

Le Capital. — Comment le fonds matériel se divise en fonds de consommation et fonds des capitaux. — Le capital ne comprend pas tout le fonds matériel. Celui-ci se divise, en effet, en deux parties très distinctes :

1° FONDS DE CONSOMMATION. — Parmi les richesses qui existent, à un moment donné, au sein d'une société, beaucoup sont, en fait, destinées à satisfaire nos besoins personnels : besoins de première nécessité, de bien-être, de luxe. Ce sont, par exemple, les aliments, les vêtements, les maisons d'habitation avec leurs installations plus ou moins confortables, etc. Cette première catégorie de richesses forme ce que l'on appelle le *fonds de consommation*, très différent de ce que nous cherchons, c'est-à-dire du capital, troisième élément de la production.

L'existence du fonds de consommation n'est certainement pas indifférente à la production, car l'industrie est intéressée à ce que les ouvriers qu'elle emploie soient bien nourris, bien vêtus et bien logés, et c'est d'ailleurs parce qu'il est sûr du lendemain que l'homme peut, dans une certaine mesure, organiser sa vie à son gré, travailler sans inquiétude et sans hâte, entreprendre enfin des œuvres de longue haleine. Mais l'aide ainsi prêtée à la production par le fonds de consommation n'est qu'indirecte. Les richesses dont il s'agit en ce moment ne sont pas destinées à faciliter le travail, mais à entretenir la vie ou à nous procurer des jouissances. C'est là leur rôle, le but pour lequel elles ont été produites; et c'est seulement parce que, pour travailler, il faut vivre et entretenir ses forces qu'elles intéressent la production.

2° **FONDS DES CAPITAUX**. — Mais, à côté de cette première catégorie de biens, il en est une autre dont le caractère est tout différent. Les richesses qui la composent ne pourraient nous rendre le service de satisfaire immédiatement nos besoins, ou tout au moins elles n'y sont pas destinées. Ce sont, par exemple, les outils, les machines, les matières brutes à transformer, l'huile et le charbon que l'industrie tient en réserve pour éclairer ses ateliers et alimenter sa forge ou sa machine à vapeur, etc. A ces richesses, l'homme ne demande pas de le nourrir, de le vêtir, de le chauffer... mais bien de l'aider à fabriquer les objets grâce auxquels il se nourrira, se vêtira, se chauffera... Leur rôle est donc de faciliter le travail, de le rendre plus productif.

Voilà la catégorie de richesses qui constitue le troisième élément de la production, c'est-à-dire *le capital*.

Définition du Capital. — Le Capital n'est donc autre chose que la richesse en fonction de reproduction, la richesse employée à produire des richesses.

Cette définition implique plusieurs conséquences:

1° D'après ses termes mêmes, l'on voit que tout capital est une richesse. En l'adoptant, on s'interdit d'étendre, ainsi que quelques économistes l'ont voulu faire, le sens du mot capital au point d'y comprendre des choses immatérielles, comme le talent, l'habileté, l'éducation, etc. Nous n'avons pas admis, en effet, qu'il y eut des richesses immatérielles. Il est d'ailleurs illogique et contraire aux règles d'une bonne classification de parler de capitaux incorporels, car le talent, l'habileté, l'éducation, donnent au travail ses qualités propres, aident à le constituer, et ne sauraient former un élément de la production en dehors de lui.

2° Mais, si tout capital est une richesse, toute richesse n'est pas capital, puisque nous ne reconnaissons ce caractère qu'à la portion des richesses existantes que l'homme emploie pour s'aider dans son travail.

Ce qui est capital et ce qui ne l'est pas. — Il est dès lors assez facile de distinguer, parmi les richesses existantes, celles qui font partie du fonds des capitaux et celles qui appartiennent au fonds de consommation. On arrive ainsi à dresser l'inventaire des capitaux qu'une nation possède à un moment donné.

1° Beaucoup de richesses portent en elles-mêmes la marque de leur nature. Elles sont incontestablement des capitaux. Ce sont celles qu'on ne peut utiliser pleinement qu'en les employant à produire d'autres richesses. Tels sont notamment :

Le sol cultivé, autrefois sol vierge mais que des améliorations durables, travaux de dessèchement, d'irrigation, de plantation, etc., ont transformé et fait passer de la classe des agents naturels dans celle des capitaux.

Les constructions servant à l'agriculture et à l'industrie.

Les animaux de travail ou de rapport.

Les richesses encore inachevées, comme le coton ou la laine, que l'industrie transformera en tissus et en étoffes.

Les outils et les machines.

La monnaie, assimilable à l'outil, car elle est l'instrument des échanges.

Les routes, canaux, ports de mer, voies ferrées, etc.

2° D'autres richesses, au contraire, sont éliminées sans difficulté de la liste des capitaux, parce qu'elles ne sauraient en jouer le rôle. Nous citerons à titre d'exemples :

Les maisons d'habitation, dont la destination est de nous loger et non de nous aider à produire. Sans doute, d'une maison d'habitation on peut faire, bien qu'assez malaisément, un atelier ou une manufacture ; mais on voit qu'en pareil cas, l'objet dont il s'agit ne devient capital qu'en perdant son caractère primitif pour en revêtir un nouveau.

Les approvisionnements de toute espèce, comme vivres, vêtements, etc., qui ne peuvent être consommées que pour notre usage personnel.

Tous ces objets, qui sont nombreux, appartiennent essentiellement au fonds de consommation.

3° Enfin certaines richesses, en quantité assez restreinte d'ailleurs, forment un dernier groupe à l'égard duquel on ne peut plus se prononcer avec la même netteté. Ce sont les produits achevés dont nous pouvons nous servir pour satisfaire nos besoins d'entretien, mais qui se prêtent également à un emploi reproductif. Le charbon, par exemple, qui sert à nous chauffer, est indispensable à une foule d'industries, la même voiture pourra aussi bien transporter des marchandises que des voyageurs, et le diamant lui-même est utilisé pour couper le verre ou forer le granit.

Pour chacun de ces objets, l'intention de celui qui le possède détermine seule s'il est ou n'est pas capital. Il l'est quand le possesseur le destine à un emploi industriel, il ne l'est pas au cas contraire. Or, pour le plus grand nombre, comme ils se trouvent ordinairement entre les mains des commerçants, attendant l'acquéreur qui décidera de leur emploi, leur caractère reste indécis. Également aptes à entrer dans le fonds de consommation ou dans le fonds des capitaux, provisoirement ils ne font partie ni de l'un ni de l'autre.

Les relations du fonds de consommation et du fonds des capitaux. — Nous venons de distinguer, parmi les richesses existantes, deux groupes distincts et nous avons indiqué les principes à suivre pour en dresser le double inventaire. Mais il ne faudrait pas imaginer que ces catégories, si tranchées qu'elles puissent être à un moment donné, soient immuables, elles peuvent au contraire se modifier très rapidement, et, par exemple, le fonds de consommation peut, en cas de besoin, se déverser en partie dans le fonds des capitaux.

1° D'abord, une grande partie des objets dont nous avons parlé en dernier lieu comme pouvant être indifféremment livrés à la consommation personnelle ou à la consommation industrielle passera instantanément dans la catégorie des capitaux si le besoin s'en fait sentir. Il suffira pour cela que les industriels offrent de les payer un peu plus cher que ne consentent à le faire ceux qui voudraient les acheter pour leur usage personnel.

2° Une nation peut encore transformer en capitaux une partie de son fonds de consommation par la voie de l'échange international. Elle achètera, par exemple, des machines ou des matières premières qu'elle payera en produits achevés, tels qu'aliments, vêtements, etc.

3° Mais ces deux procédés sont nécessairement d'un emploi restreint. Il en existe un troisième bien autrement puissant. C'est grâce à celui-là qu'une nation qui s'est laissé dépasser dans la concurrence internationale, ou qui a perdu par suite d'un désastre, d'une guerre, par exemple, une partie de ses capitaux, peut en quelques années reconstituer ses forces productrices.

Il ne faut pas oublier, en effet, que les deux fonds qui nous occupent, le fonds de consommation et le fonds des capitaux, sont perpétuellement en voie d'anéantissement et de reconstitution. Comme le dit Stuart Mill, « s'ils se transmettent d'année en année, ce n'est pas par leur conservation, mais par leur reproduction perpétuelle ». Ainsi, constamment, une partie des forces productives d'un peuple est consacrée à fabriquer des richesses destinées au fonds de consommation, tandis qu'une autre produit des capitaux. Rien n'empêche de changer à un moment donné, les proportions et de reporter vers les industries productives de capitaux une partie des forces antérieurement consacrées aux industries qui entretiennent le fonds de consommation. On diminuera, par exemple, le nombre des manufactures de dentelle, on produira moins de meubles, au besoin même moins de viande et de pain, mais on fabriquera plus de machines, on améliorera les terres, on construira de nouvelles usines, etc. La consommation personnelle, en un mot, se restreindra pendant le temps nécessaire à la reconstitution ou à l'augmentation jugée nécessaire du fonds des capitaux : après quoi, l'industrie ayant recouvré sa puissance, pourra travailler à rendre au fonds de consommation son ancienne abondance.

Rôle du capital dans la production. — Le rôle du capital est d'être consommé pour les besoins de l'industrie. Étant richesse, il ne peut être utilisé qu'à la condition de disparaître. Il disparaît donc, mais c'est pour reparaître sous une autre forme : on retrouve son équivalent dans le produit obtenu. Tous les jours l'industrie consomme d'énormes quantités de capitaux : matières premières de toute espèce qu'elle détruit, outils et machines qu'elle use peu à peu, mais elle les remplace par les richesses qui viennent constamment reconstituer et accroître le fonds des capitaux et le fonds de consommation.

En disparaissant et en reparaissant ainsi, le capital aide le travail, il en augmente la productivité. On s'en rend aisément compte en comparant le temps passé à le créer avec celui qu'il permet d'économiser. Si par exemple, avant d'être détruit, un outil fabriqué en quinze jours permet de produire avec cent journées de travail ce que, sans lui, on n'obtiendrait qu'avec deux cent trente, on voit que son emploi fait gagner en tout cent quinze journées de travail, c'est-à-dire qu'il double la productivité du travail.

Le capital est donc bien un élément de la production. Il l'est au même titre que les agents naturels qui, eux aussi, rendent à l'homme le service d'augmenter, quand il sait les utiliser, la productivité de son travail.

On a fait observer, il est vrai, que, si l'emploi du capital augmente la productivité du travail, le capital cependant ne produit pas. Son rôle en effet reste essentiellement passif. Quand, par exemple le blé, au lieu d'être consommé pour nourrir l'homme, est employé comme capital, c'est-à-dire sert aux semailles, ce blé n'agit pas, il subit. Seul le travail de l'homme est actif. C'est lui qui, en préparant le sol, a constitué le milieu au sein duquel le jeu des forces naturelles fera germer la semence et pousser les épis. Il n'en est pas autrement des outils eux-mêmes. Le marteau manié par la main de l'ouvrier semble participer à l'activité du travail, mais il n'y a là qu'une apparence : le marteau n'est qu'une masse de matière que le travail dirige en s'aidant de la pesanteur.

Tout cela est incontestable et, rigoureusement, il est vrai de dire que le capital n'est pas productif. Les socialistes s'attachant à cette idée ont prétendu en tirer d'importantes conséquences à l'appui de leurs systèmes. Le capital, disent-ils, n'étant pas productif, celui qui l'a prêté n'a droit à aucune rémunération. Mais c'est abuser d'un mot. Que son rôle soit actif ou qu'il soit passif, le capital est bien un élément de la production ; comme tel il rend à l'industrie des services dont elle ne peut se passer : comment comprendre qu'elle se refuse à les payer ?

Des différentes espèces de capital. — Parmi les capitaux, on peut établir certaines classifications. On dispose ainsi d'une terminologie commode, permettant de désigner d'un seul mot tous ceux qui se distinguent des autres par un caractère commun. Deux de ces classifications méritent d'êtres signalées :

1° CAPITAUX PUBLICS ET CAPITAUX PRIVÉS. — Tout capital étant richesse est approprié ; mais il l'est tantôt par l'État et tantôt par les particuliers. Au premier cas c'est un capital public, au second cas c'est un capital privé.

Les capitaux publics sont eux-mêmes de deux genres. Les uns servent à l'État dans les travaux dont il est chargé. Ce sont, par exemple, tous les bâtiments consacrés aux services publics : ministères, palais de justice, prisons, bureaux de poste, etc., avec leurs mobiliers. Il faut, d'ailleurs, à ce point de vue, assimiler à l'État les départements et les communes. — Les autres sont mis par l'État à la disposition du public pour que les particuliers s'en servent eux-mêmes en produisant. Leur formation et leur entretien constituent un service dont l'État a la charge dans l'intérêt général. Nous citerons notamment : les routes, les canaux, les ports, les phares, les musées et collections de toute sorte.

Les capitaux publics ont acquis, dans les sociétés civilisées, une immense importance. Cette importance est toutefois bien moins grande que celle des capitaux privés. Dans l'ensemble des capitaux, la plus forte portion, de beaucoup, est appropriée par les particuliers.

2° CAPITAUX FIXES ET CAPITAUX CIRCULANTS. — Tout capital, avons-nous dit, est destiné à être consommé. Il ne peut aider le travail qu'à la condition de disparaître. Mais sa destruction est plus ou moins rapide.

Certains capitaux sont d'une nature telle qu'ils disparaissent nécessairement dès qu'on les utilise : ce sont les capitaux circulants. D'autres, au contraire, peuvent, avant d'être anéantis, prêter leur concours à plusieurs œuvres de production : ce sont les capitaux fixes.

Entrons, par exemple, dans une filature au moment où la fabrication va commencer. A cet instant, l'entrepreneur possède des capitaux qu'il se prépare à employer : bâtiments, machines, métiers, outils, voitures, etc., et aussi : coton, huile, charbon, etc. La production achevée, que constaterons-nous? C'est qu'il n'y aura plus ni coton, ni huile, ni charbon, tandis que les bâtiments, les machines, les outils, les voitures seront encore là, aptes à faciliter de nouvelles opérations. Le coton, l'huile, le charbon étaient les capitaux circulants de l'entreprise ; les bâtiments, les machines, les outils, les voitures en sont les capitaux fixes.

Cet exemple ne fait pas seulement comprendre le sens des termes employés, il explique en même temps le choix de ces termes. Le capital circulant est bien nommé, puisqu'il ne rend aucun service sans se transfuser dans le produit; quant au capital fixe, on peut sans doute faire observer que sa fixité n'est que relative puisque l'usure finit toujours par en avoir raison, mais n'en est-il pas nécessairement ainsi de toute organisation de la matière? Quand nous parlons de fixité, c'est toujours d'une façon relative.

La distinction des capitaux fixes et des capitaux circulants est intéressante à plusieurs points de vue :

1° Le producteur, quand il établit les chances de gain de son entreprise, doit évidemment déduire du produit qu'il espère obtenir les capitaux qui seront consommés pour le fabriquer. En fait, c'est en monnaie qu'il fait ses évaluations. Il calcule le prix probable que la vente des produits procurera, puis il estime en argent la dépense qu'il va faire en capitaux. En soustrayant la seconde somme de la première, il obtient le chiffre de la plus-value probable et sait ainsi quels salaires promettre aux ouvriers qu'il va engager, quels intérêts offrir aux capitalistes dont il sollicitera le concours et sur quels bénéfices, sur quel profit, compter pour lui-même.

Or, en évaluant la dépense à faire en capitaux, il doit procéder de façon très différente selon qu'il s'agit de capitaux circulants ou de capitaux fixes.

Les capitaux circulants étant destinés à disparaître quand il les utilisera, c'est leur valeur intégrale qu'il faut déduire du prix de vente des produits. Dans une filature, par exemple, le coton, l'huile, le charbon, etc., ne devant plus exister quand le fil aura été fabriqué, doivent se retrouver en équivalent dans ce fil.

Il n'en est pas de même pour les capitaux fixes, car ils ne disparaîtront pas; ils resteront à la disposition de l'entrepreneur et serviront à de nouvelles fabrications. Mais ils vont subir une usure, il faudra les réparer et les entretenir. Si bien même qu'on les répare et qu'on les entretienne, l'emploi qui va en être fait abrégera leur durée, et l'on doit prévoir qu'un jour viendra où il sera nécessaire de les remplacer. L'entrepreneur déduira donc du prix de vente des produits, non pas les sommes qu'il a déboursées pour construire son usine, pour acheter les machines, les outils, les voitures, etc., mais seulement ce qu'il devra dépenser pour les faire réparer et pour les entretenir, et, en outre, une petite somme pour les amortir.

Amortir un capital fixe, c'est en effet en reconstituer peu à peu la valeur : il suffit pour cela de retenir sur chacun des produits qu'il aide à fabriquer une petite somme calculée de façon à ce que le prix total du capital fixe se trouve mis de côté le jour où ce capital sera lui-même hors de service.

2° A un point de vue plus élevé, la distinction des capitaux fixes et des capitaux circulants est encore intéressante à raison de la grande influence des premiers sur le développement de la puissance productrice des nations.

D'une façon générale, l'emploi du capital fixe est plus avantageux que l'emploi du capital circulant. Il peut même arriver qu'à un certain moment son usage devienne absolument gratuit. Si, en effet, l'économie de travail qu'il procure à chaque opération permet de l'amortir avant qu'il soit usé, de cet instant son emploi constitue pour la société un bénéfice net. Or certains capitaux fixes durent encore très longtemps après qu'ils ont ainsi restitué ce qu'ils avaient coûté.

Il est donc très important pour un peuple d'accumuler les capitaux fixes. Sans doute, nous le montrerons dans un instant, cette accumulation ne doit pas être effectuée trop rapidement, il y a une mesure à observer ; mais, cette réserve faite, on peut affirmer que c'est surtout en augmentant ses capitaux fixes qu'un peuple accroît sa puissance productrice.

Or il lui faut, pour y arriver, s'imposer de grands sacrifices. Plus un capital fixe doit durer longtemps, plus sa formation exige de travail et de dépenses. C'est par millions, par exemple qu'il faut chiffrer les frais d'établissement d'une voie ferrée, de creusement d'un canal, d'irrigation ou de dessèchement du sol. Mais, ces avances qu'on doit effectuer d'un seul coup, ne sont restituées qu'à la longue, à mesure qu'on utilise le capital ainsi créé. Il est, dès lors, naturel que les nations peu avancées ou peu riches reculent devant de pareilles entreprises, et l'on constate en effet que les peuples les plus civilisés, dont la réflexion et l'habitude ont développé la prévoyance et à qui les perfectionnements de leur état social inspirent la confiance dans l'avenir, osent seuls transformer en capitaux fixes une importante portion de leur fonds matériel.

Il n'en résulte pas seulement pour eux une plus grande puissance productive, mais aussi plus de sécurité, car ils ont, en quelque sorte, consolidé une partie de leurs richesses. Les capitaux fixes, en effet, sont moins facilement détruits que les capitaux circulants; ils résistent aux guerres, aux fléaux de toute nature qui menacent la vie des nations. La tempête apaisée, on les retrouve à peu près intacts, et, grâce à leur concours, le mal est bientôt réparé.

Ces avantages ne vont pas cependant sans quelques dangers.

On qualifie parfois le capital fixe de capital *engagé*, et il est évident, en effet, qu'il ne se prête pas aussi aisément que le capital circulant à des changements de destination. Si l'on a produit du charbon pour une industrie qui vient à disparaître avant de l'avoir utilisé, ce charbon ne sera pas perdu, il servira dans d'autres usines. Que faire, au contraire d'une machine d'un certain modèle, si une invention nouvelle vient à supprimer les avantages qu'offrait jusque-là son emploi ?

Il est donc très important, quand on crée des capitaux fixes, de ne pas agir à la légère; il faut tâcher de ne pas se tromper en appréciant les services qu'ils rendront, puisqu'on s'*engage* dans une voie où il est difficile de revenir sur ses pas.

Le risque est d'autant plus grand que le capital dont il s'agit doit avoir une plus longue durée. Comment être sûr qu'un capital destiné à subsister pendant un ou deux siècles, par exemple, conservera son utilité pendant tout ce temps ? Le canal que nous aurons creusé peut devenir inutile par un changement dans les voies du commerce; et s'il n'a pas encore, à ce moment, restitué en services ce qu'il a coûté, la société éprouvera une perte.

Ces considérations ne doivent pas, d'ailleurs, détourner les hommes des grandes œuvres qui font progresser la civilisation; elles montrent seulement qu'il faut agir avec une certaine prudence. Comme on l'a très bien dit, il est sage, « étant donnée notre ignorance de l'avenir, de ne pas bâtir pour l'éternité, et, à ce point de vue, l'emploi de capitaux trop durables, peut être une dangereuse opération [1] ».

De l'équilibre à maintenir entre les divers capitaux. — Comme on a pu le voir, les services que le capital rend à la production ne sont pas gratuits puisque le capital n'existe et ne s'accroît qu'à force de travail et de frais. L'usage de certains capitaux fixes, de ceux qui durent très longtemps, peut bien à un certain moment devenir gratuit, mais ce n'est qu'après avoir absorbé d'abord une forte portion des forces productrices de la société.

Il est dès lors très important de ne pas augmenter inconsidérément les capitaux d'une certaine espèce, car ce ne pourrait être qu'aux dépens des autres et, la collaboration de tous étant nécessaire à

1. Voy. M. Ch. Gide, *Principes d'Économ. polit.*, t. I, p. 166.

l'industrie, la surabondance des premiers ne compenserait pas la pénurie des seconds. On doit donc observer certaines règles de mesure et de proportion, de façon à ce que tous les capitaux puissent être, en même temps, utilisés par l'industrie. C'est là une règle générale analogue à celle qui s'impose dans l'organisation de l'industrie elle-même[1] et dont l'exactitude ne saurait être mise en doute.

Pourtant, si évidente qu'elle soit, il n'est pas inutile de la formuler, parce qu'elle montre les dangers de certaines tendances auxquelles on ne résiste pas toujours et de quelques préjugés dont les hommes ont peine à se défaire.

L'État, par exemple, s'exagérant l'importance de son rôle et les services que l'industrie attend de lui, se laisse parfois aller à des dépenses excessives en travaux publics. Il multiplie les routes, creuse des canaux, améliore les ports, étend les voies ferrées, etc.; puis ces grandes œuvres effectuées, on s'aperçoit avec étonnement que l'industrie languit quand on croyait l'avoir surexcitée. C'est qu'en réalité l'État a absorbé une trop grosse part des forces productives de la nation, et l'industrie, privée des ressources dont elle a besoin, se trouve hors d'état de profiter des nouveaux capitaux publics créés pour elle, hors d'état même d'utiliser les anciens aussi complètement qu'elle le faisait antérieurement.

D'une façon plus générale, il est dangereux que l'accroissement des capitaux fixes, s'effectue plus rapidement que celui des capitaux circulants. Les capitaux fixes en effet : terres arables, mines, constructions, outils, machines, moyens de transports, monnaie, etc., représentent les instruments de la production; les capitaux circulants : engrais, semences, coton, laine, minerai, charbon, etc., représentent les matières premières de toute espèce qui servent à mettre en jeu ces instruments ou qui doivent être transformées par eux. Le bon sens ne suffit-il pas à indiquer qu'on ne doit pas créer plus d'instruments qu'on n'en peut employer utilement? A quoi bon fabriquer cent machines si l'on n'en peut utiliser que quatre-vingt-dix? A quoi bon cent moulins si cinquante suffisent à moudre le blé dont on dispose? Pourtant les peuples très avancés sont parfois portés à mettre en oubli ces données du bon sens, les avantages propres aux capitaux fixes les portant à en exagérer le développement. Des crises graves résultent de ces excès. En Amérique, par exemple, on construisit en trois années, de 1870 à 1872, jusqu'à 19,500 milles de voies ferrées, plus que le réseau anglais tout entier : les États-Unis ne se relevèrent qu'à grand'peine de la secousse qu'ils en éprouvèrent. Et, en France, une imprudence semblable eut les mêmes conséquences lors de l'établissement du premier réseau de chemin de fer[2].

1. Voy. p. 45.
2. Voy. M. Cauwès, *Précis d'Écon. polit.*, t. I, p. 230.

On s'est enfin imaginé, — et c'est là une erreur encore très répandue, — que, parmi les capitaux, la *monnaie* tenait une place à part, son importance étant si grande qu'il fallait au besoin tout sacrifier pour en augmenter l'accumulation dans le pays. A de certaines époques, la politique économique des nations fut dominée presque exclusivement par cette idée. Nous étudierons plus loin la monnaie et montrerons quel est son rôle; mais dès maintenant on peut prévoir qu'à l'égard de l'industrie ce rôle est restreint. On ne fabrique par les produits avec de la monnaie, mais bien avec des matières premières et des instruments. La monnaie aide seulement à la circulation de ces objets, qui, grâce à elle, passent plus facilement d'un possesseur à un autre pour arriver aux mains de ceux qui peuvent les utiliser. Les services dont la production lui est redevable sont donc tout à fait analogues à ceux que rend l'industrie commerciale. C'est dire qu'ils sont coûteux; et, en effet, la monnaie nous coûte de nombreuses richesses qui seraient à notre disposition si nous pouvions nous dispenser de l'employer. Un peuple doit donc s'efforcer de restreindre au strict minimum ses besoins de monnaie. L'Angleterre, par exemple, qui se contente d'environ trois milliards d'espèces d'or et d'argent, est, à ce point de vue, dans une situation bien préférable à celle de la France, où le stock monétaire en permanence flotte entre sept et huit milliards. En économisant sur le service de ses échanges, la première de ces deux nations abaisse le coût de production de ses produits, et elle conquiert ainsi de précieux avantages sur les marchés internationaux.

Lire dans les *Extraits* :

Jean-Baptiste Say : De l'emploi du Capital (p. 203).
Adam Smith : Capital fixe et Capital circulant (p. 114).

HUITIÈME LEÇON.

§ 2.

LE CAPITAL AU POINT DE VUE INDIVIDUEL

Programme officiel : Le Capital (*suite*) ; différentes espèces de Capital (*suite*).

La notion du capital au point de vue des particuliers. — Nous avons, au paragraphe précédent, envisagé le capital en nous plaçant au point de vue social. En conséquence, nous n'avons rangé parmi les capitaux que les richesses qui, servant à en produire d'autres, augmentent la puissance productrice d'une société. C'est seulement, en effet, quand on le définit ainsi qu'on peut dire que le capital est *un élément de la production*.

Mais les particuliers, se plaçant au point de vue de leurs intérêts personnels, emploient le mot capital dans un sens tout différent.

Chacun de nous, en effet, distingue, dans l'ensemble de ses biens, deux parts : l'une destinée à subvenir à ses besoins journaliers, l'autre qu'il fera valoir pour en tirer des revenus ou bénéfices quelconques. Un homme qui a placé 100,000 francs à 5 pour 100, et qui vient de recevoir les intérêts de cet argent, ne confond pas les 5,000 francs ainsi touchés avec la somme qui les lui a procurés. Ces 5,000 francs, il va les employer pour son usage personnel, tandis que les 100,000 francs resteront placés de manière à continuer de fournir des intérêts. Or, cette part de ses biens qui produit des revenus ou des bénéfices, le particulier l'appelle son capital.

Mais il est aisé de constater qu'il prend ainsi le mot capital dans un sens particulier, essentiellement contingent, car un ensemble de richesses peut fort bien rapporter des revenus à son propriétaire alors que sa consommation n'augmente en rien la masse des richesses existantes dans la société, ou même la diminue : quand il en est ainsi, il apparaît clairement que l'individu appelle capital une richesse qui n'est en aucune façon un élément de la production.

Sans doute, le plus souvent, le particulier cherchera à se procurer des revenus ou bénéfices en se servant de ses richesses pour en produire d'autres plus abondantes, ou tout au moins en les prêtant, moyennant intérêt, à un producteur. En pareil cas, le point de vue social et le point de vue individuel concordent parfaitement. C'est ainsi que les bâtiments industriels, les terres arables, les machines, les matières premières, sont considérés comme des capitaux aussi bien par l'individu que par la société. Mais il peut en être autrement.

L'homme économe qui prête une somme d'argent à un prodigue reçoit des intérêts tant que la somme ne lui est pas remboursée; cette somme est donc pour lui un capital. Comment en serait-elle un pour la société, puisque le prêt, loin de profiter à l'industrie, permet à l'emprunteur de détruire des richesses sans les reconstituer? De même, tout commerçant appelle capital la marchandise qu'il a achetée pour la revendre avec bénéfice ; mais cette marchandise n'est peut-être pas susceptible d'un emploi reproductif. Le pain, par exemple, qui est un capital pour le boulanger, ne l'est pas pour la société : il appartient au fonds de consommation. Enfin, le chef d'industrie, s'il dresse la liste de ce qu'il appelle les capitaux de son entreprise, fait entrer dans cette liste des richesses que la société ne reconnaît pas pour telles. Les approvisionnements qu'il distribue aux ouvriers sous forme de monnaie sont, en effet, pour le patron, du capital au même titre que les machines ou les bâtiments de son usine, car il a emprunté les uns comme les autres, il doit également en servir l'intérêt[1], et n'a dès lors aucune raison de distinguer entre eux. Mais au point de vue social, nous avons vu qu'on ne peut pas considérer les approvisionnements comme des capitaux. Ils ne sont pas un élément de la production, car ils n'intéressent celle-ci que d'une façon indirecte et lointaine. L'ouvrier ne se sert pas de son salaire pour produire, mais pour vivre, et souvent même pour se procurer un bien-être qui n'a aucun rapport avec l'entretien de ses forces et l'énergie de son travail.

Les capitaux fixes et les capitaux circulants au point de vue des particuliers. — Ce n'est pas seulement quand il s'agit de définir le capital que cette dualité de points de vue se manifeste. On la retrouve à propos de la division des capitaux en capitaux fixes et capitaux circulants.

Le particulier distingue, sans doute, parmi les richesses qu'il ap-

---

1. S'il ne les a pas empruntés, il entend bénéficier de leur emploi, ce qui revient au même.

pelle ses capitaux parce qu'elles lui rapportent des revenus ou bénéfices, des capitaux fixes et des capitaux circulants ; mais il établit cette distinction tout autrement qu'on ne le fait quand on se place au point de vue social. Il considère comme capital fixe la richesse dont il peut tirer bénéfice sans cesser d'en être propriétaire, et comme capital circulant celle dont il ne peut tirer profit sans qu'elle sorte de son patrimoine. Pour la société, au contraire, nous avons dit que le capital fixe est celui qui peut servir à plusieurs opérations, et le capital circulant celui qui disparaît nécessairement quand on l'emploie, sauf à se retrouver en équivalent dans le produit.

Souvent, il est vrai, la société et l'individu se rencontreront dans leur appréciation. Ainsi : une maison, une ferme, une machine, quand on les loue, sont, pour leur propriétaire, des capitaux fixes, puisque, après lui avoir procuré des revenus, ils lui seront restitués ; or, ils le sont aussi pour la société. Mais il n'en sera pas toujours ainsi.

Certains capitaux qui, au point de vue social, doivent être classés parmi les capitaux fixes, seront pour le particulier des capitaux circulants. Le constructeur de machines, par exemple, considère les produits de sa fabrication comme des capitaux circulants, car il se propose de les vendre et ne peut, en effet, en tirer bénéfice sans qu'ils sortent de son patrimoine. Pour la société, au contraire, une machine est toujours un capital fixe.

Mais la monnaie fournit l'exemple le plus curieux. Au point de vue social, elle constitue essentiellement un capital fixe, c'est même l'un de ceux qui s'usent le plus lentement, la même pièce pouvant servir à un nombre indéfini d'échanges. Pour le particulier, au contraire, elle est le type du capital circulant, car il est impossible d'en tirer parti sans en transmettre la propriété à autrui.

Ces divergences profondes dans la manière dont la société et les particuliers envisagent le capital ne doivent pas étonner. Le particulier, qui agit et qui pense en tenant compte avant tout de ses intérêts propres, est moins préoccupé des progrès de la production générale que de l'accroissement de la part à lui revenir dans l'ensemble des richesses existantes ou en voie de création. La société, au contraire, est médiocrement intéressée à ce que tel bien appartienne à l'un plutôt qu'à l'autre, tandis qu'il lui importe hautement que l'accumulation des richesses augmente constamment. L'individu, pour distinguer parmi ses biens ceux qui sont pour lui des capitaux, se place donc au point de vue de la *distribution* des richesses, alors qu'à l'égard de la société le capital ne doit être envisagé qu'en tant qu'élément de la *production*.

Il n'en est pas moins regrettable que le même terme soit ainsi employé pour désigner des choses parfois si dissemblables. Il serait à désirer que le nom de capital fût réservé à la richesse qui sert à en produire une autre, et qu'une expression différente permît de désigner celle qui, en fait, est consommée d'une façon non reproductive, mais dont quelqu'un tire des revenus ou bénéfices. Dans l'impossibilité de changer sur ce point les usages, quelques économistes ont proposé de distinguer au moins par des épithètes ces deux catégories de capitaux. Le capital envisagé au point de vue social serait appelé *capital de production*, celui qui procure seulement des revenus prendrait le nom de *capital de profit* ou de *capital lucratif*.

Quoi qu'il en soit, la distinction que nous venons d'établir est essentielle. Elle n'a pas seulement pour résultat d'éviter la confusion sur le rôle et sur la nature des divers capitaux, elle va nous permettre de faire comprendre comment se forme, se conserve et s'accroît le fonds des capitaux (capital de production) dans une société avancée, où la direction du mouvement économique est abandonnée aux particuliers.

---

§ 3.

DE LA FORMATION DU CAPITAL ET DE SON ACCUMULATION

Programme officiel : Comment l'Épargne forme, accroît et conserve le Capital.

De la formation, de la conservation et de l'accroissement du capital. — Le fonds des capitaux étant composé uniquement de richesses, chaque capital est évidemment produit, comme toute richesse, grâce au concours du travail, de la nature et des capitaux antérieurement existants. Une machine à vapeur, une matière première quelconque, un bâtiment d'usine n'ont certainement pas d'autre origine.

Mais, en constatant cette vérité d'évidence, on ne répond pas à la question que nous posons. Nous n'avons pas, en ce moment, à nous préoccuper de la façon dont se fabrique *chaque capital*, nous devons chercher comment se forme, se conserve et s'accroît *le capital*, c'est-à-dire l'ensemble des capitaux ; par quels faits, si l'on veut, s'expliquent la formation, la conservation et l'accroissement, au sein d'une société, d'un *fonds des capitaux* à côté du fonds de consommation.

Or, nous avons déjà constaté [1] que le fonds des capitaux ne peut se former, se maintenir et s'accroître que grâce à une répartition convenable des forces industrielles, une partie de ces forces étant consacrée à la production des capitaux pendant que l'autre renouvelle et augmente le fonds de consommation. Il s'agit donc, en définitive, de savoir quels sont les faits qui permettent cette répartition convenable des forces industrielles.

Une analyse très simple suffit à les mettre en lumière. Ce sont : d'une part, l'épargne et la destination donnée à la chose épargnée, et, d'autre part, les inventions.

1° DE L'ÉPARGNE. — COMMENT L'ÉPARGNE AIDE A FORMER, A CONSERVER ET A ACCROITRE LE CAPITAL. — L'épargne n'est autre chose qu'un effort d'abstinence. Celui-là épargne qui, ayant à sa disposition un objet propre à satisfaire l'un de ses besoins, s'abstient de le consommer.

C'est assez dire que l'épargne ne porte que sur les richesses appartenant au fonds de consommation. On peut épargner un aliment ou un vêtement, on n'épargne pas des machines ou des matières premières.

On se tromperait donc si l'on croyait que l'épargne suffit à produire des capitaux. Elle représente seulement le premier pas à faire, la première condition à réaliser pour arriver à en produire. Son effet se borne à ménager le fonds de consommation de façon à ce que son entretien n'absorbe pas toutes les forces disponibles et qu'une partie de celles-ci puisse être employée à produire des capitaux.

2° DE LA DESTINATION DONNÉE A LA CHOSE ÉPARGNÉE. — Encore ne suffit-il pas d'épargner pour que ce résultat soit obtenu. L'épargne, si elle n'est pas suivie d'un emploi utile de la richesse épargnée, aboutit à la *thésaurisation*, c'est-à-dire à un entassement stérile des richesses qui peut assurer pour un certain temps la satisfaction des besoins de l'homme, mais n'apporte aucun secours à la production.

Il reste à savoir quelle destination doit être donnée à la partie du fonds de consommation qui a été épargnée pour que son emploi facilite la capitalisation.

On le voit aisément si l'on se place, par la pensée, en présence de l'une de ces sociétés primitives, réunion de quelques familles obéissant aux ordres absolus d'un chef. Ce chef décidera quelle portion des approvisionnements sera épargnée aujourd'hui pour être con-

1. Voy. ci-dessus, p. 79 *in fine*.

sommée les jours suivants, pendant que les membres de la famille se livreront à quelque travail de longue haleine, comme la fabrication d'un engin de pêche ou de chasse. On épargnera donc aujourd'hui pour pouvoir consommer demain et se donner ainsi le temps de créer des capitaux.

Il n'en est pas autrement dans nos sociétés : le mécanisme est seulement plus compliqué, parce que le soin d'assurer l'épargne et celui d'en déterminer l'emploi sont abandonnés à l'initiative des particuliers. Or, dans nos sociétés, il n'y a qu'un nombre restreint d'individus en état d'épargner ; ce sont ceux dont les ressources sont plus que suffisantes à la satisfaction des besoins de première nécessité. S'ils n'épargnaient pas, ou s'ils thésaurisaient, ils consommeraient ou conserveraient par devers eux une grande partie du fonds de consommation ; l'industrie, privée des ressources nécessaires pour faire à la classe ouvrière les avances dont elle a besoin, ne pourrait entreprendre aucun travail de longue durée. Elle devrait se restreindre à la production d'objets susceptibles d'une consommation immédiate ; il lui serait donc impossible de consacrer des forces suffisantes à l'entretien et à l'augmentation du fonds des capitaux. Celui-ci diminuerait rapidement et, de son côté, le fonds de consommation, difficilement renouvelé faute de capitaux, ne tarderait pas à s'épuiser. La misère surviendrait bientôt et la civilisation reculerait.

C'est donc en livrant leur épargne aux entrepreneurs pour la distribuer en salaires, c'est-à-dire en mettant le fonds de consommation à la disposition de tous, que les individus qui épargnent dans nos sociétés permettent à l'industrie de produire des capitaux.

3º **DES INVENTIONS.** — Mais tous leurs efforts resteraient inutiles si l'industrie, mise à même de s'organiser de la façon la plus avantageuse et d'activer la production, ne savait pas le faire.

Dans les temps préhistoriques, il a dû arriver, peut-être à maintes reprises, que l'homme, nanti par une chance heureuse, comme le passage d'une troupe d'animaux ou d'un banc de poissons, de ressources abondantes, n'en profitât pas faute de savoir créer des capitaux. Ces approvisionnements exceptionnels épuisés, il retombait dans sa situation antérieure. Il fallut que l'idée lui fût venue de fabriquer un outil pour qu'il pût mettre à profit le loisir dû aux approvisionnements amassés.

Il en est encore de même aujourd'hui. C'est grâce à l'esprit d'invention qu'une partie des forces industrielles peut être employée à produire des capitaux. Ces capitaux se perfectionnent à mesure que les inventions se succèdent, les réserves s'accumulent et l'épargne peut croître en même temps que le bien-être de tous augmente.

Comme on le voit, les éléments que nous venons d'étudier forment un ensemble indivisible. Ils sont également indispensables pour que le capital se forme, se conserve et s'accroisse, et c'est de leur réunion que résulte le progrès économique. Une société qui épargnerait beaucoup, mais travaillerait peu ou sans art, resterait pauvre en capitaux ; et, sans l'épargne, le travail, si capable d'ingéniosité et d'énergie qu'on le suppose, ne pourrait s'organiser comme il convient pour une abondante capitalisation.

Comment l'initiative privée assure la capitalisation.

— Cette capitalisation, c'est à l'initiative individuelle qu'est abandonné, dans les sociétés, le soin d'en assurer le développement. De même que, dans ces sociétés, chacun est libre de travailler à son gré, de même c'est sur les efforts des particuliers que l'on compte pour entretenir et augmenter le fonds des capitaux. Tout au plus, l'État intervient-il pour encourager, à l'aide de certaines institutions, l'épargne chez la classe ouvrière, ou, dans des cas exceptionnels, pour se charger de grands travaux d'intérêt général, que les particuliers ne feraient pas, faute d'un intérêt personnel qui les y pousse, ou feraient dans des conditions peu avantageuses. Au premier cas, l'État agit dans un but d'apaisement social ; au second, il n'est qu'un entrepreneur comme les autres, créant des capitaux comme beaucoup d'entre eux le font, agissant seulement avec plus de puissance. Mais son intervention reste restreinte : il n'a pas la prétention de diriger la société dans la formation des capitaux.

Cette attitude réservée de l'État est nécessaire, car rien ne serait plus dangereux que de confier aux gouvernements le soin de capitaliser. D'abord, ils ne pourraient s'en acquitter qu'à la condition de mettre la main sur l'industrie tout entière et de l'organiser par voie d'autorité, puisqu'ils auraient à déterminer quelle portion des forces industrielles sera consacrée à créer des capitaux, et quelle portion emploiera les capitaux existants à fabriquer des produits achevés. Ce ne serait rien moins que la suppression de la liberté du travail. En outre, il est particulièrement difficile aux gouvernements d'épargner. Assaillis par les solliciteurs, ayant à se défendre contre mille convoitises, réprimant difficilement la négligence ou la prodigalité de leurs agents qu'aucun intérêt direct ne pousse à se montrer actifs et économes, ils ont déjà bien de la peine à ne pas gaspiller. Comment pourraient-ils se charger d'assurer à la nation l'épargne abondante, constamment renouvelée, dont elle a besoin pour être à même d'entretenir et d'augmenter son capital ?

L'État a donc raison de renoncer à diriger la capitalisation. L'initiative individuelle seule peut se charger de cette œuvre difficile.

PRÉVOYANCE ET DÉSIR DE S'ENRICHIR. — Les particuliers sont en effet poussés à capitaliser par les mobiles les plus puissants qui, en matière économique, puissent agir sur l'homme : la prévoyance et le désir de s'enrichir.

Le premier sentiment les porte à l'épargne. C'est parce qu'ils éprouvent le désir d'assurer l'avenir, de se ménager des ressources pour leurs besoins futurs que les hommes s'abstiennent de consommer immédiatement les richesses qui sont à leur disposition. Ce désir, l'individu le ressent d'autant plus fortement que, responsable de ses actes, il sait ne devoir compter que sur lui-même. Ce n'est pas à dire que, même dans les sociétés les plus avancées, tous ceux qui pourraient épargner épargnent en effet : beaucoup manquent de sagesse et d'énergie. Mais une nation civilisée comprend toujours un certain nombre d'hommes prévoyants et modérés : ce sont ceux-là qui pratiquent l'épargne.

Ils y sont d'ailleurs encouragés par le désir très légitime qu'ils éprouvent d'augmenter leur état de richesse. On n'épargne plus guère, en effet, dans le seul but d'amasser des ressources pour l'avenir. La thésaurisation, si fréquente autrefois, a presque complètement disparu de nos mœurs. La prévoyance qui porte à l'épargne est presque toujours accompagnée du désir d'employer la richesse épargnée à se créer des revenus ou à réaliser des bénéfices quelconques. Le particulier qui épargne ne manquera donc pas de chercher pour la richesse épargnée un emploi productif, c'est-à-dire qu'il la mettra à la disposition de l'industrie et aidera ainsi les entrepreneurs à organiser le travail de la façon la plus avantageuse.

Enfin, les entrepreneurs qui, eux aussi, désirent s'enrichir, ne manqueront pas de profiter de ce secours pour augmenter la force productive de l'industrie : ils chercheront les modes d'emploi les plus lucratifs pour les richesses que l'épargne leur livre et seront naturellement amenés à consacrer une forte portion des forces industrielles à la création de capitaux.

LA DIVISION DU TRAVAIL DE CAPITALISATION. — L'action des sentiments qui encouragent les particuliers à capitaliser est d'ailleurs secondée par une organisation spontanée qui facilite les efforts en les limitant.

Beaucoup d'individus, qui ont le goût de l'épargne, ne peuvent ou n'osent utiliser eux-mêmes les richesses qu'ils ont épargnées : ils préfèrent les confier, moyennant rémunération, à d'autres qui se chargeront d'en tirer parti. On ne leur laisse guère le souci de chercher un placement. De tous côtés les demandes viennent à eux, sous les formes les plus diverses. Ils peuvent, par exemple, acheter quelques-uns de ces titres si nombreux, actions, obligations, titres de rente, qui s'échangent chaque jour à la Bourse. Ils procurent à la société dont ils achètent l'action ou l'obligation, à l'État qui leur vend le titre de rente, les moyens de produire et, en échange, ils obtiennent un dividende, un intérêt, une rente, en un mot un revenu. Craint-il de se tromper dans son choix ? l'individu qui épargne peut encore se contenter de remettre son épargne à un intermédiaire qui lui inspire confiance, à un banquier, par exemple. Celui-ci lui payera un intérêt et acquierra ainsi le droit de choisir, avec son expérience des affaires et sa connaissance du monde industriel, l'individu auquel il confiera la richesse pour en tirer parti.

Il s'opère donc une division du travail de capitalisation qui, non seulement encourage l'épargne, mais encore diminue les dangers qu'un emploi imprudent ferait courir à la richesse épargnée. Ce n'est pas, sans doute, que l'épargne créée ne soit jamais perdue pour la société. Il ne faut pas oublier que le particulier, en cherchant un placement, désire moins aider l'industrie que se procurer un revenu. L'épargnant, ou l'intermédiaire qui a reçu son épargne, ne se préoccupe pas tant, lorsqu'il consent un prêt, de ce qui sera fait de la somme empruntée, que de la rémunération promise et des garanties offertes. Il est donc possible que l'épargne tombe aux mains d'un emprunteur qui la consomme pour son usage personnel. Quelquefois aussi, malgré les précautions prises, elle sera confiée à un entrepreneur incapable ou malheureux qui l'anéantira sans en tirer parti. Dans ces divers cas, le travail d'épargne ne profite en rien à la société.

Ces faits sont évidemment regrettables, mais ils sont relativement peu fréquents et ne sauraient entrer en balance avec les grands avantages de l'organisation que nous venons de décrire.

LA MONNAIE FACILITANT L'ÉPARGNE. — Ajoutons d'ailleurs que l'emploi de la monnaie achève de faciliter le travail d'épargne en le simplifiant. Celui qui veut à l'aide de l'épargne se créer des revenus, n'est pas obligé d'emmagasiner des richesses en nature : il se borne à mettre de côté des pièces de monnaie. Ces pièces de monnaie permettant à celui qui les possède de se procurer une certaine quantité des richesses existantes ou à créer, les prêter équivaut à prêter ces richesses elle-mêmes. C'est donc sous forme de monnaie que l'épargne parvient aux entrepreneurs, qui s'en servent pour acheter ou faire fabriquer les richesses dont ils ont besoin dans leurs entreprises.

Pourquoi les progrès de la capitalisation ne sont pas également rapides chez tous les peuples ou à toutes les époques. — Il est maintenant aisé de comprendre que les progrès de la capitalisation ne peuvent être les mêmes chez tous les peuples à un moment donné, ni chez une même nation aux différentes périodes de son histoire.

C'est qu'en effet la prévoyance est une vertu qui ne se répand qu'autant que certaines conditions de milieu en favorisent le développement.

1º Elle suppose avant tout un certain perfectionnement moral et intellectuel, fruit d'une éducation et d'une instruction bien comprises. Mais ses progrès peuvent en outre être encouragés ou au contraire enrayés, par les institutions et les mœurs du pays. Les lois les plus favorables aux progrès de l'épargne sont celles qui assurent le mieux à l'individu la libre disposition des richesses qu'il possède. Il convient notamment de respecter scrupuleusement la liberté de transmettre ses biens par testament et d'organiser la succession *ab intestat;* car l'affection que chacun porte aux siens, le désir d'assurer leur bien-être, élargissent l'avenir et engendrent la prévoyance. L'État fait également œuvre prudente quand il s'abstient d'intervenir en matière d'assistance autrement que pour l'indispensable. Sans doute, on ne peut refuser un secours à celui qui est dans le dénuement, mais il faut se garder de dépasser la juste mesure et d'encourager la paresse ou l'imprévoyance. Les peuples dont la législation reconnaît au profit des indigents un *droit à* l'assistance, manquent à ces principes de sagesse et nuisent au progrès de l'épargne. Il faut du reste que l'État soit ici secondé par les particuliers, c'est-à-dire que la charité privée s'exerce avec circonspection.

Ajoutons enfin que certains arrangements peuvent beaucoup pour encourager l'épargne. Nous signalerons notamment l'organisation des caisses d'épargne, des caisses ou des sociétés d'assurance et des associations coopératives, que nous nous réservons de décrire plus tard.

2º Une autre cause agit encore et très énergiquement sur le développement de l'épargne : c'est le plus ou moins de puissance de l'industrie. L'épargne n'étant autre chose qu'un prélèvement fait sur les produits achevés que celle-ci nous livre, peut naturellement suivre les progrès de la production. Une nation qui est riche épargnera aisément plus que celle qui ne l'est pas, et plus aussi qu'au temps où elle-même était pauvre. C'est ainsi que l'Angleterre, la France, l'Allemagne, les États-Unis, capitalisent plus rapidement que la Russie, que l'Autriche ou que l'Italie; et chez tous ces peuples la rapidité d'accumulation des capitaux est aujourd'hui bien supérieure à ce qu'elle était au siècle dernier.

3º Épargner, nous le savons, ne suffit pas pour que la création des capitaux soit rendue possible, il faut que la richesse épargnée soit livrée à l'industrie. Il est donc indispensable que ceux qui épargnent ne soient pas induits en défiance. Les craintes de guerre, l'incertitude sur la stabilité politique, le défaut d'habileté ou de loyauté des entrepreneurs, la rapacité de certains gouvernements, la tendance à protéger telle classe de la population aux dépens des autres, voilà autant de causes qui nuisent à la capitalisation. Le manque de sécurité qui en résulte n'empêche peut-être pas l'épargne, mais il pousse à la thésaurisation. L'homme prévoyant, incertain de l'avenir, économise bien, mais il cache les richesses ainsi amassées et l'industrie ne profite pas de son abstinence.

4° Enfin les progrès de l'esprit d'invention sont loin d'être les mêmes partout et à toute époque.

Il est bien vrai qu'aujourd'hui, grâce aux perfectionnements des moyens de communication, les idées nouvelles franchissent presque instantanément les distances et peuvent se répandre dans le monde entier. Mais, sans même parler des arrangements internationaux relatifs aux brevets d'invention, que d'obstacles l'ignorance et la routine n'opposent-elles pas à la mise en pratique des inventions ! Si l'accumulation des capitaux se fait plus vite en Angleterre qu'en France, n'est-ce pas, en grande partie, parce que les entrepreneurs anglais sont plus que les nôtres actifs, hardis, prêts aux tentatives et prompts aux perfectionnements ?

Mais c'est surtout quand on compare les époques que les inégalités dont nous parlons apparaissent. Rien de plus irrégulier, en effet, que les progrès de la capitalisation chez un même peuple au cours des temps. A des époques d'accalmie, où l'augmentation du fonds des capitaux est progressive et lente, succèdent des périodes de fièvre, où son accroissement prend un essor parfois prodigieux. Ces alternatives ne se comprendraient guère si l'épargne créait directement les capitaux : l'augmentation de ceux-ci serait régulière, mais nécessairement lente et pénible. Mais nous savons que l'épargne ne crée pas les capitaux, elle permet seulement qu'ils soient produits; c'est l'art industriel qui les enfante et ses progrès sont naturellement irréguliers. Il faut une longue incubation des idées et de pénibles recherches avant que de grandes découvertes se produisent qui ouvrent à l'industrie des voies nouvelles : elle se précipite alors. Le capital est renouvelé, transformé; les capitaux n'augmentent pas seulement en nombre mais aussi en puissance, et en quelques années la force productive de l'industrie peut se trouver considérablement accrue. — Les grandes inventions qui ont marqué le XIX° siècle, ont produit des périodes de ce genre. De 1850 à 1865, notamment, les progrès de l'outillage des manufactures en France furent énormes et ce fut dans le même temps que l'on construisit les chemins de fer et que la grande industrie prit son essor. — Mais l'œuvre une fois accomplie, l'industrie n'ayant plus qu'à entretenir et à accroître progressivement en le perfectionnant le capital nouveau qu'elle vient de créer, l'accumulation des capitaux reprend une marche simplement normale. Nous sommes actuellement dans une phase de ce genre.

Une Doctrine et une formule à rejeter. — Nous croyons utile, avant de terminer ce chapitre, de mettre nos lecteurs en garde contre une erreur très répandue et contre une formule aussi célèbre qu'inexacte.

La plupart des économistes voient dans l'épargne l'unique source du capital : elle seule suffirait, selon eux à le former, à le conserver et à l'accroître.

Cette doctrine repose à la fois sur une erreur et sur un abus de langage.

L'erreur résulte de ce que l'on oublie le rôle prépondérant des inventions dans la formation, dans l'entretien et dans l'augmentation du fonds des capitaux. En réalité l'épargne ne crée rien, elle met seulement de côté, elle conserve : elle ne s'applique d'ailleurs qu'au fonds de consommation et n'a par conséquent aucune action *directe* sur l'accumulation des capitaux. — Son rôle n'en reste pas moins considérable puisque c'est grâce à elle que l'industrie peut s'organiser convenablement et créer des capitaux, mais, si considérable qu'il soit, nous verrons plus tard combien il importe de ne pas l'exagérer[1].

L'abus de langage consiste à désigner par un seul mot deux faits parfaitement distincts : l'épargne, c'est-à-dire l'effort d'abstinence, et la destination donnée à la richesse épargnée.

On reconnaît bien, en effet, qu'il ne suffit pas, pour concourir à la formation du capital, de s'abstenir de consommer pour son usage personnel une partie des richesses dont on dispose, qu'il faut en outre livrer ces richesses à la consommation industrielle. Mais, dit-on, celui qui se borne à ne pas consommer *thésaurise,* celui-là seul *épargne* qui, après avoir soustrait la chose à la consommation de jouissance, la livre à l'industrie. De là une formule souvent employée : «Épargner c'est dépenser. »

Mais, en s'exprimant ainsi, on force évidemment le sens des mots. Épargner est une chose et dépenser en est une autre. Il est vrai, qu'en général, l'épargne et la dépense ont lieu presque simultanément. Plus souvent encore ce sera par la destination donnée à la chose que se manifestera l'effort d'abstinence. C'est quand le laboureur sème son blé que l'on constate qu'il l'a épargné. Mais, si intimement liés qu'ils soient l'un à l'autre, les deux actes n'en sont pas moins distincts et l'analyse doit les dégager. En réalité, la formule que nous repoussons est un de ces mots brillants qu'une science jeune et encore contestée forge volontiers pour frapper les esprits, mais auxquels il faut renoncer pour peu que l'on tienne à s'exprimer avec précision.

1. Voy. par ex. : Partie IV, ch. ii : *le Luxe.*

Lire dans les *Extraits :*
Adam Smith : Dépenses utiles et dépenses inutiles (p. 117).

NEUVIÈME LEÇON

DEUXIÈME PARTIE

DISTRIBUTION DE LA RICHESSE

Nous venons de montrer comment la nature, le travail et le capital concourent à la production des richesses. Nous allons maintenant examiner comment s'opère la distribution de ces richesses entre les hommes.

La partie de l'économie politique que nous abordons est particulièrement intéressante par les problèmes qu'elle soulève et les controverses qu'elle suscite. Le bien-être de chacun, en effet, dépend essentiellement de la quantité de richesses qui lui est attribuée ; or, il s'est établi, en fait, chez les peuples avancés, un système de distribution qui répartit inégalement les biens entre les hommes. A côté de gens riches, ou du moins dans l'aisance, on en voit qui sont pauvres ou même misérables. Il n'est pas étonnant que des récriminations se fassent entendre et, qu'au nom de l'équité, quelques-uns réclament une organisation nouvelle rendant impossibles de pareils résultats.

Ces revendications semblent d'autant mieux fondées que le choix d'un régime de distribution des richesses paraît dépendre uniquement de la volonté des hommes. Quand il s'agit de la production, si l'on trouve quelque chose à reprendre aux lois naturelles qui la régissent, il faut bien s'incliner devant la force des choses. On peut regretter, par exemple, qu'elle exige tant d'efforts et de soins, mais, personne n'y pouvant rien, nul ne réclame. Si, au contraire, un régime de distribution paraît critiquable, pourquoi ne pas le modifier en changeant, par des lois, les arrangements sociaux ? Les hommes ne sont-ils pas les maîtres de réaliser, à ce point de vue, ce qu'ils estiment être l'idéal ? On serait d'autant plus porté à le croire que le régime de distribution actuel n'a pas toujours été pratiqué.

D'autres ont régné avant lui, qui reposaient sur des principes tout différents des siens. Pourquoi n'y pas revenir si on les trouve meilleurs ? Pourquoi même n'en pas imaginer de tout à fait parfaits, dont la société sera mise en demeure de faire l'expérience ?

Qu'y a-t-il de fondé dans ces plaintes et dans ces affirmations ?

Est-il vrai que le régime de distribution actuellement pratiqué soit injuste ? Est-il vrai que les hommes soient maîtres de le remplacer à leur gré par un autre ? Nous devrons le chercher.

Nous n'aurons donc pas seulement à décrire les phénomènes et les lois qui président actuellement à la distribution de la richesse, nous devrons aussi apprécier l'ensemble du système au point de vue de son utilité et au point de vue de sa légitimité.

Nous constaterons d'abord qu'il n'est pas injuste. Non pas sans doute que nous prétendions affirmer qu'il rend toute iniquité impossible. Aucun régime ne pourrait avoir un pareil effet, car, appliqué nécessairement par des hommes, il participera toujours de leurs imperfections. Nous voulons dire seulement que le régime actuel de distribution repose sur des principes équitables ; et c'est là tout ce qu'on peut demander.

Nous constaterons, en outre, que ce régime est le seul applicable aux sociétés contemporaines. C'est en effet tomber dans une grave erreur que de considérer les sociétés comme maîtresses de modifier à leur gré le régime de la distribution des richesses. Ce régime leur est imposé par la force des choses, comme une condition de leur développement. C'est que l'équité n'est pas seule intéressée dans la façon dont la richesse est répartie : la production l'est tout autant. Il faut que les particuliers qui produisent soient encouragés à le faire avec énergie, et, comme ils ne travaillent que pour être à même de consommer, tout système qui ne proportionnerait pas la rémunération à l'œuvre accomplie, qui n'établirait pas un lien direct entre le travail et la rémunération, dégoûterait le travailleur, encouragerait la paresse et aboutirait à la misère pour tous.

Il nous sera facile de montrer que le régime actuel peut seul, dans les sociétés contemporaines, mettre à l'abri de ce danger : là est la cause de son organisation, qui s'est faite spontanément. Si nous constatons en même temps qu'il n'est pas injuste, nous n'aurons plus d'hésitation à rejeter tous les systèmes empiriques, créés à grand renfort d'imagination par les socialistes, au mépris des règles de la méthode scientifique.

L'observation et le raisonnement permettent de ramener à deux systèmes-types tous les régimes de distribution qui ont été appliqués ou que l'on peut concevoir. Ou bien la distribution des richesses est effectuée par voie d'autorité, ou bien elle s'opère par voie de liberté.

Le premier système suppose nécessairement l'appropriation des richesses par l'autorité (Famille, Tribu, Commune, État). S'attribuant la propriété de la richesse à mesure qu'elle est créée, l'autorité se réserve par là même le soin de déterminer la part que chacun sera admis à consommer. C'est le régime de la *Propriété collective*.

Le deuxième système suppose, au contraire, l'individu admis à approprier la richesse. Le producteur sera propriétaire de l'objet fabriqué par lui, et, si plusieurs individus collaborent à la même œuvre, ils auront à s'entendre pour le partage du produit. C'est le régime de la *Propriété individuelle*. Il repose, comme on le voit, sur deux principes : la liberté de la Propriété et la liberté des Conventions.

Entre ces deux régimes extrêmes, on peut d'ailleurs imaginer bien des nuances. La propriété collective peut être appliquée à certains biens et pas à d'autres ; la propriété individuelle peut être soumise plus ou moins étroitement à l'ingérence de l'État. La répartition des richesses se fait alors : partie par voie d'autorité et partie par voie de liberté. Mais ce ne sont là que des combinaisons des deux systèmes fondamentaux.

Or, dans les sociétés modernes, à bien peu d'exceptions près, c'est le deuxième système qui domine, et d'une façon presque exclusive, les États ayant à peu près renoncé à restreindre les droits de l'individu sur la richesse. La distribution des richesses s'opère donc sous l'influence des deux principes: de la propriété individuelle libre — et de la liberté des conventions.

Nous étudierons d'abord ces deux principes, en décrivant les phénomènes auxquels leur application donne naissance, et en les appréciant dans leur utilité et dans leur légitimité. Nous montrerons ensuite les résultats actuels de ce régime de liberté et de ce que l'on peut en attendre dans l'avenir. Enfin nous examinerons les systèmes divers par lesquels on a proposé de le remplacer.

CHAPITRE PREMIER

La Propriété individuelle. — Comment elle s'établit. Ses avantages économiques.

Programme officiel : La Propriété individuelle. — Fondement de la succession ab intestat et du droit de tester.

Comment la propriété individuelle s'établit. — L'évolution. — La propriété individuelle ne se rencontre pas à toutes les époques de la vie des sociétés. Elle n'apparaît qu'à une certaine période de leur histoire, alors que le progrès n'est plus possible sans elle, et par la suite elle se perfectionne sans cesse à mesure que la civilisation se développe. Si par hasard il en est autrement, si au moment voulu la propriété individuelle ne s'établit pas, ou bien si, une fois établie, elle ne se perfectionne pas, la société cesse aussitôt de progresser.

Le régime des peuples avancés, qui reconnaît aux particuliers le droit de s'approprier les richesses et d'en disposer librement, n'est donc pas le résultat d'un acte réfléchi de la volonté des hommes. Il n'est pas fondé sur une sorte de contrat social plus ou moins arbitraire qui, approuvé par une génération, pourrait être rejeté par la suivante : indispensable au progrès social il naît et se perfectionne spontanément, instinctivement, par l'effet d'une évolution nécessaire.

Cette évolution, on peut la résumer en quelques mots. Partant du régime de la propriété collective, les sociétés s'élèvent peu à peu au régime de la propriété individuelle. Mais ce n'est là qu'une première étape, car, à ce moment, l'individu n'est encore admis à s'approprier la richesse que sous la charge de servitudes nombreuses et lourdes qui limitent étroitement son droit au profit des collectivités. La propriété, déjà individuelle, n'est pas encore libre : il faut que de nouveaux progrès achèvent l'œuvre en réduisant au minimum l'intervention de l'autorité, de façon à assurer à l'individu propriétaire un droit à peu près absolu sur la chose. L'évolution est alors accomplie.

L'histoire nous fait connaître en détail les phases multiples par lesquelles un peuple peut passer au cours de cette évolution. Ce sont autant de régimes de transition dont chacun, marquant un progrès sur celui qui l'a précédé, rapproche insensiblement la société du but à atteindre.

Les divers régimes de propriété collective. — Les peuples pasteurs, composés de familles nomades qu'aucun lien étroit ne relie entre elles, ne connaissent guère que la propriété collective. Vivant sur de vastes territoires, qu'ils parcourent sans se fixer jamais définitivement, ils ignorent la propriété foncière: leurs seules richesses sont la tente, les troupeaux, le lait, la laine, etc..., c'est-à-dire des objets mobiliers. Or, ces objets appartiennent à la famille et le patriarche, en qui se concentrent tous les pouvoirs, en dispose librement. Si une famille se fractionne, on partage entre les groupes nouveaux les biens jusque-là communs à tous.

Quand les tribus renoncent à la vie nomade et se fixent pour exploiter méthodiquement la terre, la propriété s'étend des meubles au sol. Elle se partage alors entre deux collectivités. La famille reste propriétaire des meubles comme elle l'était antérieurement; à elle aussi appartient la maison, le sol sur lequel elle est bâtie et l'enclos y attenant: mais les terres d'exploitation sont propriété de la tribu. On exploite en commun les prairies et les forêts; quant aux terres arables, les chefs de famille en obtiennent, par voie de partage, la jouissance temporaire. Le plus souvent des tirages au sort périodiques (allotements) à termes très rapprochés, par exemple annuels, déterminent le lot de chacun.

A ce moment, la propriété collective a rendu tous les services qu'on peut espérer d'elle. Elle a servi de procédé d'appropriation pour toutes les sortes de richesses et a aidé les hommes à constituer un état économique stable. Elle va maintenant céder la place à des formes nouvelles. La propriété individuelle va apparaître.

C'est sur les meubles qu'elle s'établira d'abord. L'élection aux fonctions de gouvernement, les services rendus à la guerre, l'autorité conquise dans les conseils, voilà autant de causes qui, en élevant certains individus au-dessus des autres, leur inspirent le goût de l'indépendance et le désir de secouer le joug patriarcal. L'autorité de l'ancêtre s'amoindrit, certains membres de la famille réclament leur part des biens communs et l'obtiennent, et, peu à peu, la propriété des meubles échappe aux groupes pour passer aux particuliers. — Il en est de même, au bout d'un certain temps, pour la propriété foncière. Beaucoup se désintéressent de la culture. Vivant à la solde des chefs guerriers ou grâce au butin pris à l'ennemi, ils ne réclament plus leur lot au partage. D'autres y renoncent parce que, négligents ou incapables, ils n'ont pas su se créer un capital d'exploitation. Au contraire, ceux qui cultivent sentent, à mesure que leur art se développe, la nécessité de faire des dépenses d'amélioration sur les terres et, les ayant faites, ils se refusent à des échanges périodiques qui les priveraient du fruit de leurs travaux. Les partages s'espacent de plus en plus et finissent par tomber en désuétude.

Les prés et les forêts, dont l'entretien demande moins de soins, restent en général plus longtemps indivis. Mais le souvenir des origines s'effaçant à la longue, le droit de l'État finit par sembler abusif: on le conteste et il tend à disparaître. Parfois, d'ailleurs, le mouvement est accéléré par un déplacement brusque, résultat par exemple d'une invasion, qui, transportant la tribu sur un sol nouveau, rompt les traditions et supprime toute résistance.

Les divers régimes de propriété individuelle. — La propriété individuelle se substitue donc à la propriété collective : mais à ce moment, l'heure de la liberté n'est pas encore venue pour l'individu. Le joug de l'État, ou de ceux qui ont usurpé la souveraineté, pèse lourdement sur lui.

Tantôt l'État se réserve sur les terres un *droit éminent*, en vertu duquel le propriétaire, considéré comme un simple concessionnaire à titre provisoire, est accablé de redevances de toutes sortes et menacé de se voir dépouiller à tout moment. C'est le *régime de la propriété régalienne.*

Tantôt, c'est le *régime de la propriété féodale* qui s'établit. Il ne vaut guère mieux que le précédent. Au lieu que ce soit l'État, c'est le seigneur qui, ayant usurpé sur l'État les droits de souveraineté, s'attribue le domaine éminent sur la propriété foncière. Il renonce, il est vrai, assez tôt au droit de reprendre à volonté la concession et admet même l'hérédité du droit concédé : mais des services personnels et des charges foncières irrachetables sont imposées au propriétaire; la transmission des biens est entravée par l'obligation d'obtenir l'agrément du seigneur et de payer des droits élevés ; des catégories entières de personnes sont exclues du droit de posséder certains fonds, etc.

Il faut que de nouveaux efforts, abattant ces obstacles, émancipent définitivement les individus pour que le propriétaire conquière enfin sur sa chose un droit complet. On arrive alors au *régime de la propriété individuelle libre,* c'est-à-dire à celui que sanctionnent aujourd'hui, plus ou moins complètement, les législations des peuples avancés.

Les preuves de l'évolution. —. L'histoire que nous venons de tracer rapidement est celle même de la propriété foncière en France. Les tribus germaniques, au moment où Tacite les décrivait, pratiquaient encore le partage périodique des terres, mais admettaient déjà l'appropriation privée pour les meubles. Leur établissement en Gaule, après l'invasion, supprima ce qui restait dans leurs institutions de la propriété collective, mais la féodalité apparut bientôt avec toutes ses entraves, et il fallut, pour affranchir définitivement la propriété individuelle, que la révolution vînt supprimer les servitudes féodales.

Mais cette histoire n'est pas seulement la nôtre, elle est aussi, dans ses grandes lignes, celle de tous les peuples.

Sans doute ils ne sont pas tous aujourd'hui également avancés ; et, d'autre part, l'on peut, dans le passé, relever pour chacun d'eux d'intéressantes particularités de détail. Mais pour tous le point de départ, l'orientation du mouvement, le but poursuivi sont identiques.

Les preuves de cette assertion sont nombreuses et décisives. Nous en citerons seulement quelques-unes.

1° Dans certains pays très civilisés, on trouve des traces incontestables des organisations disparues. En France, l'existence des biens communaux est un reste de la propriété collective que pratiquèrent sans doute les Gaulois. Quand les Romains conquirent la Gaule, le droit des villages ne portait déjà plus que sur une partie des prairies et des villages. Il fut respecté, et plus tard les Germains ne le supprimèrent pas, approuvant sans peine une institution qu'ils avaient eux-mêmes longtemps pratiquée.

En Allemagne, d'importants vestiges de la propriété féodale subsistent encore aujourd'hui et, c'est un principe fondamental du droit anglais que toute terre appartient à la couronne, le possesseur n'étant qu'un concessionnaire.

2° La Suisse, avec ses *allmenden*, offre des restes plus importants encore d'un régime autrefois appliqué à toutes les terres. Dans certaines communes, à côté des propriétés privées, on trouve des portions considérables du sol qui sont propriété de la commune et objets d'allotements périodiques. Chaque habitant, lors du partage, reçoit en jouissance une part de terres labourables et une part de pâturages; il est en outre autorisé à prendre dans la forêt communale le bois de chauffage ou de construction dont il a besoin. Mais on n'admet au partage que ceux dont la famille a joui de ces avantages de temps immémorial, et cette réserve même démontre qu'il fut un temps où tout le sol était indivis entre les membres de la commune.

3° Plus curieux encore est ce qui se passe Russie. On y voit la propriété individuelle se substituant peu à peu à la propriété collective; c'est en quelque sorte l'évolution prise sur le fait.

Le village russe ou *mir* a conservé jusqu'à nos jours son ancienne organisation. L'individu n'a rien en propre, il vit dans la famille et celle-ci est propriétaire des meubles, de la cabane et de l'enclos. Quant aux terres arables elles sont la propriété du mir qui les partage périodiquement par voie de tirage au sort entre les chefs des familles. Mais l'émancipation des serfs a été le point de départ d'un mouvement qui peu à peu tend à détruire cette organisation. Libres de leurs actes, les individus sentent le prix de l'indépendance. D'ailleurs, dans le voisinage des mirs, il existe des terres soumises à l'appropriation individuelle, ce sont celles qui appartiennent à la noblesse ; or les paysans, quand ils se sont enrichis par la culture de leurs lots, achètent volontiers ces terres et sont mis ainsi à même d'apprécier les avantages de la propriété individuelle. Sous ces influences les partages définitifs deviennent fréquents et la propriété collective du mir cède peu à peu la place à la propriété individuelle.

4° D'autres peuples, au contraire, pour n'avoir pu s'affranchir des formes imparfaites de la propriété collective ou de la propriété régalienne, restent hors d'état de suivre le mouvement de la civilisation. Dans les Indes, par exemple, les communautés de village arrêtent les progrès, et l'administration anglaise s'efforce en vain de les briser. En Algérie, les Arabes qui pratiquent la propriété collective ne peuvent assurer leur vie dans une contrée qui était autrefois le grenier de Rome. Pendant la famine de 1867, personne n'est mort de faim en Kabylie (ou règne la propriété individuelle) « alors que 500,000 personnes, plus du cinquième de la population totale, ont péri dans les tribus arabes [1]. » Enfin, la Turquie offre le triste spectacle de populations rurales écrasées sous le poids de la propriété régalienne et devenues incapables de tout progrès. « Ce sont, dit un voyageur, les populations les plus arriérées, les plus imbues de préjugés, les plus réfractaires aux réformes [1]. » Il semble que, dans cet anéantissement de l'individu, résultat d'un joug trop pesant, le ressort de l'évolution se soit brisé.

Avantages économiques de la propriété individuelle.

— La concordance de tous ces faits ne laisse, on le voit, aucun doute sur l'existence d'une loi d'évolution qui mène les peuples vers la propriété individuelle. Il reste à savoir quelle est la raison d'être, la cause profonde de cette évolution.

Pour s'en rendre compte, il faut remonter plus haut : jusqu'à l'évolution sociale elle-même.

La constitution de la propriété n'intéresse, en effet, que l'un des éléments de l'organisation des sociétés ; or, c'est à tous les points

---

1. M. Garsonnet. *Les Locations perpétuelles,* p. 627.
2. M. Garsonnet. *Loc. cit.,* p. 613.

de vue que celles-ci, quand elles progressent, évoluent vers la liberté individuelle. La raison en est simple. Dans les temps primitifs, les groupes étant peu nombreux et les besoins peu développés, une autorité peut aisément assurer, par une direction habile, la satisfaction de tous les intérêts. Une pareille organisation a l'avantage de substituer à l'action peu éclairée d'individus ignorants les ordres de chefs instruits et expérimentés. Mais, quand l'augmentation de la population et les progrès de toute sorte ont compliqué la vie sociale, il n'en est plus de même. La multiplicité des détails ne permet plus d'embrasser sûrement l'ensemble des faits sociaux, et le pouvoir absolu des chefs cesse de s'exercer sûrement. A ce moment d'ailleurs, la masse a progressé, chacun est arrivé à une conception plus nette des règles auxquelles il doit soumettre ses actes. Peu à peu, ce qui était protection devient tyrannie, des idées d'indépendance se propagent et, sous une poussée lente mais continue de l'opinion, parfois aussi à la suite de crises violentes, le régime se transforme ; une part plus large est faite à l'initiative individuelle. Quand l'évolution sociale arrive au dernier terme connu de nous, les rôles respectifs des collectivités et des particuliers se sont profondément modifiés. La famille et l'État n'ont pas disparu, mais leur action s'est restreinte. La première constitue le milieu où l'individu grandit, s'élève et se prépare à son rôle ; le refuge aussi où, plus tard, il vient refaire ses forces. Au second est confié le soin d'assurer l'ordre et la sécurité, en même temps que la charge de quelques fonctions d'intérêt général qui, par la nature des choses, échappent à l'action des particuliers. Quant à l'individu, il est affranchi. C'est lui qui, par ses actes, assure la vie sociale et en détermine l'orientation.

Pour remplir cette mission, les particuliers n'ont guère d'autre guide que leur intérêt personnel. Leur activité se mesure presque toujours au profit qu'ils peuvent espérer tirer de leurs actes. Au point de vue économique notamment, ils ne travaillent avec énergie que s'ils sont assurés de jouir des richesses qu'ils auront produites, et la propriété individuelle apparaît comme un inévitable corollaire de la liberté du travail. Elle doit donc s'établir, et elle s'établit en effet dès que l'augmentation de la population nécessite une production abondante. De ce moment, les complications de la division du travail et les progrès de l'art agricole et industriel donnent une importance prépondérante à l'énergie et à l'habileté de chacun. Il faut que chaque travailleur soit directement intéressé au succès de ses efforts et qu'un lien étroit s'établisse entre la production et le producteur.

En résumé, la propriété individuelle est le complément nécessaire d'une organisation sociale fondée sur la liberté individuelle : ses avantages économiques se résument à exciter l'activité des particuliers et à assurer par là les progrès de la puissance productive.

Des caractères que doit présenter la propriété indivi-duelle. — Les considérations qui précèdent n'expliquent pas seulement la naissance et le développement du régime de propriété individuelle, elles montrent aussi jusqu'où doivent être portés, normalement, les perfectionnements de ce régime. Il faut, en effet, pour que l'évolution soit complète, que la propriété individuelle revête tous les caractères propres à la rendre chère aux particuliers dont elle doit exciter l'activité économique.

Ces caractères se réduisent à deux :

1° La propriété doit être un droit absolu : c'est-à-dire que le propriétaire doit être libre d'user de sa chose comme il lui convient. Le plus souvent, conseillé par l'intérêt personnel, il en fera bon emploi ; si par hasard il en est autrement, le mal sera compensé par tant d'avantages qu'il faut résolument en accepter le risque. L'État doit donc réduire au strict minimum son droit d'intervention : il commettrait notamment une faute grave s'il entravait la transmission des biens d'une personne à une autre, soit directement par des lois restrictives, soit indirectement par des droits de mutation exagérés.

2° La propriété doit être aussi un droit perpétuel : c'est-à-dire qu'elle doit subsister autant que la chose même sur laquelle elle porte. Pour les meubles, dont la durée est souvent assez brève, c'est là une règle d'évidence et que l'on ne conteste guère : mais il en est autrement pour la propriété foncière. Des théoriciens, sans nier le principe de cette propriété, ont demandé que tout au moins elle fût limitée dans le temps. Ne pourrait-on, disent-ils, décider que, tous les cent ans, par exemple, elle fera retour à l'État qui en disposerait à nouveau et trouverait dans des ventes ainsi échelonnées une abondante source de revenus? La pensée humaine n'embrasse qu'un temps restreint et il suffit, semble-t-il, pour que l'activité productive ne diminue pas, que le propriétaire ait le temps de rentrer dans ses avances. Mais ceux qui raisonnent ainsi oublient que les dépenses d'entretien et d'amélioration du sol doivent être incessamment renouvelées. Peut-être, en effet, au début de la concession, le propriétaire ferait-il volontiers tous les sacrifices nécessaires, mais à mesure que le terme approcherait, il reculerait devant les dépenses et finalement il transmettrait à son successeur une terre épuisée.

Fondement du droit de tester et de la succession ab intestat. — Dès que l'on reconnaît à la propriété individuelle les caractères d'un droit absolu et perpétuel, on doit logiquement admettre le propriétaire à disposer de ses biens par testament. Au sentiment de l'intérêt personnel, s'ajoute ainsi, pour exciter son activité, le légitime désir d'assurer, après sa mort, le bien-être de ceux qui lui sont chers ; et grâce à ce stimulant, la société profite des efforts et de l'épargne d'hommes énergiques et habiles qui, ayant amassé, jeunes encore, une fortune suffisante pour eux-mêmes, cesseraient de travailler ou se livreraient à des prodigalités s'il leur était interdit de penser à d'autres.

La succession ab intestat, à son tour, apparaît comme une conséquence rationnelle du droit de tester, la liste des héritiers appelés à recueillir les biens en l'absence de testament étant dressée par la loi conformément aux affections présumables du défunt. Elle se justifie d'ailleurs aisément au point de vue économique. D'une part, elle assure plus complètement aux individus l'exercice effectif du droit qu'ils ont de transmettre leurs biens à leurs proches après leur mort, car beaucoup sont ainsi dispensés de faire un testament qu'ils ne pourraient rédiger seuls et dont ils hésiteraient à confier le secret à autrui. D'autre part, l'État, abandonnant aux particuliers le soin d'assurer la production, doit leur procurer les moyens d'y pourvoir en laissant dans leurs mains la plus grande quantité possible des richesses existantes. Il doit donc interpréter largement la volonté probable du défunt qui n'a pas testé, et ne s'emparer des biens d'une succession que si personne né peut être raisonnablement appelé à les recueillir. La législation française, par exemple, qui étend jusqu'au douzième degré de parenté le droit de succession ab intestat, nous paraît excellente au point de vue économique. On pensera peut-être que si l'État, en réduisant le nombre des degrés appelés, trouvait dans les successions une ressource abondante, il diminuerait les impôts, et qu'ainsi les particuliers retrouveraient d'un côté ce qu'ils auraient perdu de l'autre. Mais, en réalité, il y aurait peu de chances pour qu'il en fût ainsi ; très vraisemblablement, ayant plus de ressources, l'État se montrerait moins économe, et c'est bien l'occasion de rappeler ce que Vauban[1] osait dire à Louis XIV, « que plus on tire des peuples, plus on ôte d'argent du commerce, et que celui du royaume le mieux employé est celui qui demeure entre leurs mains, où il n'est jamais inutile ni oisif. »

1. Vauban. *Dîme royale*, édition Georges Michel, p. 19.

Lire dans les *Extraits* :

DIXIÈME LEÇON

CHAPITRE II

De la légitimité de la propriété individuelle

Programme officiel : La propriété individuelle (*suite*). — Exposé et réfutation
des principaux systèmes qui la nient.

Le régime de l'appropriation privée, on vient de le voir, s'établit
spontanément à une certaine époque de la vie des peuples, parce
qu'il est une condition essentielle de leur développement. Ce régime
ne saurait être injuste, l'équité et l'ensemble des conditions du
progrès social étant nécessairement en parfait accord. Comment, en
effet, reprocher à l'humanité d'obéir aux lois que la nature impose
à sa vie et à son perfectionnement? Cette considération est, philo-
sophiquement, d'une telle force qu'elle devrait dispenser de toute
démonstration plus ample.

Mais la propriété individuelle a donné lieu à de si vives discus-
sions, tant de théories se sont élevées qui en réclament l'abolition,
qu'on ne peut éviter d'entrer dans le débat pour examiner les critiques et asseoir solidement sa conviction.

**Les principaux systèmes qui nient la propriété indivi-
duelle. — Leurs critiques.** — L'attaque est menée par les socialistes de toutes nuances. Divisés sur le choix du régime qu'il con-
viendrait d'adopter, ils sont d'accord pour condamner l'organisation
sociale actuelle. Ce qu'ils lui reprochent, c'est précisément d'admettre la propriété individuelle, celle-ci leur paraissant illégitime à
tous les points de vue : dans ses origines, dans son principe et dans
ses résultats.

1º DANS SES ORIGINES. — L'histoire, affirment-ils, montre que partout l'appropriation privée a été le résultat de l'usurpation. Quand les guerres et les invasions eurent mis les peuples en possession des territoires qu'ils occupent aujourd'hui, le sol ne fut pas partagé entre tous, comme l'équité l'aurait voulu ; la ruse et la force l'attribuèrent à quelques-uns au détriment de la masse. Les propriétaires actuels n'ont fait que succéder, par une série de transmissions, aux usurpateurs primitifs ; comment pourraient-ils, équitablement, se prévaloir d'un prétendu droit vicié dès ses origines ?

2° DANS SON PRINCIPE. — Eût-on d'ailleurs, ajoutent les socialistes, commencé par un partage égal entre tous les citoyens, le régime qui permet à l'individu de s'approprier la richesse n'en serait pas moins injuste comme autorisant chacun de nous à violer le droit des autres. Tout ce que renferme la nature n'a-t-il pas été donné par elle à tous les hommes ? C'est le patrimoine commun de l'humanité. Prétendre s'attribuer, sur un objet quelconque, un droit exclusif c'est donc commettre une usurpation ; c'est spolier ses semblables.

3° DANS SES RÉSULTATS. — Un système injuste, disent enfin les socialistes, ne peut produire que des résultats injustes. Et quoi de plus inique, en effet, que les inégalités sociales, que les différences si profondes que l'on constate dans la situation des citoyens d'un même pays : les uns vivant dans l'abondance, tandis que d'autres, en grand nombre, sont pauvres, quelques-uns même misérables !

Peut-on tout au moins alléguer que la condition faite à chacun dépend de son mérite ? Il s'en faut bien : le hasard a une large part dans les affaires humaines. De deux entrepreneurs également habiles et laborieux, l'un se ruinera pendant que l'autre fera fortune : un homme intelligent sera condamné par sa naissance à rester toute sa vie ouvrier, tandis qu'un sot naîtra capitaliste, etc. Mais c'est surtout en matière de propriété foncière que les faits de ce genre sont choquants. Le propriétaire foncier, affirme-t-on, est assuré de voir constamment croître la valeur de sa terre par le seul effet de l'augmentation de la population, et celui qui possède un terrain dans une ville s'enrichit sans rien faire parce que la ville se développe. C'est-à-dire que le régime actuel permet que quelques-uns s'approprient le résultat des progrès sociaux et dépouillent la collectivité du produit de son propre travail !

Ainsi, à quelque point de vue qu'on l'envisage, la propriété individuelle est injuste : il faut la supprimer et la remplacer par la propriété collective. Telle est, d'une façon plus ou moins absolue, la conclusion de toutes les théories socialistes.

Examen et réfutation des critiques dirigées contre la propriété individuelle. — Les diverses critiques ainsi dirigées contre la propriété individuelle sont loin d'avoir toutes une égale valeur.

1° Celles qui s'attaquent aux origines de la propriété n'en ont évidemment aucune. Prétendre demander compte aux propriétaires actuels du sol d'usurpations commises aux quatrième et cinquième siècles de notre ère, serait aussi injuste qu'absurde, car ces propriétaires ont acheté et payé les terres qu'ils possèdent aujourd'hui, et d'ailleurs la prescription a depuis longtemps effacé les vices de l'appropriation primitive.

2° L'objection de principe ne nous touche pas davantage. La nature, assure-t-on, a donné à tous les hommes ce qu'elle renferme et l'un d'eux ne peut, sans injustice, s'approprier ce qui fait partie d'un patrimoine commun à tous. Pure phraséologie, aussi vide que brillante ! La nature ne donne rien à personne, elle se borne à exister, et les objets qu'elle renferme sont si peu le patrimoine commun des hommes que la tendance de chacun est de s'approprier ceux qui sont à sa portée. La nature est donc simplement le fonds où nous devons tous puiser pour satisfaire nos besoins : c'est là une constatation de fait qui laisse parfaitement intacte la question de droit.

On n'a pas assez remarqué, d'ailleurs, la singulière contradiction qui existe entre l'argument et la conclusion qu'on en tire. N'est-il pas étrange de s'appuyer sur de prétendus droits de l'humanité pour établir ceux d'une société en particulier : de demander, par exemple, que l'État français se déclare propriétaire de tous les biens existants en France, parce que ces biens sont le patrimoine commun de l'humanité ? Comment la société française, à son tour, se défendrait-elle contre les réclamations des peuples voisins, qui font, eux aussi, partie de l'humanité, si ceux-ci réclamaient leur part dans les richesses de notre sol ? Ce n'est pas la propriété individuelle seulement, c'est la propriété nationale qui se trouverait atteinte par la théorie socialiste, si elle était exacte.

3° Ainsi, les deux premières critiques ne méritent pas de nous arrêter, leur insuffisance apparaissant au premier examen.

Il n'en est pas de même de la troisième, de celle qui vise les résultats du régime de l'appropriation privée. Elle s'appuie sur des faits incontestables.

Quelques-uns de ces faits, il est vrai, ont été exagérés. On a prétendu, notamment, que les propriétaires fonciers étaient assurés de voir la valeur de leurs terres croître incessamment par le seul effet des progrès de la civilisation. Nous montrerons au prochain chapitre qu'il n'en est pas ainsi. Sans doute, il peut arriver que la valeur d'un champ ou d'un terrain de ville augmente sans que le propriétaire y soit pour rien : mais de pareils faits sont assez rares et d'ailleurs compensés par des faits inverses, la diminution de la population ou ses déplacements infligeant parfois des pertes à des propriétaires qui n'ont rien fait pour les mériter. La société, qui ne saurait être tenue d'indemniser de la moins-value dans le second cas, ne peut évidemment réclamer le bénéfice de la plus-value dans le premier.

Tout ce qui est vrai, tout ce qui doit être retenu des critiques dirigées par les socialistes contre le régime de l'appropriation privée, c'est que ce régime aboutit à des inégalités sociales et qu'il permet l'intervention des chances heureuses ou malheureuses dans la distribution de la richesse entre les hommes. C'est assez pour qu'il soit nécessaire de démontrer qu'en dépit de ces faits, ce régime n'est pas injuste.

Légitimité de la propriété individuelle. — Cette démonstration, les jurisconsultes et les économistes l'ont tentée à l'envi, et plusieurs théories se sont produites dont chacune prétend justifier à sa manière la propriété individuelle.

1° D'excellents esprits, s'attachant à la valeur morale de l'acte d'où l'appropriation résulte, assignent, comme fondement juridique à la propriété privée : le travail. Toute richesse, en effet, n'est-elle pas le fruit du travail de quelque individu, et n'est-il pas juste que le producteur soit propriétaire de la chose qu'il a produite ? Sans doute, un certain nombre d'hommes deviennent propriétaires par donation, par legs ou par succession : mais qu'importe, puisqu'ils tiennent en pareil cas la chose de celui qui l'a produite et que celui-ci pouvait légitimement en disposer à son gré. — Et il semble d'abord, en effet, qu'il y ait là une considération décisive, répondant à toutes les objections. Il n'en est pourtant pas ainsi, car l'assertion qui sert de base à cette théorie est inexacte.

Il n'est pas vrai, en effet, que les particuliers ne deviennent propriétaires que de ce qu'ils produisent. Le travail, nous l'avons vu, ne crée pas, il transforme seulement une matière préexistante. Les socialistes ont donc le droit de constater qu'il n'y a pas identité entre le résultat du travail et l'objet de l'appropriation. Celui qui prend un peu d'argile et en fait un vase devient propriétaire de l'argile qu'il n'a pas créée, le propriétaire foncier qui se borne à aménager son champ et à en entretenir la fertilité est propriétaire du sol même qui existait bien avant ses travaux. On dira, sans doute, que l'individu ne peut jouir de l'utilité qu'il a produite sans s'approprier la matière transformée, mais ce n'est là qu'une difficulté de fait qui ne saurait engendrer un droit. Cette difficulté, les socialistes ne sont d'ailleurs pas embarrassés de la résoudre : ils proposent que l'État, déclaré propriétaire des terres, en concède seulement la jouissance pendant un temps proportionné à l'importance des améliorations effectuées.

On ne peut donc pas dire que l'individu ne s'approprie que ce qu'il a produit. Tout ce qui est vrai, c'est que le plus souvent on devient propriétaire en travaillant, et qu'en règle générale la part de chacun dans les richesses se mesure à son mérite. Encore n'en est-il pas toujours ainsi. Que diront donc ceux qui pensent que l'appropriation privée ne peut se justifier que par le travail, des chances heureuses qui viennent parfois, à l'improviste, augmenter la valeur des choses possédées par un particulier? Comment répondront-ils aux socialistes dénonçant comme injuste un pareil enrichissement et demandant que la plus-value ainsi obtenue sans travail soit attribuée à la collectivité? Exiger, en effet, pour que la propriété soit légitime, que l'appropriation privée résulte d'un certain acte, c'est reconnaître implicitement à la société le droit de s'emparer de la chose chaque fois que cet acte ne se rencontre pas.

2° Une autre école cherche le fondement juridique de la propriété individuelle dans une théorie générale : *la théorie du droit naturel*. Tout homme, affirme-t-on, a naturellement certains droits, droits primordiaux, inhérents à sa nature et que la société ne saurait méconnaître sans injustice. Ces droits naturels, on les découvre en supposant des individus vivant en état de voisinage, mais en dehors de tout lien social. « Les lois de la nature, disait déjà Montesquieu, sont ainsi nommées parce qu'elles dérivent uniquement de la constitution de notre être. Pour les connaître bien, il faut considérer un homme *avant l'établissement des sociétés*. Les lois de la nature seront celles qu'il recevrait dans un pareil état »[1]. — «Nous définirions le droit naturel, ont écrit deux éminents jurisconsultes, l'ensemble des principes qui règlent les rapports des hommes considérés fictivement comme vivant dans un état extra-social[2]. » Or, aux rapports d'hommes supposés dans une pareille situation, quelle règle appliquer, sinon celle qui reconnaît à chacun la pleine liberté de ses actes, sous la seule condition de respecter la même liberté chez les autres ?

L'homme aura donc, entre autres droits, celui de s'approprier les choses qu'il jugera utiles, pourvu qu'il respecte les actes d'appropriation analogues antérieurement faits par ses semblables. Au début, les terres étant en abondance, chacun s'emparera de la portion qui lui conviendra parmi celles qui n'appartiennent encore à personne. L'occupation sera donc le premier mode d'appropriation : plus tard apparaîtront l'échange, la donation, le testament, modes légitimes aussi parce qu'ils dériveront du premier. Seuls, le vol et la fraude devront être interdits, comme constituant une violation du droit d'autrui.

La propriété individuelle serait ainsi justifiée d'une façon absolue.

---

1. Montesquieu. *Esprit des lois*, liv. I, ch. r.
2. Aubry et Rau. *Sur Zachariæ*. 1re édition, p. 2. — Ces auteurs ont abandonné cette définition dans les éditions ultérieures.

Chacun usant de son droit, nul n'aurait à se préoccuper de savoir si les autres sont aussi bien partagés que lui, et celui que la chance favoriserait serait à l'abri de toute réclamation, puisqu'il n'aurait violé le droit de personne.

Cette théorie n'est pas absolument sans valeur, car, si chimérique que paraisse l'hypothèse sur laquelle elle repose, cette hypothèse se trouve réalisée quand on envisage les rapports des nations entre elles. Ce sont bien là, en effet, des êtres vivant côte à côte en dehors de tout lien social, et le droit naturel, compris comme nous venons de le définir, est évidemment la seule règle qu'on leur puisse appliquer. Le droit d'occupation, notamment, peut seul justifier l'appropriation par un peuple du territoire qu'il occupe.

Mais il n'en est plus de même quand il s'agit des individus. L'homme étant essentiellement un être sociable, on ne peut prétendre établir ses droits en supposant qu'il ne l'est pas. En vivant en société, il « accomplit son premier devoir[1] », il obéit à ses instincts. Étudier l'homme isolé, disait avec raison Rossi, c'est imiter Condillac quand, pour expliquer l'homme, il commence par imaginer l'homme-statue, c'est-à-dire l'homme qui n'est plus l'homme. C'est, en un mot, chercher les prétendus droits inhérents à notre nature en commençant par fausser celle-ci.

3° Cette seconde théorie doit donc être rejetée comme la première. On ne peut opposer l'individu au groupe dont il fait partie, car il ne saurait avoir de droits en dehors des conditions de vie et de développement de ce groupe. Ce n'est pas dans un droit primordial de l'homme qu'il faut chercher le fondement juridique de la propriété individuelle. Celle-ci n'est que le résultat d'un arrangement social sorti de l'évolution des idées et des mœurs, et toute la question revient à savoir si cet arrangement est juste, si les lois qui l'ont sanctionné ont fait œuvre équitable.

Pour en juger sainement, on ne doit pas isoler la propriété individuelle de l'ensemble d'institutions dont elle fait partie. Elle n'est, en effet, nous l'avons vu[2], que l'un des éléments indispensables du régime de liberté. Liberté du travail, droit d'appropriation privée, liberté des conventions, voilà trois termes inséparables. Cela est si vrai que tous les systèmes socialistes, imaginés en vue d'abolir la propriété individuelle, sont contraints, pour y réussir, de supprimer la liberté du travail, en confiant à l'État la direction de l'industrie, de supprimer aussi et la liberté des conventions, en le chargeant de répartir les produits. C'est donc le régime dans son entier que nous devons apprécier. Si la société fait une chose juste

1. Oudot. *Conscience et science du devoir*, t. II, p. 73.
1. Voy. ci-dessus, p. 111.

en laissant à chacun la liberté, mais aussi la responsabilité de ses actes, la propriété individuelle est légitime ; elle ne l'est pas au cas contraire.

Il nous faut donc interroger la conscience humaine qui, se perfectionnant et devenant plus lucide au cours des siècles, dégage sans cesse plus nettement le droit idéal qui doit servir de modèle aux législateurs. Elle seule peut nous éclairer sur les devoirs et les droits de la société et nous tracer les règles générales qui permettront d'affirmer si les arrangements sociaux sont ou ne sont pas équitables.

Or, ces règles générales, on peut les résumer en peu de mots.

La société a pour fin la vie et le progrès de ses membres; elle constitue le milieu protecteur où ceux-ci agissent et se perfectionnent. Son développement prime donc celui de l'individu dont il est une condition, et les arrangements sociaux doivent tendre avant tout à assurer le progrès social. Mais, précisément parce que la société n'a d'autre raison d'être que d'aider à la vie et au développement de ses membres, elle doit s'efforcer de maintenir entre ceux-ci l'égalité des droits, c'est-à-dire de les mettre tous également à même de profiter de son existence. — Toute organisation sociale est donc légitime qui, favorisant le plus grand développement collectif possible, réalise l'égalité des droits entre les individus.

Le régime des castes, par exemple [1], qui impose la domination d'une race victorieuse à une race vaincue, est peut-être nécessaire au moment où il s'établit : mais à coup sûr, il est injuste. Comment s'en étonner ? Formées par la violence, les sociétés qui le pratiquent traversent nécessairement une phase pendant laquelle elles sont en dehors du droit. Elles n'y rentrent que lorsque, la fusion s'étant faite entre les deux races, les privilèges disparaissent pour faire place à l'égalité des droits entre les citoyens.

Le régime des peuples primitifs qui pratiquent la propriété collective du sol ne saurait, au contraire, être déclaré injuste. Utile au développement social à une époque où il faut faire sentir énergiquement à tous la communauté d'intérêts qui les unit, il ne blesse pas l'équité, puisque chacun des chefs de famille est admis à prendre part aux allotements périodiques des terres.

Que devons-nous penser du régime de liberté ?

Sa supériorité n'est pas contestable au point de vue de l'utilité sociale, puisque seul il permet d'assurer la vie et le développement à des millions d'individus. Elle nous paraît tout aussi évidente au point de vue de l'équité parce qu'il permet, mieux que tout autre, d'assurer à tous les citoyens l'absolue égalité des droits. Ce régime, en effet, comme on l'a très bien dit [2], « c'est la mise au concours de

1. Voy. ci-dessus, p. 75.
2. M. Courcelle-Seneuil. *Préparation à l'étude du droit.*

toutes les fonctions sociales ». Libre de ses actes, n'étant arrêté par aucune loi d'exclusion, chacun est en droit de prétendre à tout. Son succès dépend uniquement de son mérite et de sa chance. Pratiqué sans restriction, le régime de liberté réalise donc l'idéal. La société peut, grâce à lui, atteindre au maximum de vie et de progrès et tous ses membres sont également mis à même de profiter de son existence.

Les socialistes, cependant, n'acceptent pas ces conclusions. Le régime de liberté, disent-ils, procure sans doute à tous l'égalité des droits, mais il y a un idéal plus élevé, consistant dans l'égalité de fait. Si, en effet, les institutions actuelles ne créent aucune inégalité, elles laissent subsister celles qui viennent de la nature. L'équité n'est donc pas satisfaite, puisque, la capacité et la chance étant inégalement réparties, la jouissance des mêmes droits ne procure pas à tous les mêmes avantages. Point de concours, concluent-ils, point de liberté : seul un régime d'autorité, confiant à l'État le soin de diriger la production et celui de répartir les produits, permettra de réaliser l'idéal véritable.

Une pareille organisation sociale serait-elle équitable ? Il est permis d'en douter, car elle aboutirait fatalement à prendre aux uns pour donner aux autres, et ce n'est pas traiter également tous les citoyens que faire travailler les plus habiles et les plus courageux au profit de ceux qui le sont moins. Mais, en tout cas, les prétentions de ceux qui la réclament se heurtent à un obstacle infranchissable : l'impossibilité. La société ne peut songer à supprimer l'inégalité des conditions, parce que cette inégalité est la cause première du progrès, le principal facteur de la civilisation. En courbant tous les hommes sous un même niveau, on supprimerait l'émulation, on arrêterait le développement des besoins, source des perfectionnements. Aussi les socialistes n'arrivent-ils pas à imaginer un système pratique, permettant de réaliser l'idéal qu'ils ont conçu. Nous étudierons dans un prochain chapitre les arrangements qu'ils proposent : il n'en est pas un qui, accepté par une société avancée, n'aurait pour résultats inévitables la décadence, la misère et la mort. On ne peut donc reprocher aux sociétés de s'en tenir à l'égalité des droits. En pratiquant le régime de liberté, elles ne créent aucune inégalité arbitraire et l'on ne saurait, sans injustice, les rendre responsables des inégalités naturelles, puisqu'il est impossible de les supprimer.

Beaucoup, il est vrai, s'irritent d'une pareille réponse. Notre esprit, amoureux de ses rêves, consent difficilement à tenir compte des obstacles matériels. Il semble que, par cela seul qu'il les éprouve, l'homme ait un droit acquis à voir ses aspirations satisfaites. Combien n'en éprouve-t-il pas cependant qui ne le seront jamais ! Il aspire à vivre et pourtant il meurt, il cherche la certitude et n'aboutit qu'à l'hypothèse, désireux du repos il est voué au travail, et parmi les conceptions de son esprit, combien, nobles et grandes, sont irréalisables. Les socialistes eux-mêmes, malgré leurs résistances, ont dû le reconnaître, et rien n'est plus curieux à constater que le recul graduel de leur idéal devant les impossibilités dont il leur a fallu se rendre compte.

Ils avaient d'abord rêvé l'égalité des droits dans l'absolue satisfaction. « *A chacun selon ses besoins* », disaient-ils. Mais que répondre à ceux qui leur firent observer que la production est limitée, tandis que les besoins ne le sont pas ? Nous n'avons pas à refaire le monde, mais à nous en arranger au mieux en le prenant tel qu'il est.

Forcés de renoncer à ce qui serait la perfection, ils demandèrent qu'au moins les hommes fussent égaux dans la satisfaction partielle que permet la nature et dans les privations qu'elle impose. La formule primitive fut remplacée par cette autre : « *A chacun proportionnellement à ses besoins.* » Quelques-uns même, plus résignés, se contentèrent de réclamer l'égalité des parts. Mais, sans parler des bizarreries et des injustices qui résulteraient de ces prétendues règles d'équité, comment mesurer le droit de consommer sans tenir compte du concours effectif fourni à la production ? Chacun ne chercherait-il pas à échapper au travail, comptant sur son voisin pour entretenir le fonds commun qui serait bien vite épuisé ?

Il fallut chercher encore autre chose. Puisque l'égalité ne peut régner entre les hommes, pourquoi ne pas éliminer au moins les inégalités par trop choquantes : celles qui résultent des différences d'intelligence, de force physique ou de chance ? On ne laisserait ainsi subsister que celles qui, nées du plus ou moins de bonne volonté, ont une portée morale : « A chacun selon ses efforts. » Mais on leur fit observer qu'ayant besoin d'encourager les hommes intelligents, habiles ou forts, la société ne peut rémunérer que le travail utile et doit récompenser, non l'effort, mais le service rendu.

Mais ne pourrait-elle, tout au moins, éliminer la chance en prenant à sa charge tous les risques de la production et en assurant à chacun un emploi et une rémunération proportionnée aux services qu'il y rendra ? Pour cela, il suffirait que la collectivité se déclarât propriétaire de toutes les richesses et que celles-ci fussent produites sous sa direction et réparties par ses agents.

Eh bien, cette conception, qui résume aujourd'hui les revendications socialistes, la société doit l'écarter comme les précédentes. Outre qu'elle n'est pas plus réalisable dans une société qui compte des millions de membres, elle aboutirait, sous prétexte d'égalité, à des inégalités d'autant plus choquantes que, engendrées par l'arbitraire et la faveur, elles seraient l'œuvre de la société même et non plus de la nature.

Ainsi, quoi que l'on fasse, à vouloir trop de perfection on se heurte à l'impossible et même à l'iniquité.

Concluons donc : La propriété individuelle est légitime parce qu'elle est un élément essentiel du seul régime équitable compatible avec les conditions de vie et de développement des sociétés avancées. Sans doute, les conséquences actuelles de ce régime ne sont pas toujours satisfaisantes, et tout n'est pas pour le mieux dans le meilleur des mondes. Les particuliers ne font pas toujours bon emploi de la liberté qui leur est laissée ; tous ne comprennent pas les devoirs que leur imposent les diverses fonctions qui leur échoient, l'activité humaine présente trop souvent l'aspect d'une lutte et non celui d'une assistance mutuelle. Mais ces inconvénients regrettables tiennent à l'imperfection des hommes et non pas au régime adopté. Celui-ci n'en est pas moins équitable dans son principe, et c'est au progrès des mœurs, surtout au développement du sentiment de dignité chez les individus, à en assurer le parfait fonctionnement.

Lire dans les *Extraits :*

Proudhon : La propriété, c'est le vol (p. 300).
Rossi : Défense de l'appropriation du sol (p. 262).

ONZIÈME LEÇON

SECTION DEUXIÈME

Les Conventions

La propriété individuelle étant admise, celui qui produit une richesse en devient naturellement propriétaire. Mais cette règle très simple ne suffit pas à rendre compte des phénomènes de distribution qui accompagnent la production. Presque toujours, en effet, celle-ci nécessite le concours de plusieurs individus et il faut que le produit soit partagé entre eux. C'est aux intéressés que revient, dans les sociétés avancées, le soin d'organiser ce partage. La loi leur laisse toute latitude, elle proclame le principe de la liberté des conventions.

On serait tenté d'en conclure que la rémunération de chacun sera fixée arbitrairement, en quelque sorte au hasard. Nous verrons qu'il n'en est pas ainsi : des lois naturelles dirigent la volonté des contractants, président à la distribution et assurent à chacun une part équitable, c'est-à-dire proportionnée aux services rendus et aux risques affrontés.

Rationnellement, on pourrait classer en deux groupes seulement tous les coopérateurs appelés au partage, les uns représentant le capital et les autres le travail. Mais, en général, on préfère distinguer un plus grand nombre de catégories.

Les capitalistes sont d'abord divisés en deux classes : les uns fournissent le sol et sont appelés propriétaires fonciers, les autres avancent les capitaux mobiliers et reçoivent plus spécialement le nom de capitalistes. En réalité, les uns et les autres sont également des capitalistes, mais il y a lieu de se demander si leurs situations sont parfaitement identiques. La distinction faite entre eux est donc utile, bien que factice, et nous la conserverons.

Ce n'est pas tout. Il est assez rare que les capitalistes et les ouvriers s'entendent directement pour unir leurs efforts et en partager le produit conformément aux règles de l'association pure et simple. L'initiative leur fait souvent défaut, ils n'osent se fier les uns aux autres, ils n'arrivent pas à s'entendre, mais surtout ils craignent de courir les risques de l'entreprise. Presque toujours, entre eux, apparaît l'entrepreneur, l'homme d'initiative qui conçoit l'entreprise, réunit les ressources (capital et travail) nécessaires à son fonctionnement, et assume tous les risques en promettant aux autres une somme déterminée d'avance à forfait. Jouant un rôle spécial, l'entrepreneur est naturellement rémunéré d'après des règles particulières.

On arrive donc à distinguer quatre catégories de copartageants :

Les propriétaires fonciers, dont la part s'appelle *fermage* ou *loyer* ;

Les capitalistes, qui obtiennent un *intérêt* ;

Les entrepreneurs, dont la rémunération porte le nom de *profit* ;

Les ouvriers, qui reçoivent un *salaire*.

L'analyse de ces quatre parts fait connaître l'ensemble des phénomènes et des lois économiques qui accompagnent et dirigent la distribution de la richesse sous le régime de la liberté.

Il peut sans doute arriver que plusieurs qualités soient réunies dans une même personne. Il n'est pas rare, par exemple, que le propriétaire foncier exploite lui-même sa terre avec des capitaux à lui appartenant, sauf à engager les ouvriers dont il a besoin : il est alors, tout à la fois, propriétaire foncier, capitaliste et entrepreneur. Souvent aussi, presque toujours même, l'entrepreneur industriel est propriétaire d'une partie au moins des fonds engagés dans l'affaire qu'il dirige. Il n'importe : même dans ces cas, l'analyse doit distinguer les diverses situations, celui qui réunit plusieurs titres ayant droit à une rémunération spéciale pour chacun d'eux. Celui qui engage des fonds dans l'affaire dont il a la direction, par exemple, ne s'estimera point satisfait si, outre le profit qu'il gagne comme entrepreneur, il n'obtient pas l'intérêt normal de son capital.

A un autre point de vue, il est intéressant d'observer qu'un même homme peut jouer des rôles dissemblables dans des entreprises différentes. L'ouvrier agricole a souvent un petit morceau de terre sur lequel il est à la fois entrepreneur, capitaliste et propriétaire foncier ; et l'ouvrier des villes, quand il pratique l'épargne, peut, en même temps qu'il loue son travail à tel entrepreneur, prêter à d'autres des capitaux (par exemple en achetant des obligations d'une société), c'est-à-dire être capitaliste. Ces individus obtiennent alors plusieurs rémunérations, dont chacune est déterminée par les lois économiques qui lui sont propres.

CHAPITRE PREMIER

De la part du propriétaire foncier dans la répartition

Programme officiel : Le fermage. — La rente du sol. — Différents systèmes de culture; grande et petite culture. — Inconvénients d'un trop grand morcellement ou d'une concentration excessive de la propriété.

Le fermage et la rente. — Le propriétaire foncier n'est autre chose qu'un capitaliste, car la terre, on l'a vu, une fois appropriée et aménagée pour les besoins de la culture, devient un capital. Il obtient donc une rémunération calculée comme celle qui échoit à tout capitaliste. Si, par exemple, il prête sa terre à un entrepreneur agricole (fermier), celui-ci lui paye un fermage dont le taux dépend du plus ou moins de services que peut rendre cette terre (utilité), et du plus ou moins de difficultés que l'entrepreneur éprouverait à en trouver une autre à défaut de celle-là (rareté).

Ayant démontré que la propriété est légitime, nous n'avons pas à justifier la rémunération ainsi obtenue par le propriétaire foncier. Maître de sa terre, il a le droit absolu de ne la confier à autrui que si les offres qu'on lui fait lui conviennent : il pourrait aussi bien la refuser. Ajoutons du reste que, le plus souvent, la bonté de sa terre est due aux travaux et aux frais de toute sorte qui l'ont améliorée, si bien que le fermage n'est que la récompense des efforts faits par le propriétaire pour l'entretenir et en augmenter l'utilité.

Quelquefois, cependant, il en est autrement. Il y a des terres mieux exposées que d'autres, ou dont le sol est plus heureusement constitué, ou qui se trouvent plus rapprochées des centres de consommation. Celles-là sont particulièrement avantageuses, et naturellement on les loue plus cher. On appelle *rente* cette partie du fermage qui, pour certaines terres, représente, non plus la rémunération des capitaux enfouis dans le sol, mais le prix de qualités dues à la nature ou au hasard.

Il existe dans chaque pays un certain nombre de terres qui sont depuis longtemps considérées comme plus avantageuses que les autres et qui, vraisemblablement, le seront toujours : en France, par exemple, les terrains de vigne du Bordelais et de la Bourgogne. De pareilles terres produisent évidemment une rente, mais il y a longtemps que cette rente n'a plus qu'une existence théorique, la valeur de ces terres s'étant élevée dès qu'on eut découvert le parti exceptionnel qu'on pouvait en tirer. Elles furent alors vendues très cher : le prix de leurs rares qualités fut payé, une fois pour toutes, à ceux qui avaient eu le mérite de les découvrir et l'audace de faire les dépenses d'aménagement de cultures nouvelles. Quant aux propriétaires actuels, ils ne recueillent pas plus que l'intérêt de leur prix d'achat et des sommes qu'ils ont eux-mêmes dû dépenser pour entretenir la fertilité du sol et l'augmenter progressivement.

Mais il arrive aussi, de nos jours, qu'une terre qui ne produisait pas de rente commence à en donner une, ou que celle qu'elle fournissait déjà s'élève. Une invention agricole, en effet, peut, d'une terre médiocre, faire une terre excellente, et le développement d'une ville ou la création d'un bourg amène un résultat semblable pour les terres avoisinantes. En pareil cas, le fermage augmente en même temps que la valeur de la terre. Ce sont là des chances heureuses dont tout le monde profite, parce qu'elles encouragent les progrès agricoles et incitent les capitalistes à faire à la culture les avances dont elle a besoin. Elles sont malheureusement compensées par des risques inverses, car, si certaines villes se développent, d'autres tombent en décadence, le développement des moyens de communication supprime certains avantages de situation, et la découverte qui augmente là valeur de certaines terres fait perdre à d'autres le rang qu'elles occupaient antérieurement. Les chances exceptionnelles de gain ne sont pas d'ailleurs propres à la propriété foncière, on en retrouve partout d'analogues. Celui qui possède un coton de troisième qualité s'enrichit si une invention vient à rendre ce coton particulièrement précieux ; le détenteur d'une somme de monnaie réalise un bénéfice en cas de crise monétaire ; le salaire de l'ouvrier s'élève quand une découverte, rendant son travail plus productif, en augmente la demande, etc.

En résumé, le fermage et la rente ne représentent, en général, que les intérêts des dépenses d'entretien ou d'amélioration et du prix d'achat de la terre. Parfois cependant, des chances heureuses ou malheureuses, en élevant ou en abaissant le taux du fermage, peuvent procurer au propriétaire un bénéfice inattendu ou lui causer une perte imprévue. De ces derniers faits, la société ne se préoccupe pas, et avec raison, car nous avons vu qu'elle laisse aux particuliers le profit et le risque de leur chance ou de leur malchance, comme de leur mérite ou de leur démérite. Ces faits, du reste, ne sont point particuliers à la propriété foncière : quiconque possède ou travaille, c'est-à-dire tout le monde, en bénéficie ou en souffre. Le propriétaire foncier n'est donc bien, comme nous le disions,

qu'un capitaliste comme un autre. Encore est-il de tous le moins
rémunéré, la concurrence des pays neufs, comme l'Amérique et les
Indes, ne lui permettant guère d'obtenir plus de 2 1/2 ou 3 p. 100
de la valeur de son capital, tandis que les capitaux mobiliers rapportent sensiblement plus. La certitude où est le propriétaire que
la terre qu'il prête lui sera rendue, et les avantages sociaux qui
s'attachent à la possession de « biens au soleil », expliquent seuls
comment il se trouve assez d'individus désireux d'acheter des terres
pour que la valeur de celles-ci ne baisse pas.

Théorie de Ricardo sur la rente. — Il existe cependant
une théorie qui présente tout autrement les choses. Elle est célèbre
dans la science sous le nom de « Théorie de Ricardo sur la Rente » :
non pas que le célèbre disciple d'Adam Smith l'ait imaginée le premier, mais parce qu'il l'a, mieux que tout autre, mise en lumière
en l'exposant avec toutes les ressources de son vigoureux esprit.

A en croire Ricardo, les propriétaires fonciers, loin d'être des
capitalistes semblables aux autres, jouissent d'une situation particulièrement avantageuse, d'une part parce que presque toutes les
terres fournissent une rente, c'est-à-dire un bénéfice dû aux qualités naturelles du sol et non au travail, et d'autre part parce que le
taux de cette rente doit constamment s'élever au cours des progrès
de la civilisation.

Pour qu'une terre, en effet, dit Ricardo, fournisse une rente, il
suffit qu'elle n'occupe pas le dernier échelon parmi celles qu'on est
obligé de cultiver pour nourrir la population. Si, par exemple, il
faut cultiver trois catégories de terres dont la troisième donne une
récolte de 10 hectolitres à l'hectare pour une dépense de 250 francs,
tandis que la deuxième donne 20 hectolitres et la première 30 hectolitres pour la même dépense, il est clair que les terres appartenant aux deux premières catégories donneront une rente à leur
propriétaire. Il faudra bien en effet que le prix du blé s'élève assez
pour rémunérer ceux qui cultivent les moins bonnes terres, car
autrement ils renonceraient à la culture, et l'on a besoin de leur
concours. Le blé se vendra donc à raison de 25 francs l'hectolitre,
et à ce taux les propriétaires des terres de troisième qualité ne
gagneront pas de rente. Mais les propriétaires des autres terres en
percevront une, car il n'y a aucune raison pour qu'ils ne vendent
pas leur blé tout aussi cher que les premiers, et ils en ont obtenu
plus qu'eux à égalité de dépenses. On voit aisément qu'en pareil cas
la rente sera de 250 francs par hectare pour les terres de deuxième
qualité et de 500 francs par hectare pour celles de première qualité.

Or, affirme Ricardo, à mesure que la civilisation se développe,
les besoins augmentant avec la population, il faut mettre en culture
des terres que jusque-là on avait négligées comme trop peu fertiles

ou trop éloignées du marché. De nouvelles catégories naissent donc sans cesse et c'est toujours sur les frais de production de la plus mauvaise que le prix du blé se fixe. Dès lors, à chaque extension des cultures, les terres qu'on cultivait auparavant sans en tirer une rente commencent à en fournir une, et les rentes antérieurement existantes s'élèvent.

Quand enfin toutes les terres d'un pays sont livrées à la culture, les propriétaires fonciers se trouvent investis d'un monopole de fait. La population continuant à croître, rien ne s'oppose à ce que les propriétaires des terres, même les plus mauvaises, se fassent payer plus que les frais nécessaires à la culture. Toutes les terres, à partir de ce moment, fournissent donc une rente, et cette rente doit aug-menter sans cesse à mesure que les progrès de la civilisation, en augmentant les besoins, permettent aux propriétaires fonciers de tirer plus amplement parti de leur monopole.

RÉFUTATION DE LA THÉORIE DE RICARDO. — Cette théorie frappe évidemment l'esprit par la rigoureuse logique de ses déductions. En y réfléchissant, cependant, on constate aisément qu'elle abuse des affirmations *à priori* et prend pour choses évidentes de simples hypothèses.

D'abord, il n'est pas vrai que les peuples, en se développant, soient obligés de mettre en culture des terres de moins en moins fertiles. Le degré de fertilité d'une terre, en effet, n'a rien d'absolu: il dépend essentiellement de l'état de la science agricole. On commence par s'adresser aux terres légères qui, facilement cultivables, sont les plus avantageuses pendant les temps d'ignorance et de pauvreté des peuples à leurs débuts; plus tard, quand les besoins l'exigent, on s'attaque aux terres lourdes, mais c'est à l'aide de procédés perfectionnés qui permettent de tirer pleinement profit de ces terres, les meilleures quand on sait les cultiver. C'est là l'histoire de tous les peuples: l'économiste américain Carey l'a démontré de façon péremptoire, et cette histoire, on le voit, est précisément l'inverse de celle que traçait Ricardo.

D'autre part, il est absolument factice de considérer les terres d'un pays comme susceptibles d'être cataloguées une fois pour toutes, en une infinité de catégories, d'après leur degré de fertilité ou les avantages de leur situation. Tout au plus, si on se livrait à ce travail de classement, quelques grandes divisions pourraient-elles être établies, car les diverses terres d'une même région sont en général douées de qualités naturelles à peu près équivalentes, et la variété des cultures ou le choix de procédés convenables permettent le plus souvent de corriger les inégalités qui se rencontrent. En outre, ce classement serait constamment à refaire, parce que les progrès de l'art agricole ou des moyens de communication le bouleverseraient à tout instant. Une terre jugée médiocre peut en effet devenir excellente si l'on découvre une manière nouvelle de l'exploiter, et la réduction des prix de transport tend constamment à amoindrir les privilèges de situation. En réalité, Ricardo immobilise, pour les besoins de son raisonnement, ce que la nature des choses fait essentiellement changeant. Ses déductions sont très exactes, étant donné son point de départ, mais il raisonne sur une hypothèse que les faits ne ratifient pas. Contrairement à ce qu'il affirme, la rente — sauf exception — n'apparaît que comme un avantage qui passe de l'un à l'autre, au gré du mouvement économique, et que compense, trop largement, le risque des dépréciations qu'engendre le même mouvement.

On pourrait se demander s'il n'y a pas plus de vérité dans la dernière proposition de Ricardo. N'est-il pas à craindre, en effet, que, toutes les terres d'un pays étant occupées, les propriétaires fonciers ne se trouvent investis d'un monopole leur permettant de vendre les produits du sol à un prix très supérieur aux frais de production ? Mais pour que l'affirmation de Ricardo fût exacte, ce n'est pas la mise en culture de toutes les terres d'un pays qu'il faudrait supposer, c'est celle des terres du monde entier, car il suffit qu'il reste à l'étranger des terres vierges pouvant être mises en culture pour que la concurrence internationale empêche la constitution d'un monopole au profit des propriétaires fonciers dans les pays avancés. Nous en avons eu la preuve en France au cours de ce siècle. D'une part, le prix du blé y est resté à peu près stationnaire ; d'autre part, l'augmentation du taux des fermages depuis 1789 n'y représente guère qu'un accroissement de rémunération dû aux dépenses effectuées pour améliorer la terre ; enfin, loin de jouir d'une situation privilégiée, nos propriétaires fonciers ont été victimes de crises graves, dont la plus intense sévit encore aujourd'hui. Or, il s'en faut bien que toutes les terres susceptibles d'être cultivées le soient : d'immenses réserves existent en Amérique, en Asie, en Afrique, en Australie, etc. Deux cents ans au moins, trois ou quatre cents, plus même, peut-être, s'écouleront avant qu'elles soient toutes défrichées. Alors seulement il y aura lieu de se préoccuper des prédictions de Ricardo. Encore ignorons-nous ce que seront à ce moment les procédés agricoles : or s'ils étaient assez perfectionnés pour assurer aisément l'alimentation des hommes à mesure qu'ils augmenteraient en nombre, les propriétaires fonciers resteraient soumis à la loi de la concurrence et ne jouiraient d'aucun monopole.

LA THÉORIE DE RICARDO ET LES SOCIALISTES. — La théorie de Ricardo n'a donc aucune portée pratique. Les socialistes s'en sont pourtant emparés et dénoncent avec indignation la prétendue situation privilégiée faite aux propriétaires fonciers. Les uns en tirent cette conclusion qu'il faut abolir toute espèce de propriété individuelle, les autres demandent la confiscation des terres par l'État, avec ou sans indemnité aux propriétaires actuels, quelques-uns enfin mettent en avant divers systèmes pour attribuer à l'État la rente, ce prétendu bénéfice illégitime assuré, disent-ils, à tout propriétaire foncier. Dans ces dernières années, le socialiste américain Henry Georges proposa, avec un certain éclat, que l'État, sans racheter les terres, les frappât d'un impôt exactement calculé sur la rente que peut produire chacune d'elles. — Tous ces systèmes doivent être également rejetés. D'une part, ils seraient contraires au bien social parce que, laissant aux propriétaires fonciers les mauvaises chances et leur enlevant les bonnes, ils décourageraient l'esprit d'initiative et de recherche. D'autre part, l'argument d'équité sur lequel ils reposent est sans valeur, puisque la théorie de Ricardo est fausse. Mais, serait-elle vraie, le régime actuel n'en serait pas moins équitable, car chacun est libre d'acheter de la terre s'il possède les capitaux nécessaires à cet achat, et la circulation de la propriété foncière est assez active pour que ceux qui ont ce désir soient à même de le satisfaire.

Amodiation et faire-valoir. — Nous avons toujours supposé jusqu'ici que le propriétaire foncier obtenait la rémunération à laquelle il a droit sous forme de fermage, c'est-à-dire en louant sa terre à un autre. C'est le système de l'*amodiation*. Mais cet arrangement n'est pas le seul qui se rencontre. A côté de l'amodiation existe le *faire-valoir*, dans lequel le propriétaire, cultivant lui-même sa terre, réunit en sa personne les deux qualités d'entrepreneur et de propriétaire foncier. En pareil cas, le bénéfice qu'il obtient peut se décomposer en deux parties, l'une représentant le *profit* que cherche naturellement tout entrepreneur, l'autre représentant l'équivalent du fermage qui aurait été payé au propriétaire s'il avait loué sa terre au lieu de la cultiver lui-même.

Or, c'est une question très débattue que celle de savoir lequel de ces deux arrangements, amodiation ou faire-valoir, doit l'emporter dans l'avenir.

La comparaison de ce qui se passe en Angleterre et en France fournit déjà une indication instructive à cet égard. En Angleterre, où le régime foncier est anti-libéral, puisqu'il tend à maintenir la terre aux mains de l'aristocratie, l'amodiation l'emporte de beaucoup sur le faire-valoir ; en France, au contraire, où nous jouissons d'institutions plus équitables, on compte 17 millions d'hectares cultivés par leurs propriétaires, contre 16 seulement qui sont affermés. Il semble donc que les perfectionnements du régime de la liberté soient favorables au développement du faire-valoir et que ce développement soit la loi de l'avenir.

Nous croyons qu'il en est ainsi. Sans doute, l'amodiation ne disparaîtra pas ; c'est un procédé auquel il faudra toujours avoir recours dans certains cas où le propriétaire ne peut cultiver lui-même, mais il nous paraît probable que son application se restreindra à ces cas exceptionnels. Les progrès de la civilisation doivent tendre, en effet, à faire prévaloir les arrangements les plus avantageux ; or le système du faire-valoir nous paraît, économiquement et même socialement, très supérieur à celui de l'amodiation.

D'une part, en effet, l'amodiation présente inévitablement certains inconvénients qui sont évités quand le propriétaire cultive lui-même. Elle risque de mettre en opposition, au grand détriment du sol, les intérêts du propriétaire et ceux du cultivateur. Le premier hésite à faire des dépenses d'amélioration dont le fermier profitera d'abord, et celui-ci, quand la fin du bail devient prochaine, est tenté d'épuiser la terre au lieu de l'entretenir comme il serait nécessaire.

D'autre part, et surtout, le développement du faire-valoir est intimement lié à celui de la petite culture et de la petite propriété : or ce sont là deux modes d'organisation éminemment avantageux pour un peuple, nous allons le montrer.

GRANDE ET PETITE CULTURE. — On appelle grande culture celle qui se fait sur une étendue de terre assez considérable pour que l'agriculteur ait avantage à posséder un certain nombre d'attelages, des machines, de vastes installations, en un mot, l'outillage agricole le plus perfectionné. — Il n'en est guère ainsi que pour les exploitations comptant au moins 40 hectares. — La petite culture, au contraire, est celle où l'on peut se contenter d'une ou de deux charrues, ou même d'instruments très simples mis en mouvement par les seules forces de l'homme [1].

La grande culture se rencontre surtout en Australie, en Amérique et en Angleterre. Ailleurs, c'est la petite culture qui domine, et en France notamment elle occupe environ les deux tiers du sol.

A des époques qui ne sont pas encore bien éloignées de nous la question de la grande et de la petite culture a passionné les savants et les politiques.

Dès 1755, le marquis de Mirabeau, père du tribun, dans un livre remarquable intitulé : l'*Ami de l'homme*, s'élevait contre les grands domaines et exaltait les mérites de la petite culture. Mais peu après Arthur Young, écrivain anglais que ses voyages en France ont rendu célèbre, publiait plusieurs ouvrages où, comparant l'agriculture anglaise à la nôtre, il concluait en faveur de la première et condam-

---

1. On distingue souvent la grande, la moyenne et la petite culture : la grande culture étant définie comme au texte, la moyenne étant celle qui emploie une ou deux charrues (elle varie de 10 à 40 hectares environ), et la petite celle qui n'utilise que les forces de l'homme. Mais, quand on compare la grande culture à la petite, on réunit sous la seconde de ces dénominations, la moyenne et la petite culture.

naît les petites exploitations. Sa thèse, aveuglément admise en Angleterre, ne pouvait l'être en France au lendemain de la Révolution, mais elle y fut reprise sous la Restauration, dans un intérêt politique, par ceux qui voulaient reconstituer les grandes fortunes aristocratiques et rétablir le droit d'aînesse. Ils dénonçaient, comme un danger économique redoutable, les progrès de la petite culture, ce qu'ils appelaient l'émiettement des exploitations, suite de la division de la propriété.

Les faits, cependant, leur donnaient le plus formel démenti, car la France était à cette époque (1826) en pleine prospérité. Et en effet, aujourd'hui que les passions ne sont plus en jeu, on s'accorde assez généralement à reconnaître la supériorité de la petite culture au moins quand c'est le propriétaire qui cultive lui-même son champ. Cette opinion semble d'abord paradoxale, car la grande culture présente évidemment les avantages inhérents aux grandes entreprises : elle permet l'emploi des machines, l'économie des installations et une meilleure division du travail. Mais nous avons montré précédemment que ces avantages sont moindres pour les grandes exploitations agricoles que pour les grandes fabriques[1]. Rien n'empêche d'ailleurs les petits cultivateurs de s'associer pour se procurer à frais communs le bénéfice de l'emploi des machines et des vastes installations. Pourquoi, par exemple, ne s'entendraient-ils pas pour établir des fromageries, des laiteries, des distilleries, etc., où les produits de leurs champs seraient traités avec tous les procédés de la grande industrie? Dans plusieurs régions, des tentatives de ce genre ont été faites avec un plein succès.

On a fait observer aussi que les grandes cultures sont utiles parce qu'elles sont en général dirigées par des hommes intelligents et actifs, plus aptes que les petits cultivateurs à comprendre la valeur des perfectionnements proposés, plus disposés aussi à en tenter l'essai. — A eux revient naturellement la mission de guider les autres dans la voie du progrès agricole. — Mais, qu'on l'observe bien, nous n'entendons pas affirmer que la grande culture disparaîtra entièrement : il suffit que dans chaque région quelques grandes exploitations subsistent pour que la direction voulue soit donnée à la masse des petits cultivateurs.

Or ces petits cultivateurs sont plus aptes que tous autres, quand ils sont propriétaires de leur champ, à tirer du sol tout ce qu'il peut donner. L'amour qu'ils portent à la terre, les soins dont ils entourent la croissance des plantes, engendrent des prodiges. Arthur Young lui-même le reconnaissait et déclarait avec admiration que la petite culture par le propriétaire « transforme en or les sables les plus arides. » Le petit cultivateur trouve d'ailleurs dans sa famille, dans ses enfants, des auxiliaires gratuits et attentifs.

1. Voir ci-dessus, p. 63.

Aussi la comparaison des résultats ne laisse-t-elle aucun doute. Le produit net, c'est-à-dire la quantité des produits restant disponible après que l'entretien de la population agricole est assuré, est à peu près le même pour la grande et pour la petite culture (peut-être même est-il un peu plus considérable pour la seconde), mais celle-ci donne un produit brut bien plus considérable. Elle peut ainsi nourrir la même population urbaine que nourrirait la grande culture, en même temps qu'elle entretient une population rurale plus nombreuse. Elle fait donc vivre, au total, un plus grand nombre d'hommes, et assure au pays une plus grande puissance sans nuire au développement des lettres, des sciences, des arts et de l'industrie.

Mais, qu'on le remarque bien, ces avantages, on ne les obtient qu'autant que ce sont les propriétaires eux-mêmes qui cultivent leurs terres. La pratique de la petite culture et celle du faire-valoir sont donc dans un rapport étroit et le développement de l'une entraîne nécessairement celui de l'autre comme nous l'avions annoncé.

GRANDE ET PETITE PROPRIÉTÉ. — Il en est évidemment de même pour la petite propriété. Elle aussi est intimement liée au faire-valoir.

Il est très rare en effet que, dans un pays où la propriété est concentrée entre les mains d'une aristocratie peu nombreuse, les propriétaires cultivent eux-mêmes. D'autres soins les réclament : ils sont le plus souvent conseillers-nés de la couronne, comme en Angleterre, ou bien le séjour des villes les attire. Le faire-valoir ne peut donc dominer que là où il y a beaucoup de petits propriétaires.

Or, il est très désirable pour un pays que la terre soit divisée entre un grand nombre de propriétaires. Sans doute il ne faut pas que la division soit poussée à l'excès, car l'infinie multiplicité des parcelles rendrait difficile la constitution d'entreprises agricoles d'une étendue convenable. Mais un pareil danger ne paraît guère être à redouter. En France même, malgré quelques dispositions regrettables de nos lois de succession rendant trop souvent obligatoires des partages qu'il serait bon d'éviter, on ne voit pas que le morcellement du sol soit devenu excessif, l'effet des partages étant incessamment combattu par les efforts des paysans propriétaires qui cherchent « à s'arrondir ». Au lieu de la pulvérisation du sol qu'annonçaient les pessimistes, nous en sommes simplement à la petite propriété. Cette situation est d'abord avantageuse au point de vue économique puisque, seule, elle permet l'organisation si désirable de la petite culture par le propriétaire. Elle l'est plus encore au point de vue social, comme élément d'apaisement et d'entente.

L'Angleterre, par exemple, dont la législation aristocratique maintient une concentration de la propriété tellement excessive que 5,000 personnes détiennent à elles seules les deux tiers du territoire, nous paraît, de ce fait, exposée à de grands dangers. Quels abus, en effet, ne sont pas favorisés par une constitution aussi vicieuse de la propriété foncière, et quelles colères ne doivent pas susciter les actes de despotisme des grands propriétaires? De 1814 à 1820, un seul d'entre eux expulsa 15 000 paysans, dont les villages furent détruits et brûlés, pour transformer les terres labourées en pâturages ...et depuis cette époque d'énormes districts, qui figuraient jadis dans la statistique de l'Écosse comme des prairies d'une fertilité et d'une étendue exeptionnelles, ont été enlevées à la culture « et consacrés aux plaisirs d'une poignée de chassseurs [1] » !

En résumé, nous considérons le faire-valoir, la petite culture et la petite propriété comme les trois éléments inséparables de la meilleure organisation agricole, et leur développement simultané nous paraît être la loi du progrès.

1. M. Cauwès. *Précis d'Économie politique*, t. II, p. 265.

Lire dans les *Extraits* :

Adam Smith : Effets du droit d'aînesse sur la culture des terres (p. 110).

Hippolyte Passy : De la puissance productive des divers modes de culture (p. 278).

DOUZIÈME LEÇON

CHAPITRE II

La part du capitaliste dans la répartition.

Programme officiel : La part du capital dans la répartition de la richesse :
L'intérêt; Légitimité du prêt à intérêt.

L'intérêt. — A côté du propriétaire foncier, il convient de placer le capitaliste proprement dit qui coopère à la production en fournissant à l'entrepreneur les capitaux mobiliers dont celui-ci a besoin : outils, machines, matières premières, etc.

Il est très rare, il est vrai, que l'entrepreneur emprunte directement au capitaliste ces divers objets, mais il en reçoit une somme de monnaie qui les représente, qui lui permet de les acquérir. En fait le prêt a bien, presque toujours, pour objet de l'argent, mais au fond ce sont les machines, la laine, le coton, le fer, le charbon, etc., nécessaires pour produire que le capitaliste procure à l'entrepreneur.

On appelle *intérêt* la rémunération promise par l'emprunteur au capitaliste pour le décider à faire l'avance qui lui est demandée, et le *taux de l'intérêt* n'est autre chose que la relation existant entre la somme prêtée à titre de capital et celle qui est promise à titre d'intérêt. On exprime cette relation en prenant pour unité l'intérêt promis pour une somme de 100 francs prêtée pendant une année. Si, par exemple, un capital de 50,000 francs est prêté moyennant une rémunération annuelle de 2,500 francs, on dit qu'il est placé à 5 0/0, car chacune des sommes de 100 francs dont ce capital se compose rapportera au prêteur 5 francs d'intérêts par an, jusqu'au jour où le capital lui-même sera restitué.

Comment se détermine le taux de l'intérêt. — C'est aux deux parties intéressées à s'entendre pour fixer les conditions du prêt. La détermination du taux de l'intérêt est donc le résultat d'un débat entre l'emprunteur et le prêteur. Or, ce débat n'est pas, comme on pourrait le croire, le choc de deux fantaisies déréglées : la volonté de chacun est dirigée par des mobiles qu'on peut aisément analyser, et dominée par certaines circonstances extérieures.

Le capitaliste ne consentira évidemment pas à se contenter d'un intérêt inférieur à ce qu'il juge nécessaire pour être indemnisé de la privation de son capital et du risque de n'être pas remboursé. Et, de son côté, l'entrepreneur ne peut accorder plus que la somme qui représente l'utilité que le capital a pour lui, c'est-à-dire la productivité probable de ce capital dans l'emploi auquel il le destine.

Il y a donc un minimum au-dessous duquel le taux de l'intérêt ne peut descendre, parce que le capitaliste, plutôt que de subir des conditions qu'il juge inacceptables, préférerait ne pas prêter; et il y a un maximum que ce taux ne peut dépasser, car l'entrepreneur renoncerait à emprunter plutôt que de le faire à perte.

Or, le plus souvent, ce maximum et ce minimum ne coïncideront pas : on peut supposer par exemple que le premier soit à 6 0/0 et le second à 4 0/0. Comment donc le taux de l'intérêt se fixera-t-il entre ces deux limites ? Tout dépendra du plus ou moins d'abondance des capitaux disponibles entre les mains d'autres capitalistes, et de la quantité de demandes faites par d'autres entrepreneurs. Si, en effet, d'autres capitalistes en grand nombre désirent placer des capitaux et ont peine à trouver des entrepreneurs désirant les leur emprunter, leur concurrence obligera celui qui nous occupe à abaisser ses pré·tentions : s'il s'y refusait, l'emprunteur avec lequel il cherche à s'entendre renoncerait à traiter avec lui, et s'adresserait aux autres. Ce serait l'inverse au cas contraire.

Or, ce que nous venons de dire d'un emprunteur et d'un prêteur peut être généralisé et appliqué à l'ensemble de ceux qui empruntent ou qui prêtent à un moment donné, dans un pays. On voit alors que, d'une façon générale, le taux de l'intérêt dépend :

1° De l'abondance des capitaux épargnés par les particuliers.

2° Des circonstances qui les décident à s'en dessaisir malgré la privation que ce dessaisissement leur impose. Ces circonstances peuvent être nombreuses et variées ; nous citerons notamment : l'habitude du placement se substituant à la thésaurisation, le plus ou moins de durée moyenne des prêts et le perfectionnement des procédés qui permettent au capitaliste de rentrer à volonté dans ses avances [1].

----

1. Voy. ci-dessous : *Crédit.*

3° De la quantité de demandes dont les capitaux sont l'objet.

4° De la productivité probable de ces capitaux dans les emplois auxquels on les destine.

5° Enfin, des risques auxquels ils vont se trouver exposés entre les mains des entrepreneurs, le capitaliste perdant tout ou partie de ses avances, quand l'emprunteur se ruine et tombe en faillite.

LE TAUX MOYEN DE L'INTÉRÊT.— On ne peut évidemment s'attendre à ce que le taux de l'intérêt soit identique pour les diverses entreprises à un moment donné, car la productivité des capitaux n'est pas la même dans tous les emplois, et les risques dépendent de la nature de l'affaire et de l'habileté de celui qui la dirige. Un inventeur, par exemple, n'obtiendra bien souvent le capital dont il a besoin qu'à des conditions onéreuses, parce qu'il est inconnu et que son invention n'a pas encore fait ses preuves ; et lui-même consentira à payer un intérêt élevé, parce qu'il espère tirer un grand parti de la somme qu'il emprunte. Mais, si l'on met à part les cas exceptionnels, on constate que le taux de l'intérêt est à peu près le même pour la plupart des entreprises dans un pays, à un moment donné.

On appelle *taux moyen de l'intérêt*, le taux de l'intérêt ainsi payé, pour le capital qu'elles empruntent, par les industries où les chances de gain et les risques de perte ne dépassent pas l'ordinaire. En France, par exemple, on dit qu'actuellement le taux moyen de l'intérêt est entre 3 1/2 et 4 0/0, parce qu'un capitaliste ne peut guère obtenir une rémunération plus élevée, à moins d'engager son capital dans des affaires dont on espère beaucoup, mais où l'aléa est considérable. Le taux moyen de l'intérêt représente donc la moyenne de rémunération obtenue à un certain moment par les capitalistes, pour le concours qu'ils prêtent à la production.

Tendance à la baisse de l'intérêt au cours de la civilisation. — Le taux moyen de l'intérêt varie avec les pays, parce que les circonstances dont il dépend peuvent être très différentes chez les divers peuples. Chez les nations avancées, ou tout le territoire est occupé, le taux de l'intérêt est moindre que chez les nations jeunes ou qui ont encore à conquérir de vastes étendues de terres. Chez les premières, en effet, l'habitude de l'épargne, le développement de l'esprit de prévoyance ont accumulé les capitaux et rendu les capitalistes moins exigeants : l'épargne y porte, en partie, avec elle sa récompense. En même temps, les risques y sont moindres, parce qu'il s'est établi des traditions de loyauté, que la justice est mieux rendue et la stabilité des institutions plus assurée. Enfin, tout le sol étant occupé et l'industrie très développée, les entrepreneurs trouvent difficilement pour les capitaux des emplois nouveaux très productifs.

Mais ces causes ne doivent pas agir seulement pour abaisser le taux de l'intérêt chez les peuples avancés au-dessous du niveau qu'il atteint chez les autres. Elles doivent avoir aussi pour résultat de diminuer graduellement chez un même peuple le taux de l'intérêt. Nous croyons en effet qu'il en est ainsi, et que les faits comme le raisonnement permettent d'affirmer une tendance constante à la baisse de l'intérêt au cours de la civilisation.

Cependant, cette tendance ne se manifeste pas sans interruption. A certaines époques, pendant dix ans, quinze ans par exemple, on voit le taux de l'intérêt se relever brusquement pour s'abaisser ensuite peu à peu jusqu'au moment où il se relèvera de nouveau. Il est très heureux qu'il en soit ainsi.

La baisse du taux de l'intérêt, en effet, est une excellente chose quand elle est déterminée par les deux premiers faits signalés : le développement de l'esprit de prévoyance et la diminution des risques, car elle favorise l'essor de l'industrie, en même temps qu'elle permet de faire plus large la part des ouvriers, et tend ainsi à rapprocher les conditions sociales. Mais elle est très regrettable quand elle a pour cause un arrêt dans le développement de la productivité, puisqu'elle est alors l'indice d'un ralentissement dans les progrès de l'industrie, celle-ci se bornant à entretenir l'outillage antérieurement créé. Pour que cette situation prenne fin, il faut que de nouvelles découvertes se produisent : les capitaux sont alors sollicités de tous côtés, ils retrouvent les emplois exceptionnellement productifs dont ils étaient antérieurement privés, et le taux de l'intérêt se relève. En France, par exemple, les années 1850 à 1865, offrent un exemple de ce genre. Jamais, dit M. Leroy-Beaulieu, « le taux de l'intérêt n'a été plus élevé dans une période de calme que de 1850 à 1865 [1] ». Or, cette période, nous l'avons déjà dit, fut signalée par les progrès de l'outillage, la construction des chemins de fer et le développement de la grande industrie. Depuis 1865, nous sommes sortis de cette phase exceptionnelle et le taux de l'intérêt n'a cessé de s'abaisser graduellement.

Légitimité du prêt à intérêt. — Comme on le voit, la rémunération des capitalistes se mesure exactement à l'importance des services qu'ils rendent à la société. En tout temps, ils coopèrent à la production en conservant les capitaux nécessaires à l'industrie et en les distribuant, à leurs risques et périls, aux entreprises qui doivent les utiliser : ils sont récompensés par l'intérêt qu'ils perçoivent. Mais le service ainsi rendu prend une importance particulière quand la société a un besoin exceptionnel de capitaux : la rémunération des capitalistes s'élève alors. Elle décroît au cas contraire.

1. Voy. M. Leroy-Beaulieu. *Essai sur la répartition des richesses*, p. 249.

Ce sont là, à coup sûr, des faits propres à satisfaire la raison, et il n'est pas étonnant qu'on les cite volontiers pour démontrer la légitimité de l'intérêt. Mais, à vrai dire, cela n'est pas nécessaire : la légitimité du prêt à intérêt ne pouvant faire aucun doute pour quiconque admet la légitimité de la propriété. Si, en effet, le capitaliste est légitimement propriétaire de ses capitaux, comment lui refuser le droit de ne les prêter qu'à des conditions qui lui agréent ?

Tel n'est pourtant pas l'avis des socialistes. Ils prétendent démontrer que le prêt à intérêt est illégitime *en soi*, et c'est précisément un des reproches qu'ils adressent au régime de propriété individuelle que de rendre inévitable la pratique de ce contrat inique.

On ne saurait, affirment-ils, justifier au profit du capitaliste d'un droit quelconque à percevoir un intérêt. La plus-value doit en effet revenir tout entière à ceux qui l'ont produite, or, le capital, dont le rôle est purement passif, qui subit les transformations mais ne transforme rien, le capital ne produit pas. Seul, le travail est capable de produire : à lui par conséquent doit être attribuée toute la plus-value ; quant au capitaliste, il doit s'estimer satisfait quand on lui a restitué son capital. S'il obtient davantage, ce ne peut être qu'en confisquant une partie des richesses dues au travail de l'ouvrier. Si, par exemple, dit Karl Marx, un industriel fabrique avec dix de capital un objet qui vaut quinze, les cinq de plus-value obtenus ne peuvent représenter autre chose que le travail qui s'est incorporé au capital en le transformant. Donner une portion de cette plus-value au capitaliste, c'est spolier l'ouvrier, qui seul en est l'auteur.

Mais le vice d'un pareil raisonnement est assez apparent ! Si le capital ne produit pas directement, nous avons vu combien il augmente la productivité du travail. L'homme qui dispose d'un capital produit, en quelques heures peut-être, plus que ne fait en plusieurs jours celui qui en est privé. Le capitaliste qui prête son capital au travailleur rend donc à celui-ci un service : il est juste qu'on l'en rémunère. Ce service, les socialistes, ne pouvant le nier, se bornent à n'en point parler ; insistant complaisamment sur certains faits, ils éliminent arbitrairement les autres et donnent ainsi à leur théorie un semblant de rigueur scientifique. Au fond, cette théorie n'est qu'un paradoxe.

LA PROHIBITION DU PRÊT A INTÉRÊT DANS L'ANCIENNE FRANCE. — Ce paradoxe a cependant passé longtemps pour vérité. L'Église n'admettait pas jadis le prêt à intérêt, et elle fut assez puissante pour en faire prononcer la prohibition dans l'ancienne France. C'est que les théologiens n'avaient pas analysé d'assez près l'opération qu'ils condamnaient. Constatant que le prêt a pour objet une somme d'argent, ils trouvaient injuste que le prêteur se fît restituer plus que cette somme, car, disaient-ils, la monnaie ne saurait engendrer de la monnaie. Mais ce n'est-là qu'une apparence, nous l'avons montré en commençant ce chapitre. La monnaie prêtée représente, en réalité, les objets de toute nature qu'elle permet de se procurer et c'est avec ces objets que l'emprunteur produit.

Au reste, le raisonnement des théologiens eût-il été exact, la prohibition du prêt à intérêt n'en eût pas été mieux justifiée, car si l'emprunteur demande qu'on lui prête de la monnaie, c'est apparemment qu'il en a besoin, et il n'y a aucune raison pour qu'il ne paye pas le service qu'on lui rend. C'est ainsi que celui qui prête, non pas à un entrepreneur, mais à un prodigue, exige légitimement un intérêt. On peut regretter, sans doute, au point de vue de l'intérêt général, un arrangement grâce auquel le capital prêté sera anéanti au lieu d'être employé reproductivement, mais on ne saurait en contester la légitimité.

LIMITATION DU TAUX DE L'INTÉRÊT. — La prohibition du prêt à intérêt n'avait eu, dans l'ancienne France, que de mauvais effets. D'une part, elle gênait l'industrie réduite à recourir à d'autres combinaisons (l'association en commandite par exemple) moins souples et ne convenant pas à tous les cas. D'autre part, elle favorisait l'usure, les individus besogneux, les fils de famille prodigues trouvant quand même à emprunter, mais en s'adressant à des gens peu scrupuleux qui tournaient la loi et se faisaient payer très cher les risques auxquels ils s'exposaient. La Révolution fit triompher sur ce point les vrais principes. Un décret de la Constituante (2 oct. 1789), autorisa le prêt à intérêt, et le Code civil, rédigé un peu plus tard, maintint cette autorisation.

Mais on n'osa pas laisser toute liberté à l'emprunteur et au prêteur. Peu après la rédaction du Code civil, en 1807, une loi limita le taux de l'intérêt à 5 0/0 en matière civile et à 6 0/0 en matière commerciale. On voulait ainsi protéger ceux qui empruntent contre les exigences excessives des capitalistes. On autorisait l'intérêt, mais on prohibait l'usure.

Il est incontestable, en effet, qu'on peut craindre certains excès. L'emprunteur n'est pas toujours un entrepreneur cherchant un capital pour l'exploiter dans des conditions normales, c'est parfois un débiteur aux abois, un prodigue incapable de sagesse. Pour ces derniers, le prêt à intérêt est très dangereux, il devient même une cause de ruine s'ils tombent entre les mains d'un prêteur sans scrupules, qui exploite leur faiblesse. Mais il reste à savoir si la crainte de pareils abus justifie la limitation du taux de l'intérêt. Nous ne le croyons pas. D'abord, le but poursuivi n'est pas atteint, car on ne peut pas empêcher que la loi soit violée : on constitue même aux usuriers une sorte de monopole en les débarrassant de la concurrence des honnêtes gens. En même temps, on empêche que la concurrence s'établisse pour procurer les capitaux à aussi bas prix que possible aux entrepreneurs qui n'offrent pas assez de garanties pour être admis à emprunter à 5 ou à 6 0/0. Il n'est pas rare, en effet, qu'un entrepreneur ait un véritable intérêt à emprunter même à plus de 5 ou de 6 0/0. Les inventeurs sont presque tous dans ce cas, et aussi tous les industriels ou cultivateurs qui, ayant de petites exploitations et peu de capitaux, offrent peu de surface, inspirent peu de confiance. Ne vaudrait-il pas mieux pour eux trouver l'argent dont ils ont besoin à 7 ou 8 0/0 chez un banquier qu'a 12 ou 15 0/0 chez un usurier ?

Les inconvénients de la limitation sont si évidents qu'on n'a jamais pu la maintenir rigoureusement. On a d'abord dû en exempter les colonies, à raison des risques exceptionnels auxquels s'exposent ceux qui prêtent aux colons. Puis, en France même, la Banque de France fut autorisée par une loi de 1857 à élever sans limitation le taux de son escompte ; les monts-de-piété obtinrent plus tard une faveur analogue ; enfin, les tribunaux, par une interprétation extensive de la loi de 1807, permirent en fait aux banquiers de retirer plus de 6 0/0 de leurs avances.

Aussi, les économistes réclamaient-ils depuis longtemps la suppression de toute loi restrictive, quand ils obtinrent enfin, récemment, une satisfaction partielle. La loi du 14 janvier 1886 a supprimé toute limitation du taux de l'intérêt, mais en matière commerciale seulement. Les prêts civils et notamment les prêts à l'agriculture restent donc soumis au taux maximum de 5 0/0. Mieux vaudrait, pensons-nous, rendre toute liberté aux prêteurs et aux emprunteurs, sauf à réprimer l'usure quand elle se manifeste par des manœuvres frauduleuses dûment prouvées.

CHAPITRE III

La part de l'entrepreneur dans la répartition

Programme officiel : La part de l'entrepreneur ; Le profit.

Le profit. — On connaît le rôle de l'entrepreneur[1]. Placé à la tête de l'entreprise, dont le plus souvent il a eu l'initiative et qu'il

1. Voy. ci-dessus, p. 70 et p. 125.

a organisée, il la dirige et en assume tous les risques. A lui revient le soin de distribuer les tâches, de combiner les procédés à l'aide desquels on produira, de calculer les dépenses et les recettes probables et de les effectuer. En un mot, il est le chef responsable, l'âme de l'entreprise.

Aussi sa rémunération dépend-elle essentiellement du plus ou moins de succès de l'industrie qu'il dirige. Comme il supporte tous les frais : achat des matières premières, entretien des capitaux fixes, intérêt des avances qui lui ont été faites, salaires dus aux ouvriers, il est propriétaire du produit. Ce produit, il le vend, et c'est dans le prix obtenu qu'il doit trouver son *profit,* c'est-à-dire sa rémunération. Le prix de vente dépasse-t-il de beaucoup le total des dépenses, le profit est considérable ; ne le dépasse-t-il que de peu, le profit est médiocre ; s'il lui est égal, le profit est nul et l'entrepreneur, n'étant pas rémunéré, a perdu son temps et sa peine; s'il lui est inférieur, il est en perte, frappé dans sa fortune et exposé à la faillite.

Analyse du profit. — Le profit de l'entrepreneur rémunère évidemment ou du travail, ou du capital, ou les deux à la fois.

Quand l'entrepreneur, ne possédant aucun capital, a dû emprunter intégralement celui dont il se sert, le profit récompense seulement du travail. L'entrepreneur, en effet, en pareil cas, ne coopère pas à la production autrement que par le travail de direction, — travail supérieur à tout autre, du reste, puisqu'il suppose la conception de l'ensemble de l'affaire et détermine l'emploi qui sera fait des ressources fournies par les autres coopérateurs.

Parfois, au contraire, c'est le capital seul qui est entrepreneur, la direction étant confiée à un agent salarié. Il en est ainsi dans les sociétés anonymes, où les actionnaires courent les risques de l'entreprise, tandis que le directeur est un individu choisi par eux et qui reçoit un traitement fixe. En pareil cas, le profit rémunère le capital exposé.

Mais plus souvent encore l'entrepreneur apporte à la fois dans l'entreprise son travail et son capital. Presque toujours, en effet, celui qui prend l'initiative d'une entreprise possède au moins une partie des fonds nécessaires à cette entreprise. En pareil cas, le profit rémunère à la fois le travail de direction et le capital exposé par l'entrepreneur.

Ainsi, dans tous les cas que l'on peut supposer, l'entrepreneur n'a droit au profit qu'à titre de travailleur, ou de capitaliste, ou de travailleur et de capitaliste tout à la fois. Et il est naturel qu'il en soit ainsi, car on ne pourrait imaginer à quel autre titre il prélèverait une part du produit.

Mais il faut bien se garder d'en conclure que le profit n'est autre chose qu'un salaire ou un intérêt, ou les deux à la fois, selon les cas. Il est tout autre chose. Nous avons vu, en effet, que l'intérêt est par essence une rémunération dont le chiffre, fixé à l'avance, ne dépend en rien du résultat effectif de l'œuvre entreprise, — et nous verrons bientôt qu'il en est de même pour le salaire. L'entrepreneur, par exemple, qui a emprunté 100.000 francs à 5 p. 100, ne pourrait, à la fin de l'année, refuser de payer au capitaliste les 5.000 francs d'intérêts promis, sous prétexte qu'aucun bénéfice n'a été fait ; et, d'autre part, l'affaire aurait-elle produit des résultats exceptionnels qu'il devrait toujours 5.000 francs d'intérêts et pas davantage. Tout autre, nous venons de le dire, est le caractère du profit. L'entrepreneur espère, sans doute, quand il entreprend l'œuvre de production, obtenir un bénéfice, mais il n'est nullement certain que son espoir se réalisera. Il ne sera fixé à cet égard qu'à la fin de l'année, en faisant l'inventaire qui lui montrera si, toutes dépenses payées, son actif se trouve augmenté ou diminué.

Le profit diffère donc profondément de l'intérêt et du salaire, non pas qu'il rémunère autre chose que du capital et du travail, mais parce qu'il les rémunère d'une façon spéciale. Si la différence n'est pas dans la cause, elle est dans le mode de la rémunération.

Causes qui influent sur le taux des profits. — La première de ces deux idées explique pourquoi les causes qui déterminent le taux du profit sont analogues à celles qui influent sur l'intérêt et sur le salaire. Les principales de ces causes sont, en effet :

1° Le besoin que l'on a d'hommes aptes à diriger et assez hardis pour exposer, dans les entreprises, leur travail ou leur capital ;

2° L'offre plus ou ou moins abondante de services de ce genre.

Ces deux premières causes agissent en sens inverse, car si le besoin est très grand alors que l'offre est restreinte, le profit tendra à s'élever, tandis qu'il baissera au cas contraire ;

3° Les risques inhérents à l'entreprise, car, s'ils sont considérables, il faudra l'espoir d'un grand profit pour décider un entrepreneur à les affronter ;

4° Les avantages ou les désagréments de toute nature qu'elle comporte. Il se peut, par exemple, qu'un entrepreneur se contente d'un profit médiocre à raison de la considération que lui vaut sa fonction, tandis qu'il se montrerait plus exigeant dans une profession moins estimée, etc.

Ces causes, qui influent sur le taux du profit, ont leurs analogues, nous l'avons dit et nous le verrons, agissant sur l'intérêt et le salaire. Comment s'en étonner, puisque, dans tous les cas, c'est toujours ou du travail ou du capital qui est rémunéré ?

Élévation et variabilité du taux des profits. — Mais

l'aléa qui constitue le caractère particulier du profit entraîne certaines conséquences importantes qui ne se rencontrent pas pour l'intérêt et le salaire, et qui donnent à la théorie du profit une importance exceptionnelle.

1° Cet aléa explique d'abord pourquoi le travail de l'entrepreneur ou le capital qu'il expose reçoit, quand les choses se passent normalement, une rémunération plus élevée que le travail de l'ouvrier ou le capital du simple prêteur ? Il est naturel, en effet, que le profit d'un entrepreneur soit supérieur au salaire d'un directeur jouissant d'un traitement fixe, puisque ce dernier est sûr de sa rémunération tandis que le premier est exposé à n'en pas recevoir et même à subir des pertes, et, pour la même raison, l'entrepreneur qui expose 100.000 francs dans l'affaire qu'il dirige doit recevoir plus que celui qui se bornerait à les prêter en stipulant un intérêt. Il est bien vrai que le prêteur lui-même n'est pas à l'abri de tout risque, car, si l'entreprise sombre, il ne sera peut-être pas remboursé. Mais les dangers qui le menacent sont bien moindres que ceux auxquels l'entrepreneur est exposé. Tant que l'entreprise se maintient, ne donnât-elle aucun bénéfice, le prêteur a droit à l'intérêt stipulé, sauf à le prélever sur la fortune personnelle de l'entrepreneur ; en cas de ruine, son capital ne sera compromis qu'après que celui de l'entrepreneur aura disparu ; enfin, il évite la faillite et ses pénibles conséquences.

2° L'aléa, auquel est soumise la rémunération des entrepreneurs, rend compte également des grandes inégalités qui s'observent dans le taux des profits gagnés par les divers entrepreneurs. Rien de plus variable, en effet, que le taux du profit quand on compare les entreprises : de deux fabriques où l'on produit les mêmes objets, l'une ruinera son chef, tandis que l'autre enrichira le sien ; dans l'une le profit atteindra à peine 8 ou 9 p. 100 du capital engagé, dans l'autre il s'élèvera à 15, 20, peut-être 100 p. 100. C'est que le profit dépend avant tout de l'entrepreneur lui-même et varie avec les hommes. N'ayant pas limité sa perte pour le cas d'incapacité ou de malchance, l'entrepreneur profite pleinement du succès dû à son habileté ou à son bonheur. Celui qui, placé à la tête d'une industrie, invente un procédé nouveau restreignant les dépenses, ou trouve seulement moyen, par une nouvelle distribution des tâches ou par une surveillance rigoureuse, d'abaisser les frais de production au-dessous de la moyenne atteinte dans les entreprises similaires, réalise aussitôt des profits exceptionnels.

Quoi de plus juste ? Le bénéfice ainsi perçu n'est pas obtenu au détriment de la Société ; bien au contraire, il est la récompense d'un progrès dont tout le monde sera bientôt en mesure de profiter. Si, en effet, l'ingéniosité des entrepreneurs tend sans cesse à créer des profits exceptionnels, la concurrence tend sans cesse également à les leur enlever quand ils les ont obtenus, les autres entrepreneurs s'efforçant d'imiter ou même de surpasser celui dont le succès attire leur attention.

Tendance à la baisse des profits au cours de la civilisation. — Essentiellement variable et dépendant avant tout de l'habileté de l'entrepreneur, le profit est donc le stimulant du progrès industriel. Mais ce stimulant n'agit que pendant le temps nécessaire pour que les perfectionnements imaginés se propagent. De même que l'intérêt, le profit se mesure à l'importance du service rendu. L'entrepreneur qui rend un service exceptionnel obtient un profit exceptionnel, celui qui ne rend qu'un service que d'autres peuvent rendre aussi bien que lui, n'obtient qu'un profit ordinaire.

Aussi doit-on s'attendre à ce que le taux des profits tende à s'abaisser au cours de la civilisation. A mesure que l'industrie progresse, les nouveautés deviennent plus rares et les profits exceptionnels moins fréquents. En même temps, la diffusion de l'instruction augmente le nombre des hommes capables de diriger les entreprises ; les perfectionnements de l'organisation industrielle et commerciale atténuent les risques ; la baisse du taux de l'intérêt facilite la concurrence en procurant aux entrepreneurs le crédit à bon marché. Ce sont là autant de causes qui doivent abaisser le taux moyen du profit. Comme le dit très bien M. Leroy-Beaulieu, dont nous venons de résumer les conclusions sur ce point : « Réduisant les risques, restreignant la part du hasard, fournissant plus de concurrents grâce à une instruction plus répandue, à un goût ou à un besoin plus général d'occupation, il est naturel que la civilisation rende les bénéfices industriels et commerciaux plus faibles et plus uniformes [1]. »

1. M. Leroy-Beaulieu. *Essai sur la répartition des richesses,* p. 307.

Lire dans les *Extraits* :

Turgot : Du prêt à intérêt (p. 131).
Bentham : Des préjugés contre l'usure (p. 170).

TREIZIÈME LEÇON

CHAPITRE IV

La part de l'ouvrier dans la répartition

§ 1er

LE SALAIRE. — SA NATURE. — SES DIVERS MODES. — LES LOIS
ÉCONOMIQUES QUI EN DÉTERMINENT LE TAUX. —
LA PARTICIPATION AUX BÉNÉFICES.

Programme officiel : La part de l'ouvrier : application de la loi de l'offre et de
la demande au travail. — Salaire. — Participation aux bénéfices.

La part de l'ouvrier : le salaire. — La part de l'ouvrier,
dans la répartition de la richesse, est presque toujours représentée
par une somme fixée à l'avance ; c'est-à-dire que l'ouvrier, au lieu
de demander et d'obtenir la situation ordinaire d'un associé, loue
pour un prix déterminé son travail à l'entrepreneur. En agissant
ainsi, il fait exactement ce que fait le capitaliste prêtant son capital
moyennant intérêt : il élimine les risques et fixe d'avance la part
qui lui sera due pour sa coopération. Il convient, par exemple, que
l'entrepreneur lui payera 4 francs par journée de travail de dix
heures, et qu'il en sera ainsi quels que soient les résultats de l'entreprise.

La rémunération ainsi stipulée s'appelle *salaire*.

Ce nom de salaire n'est d'ailleurs pas réservé, soit dans la langue
courante, soit même dans la terminologie scientifique, à la rémunération
de l'ouvrier proprement dit. On l'emploie dans un très

grand nombre de cas. On considère, par exemple, les employés, les commis, les garçons de bureau, etc., comme recevant un salaire. Bien plus, les traitements, honoraires ou gages des fonctionnaires, des médecins, des avocats, des domestiques, etc., sont souvent aussi appelés des salaires. Mais ces diverses extensions de l'acception d'un même mot ne sont pas toutes également justifiées. Les premières doivent être approuvées, car les employés, commis, garçons de bureau, etc., remplissent un rôle tout à fait assimilable à celui de l'ouvrier proprement dit. Comme lui, ils coopèrent directement à la production sous les ordres d'un entrepreneur; ils sont, en réalité, des ouvriers, au sens large du mot : c'est donc bien un salaire qu'ils reçoivent. L'assimilation des traitements, honoraires et gages au salaire, n'est, au contraire, pas sans inconvénients. Ces rétributions sont bien, il est vrai, fixées à l'avance et dues quel que soit le profit tiré par l'Etat, le client ou le maître, du travail fourni, mais ceux qui les reçoivent rendent des services qui n'intéressent qu'indirectement, lorsque même elles l'intéressent d'une façon quelconque, la production de la richesse. Il résulte de là que le taux de leur rémunération n'est pas influencé absolument par les mêmes circonstances économiques que le taux du salaire. Entre ces gains et le salaire il n'y a, en réalité, qu'une grande analogie et non pas une parfaite identité[1].

Au reste, dans ce chapitre, nous n'aurons à redouter aucune confusion de ce chef. Cherchant comment se partage la richesse entre ceux qui coopèrent directement à sa production, nous n'aurons à nous occuper que du salaire proprement dit, de celui que reçoivent les ouvriers, en prenant d'ailleurs ce dernier mot dans son sens le plus large.

Comment se détermine le taux du salaire. Application de la loi de l'offre et de la demande au travail. — Les économistes ont toujours reconnu et reconnaissent encore aujourd'hui que le salaire, comme le prix de tous les objets ou services qui s'échangent, obéit à la loi de l'offre et de la demande. Rien n'est

---

1. Nous verrons, notamment, que le taux du salaire dépend essentiellement de la productivité de l'industrie. Comment appliquer cette règle à des travaux qui ne sont pas directement productifs de richesse? Pour eux, c'est l'état de richesse du pays qui flue sur le taux de leur rémunération. Il est vrai que c'est l'industrie qui crée cet état de richesse et qu'ainsi la cause qui influe sur le salaire influe aussi sur les traitements, honoraires et gages. Mais son action est directe à l'égard du premier, tandis qu'elle n'est qu'indirecte vis-à-vis des seconds, et il faut évidemment un certain temps pour que le contre-coup se produise. Les ouvriers ont donc plus de chances que les autres salariés de voir leur rémunération suivre exactement les progrès de l'industrie. C'est en partie pour cette raison que les traitements des petits fonctionnaires ont monté moins ou plus lentement que le salaire des ouvriers au cours du XIXᵉ siècle.

plus exact, en effet, et l'on pourrait s'attendre à ce que, partant d'une idée aussi nette, les puissants analystes qui ont nom Ricardo, Malthus, J.-S. Mill, aient découvert sans peine les causes qui déterminent le prix de la main-d'œuvre. Il n'en a pourtant pas été ainsi : ils ont, au contraire, abouti à des théories fausses, dangereuses même par les conséquences que les socialistes ont pu en tirer, et leurs doctrines, rejetées aujourd'hui, n'ont plus qu'un intérêt historique.

C'est que l'on n'a pas dit grand'chose quand on a affirmé que le taux du salaire se fixe par le rapport des offres et des demandes de travail. Il reste à savoir comment se forment ces offres et ces demandes et de quelles causes dépend leur jeu. La loi de l'offre et de la demande n'est, en somme, qu'une formule très large, très compréhensive qui, sous une dénomination simple, groupe tous les éléments d'un mécanisme économique complexe : il n'est pas étonnant, qu'étant d'accord sur la formule générale, on se sépare et que l'on aboutisse à des théories très dissemblables quand il s'agit de déterminer les éléments qu'elle embrasse. C'est bien ce qui est arrivé en effet. A deux reprises, l'école d'Ad. Smith a échoué quand elle a essayé de découvrir les causes qui, en déterminant les offres et les demandes de travail, influent sur le taux du salaire.

1° Ricardo, suivant en cela la voie tracée par Turgot, estimait que l'offre de travail serait toujours et fatalement surabondante. L'équilibre entre l'augmentation de la population et l'accroissement des emplois offerts aux travailleurs ne pouvait, pensait-il, être réalisé, le premier terme devant nécessairement l'emporter sur le second. Les ouvriers, toujours trop nombreux, se trouveraient donc toujours, sur le marché du travail, dans une situation défavorable. La concurrence qu'ils se feraient les uns aux autres tendrait constamment à abaisser le salaire au taux strictement nécessaire pour que l'ouvrier puisse entretenir sa vie et se perpétuer en élevant un nombre moyen d'enfants. Tel serait, d'après lui, le taux *naturel* ou *normal* du salaire, celui auquel le salaire effectif tendrait sans cesse à revenir. Si, en effet, à un certain moment, le prix de la main-d'œuvre s'abaissait au-dessous de cette limite, la misère et les maladies éclairciraient les rangs de la classe ouvrière, diminueraient l'offre du travail et relèveraient le salaire. Mais, s'il s'élevait au-dessus, l'accroissement de la population ne tarderait pas à augmenter l'offre de travail et le salaire baisserait.

Cette théorie déplorable fut longtemps acceptée sur la foi de Ricardo et de ses disciples. Le socialisme ne manqua pas de s'en emparer, et la prétendue loi du salaire naturel de Ricardo devint, par la voix de Lassalle, *la loi d'airain*, thème de déclamations enflammées contre l'organisation économique moderne. Mais heureusement, Ricardo s'était trompé. Comme l'a très bien dit M. Leroy-

Beaulieu, il prit comme étant le salaire naturel ce qui n'est que le salaire *minimum*. Il est bien vrai que la rémunération de l'ouvrier ne peut tomber d'une façon durable au-dessous du taux indiqué par Ricardo, mais rien ne s'oppose à ce qu'elle suive une marche ascendante quand les progrès de l'industrie le permettent. La hausse progressive des salaires à certaines époques, et particulièrement pendant le siècle actuel, le taux élevé qu'il atteint d'une façon permanente chez les peuples les plus favorisés de la nature ou les plus industrieux, comme l'Amérique et l'Angleterre, fournissent à cet égard des preuves décisives. Aussi la théorie de Ricardo, formellement démentie par les faits, est-elle tombée dans un discrédit mérité.

2° A cette première théorie des disciples d'Ad. Smith, vint bientôt s'en joindre une autre, que J.-S. Mill porta à son dernier degré de perfection, et qui, sans éliminer la première, tenta d'expliquer plus savamment la façon dont le salaire se détermine. C'est la théorie du *fonds des salaires.*

Ricardo n'avait guère analysé que l'offre du travail. Convaincu qu'elle serait toujours surabondante, il avait présenté ses conclusions sans se préoccuper autrement de la demande. La théorie du fonds des salaires essaya de dégager les deux termes.

L'offre du travail, dit-elle, et tout le monde en convient avec elle, dépend du nombre d'ouvriers qui cherchent un emploi. Quant à la demande, elle est proportionnée à la partie du capital que les entrepreneurs destinent à rémunérer des ouvriers. Tout entrepreneur, en effet, distingue, parmi ses capitaux, les sommes qu'il compte employer à se procurer des matières premières, à entretenir ses machines, etc., et celles qui doivent lui permettre de payer les salaires de ses ouvriers. Si l'on réunit par la pensée toutes les sommes destinées à ce dernier emploi par tous les entrepreneurs existants dans un pays, on voit qu'il existe un *fonds des salaires* que les ouvriers ont à se partager. Le taux moyen du salaire n'est dès lors autre chose que le produit de la division du chiffre qui représente ce fonds par le chiffre qui représente le nombre des ouvriers. Si, par exemple, l'ensemble des sommes destinées par les divers entrepreneurs à louer des ouvriers s'élève à 720 millions pour trois mois, alors qu'il y a deux millions d'ouvriers à employer, le taux moyen du salaire est de 4 francs par jour. Il serait de 3 francs si le fonds des salaires était de 270 millions pour trois mois, contre un million d'ouvriers à rémunérer, et ainsi de suite.

Cette théorie, si elle était exacte, ne serait guère plus encourageante que la précédente. Il en résulterait, en effet, que les capitalistes seraient tout d'abord les seuls à profiter des progrès industriels. Quant au fonds des salaires, il ne s'augmenterait que par l'épargne des riches. Il croîtrait donc lentement, presque fatalement moins vite que la population, et il n'y aurait que bien peu de chances de voir la situation de la classe laborieuse s'améliorer.

Mais la théorie du fonds des salaires est tout aussi fausse que celle du salaire naturel. Elle ne tient aucun compte de l'élément qui, de nos jours, influe le plus sur le salaire : la productivité du travail. Le salaire que l'entrepreneur promet à l'ouvrier, en effet, ne représente pas une part à recevoir dans les capitaux déjà existants, mais bien une part à prendre dans les produits à la fabrication desquels l'ouvrier va coopérer. L'ouvrier, en un mot, est un véritable associé, mais un associé dont la part a été fixée d'avance à forfait ; cette part dépend naturellement des résultats que l'on espère tirer de l'entreprise, c'est-à-dire de la productivité probable du travail qui va être employé. Et comment en serait-il autrement ? Sans doute l'entrepreneur a bien, lorsqu'il engage des ouvriers, quelques fonds en réserve pour payer les premiers salaires, mais ce n'est là qu'un fonds de roulement nécessaire pour attendre que les produits aient été achevés et vendus. Ce n'est pas d'après ce fonds de roulement qu'il fixe ses conditions aux ouvriers, c'est d'après ce qu'il espère obtenir en utilisant leur travail.

Les théories de Ricardo et de J.-S. Mill doivent donc être rejetées comme reposant sur des affirmations *à priori* que les faits contredisent, et comme ne tenant pas compte de tous les éléments en jeu. C'est par une analyse analogue à celle que nous avons faite à propos de l'intérêt que l'on peut dégager les causes principales qui déterminent le taux du salaire.

Cette analyse montre d'abord qu'il existe, à tout moment, un minimum et un maximum que le salaire ne peut guère dépasser. Le minimum, la théorie de Ricardo nous l'a fait connaître : c'est la somme indispensable à l'ouvrier pour vivre et se perpétuer. Cette notion du minimum des salaires n'a d'ailleurs, heureusement, de nos jours, qu'un intérêt théorique. Quant au maximum, il dépend de plusieurs éléments.

Le principal de ces éléments est la productivité du travail. Il s'agit, en effet, de partager le produit de l'industrie, la plus-value créée par elle, c'est-à-dire la somme qui restera disponible sur le prix de vente des produits quand on aura déduit de ce prix la valeur des capitaux dépensés : plus cette plus-value sera forte, plus la part de chacun pourra être élevée. L'habileté de l'ouvrier, son énergie au travail et le perfectionnement de l'art industriel, voilà les éléments qui permettent les hauts salaires. — Mais d'autres conditions contribuent à déterminer le maximum jusqu'où peut s'élever le prix de la main-d'œuvre. L'entrepreneur, en effet, ne peut distribuer en salaires toute la plus-value ; car une part doit être réservée pour rémunérer le capitaliste sous forme d'intérêt à lui verser, et une autre pour rémunérer l'entrepreneur sous forme de profit. Il est donc désirable, pour l'ouvrier, que les capitaux soient abondants, afin que le taux de l'intérêt baisse et que, l'esprit d'entreprise se développant, la concurrence oblige les entrepreneurs à se contenter d'un profit modéré. Le maximum du salaire, en un mot, se trouve à tout moment déterminé, d'une part par la productivité du travail, et, d'autre part par le taux moyen de l'intérêt et du profit.

Enfin, entre ces deux limites du minimum et du maximum, le taux effectif du salaire oscillera, s'approchant tantôt de l'une et tantôt de l'autre, sous l'influence de circonstances bien connues. Ces circonstances se résument par le rapport existant entre le nombre des ouvriers qui cherchent à louer leur travail et le nombre des emplois qui leur sont offerts. Si la population est surabondante, on ne peut guère espérer que le salaire atteigne un taux élevé; si elle est proportionnée aux emplois, il y a toute chance pour que le travail se loue à haut prix ; enfin, si les ouvriers sont en nombre insuffisant comparativement aux besoins de l'industrie, le salaire montera d'abord très haut, mais par la suite, si le défaut d'équilibre ne se corrige pas, il arrivera que l'industrie sera enrayée par le manque de bras. Dans ce dernier cas, le salaire restera bien au maximum, mais la productivité du travail diminuant, puisque l'industrie périclite, le maximum lui-même s'abaissera et entraînera le salaire vers un taux très médiocre.

En résumé, les causes principales qui déterminent le taux du salaire sont :

1° La productivité du travail, due à l'habileté et à l'énergie de l'ouvrier, au progrès des inventions, à l'abondance des capitaux et à l'intelligence des entrepreneurs ;

2° Le taux plus ou moins élevé des intérêts et des profits ;

3° Le rapport du nombre des ouvriers cherchant du travail au nombre des emplois dont l'industrie dispose.

De ces trois causes, la première et la troisième sont de beaucoup les plus importantes, et l'on peut dire, sans trop sacrifier de l'exactitude au besoin d'une formule simple, que le salaire tend à s'élever là où le travail est productif et où l'augmentation de la population se proportionne aux progrès de l'industrie.

Inégalités dans les taux des divers salaires. — Cette théorie, conforme aux données du raisonnement, est confirmée par les faits. Elle permet notamment d'expliquer les inégalités qui s'observent dans les taux des divers salaires.

Ces inégalités apparaissent d'abord quand on envisage les divers pays. Les salaires sont très élevés aux États-Unis, parce que la productivité du travail y est exceptionnelle, sans que cet avantage soit annihilé par un excès de population. Il en est de même, bien qu'à un moindre degré, en Angleterre et même en France. Dans ce dernier pays, les salaires atteignent en moyenne 2 francs environ à la campagne, 3 francs ou 3 fr. 50 dans les villes et 5 francs ou 6 francs à Paris. Les salaires sont au contraire moins élevés en Allemagne et en Belgique, bien que le travail y soit très productif, parce que la population y est surabondante. Enfin, chez d'autres peuples, le défaut de productivité du travail explique l'insuffisance des salaires. L'ouvrier hollandais, par exemple, malgré ses grandes qualités de calme, de régularité, de sagesse, gagne peu faute d'énergie, d'activité. Dans les États scandinaves, l'ouvrier danois travaille si lentement et si peu que sa main-d'œuvre, encore que peu rémunérée, coûte trop cher aux patrons, qui préfèrent engager des ouvriers suédois [1]. L'exemple de la Suède, de la Norwège, de la Suisse, de la Russie, montre combien la main-d'œuvre peut être dépréciée par un manque de capitaux faisant obstacle à la productivité du travail. L'Autriche offre l'exemple d'une nation sortant à peine de l'organisation étroite du moyen âge : mal habituée à la liberté industrielle, elle produit peu. Enfin, toutes ces causes se réunissent pour expliquer la misère de la classe ouvrière en Espagne.

Mais le taux du salaire ne varie pas seulement avec les pays. A tout moment, chez chaque peuple, on peut constater d'importantes différences dans la rémunération des divers ouvriers. L'ouvrier agricole est moins rétribué que celui de l'industrie ; chaque groupe d'industrie a ses tarifs spéciaux, et, dans chaque groupe même, les prix diffèrent avec les emplois et souvent avec les sexes des individus occupés. C'est que, d'une part, tous les travailleurs ne fournissent pas un travail également productif. L'ouvrier habile ou énergique, chargé d'une tâche difficile ou fatigante, gagne naturellement plus qu'un autre. Et d'autre part, les ouvriers ne se portent pas avec un empressement égal vers tous les emplois. Ils délaisseraient ceux qui exigent un apprentissage long et coûteux, ceux qui exposent à de grands risques, comme à des accidents ou à des maladies, ceux qui offrent des désagréments ou sont peu considérés, etc., si les entrepreneurs ne les y attiraient pas par l'appât d'un gain élevé : tandis que les emplois agréables ou faciles sont encombrés et que la concurrence y fait baisser le salaire.

Les tendances du salaire au cours des progrès de la civilisation. — Nous avons dit que les théories de Ricardo et de J.-S. Mill sur le salaire avaient été démenties par les faits au cours du xix° siècle. Le siècle que nous traversons aura, en effet, présenté le spectacle d'une hausse accentuée et continue du prix de la main-d'œuvre. En France, c'est surtout à partir de 1850 que ce mouve-

1. M. Lavollée, *Les Classes ouvrières en Europe*, t. I, p. 327. Voy. pour plus de renseignements notre *Essai sur la théorie du salaire.*

ment s'est fait sentir. On peut estimer à 70 p. 100 dans l'industrie, et à 65 p. 100 dans l'agriculture, la hausse des salaires depuis cette époque. L'ouvrier qui gagnait 2 francs par jour en 1853 reçoit aujourd'hui, pour le même travail, 3 fr. 30 à 3 fr. 50. — Ces chiffres, toutefois, empruntés aux statistiques, ne rendent pas un compte exact de l'amélioration survenue dans la situation de l'ouvrier, car ils se réfèrent au salaire *nominal*, c'est-à-dire représenté par la somme d'argent qu'obtient l'ouvrier. Or, cette somme de monnaie ne vaut que par la quantité d'objets de toute espèce qu'elle permet à son possesseur de se procurer : il serait donc assez indifférent qu'elle fût aujourd'hui plus forte qu'autrefois, si les prix de toutes choses avaient haussé en proportion. S'il en était ainsi, le salaire nominal seul se serait élevé, tandis que le salaire *réel* serait resté stationnaire. — Mais les calculs les plus sérieusement établis permettent d'affirmer que le progrès n'est pas simplement apparent. Sans doute les prix de beaucoup des choses que consomme la classe ouvrière, pain, viande, vin, logement, ont beaucoup haussé, mais non pas autant que le prix de la main-d'œuvre ; d'autre part, le prix de certains objets, comme les vêtements et tissus de tous genres, a sensiblement baissé. Si bien que, tout compte fait, le salaire réel, celui auquel correspond une amélioration véritable du sort de l'ouvrier, s'est accru depuis 1853 dans la proportion de 40 à 45 p. 100 environ.

C'est que, grâce à la découverte des machines, à l'organisation de la grande industrie et à la construction des voies ferrées, l'augmentation de la production est aujourd'hui plus rapide que celle de la population. Or, nous ne voyons aucune raison pour qu'il cesse d'en être ainsi. Sans doute, les progrès accomplis au cours du XIXᵉ siècle ont eu un caractère exceptionnel, et l'on ne peut espérer en réaliser constamment d'aussi considérables, mais cela n'est pas nécessaire. Les transformations opérées sont assez profondes pour qu'un développement normal suffise à accentuer de plus en plus la différence entre le mouvement de la population et celui de la production. Nous en avons eu la preuve depuis 1865. Vers cette époque, les chemins de fer étaient à peu près construits, l'industrie avait pris sa nouvelle physionomie, la phase d'activité exceptionnelle était close : pourtant la hausse des salaires ne s'arrêta pas et elle s'est continuée jusque dans ces derniers temps.

La nature du salaire et ses divers modes. — Les développements qui précèdent montrent quelle est la nature du contrat du salaire. Ainsi que nous l'avons dit, le salaire n'est autre chose qu'une part prélevée par l'ouvrier sur les richesses à la production desquelles il participe. L'ouvrier qui loue son travail est donc un véritable copartageant, mais, de même que le capitaliste prêtant à intérêt, c'est un copartageant qui stipule à l'avance, *à forfait* en quelque sorte, la part à lui revenir dans les résultats de l'entreprise.

Cette idée, dont l'exactitude est certaine, présente une extrême importance, et l'on ne saurait trop regretter que les premiers économistes ne l'aient pas aperçue. Les théories de Ricardo et de Stuart Mill n'ont pas peu contribué à égarer l'ouvrier. L'une et l'autre affirmant que le taux du salaire se fixe sans aucune corrélation avec la productivité du travail, l'ouvrier a trouvé injuste un contrat qui paraissait ne pas mesurer la rémunération au service rendu. La théorie du fonds des salaires a poussé et pousse encore les ouvriers aux résolutions les plus néfastes. Ils voient un fonds limité à se partager, et ils concluent que, si l'un travaille plus que les autres, il leur vole leur part. C'est cette idée qui inspire aux associations ouvrières anglaises, appelées *Trades-Unions*, des prescriptions aussi absurdes que nuisibles, comme de frapper d'amende l'ouvrier qui se montre trop actif à l'atelier, ou de défendre à l'aide-maçon de porter des briques dans une brouette et d'en placer plus de huit dans l'auge dont on lui impose l'emploi.

Ces erreurs ont pris d'autant plus d'empire sur l'esprit des ouvriers que la forme ordinaire du contrat de salaire n'est guère propre à dissiper leur illusion. Le salaire est le plus souvent fixé à la journée, le patron promettant, par exemple, 3 francs ou 4 francs pour dix heures de travail. Rien, dans un pareil contrat, ne montre à l'ouvrier que le taux de sa rémunération dépend de ses efforts, que son salaire ne peut augmenter que si l'industrie qui l'emploie prospère. Aussi, depuis assez longtemps déjà, de grands efforts ont-ils été faits par les patrons pour substituer au mode ordinaire des modes plus perfectionnés. Nous signalerons notamment les suivants :

1º LE SALAIRE A LA TACHE, qui consiste à rémunérer l'ouvrier, non plus d'après le temps passé au travail, mais d'après la tâche effectuée. C'est un procédé qui n'est pas sans inconvénients, car il expose l'ouvrier au risque des *malfaçons* et le porte à travailler trop vite. Mais on peut remédier au mal en élevant la rémunération de manière à compenser les risques courus, et en pratiquant un contrôle sévère.

2º LE SALAIRE A LA TACHE AVEC PRIMES. — Parfois le salaire à la tâche est perfectionné par un système de primes. L'ouvrier qui, dans l'atelier du patron, exécute, pendant un temps donné, une série de tâches supérieure à la moyenne, reçoit, pour les tâches faites en plus, une paye supplémentaire, une prime. Et l'on comprend que ces primes peuvent augmenter avec la quantité de tâches supplémentaires effectuées, à raison de l'économie faite par l'entrepreneur sur les frais généraux. Si, par exemple, la première unité de produit supplémentaire reçoit 1 franc de prime, la seconde recevra 1 fr. 50, la troisième 2 francs, etc.

3° LE SALAIRE AU TEMPS AVEC PRIMES. — Mais le salaire à la tâche n'est pas toujours applicable. Il ne l'est guère là où le fini de la main-d'œuvre est indispensable, comme dans les industries artistiques, et d'autre part on ne saurait diviser en une série de tâches certains travaux, comme ceux du mécanicien, du charretier, etc. En pareil cas, on peut encourager l'ouvrier par des primes calculées, selon les cas, d'après la quantité de produits fabriqués pendant la journée, d'après le degré de perfection du travail, d'après l'économie faite sur le combustible, sur les matières premières, etc.

4° L'ÉCHELLE MOBILE DES SALAIRES. — On peut encore, lorsque la nature de l'industrie s'y prête, faire en sorte que les salaires soient constamment mesurés d'une façon exacte sur les résultats de la production. En Angleterre, par exemple, dans les mines de Durham, une commission, composée de représentants de la direction et de délégués des ouvriers, fixe, à des époques convenues, le taux du salaire, en se basant sur les prix de vente de la période qui vient de s'écouler.

Tous ces procédés, chaque fois que l'on peut en assurer le fonctionnement régulier, donnent d'excellents résultats. Encourageant l'ouvrier à produire, ils contribuent à élever le taux de son salaire. Toutes les enquêtes montrent que le travail à la tâche permet presque toujours à l'ouvrier d'accroître son salaire dans des proportions considérables : du tiers, de la moitié, parfois plus encore. En Suisse, dans certaines fabriques où des primes sont accordées à tout ouvrier dont la production dépasse ce que l'on appelle le *quantum théorique*, on constate que ces primes représentent souvent le double du salaire ordinaire. En même temps, l'équité du contrat apparaît avec évidence ; l'ouvrier voit, à n'en pas douter, que sa rémunération dépend du résultat de ses efforts ; il s'attache à l'entreprise qui l'emploie et l'apaisement des esprits rend l'entente plus facile.

La participation aux bénéfices. — A côté des procédés dont nous venons de parler, il en est un autre autour duquel on a fait grand bruit à cause de son caractère particulier : c'est la participation aux bénéfices. Dans cet arrangement, le patron, outre qu'il leur paye un salaire fixe, abandonne aux ouvriers un tant pour cent (10, 15, 20 p. 100 par exemple) sur ses bénéfices annuels. Il y a là, comme on le voit, un mélange du contrat de salaire et de l'association pure et simple. La rémunération de l'ouvrier est fixée d'avance pour une partie, de beaucoup la plus forte, et dépend, pour le reste, des résultats de l'entreprise.

Cette combinaison a particulièrement séduit la classe ouvrière, et quelques faits remarquables ont démontré qu'elle peut donner d'excellents résultats. A Paris, par exemple, pendant la guerre et pondant la Commune, certaines maisons de commerce ont été sauvées par leurs ouvriers participants, qui les ont défendues comme leurs biens propres. Mais, si grands que soient ces avantages, il ne faut pas les exagérer.

D'une part, la participation aux bénéfices n'est pas applicable dans toutes les industries, car elle suppose un personnel parfaitement stable, ce qui ne se rencontre pas toujours. Dans les entreprises de travaux de constructions, par exemple, le déplacement des chantiers oblige les ouvriers à changer souvent de patron. D'autre part, là où on peut l'organiser, elle n'a, en somme, sur la rémunération des ouvriers, qu'une influence assez médiocre. D'abord, on ne peut guère admettre à la participation que les ouvriers d'élite, ceux qui ont déjà fait leurs preuves en restant un certain temps au service du même patron. Puis, même pour ceux-là, elle n'ajoute, en général à leurs salaires que des sommes assez faibles. Beaucoup d'entreprises, en effet, ne font que peu de bénéfices, et dans aucune on ne peut accorder aux ouvriers un tant pour cent considérable, puisqu'ils ne doivent pas supporter les pertes dans les mauvaises années. Ajoutons enfin que le patron ne saurait consentir à rendre à ses ouvriers des comptes qui l'obligeraient à divulguer le secret de ses affaires. Il oblige les participants à s'en remettre à sa loyauté pour la détermination du bénéfice réalisé, et cette situation est facilement acceptée aujourd'hui, parce que la participation aux bénéfices est encore considérée par l'ouvrier comme un bienfait du patron. Mais, si elle se généralisait au point que l'ouvrier vînt à la considérer comme un droit, on pourrait craindre que le refus du patron de communiquer ses livres ne devînt une cause de conflit.

La participation aux bénéfices n'est donc autre chose qu'un ingénieux arrangement, susceptible de bonnes applications dans certains cas. Mais on aurait tort de voir en elle une sorte de panacée propre à guérir tous les maux dont souffre la société. Il serait surtout absurde de prétendre la rendre obligatoire sous prétexte de résoudre ce que l'on appelle la question sociale.

Lire dans les *Extraits* :

Leroy-Beaulieu : Le salaire (p. 475).
Levasseur : Parallèle entre la condition du travailleur ancien et celle de l'ouvrier de nos jours (p. 472).

QUATORZIÈME LEÇON

§ 2.

LES ASSOCIATIONS OUVRIÈRES.

Programme officiel : Associations ouvrières. — Syndicats ouvriers.

On vient de voir quels perfectionnements l'initiative des patrons peut apporter au salariat. Les ouvriers, de leur côté, peuvent beaucoup pour l'amélioration de leur sort. L'association leur offre un puissant moyen d'action, susceptible d'applications très variées.

1° Ils peuvent d'abord s'associer d'une façon permanente, ou se coaliser temporairement, en vue d'obtenir un salaire équitablement fixé, ou de faire modifier les conditions du travail. Ils forment alors des syndicats ouvriers ou des coalitions.

2° Ils peuvent aussi essayer de sortir de la condition de salariés, en se faisant eux-mêmes entrepreneurs, à l'aide d'associations coopératives de production ou de crédit. Certaines associations de consommation peuvent également être constituées dans ce but.

3° Ils peuvent aussi chercher à tirer de leurs gains le meilleur parti possible, en se procurant, par exemple, des vivres sains à bon marché ou en s'assurant contre les hasards de la vie. La plupart des associations coopératives de consommation et les sociétés de secours mutuels répondent à ce genre de besoin.

De ces trois catégories d'associations, les deux premières seules nous occuperont dans ce paragraphe ; nous retrouverons la troisième plus tard.

I. Les associations ouvrières constituées en vue de perfectionner le salariat. — Rien n'est plus légitime que l'association d'ouvriers d'une même profession pour l'étude et la défense de leurs intérêts communs. Les lois naturelles qui régissent le salaire, quelle que soit la régularité de leur action, n'agissent pas instantanément : diverses influences, comme l'ignorance où sont souvent les contractants des conditions économiques, la force d'inertie de la coutume, le besoin pressant de l'ouvrier, parfois même la résistance injuste de l'entrepreneur, peuvent rendre l'entente difficile et même s'opposer à ce qu'elle s'établisse d'une façon équitable. Contre de pareils obstacles, des efforts isolés seraient le plus souvent impuissants : il faut donc recourir à l'association.

Elle peut d'abord aider l'individu à mieux débattre ses intérêts en lui procurant l'instruction, grâce à l'enseignement mutuel, et en l'éclairant sur les faits économiques ambiants, par la recherche et la centralisation des renseignements.

Les ouvriers associés peuvent aussi organiser l'action collective en acceptant la direction de chefs qui discuteront au nom de tous avec les entrepreneurs, ou bien, dans les cas extrêmes, en refusant en masse le travail.

Ce que nous venons de dire des ouvriers, on peut à peu de chose près le répéter pour les entrepreneurs. Eux aussi, peuvent chercher dans l'association un moyen de s'instruire et de se renseigner. Ils peuvent également y trouver une direction générale, des intermédiaires pour s'entendre au nom de tous avec les ouvriers. Ils peuvent enfin s'unir pour résister à des prétentions jugées exagérées et, à la *grève* opposer le *lock-out*, la fermeture générale des ateliers.

L'idéal serait évidemment une situation dans laquelle, des deux côtés, l'association, très développée, aurait pour but principal la diffusion de l'instruction et des renseignements. A coup sûr, l'action des individus éclairés, instruits, comprenant hautement leurs intérêts, serait la plus propice à une entente rationnelle : le jour où elle suffirait à tirer des circonstances économiques le meilleur parti, le progrès dans les rapports des patrons et des ouvriers aurait atteint son terme extrême. Les autres modes d'action de l'association devraient passer au second rang, la négociation entre représentants des deux classes n'intervenant qu'à défaut d'entente entre les individus, et la grève où le lock-out étant réservés pour les cas exceptionnels. Ce serait le régime de la paix armée.

Histoire des associations ouvrières. — Il y a longtemps que cette nécessité de s'associer a été sentie, en quelque sorte instinctivement, et l'on peut dire que les diverses périodes de l'histoire des classes laborieuses sont reliées par un effort continu, mystérieux et sourd vers l'association.

Jusqu'au XIVᵉ siècle, les salariés ne se séparent guère des patrons, petits entrepreneurs qui ne sont à vrai dire que les premiers entre les ouvriers : une association unique, la corporation, dont nous avons antérieurement tracé l'histoire[1], réunit ces individus que si peu de chose distingue. Ils luttent ensemble contre les périls extérieurs, et, entre eux, une organisation simple permet de trancher les différends.

Mais, avec la prospérité du xive siècle, les situations deviennent plus tranchées, le patron enrichi se sépare nettement du compagnon. Les statuts des corporations sont modifiés au profit des maîtres. Le chef-d'œuvre et les autres conditions qu'on exige pour la maîtrise ôtent à la plupart des compagnons l'espoir de devenir maîtres un jour; une démarcation nette s'établit entre les deux classes. Désormais, la même association ne saurait les contenir, les maîtres ayant mis la main sur les privilèges de la corporation et se les étant réservés. Les compagnons formèrent alors entre eux des associations : l'habitude des voyages, du tour de France, en favorisa l'extension, et bientôt chaque métier donna naissance à une vaste organisation qui, sous le nom de *Compagnonnage* ou de *Devoir*, réunit tous les ouvriers d'une même profession.

Une force collective puissante se trouva donc constituée qui, bien dirigée, eût pu rendre à la classe ouvrière les plus grands services.

Il semble qu'il en fut ainsi au début. Pendant un certain temps, les compagnons trouvèrent dans l'association une protection précieuse en ces temps troublés. Chacun, à cette époque, devait faire son tour de France, et s'instruire en travaillant dans les principales villes industrielles. Reçu compagnon, l'ouvrier voyait s'aplanir devant lui toutes les barrières; quand il arrivait dans une ville, quelle que fût la quantité d'ouvrage qu'il y eût à faire, les associés lui en donnaient une part. Quelquefois, quand le travail ne pouvait se partager, le plus anciennement établi cédait sa place au nouveau venu. « Les communications étaient fréquentes; des avis officiels, quand il fallait entreprendre un grand ouvrage, prévenaient les compagnons et les engageaient à se rendre dans la ville : les ouvriers accouraient promptement[2]. »

Malheureusement, ces excellentes tendances firent bientôt place à d'autres. A mesure que les associations ouvrières devinrent plus puissantes, les mauvais instincts se développèrent : entre les divers devoirs, la lutte fut permanente, on persécuta les ouvriers non affiliés, et l'on prétendit restreindre la concurrence en limitant le nombre des apprentis.

Les rapports des ouvriers et des maîtres devinrent aussi plus difficiles. L'instruction et la moralité faisaient trop souvent défaut aux

---

1. Voy. ci-dessus, p. 70.
2. M. Levasseur. *Histoire des classes laborieuses avant* 1789, t. I, p. 508.

compagnons, et les maîtres, de leur côté, ne se prêtèrent pas à l'entente. L'habitude du monopole et des privilèges ne les avait guère préparés au respect de la liberté. Cette force qui s'élevait devant eux, et parfois contre eux, les effraya et les irrita ; ils cherchèrent à la détruire. Des procès furent engagés entre les corporations et les compagnonnages, et ces derniers furent dénoncés à tous les juges pour leurs excès et leurs pratiques occultes. L'État enfin fut appelé à l'aide et, à plusieurs reprises, prohiba formellement les associations ouvrières. Au xviiie siècle seulement, ces prohibitions se renouvellent trois fois.

Toutes les condamnations et les défenses eurent ici leur effet ordinaire. Le compagnonnage ne disparut pas, il se cacha seulement davantage, son action fut plus mal dirigée, les haines s'accrurent et l'on arriva à un état de guerre permanent. Les grèves se multiplièrent. Les ouvriers, obéissant à un mot d'ordre, frappaient d'interdit les patrons dont ils croyaient avoir à se plaindre, et parfois la grève s'étendait à tout un métier dans une ville. Au xvie siècle et au xviie, on signale un assez grand nombre de ces coalitions ; et elles deviennent encore plus fréquentes et plus dangereuses au xviiie. A Lyon, par exemple, en 1744, les ouvriers sont pendant huit jours maîtres de la ville et le gouvernement doit envoyer des troupes pour rétablir l'ordre. En 1786, nouvelle émeute des ouvriers lyonnais qui réclament une augmentation de deux sous par aune, arrêtent tous les métiers et parcourent la ville en bandes menaçantes.

Ainsi, au cours des siècles passés, les patrons et les ouvriers n'arrivèrent pas à constituer convenablement les groupements qui auraient dû faciliter leur entente. L'ignorance des uns, la mauvaise volonté des autres, les tendances despotiques de tous et les prohibitions de l'État aboutirent à l'état de guerre.

Les lois restrictives de la Révolution. — On croirait volontiers que la Révolution, qui supprima les privilèges, rendit aux ouvriers et aux patrons la liberté de se constituer comme ils l'entendraient et d'agir au mieux de leurs intérêts. Il n'en fut pourtant pas ainsi. La peur des grèves fit prohiber les coalitions d'ouvriers et de patrons, et la crainte de voir reconstituer les corporations qu'on venait d'abolir fit défendre les associations permanentes.

Cette législation restrictive était doublement injuste.

C'est un droit absolu, pour les ouvriers, comme pour les patrons, de s'associer pour étudier et défendre leurs intérêts communs : c'est un droit non moins absolu pour eux de se coaliser pour suspendre le travail.

Sans doute la grève est un moyen de guerre dangereux, dont l'abus est détestable. Trop souvent elle compromet la cause qu'elle devrait servir parce qu'elle porte atteinte à la vitalité d'une industrie nationale et favorise la concurrence étrangère. Mais elle peut aussi rendre à la classe ouvrière de grands services. On a voulu le contester en évaluant les dépenses et les pertes que les grèves entraînent pour les ouvriers. En 1876, par exemple, 114 grèves avaient coûté aux ouvriers anglais 112 millions de francs. Mais ces chiffres ne sont pas probants : il est impossible d'établir une comparaison sérieuse entre les pertes causées par la grève et les avantages qu'elle procure. Les pertes sont passagères, tandis que l'augmentation de salaire obtenue constitue un bénéfice permanent, et d'ailleurs l'augmentation du salaire n'est pas le seul résultat des grèves. Il faut tenir compte aussi de la situation meilleure qui en résulte pour l'ouvrier vis-à-vis du patron. Comme l'a très bien dit M. Leroy-Beaulieu : « Ce sont moins les grèves effectuées qui ont d'heureux résultats que la simple crainte, la simple possibilité des grèves... L'effet préventif du droit de grève a rendu bien plus de services à la classe ouvrière que les désordres et les dépenses des grèves ne lui ont porté préjudice [1]. »

L'injustice des prohibitions dont nous parlons était encore aggravée par ce fait qu'elles restaient à peu près sans effet à l'égard des patrons, car on ne pouvait empêcher les chefs d'atelier de s'entendre secrètement pour abaisser le salaire ou refuser le travail. On aboutissait, en réalité, tout en proclamant l'égalité devant la loi, à favoriser de la façon la plus inique l'une des classes au détriment de l'autre.

Un pareil régime ne pouvait que pousser la classe ouvrière à des actes violents. L'association ouvrière, en effet, ne disparut pas. Pendant la première moitié du siècle, les compagnonnages subsistèrent en secret, et plus tard, on toléra la formation de syndicats ; mais, obligés de se cacher ou dépendant du bon plaisir du pouvoir, ces associations furent impuissantes pour le bien, et capables seulement de fomenter des grèves.

Abolition des lois restrictives. Les syndicats ouvriers. — On comprit enfin les dangers des lois restrictives. Une loi du 25 mai 1864 restitua aux ouvriers le droit de coalition ; encore les dernières entraves ne disparurent-elles qu'en 1884. Quant aux associations corporatives permanentes, la loi du 21 mars 1884 les a reconnues sous le nom de syndicats professionnels.

Il convient de rendre cette justice aux législateurs de 1884 que la réforme fut opérée largement. Les syndicats ouvriers peuvent aujourd'hui constituer des associations puissantes, capables de plaider, capables aussi de posséder. On leur refuse seulement le droit de

----

1. M. Leroy-Beaulieu. *Essai sur la répartition des richesses*, p. 308.

posséder des immeubles, en dehors de ceux qu'ils utilisent pour leurs réunions, leurs bibliothèques, et leurs cours d'instruction professionnelle. La loi va même plus loin : elle autorise les syndicats à se grouper et à former des *unions* permanentes, de telle sorte que rien n'empêche aujourd'hui tous les ouvriers d'une même profession existants en France de se constituer en une immense association. On a pris seulement la précaution de refuser à ces unions les attributs de la personnalité morale, c'est-à-dire le droit de posséder, celui de contracter et celui de plaider, de peur que, devenant trop puissantes, elles n'arrivent à accaparer certaines branches de la production, à exclure tous ceux qui refuseraient de s'affilier et à rétablir ainsi indirectement des corporations oppressives.

Ainsi la classe ouvrière, en France, est aujourd'hui pleinement libre de ses actions. Quel usage fera-t-elle de cette liberté ? Il est difficile de le dire, puisqu'au lieu d'avoir derrière nous, comme cela devrait être, une longue expérience profitable, nous ne sommes qu'au début du mouvement. Tout dépendra de la sagesse des syndicats : il faut qu'ils évitent certains dangers, comme de se faire tyranniques et d'essayer d'arracher à l'État d'injustifiables privilèges. C'est en se renfermant dans leur vrai rôle, qui est l'étude et la défense des intérêts de leurs membres, et en respectant scrupuleusement les droits de tous, que les syndicats ouvriers peuvent rendre les grands services qu'on attend d'eux. S'élèveront-ils à la hauteur de leur tâche? On doit l'espérer. Mais ils n'y arriveront vraisemblablement qu'avec le temps. Beaucoup, il faut s'y attendre, céderont d'abord aux influences mauvaises et ce n'est qu'instruits par l'expérience qu'ils entreront définitivement dans la bonne voie. La classe ouvrière n'est pas encore assez éclairée, et ceux qui la mènent sont trop imbus des idées socialistes pour qu'il en soit autrement.

Les associations ouvrières en Angleterre. — Nous en avons une preuve dans l'histoire des *Trades-Unions* anglaises, associations ouvrières puissantes qui, jadis prohibées, sont aujourd'hui reconnues depuis un assez long temps déjà. Il est certain qu'elles n'ont jusqu'ici montré, ni beaucoup de modération dans leurs actes, ni beaucoup de sagesse dans leurs prétentions. C'est ainsi qu'elles ont souvent essayé d'empêcher, contre tout droit, l'ouvrier non affilié de travailler pendant les grèves décrétées par elles; qu'elles entendent limiter pour tous le nombre d'heures de travail, sous prétexte d'empêcher celui qui veut travailler plus longtemps que les autres d'accaparer une trop forte part des salaires disponibles. Elles voudraient aussi limiter le nombre des apprentis, ce qui serait revenir indirectement au régime des professions fermées, des corporations du moyen âge ; enfin elles ont émis la prétention d'exclure de tout travail de manufacture les femmes et les enfants, parce qu'ils se contentent d'un faible salaire et font ainsi, croit-on, une sorte de concurrence déloyale aux ouvriers adultes. Ce sont là autant d'exigences contraires à la liberté individuelle, et par conséquent inadmissibles. On peut ajouter d'ailleurs que les trades-unions sont trop souvent de véritables coalitions militantes, employant plus volontiers leurs ressources à soutenir des grèves qu'à soulager les infortunes de leurs membres.

Et pourtant il serait injuste de nier les progrès déjà effectués. Peu à peu l'esprit des ouvriers se transforme et conçoit mieux les nécessités de la situation. A plusieurs reprises les trades-unions sont intervenues entre les patrons et les ouvriers pour empêcher des grèves et, en 1872, ce fut grâce à leur appui que le parlement anglais put constituer des conseils électifs d'arbitres pour trancher, sur la demande des intéressés, les difficultés qui s'élèvent sur le taux des salaires ou sur les modes de travail.

Ces excellents résultats montrent ce qu'on peut attendre de l'association ouvrière. Elle doit fortifier, vis-à-vis du patron, la situation de l'ouvrier, mais en même temps il faut qu'elle l'éclaire sur ses vrais intérêts et l'amène à renoncer aux chimères. Elle facilitera ainsi le maintien de la paix industrielle en même temps qu'elle assurera la parfaite équité du règlement des salaires.

II. L'association ouvrière et la suppression du salariat.

— A côté du mouvement d'association que nous venons de décrire, un autre s'est développé depuis une cinquantaine d'années, en France et à l'étranger, qui mérite d'appeler l'attention. Les ouvriers s'associent parfois, non pas pour se mettre en mesure d'obtenir un salaire élevé, mais au contraire pour sortir de la situation de salariés et produire sans se mettre aux ordres d'un patron. Ils forment dans ce but des *associations coopératives*.

C'est en France, et vers 1831, qu'eurent lieu les premiers essais de ce genre, mais sans grand succès. En 1843 seulement, la première association coopérative sérieuse naît en Angleterre.

Pendant cette année 1843, en effet, 28 ouvriers tisserands habitant la petite ville de Rochdale, près Manchester, eurent l'idée de s'associer et de former un petit capital en prélevant chacun 0ᶠ20 sur leurs salaires hebdomadaires. Au bout de l'année ils avaient réuni 700 francs. Ils louèrent alors un vieux magasin pour 250 francs et, avec ce qui leur restait, achetèrent quelques objets d'alimentation. Ces provisions, vendues aux associés au prix du commerce de détail, reconstituèrent le capital primitif avec une légère augmentation, et l'opération fut aussitôt recommencée. Dès l'année 1845, l'association comptait 74 membres, possédait 4,625 francs, faisait pour 17,750 francs de vente et réalisait 800 francs de bénéfices. L'organisation avait d'ailleurs été rectifiée : tout le monde, et non plus seulement les associés, était admis à acheter, — et à la fin de l'année les bénéfices se divisaient en trois parts, l'une destinée à augmenter le capital, l'autre répartie entre tous les acheteurs, au prorata de leurs achats, la dernière distribuée aux associés.

Le succès fut complet, il attira l'attention : les *Équitables pionniers de Rochdale* venaient de démontrer une fois de plus la force de l'association et ce que l'on peut en attendre.

Le but qu'ils s'étaient proposé et qu'ils venaient d'atteindre était modeste sans doute : il se bornait à procurer aux ouvriers des vivres sains à bon marché. C'était beaucoup déjà, mais pourquoi ne pas chercher à faire plus encore? Pourquoi les ouvriers n'auraient-ils pas demandé à l'association les moyens d'aborder directement la production, sans l'intermédiaire d'un entrepreneur?

On l'essaya et les résultats aujourd'hui acquis montrent qu'en effet, dans certaines circonstances, dans une certaine mesure aussi, les associations coopératives peuvent les aider à réaliser ce désir.

Trois catégories d'associations coopératives ont été imaginées à cet effet, et fonctionnent actuellement avec plus ou moins de succès.

1° CERTAINES ASSOCIATIONS DE CONSOMMATION. — Des ouvriers travaillant en chambre peuvent s'associer en vue de se procurer les objets nécessaires à l'exercice de leur métier. Ils ont alors recours à des combinaisons tout à fait analogues à celles des Équitables pionniers. Seulement, au lieu d'objets de consommation personnelle, tels que pain, viande, vin, etc., ce sont des outils et des matières premières qu'ils achètent en gros et revendent au détail. Parfois même, pour assurer le débit de leurs produits, ils forment des *sociétés de magasinage,* louant à frais communs un magasin dans lequel, sorte de bazar, les objets les plus divers seront exposés et offerts au public.

2° ASSOCIATIONS DE CRÉDIT. — Les ouvriers peuvent également se grouper afin d'obtenir le crédit dont ils ont besoin, pour leurs premiers frais d'établissement, par exemple, pour s'agrandir, etc. Ce crédit, en effet, l'ouvrier isolé ne peut l'obtenir parce qu'il n'a aucune garantie à offrir : quelle que soit sa valeur personnelle, n'est-elle pas exposée à toutes les chances de la vie? Il faut grouper ces valeurs fragiles pour leur donner la permanence et la solidité qui leur manque à l'état d'isolement. Un certain nombre d'ouvriers s'associent donc, forment par petits versements un capital qui sera le fonds de réserve de l'association; puis ils organisent une banque qui, ainsi que tous les établissements de ce genre, recevra les dépôts que le public voudra bien lui confier et fera des avances à ses membres. Le public prendra confiance parce que tous les associés seront solidairement responsables des dettes de la banque et parce qu'un règlement sage, en soumettant à des conditions rigoureuses les prêts faits aux associés, empêchera les imprudences.

3° Associations de production; — Les ouvriers peuvent enfin essayer de constituer de véritables entreprises, c'est-à-dire former, par des épargnes accumulées, un capital suffisant, et l'employer à monter une industrie quelconque comme menuiserie, bijouterie, fonderie, etc. Ils devront alors s'entendre pour choisir avec soin ceux auxquels la direction sera confiée et pour répartir les tâches entre tous.

Il n'est pas douteux que de pareilles tentatives puissent être couronnées de succès. Les faits sont décisifs en ce qui concerne les associations en vue de se procurer des outils et des matières premières et les banques de crédit. Ce n'est malheureusement pas en France que ces faits peuvent être recueillis, car, malgré la place que tient encore la petite industrie dans notre production, les associations dont nous parlons n'y ont reçu qu'un développement insignifiant. Mais il n'en est pas de même à l'étranger. Les sociétés de crédit, notamment, plus difficiles à constituer que les associations de consommation, rendent en Allemagne les plus précieux services à la classe ouvrière. L'initiateur du mouvement dans ce pays, M. Schulze-Delitzch, constatait avec fierté, en 1883, que les banques populaires en Allemagne étaient au nombre de 1,889. Et en Italie, où elles sont organisées sur un modèle assez spécial, elles viennent en aide de la façon la plus heureuse à la petite culture. Les ouvriers d'élite doivent donc trouver dans l'emploi de ces procédés l'aide qui leur est nécessaire pour pratiquer la petite industrie et s'élever peu à peu au rang d'entrepreneurs.

Les faits sont beaucoup moins décisifs, au contraire, en ce qui concerne les associations de production. Quelques exemples heureux peuvent sans doute être cités. Les Équitables pionniers de Rochdale, par exemple, sont parvenus en 1856 à installer une filature qui a très bien fonctionné. Mais les succès de ce genre sont rares. Le grand obstacle est dans l'organisation de la direction, les ouvriers, qui s'associent surtout pour supprimer le patron, consentant difficilement à reconnaître l'autorité d'un chef.

En résumé, de même que la participation aux bénéfices, l'association coopérative est une combinaison qui peut, dans des circonstances convenables, donner d'excellents résultats. Les tentatives des ouvriers pour l'organiser ne peuvent qu'être approuvées, parce qu'elles démontrent la vitalité de la classe ouvrière et les progrès de l'initiative individuelle.

Mais on s'est fait, croyons-nous, de grandes illusions. On a déclaré que l'avenir appartenait à l'association coopérative, que celle-ci était appelée à supprimer le salariat. Une enquête officielle était récemment ouverte dans le but de faciliter la formation de sociétés coopératives, et plus récemment encore on proposait ce genre de combinaison aux ouvriers comme l'instrument d'une émancipation qui, en réalité, est déjà conquise.

C'est là, croyons-nous, une erreur, et une erreur très dangereuse. L'association coopérative ne peut pas être généralisée, elle restera toujours le privilège d'une élite. Les sociétés de consommation et de crédit ne peuvent servir qu'à la petite industrie, dont le champ, on l'a vu, est limité. Et quant aux associations de production, les obstacles qui s'opposent à leur bon fonctionnement ne sont pas de nature à disparaître. Elles exigent une ardeur au travail et surtout un esprit de discipline qui ne peuvent se rencontrer que chez un petit nombre. Il est dès lors très dangereux de les vanter outre mesure, parce que l'on s'expose à fausser les idées de l'ouvrier quand il serait si nécessaire de les rectifier. On lui inspire la haine du salariat, au lieu de l'aider à comprendre l'équité de ce contrat dont il ne saurait se passer.

Pourquoi le salariat ne disparaîtra pas. — Le salariat, en effet, ne saurait disparaître, parce qu'il est conforme à la nature des choses. Prise dans l'ensemble, la classe ouvrière ne peut s'exposer aux risques de la production : vivant de son gain journalier, elle a besoin d'être sûre de l'obtenir; comment, si l'on est prudent, lui conseiller de le soumettre aux aléas inhérents à toute entreprise! — Elle ne peut pas non plus attendre, pour toucher le prix de son travail, que les objets fabriqués aient été vendus, ou que la confection de l'inventaire ait fait connaître le chiffre des bénéfices à partager. Ce gain certain et exigible à époque fixe dont il a besoin, le salariat peut seul le procurer à l'ouvrier : le salariat est donc un arrangement nécessaire. Ajoutons qu'il est équitable aussi, car c'est justice que celui qui ne dirige pas reste à l'abri des pertes que cause une mauvaise direction et laisse au chef responsable les profits dus à son habileté.

Ainsi, des deux sortes d'associations ouvrières, les syndicats ouvriers et les associations coopératives, que nous venons d'étudier, ce n'est pas, comme quelques-uns l'ont dit, la seconde qui se généralisera, c'est la première. Le vrai but à atteindre, ce n'est pas la suppression du salariat, c'est son perfectionnement.

Lire dans les *Extraits :*

Léon Faucher : Les effets d'une grève (p. 330).
John Stuart Mill : Le salariat remplacé par l'association (p. 370).

QUINZIÈME LEÇON

Les Résultats de la répartition des richesses
dans les sociétés actuelles. — Les critiques. — Le socialisme.

CHAPITRE PREMIER

Les résultats. — Les critiques. — Le socialisme.

Programme officiel : Le socialisme; ses formes diverses; réfutation;
la pauvreté; le paupérisme.

Pauvreté et paupérisme. Ce que l'on appelle la question sociale. — Nous venons de décrire le mécanisme de la répartition chez les peuples les plus avancés. Il se compose, on l'a vu, de deux éléments distincts. L'un, qui obéit à des lois naturelles très déterminées, consiste dans l'ensemble des contrats en vertu desquels la richesse produite est distribuée entre ses producteurs; l'autre, où la fantaisie des volontés a plus de place, résulte du libre exercice du droit de propriété, chacun pouvant à son gré disposer de ses biens au profit d'autrui, c'est-à-dire les échanger, les donner et les transmettre après sa mort. C'est sous l'influence de ce mécanisme que les richesses se distribuent entre les hommes.

Or la façon dont se fait cette distribution a soulevé, de la part de quelques-uns, les plus violentes critiques et donné naissance à ce que l'on appelle *la question sociale*.

Quels sont en effet, a-t-on dit, les résultats du régime actuel, où l'on s'en remet aux individus du soin de répartir la richesse? Quelques-uns sont riches, mais beaucoup sont pauvres; un certain nombre même végètent dans l'indigence ou tombent dans le paupérisme.

La pauvreté, en effet, est la situation de l'homme réduit par l'exiguïté de ses ressources à une vie étroite. N'est-ce pas celle de la grande majorité des hommes? — La misère est un état où l'on manque des ressources strictement nécessaires à l'entretien de la vie. Or ne voit-on pas trop souvent la pauvreté dégénérer en misère au cas d'accident, de maladie, de chômage ou quand vient la vieillesse? — Enfin le paupérisme est la misère à l'état endémique, celle dont on ne peut plus se relever. N'est-elle pas le résultat fatal d'une misère prolongée qui, par l'anémie et le découragement, anéantit les forces physiques et morales?

Ces faits, ajoute-t-on, deviennent particulièrement saisissants si on les oppose à la situation des plus favorisés. En Angleterre, par exemple, grâce aux lois qui favorisent la concentration des richesses aux mains d'une classe privilégiée, il existe des fortunes colossales. L'une d'elles atteint 225 millions, celles de 30 ou de 25 millions ne sont pas absolument rares, si bien que l'on peut estimer à 30 milliards le montant total des fortunes supérieures à 6 millions. En même temps, les recensements du paupérisme à Londres accusent près de 150,000 indigents sur 4 millions d'habitants et, en un seul jour de novembre 1882, 818 personnes étaient trouvées sur la voie publique à l'état de vagabondage! Là où les lois sont plus équitables, l'opposition, pour être moins violente, ne laisse pas que d'être étrangement instructive. En France, par exemple, les très grandes fortunes sont assez rares, tandis que les médiocres, celles qui donnent une petite aisance, sont nombreuses; mais on compte environ un indigent sur 25 habitants! Un pareil état de choses, affirme-t-on, est profondément injuste, et la société manque à son rôle qui en tolère la continuation. Strictement entendu, son devoir serait de procurer à tous au moins le moyen de vivre en travaillant et de mettre à l'abri du besoin l'enfant, le malade et le vieillard; largement compris, ce devoir consisterait à empêcher que les inégalités sociales ne s'établissent et ne se perpétuent.

De pareilles récriminations trouvent aisément des échos. Ceux qui souffrent se plaignent volontiers de la société; ils s'exagèrent leurs droits vis-à-vis de leurs semblables, et, souffrant par leur propre faute ou du fait de la nature qui les a mal partagés, ils se considèrent comme victimes de l'organisation sociale. D'autre part, les théoriciens à l'esprit absolu croient aisément à la toute-puissance des conceptions *à priori*. Oublieux des enseignements de l'histoire et de l'observation, méprisant les lois naturelles, « cette force qui est dans les choses », ils s'imaginent que le législateur peut, à son gré, modifier la marche des sociétés. Trouvant mauvais quelques-uns des résultats du régime de liberté, ils n'hésitent pas à construire de toutes pièces des régimes nouveaux qu'ils proposent de substituer à l'organisation actuelle.

Le socialisme. — C'est de là qu'est né le socialisme, ensemble de doctrines qui toutes s'entendent pour condamner le régime de liberté comme injuste et dont chacune propose un système particulier destiné à supprimer tous les maux dans la société.

Nous avons antérieurement montré le vide des critiques dirigées par le socialisme contre la liberté économique[1]. Il nous reste à passer en revue les principales doctrines socialistes. On constatera aisément qu'aucune d'elles n'est susceptible d'être appliquée dans nos sociétés.

LES ORIGINES DU SOCIALISME. — Les origines du socialisme ne sont pas lointaines. Sans doute il y eut de tout temps des rêveurs qui songèrent à organiser la société au gré de leur fantaisie. Platon, dans son *Traité de la République,* proposait un régime communiste, et sa pensée se retrouve dans plusieurs ouvrages écrits après la féodalité, comme la description de *l'Ile d'Utopie,* par Th. Morus (1516) et la *Civitas Solis* de Campanella. Fénelon lui-même a tracé le tableau d'une société idéale. Mais ce n'étaient là que jeux d'esprit de penseurs isolés.

Le xviiiᵉ siècle lui-même, qui remua tant d'idées, ne donna naissance à aucun système socialiste digne d'appeler l'attention. Rousseau et ses imitateurs attaquaient bien la propriété et « les privilèges dont quelques-uns, disaient-ils, jouissent *au préjudice des autres,* comme d'être plus riches, plus honorés, plus puissants », ils dépeignaient avec enthousiasme un prétendu « âge d'or » disparu et souhaitaient le retour à « l'état de nature ». Mais de leurs rêveries assez vagues ne sortait aucun plan d'ensemble.

La Révolution elle-même échappa à l'influence socialiste. La Convention, il est vrai, compta quelques membres qui, sans avoir une idée d'organisation socialiste bien nette, admettaient pourtant certains principes socialistes : Saint-Just, par exemple, et à certains moments Robespierre et la Montagne. Elle vota quelques mesures proposées par eux, comme les décrets du 8 ventôse qui invitaient le Comité de salut public à faire un rapport « sur les moyens d'indemniser les uns avec les biens des autres ». Mais ces mesures restèrent isolées, et la Convention n'accusa jamais une tendance socialiste réfléchie.

LES PREMIERS THÉORICIENS DU SOCIALISME. — C'est à l'époque du Directoire seulement, lors du complot de Babœuf, qu'apparaît le premier projet de révolution sociale.

1. Voy. pp. 110 et ss.

Né en 1764, Babœuf n'avait encore joué aucun rôle, quand, en 1795, il se posa en messie de l'égalité absolue, voulant fonder une république sur le principe de la communauté des biens. La nature, disait-il, ayant donné à tous un droit égal à la jouissance de ce qu'elle renferme, le devoir de la société est de défendre les faibles contre les usurpations. Que la société se constitue donc seule propriétaire du territoire et déclare le travail fonction publique. Les citoyens seront divisés en classes et chargés d'une somme de travail parfaitement égale, des magistrats étant chargés de diriger la production et de répartir également les produits. Le savoir même, identique pour tous, se bornera à lire, écrire et compter, sa limitation paraissant être la seule garantie de l'égalité sociale. — Voulant mettre son système en pratique, Babœuf ourdit une conspiration pour s'emparer du pouvoir : arrêté, puis condamné à mort, il se poignarda devant ses juges.

Vers la même époque, en Angleterre, un homme intelligent et d'un grand cœur, Robert Owen, avait pris à tâche de relever l'état moral de la population ouvrière d'une grande fabrique dont il était devenu propriétaire. Il y réussit complètement, grâce à « une bienveillance absolue, en pratiquant envers tous une égalité tolérante et en laissant à chacun une grande liberté de mouvements ». Aucun genre de succès ne manqua à l'expérience de New-Lanark, « admiration des voyageurs, visites de souverains, témoignages publics dans la presse et au sein du parlement ». Ce succès inspira à Owen la pensée de généraliser son système. Il en arriva à concevoir une société sans principes ni hiérarchie. « L'homme, disait-il, étant soumis à la fatalité, il n'y a ni bien ni mal, et dès lors pas de responsabilité. La société ne doit reconnaître aucun lien : ni religion, ni famille, ni propriété. Qu'elle pratique la communauté, mais une communauté sans organisation, chacun prenant ce qu'il veut et s'occupant comme il l'entend, la bienveillance universelle devant suffire à tout ». Ce système étrange donna lieu à deux expériences qui, naturellement, échouèrent et inspira à son auteur plus de mille volumes. Personne ne s'en souviendrait aujourd'hui sans le succès qui avait marqué les débuts du novateur.

LE SOCIALISME SOUS LA RESTAURATION ET SOUS LOUIS-PHILIPPE. — En France, le premier Empire avait arrêté les progrès du socialisme. Mais les premières tentatives dont nous venons de parler, bien que grossières encore, avaient laissé des germes que les tendances sentimentales de la Restauration devaient développer. La masse des esprits fut bientôt prête à accepter aveuglément un évangile socialiste, et quand parurent, d'abord le saint-simonisme et plus tard, vers 1830, le fouriérisme, deux doctrines remarquables par leur mysticisme philosophique, l'engouement fut considérable.

LE SAINT-SIMONISME. — Il est assez difficile de résumer les idées de

Saint-Simon, d'abord parce qu'elles sont restées éparses dans de nombreuses publications, et surtout parce qu'il en a émis beaucoup et parfois de contradictoires. On peut cependant constater que, pendant la plus grande partie de sa vie, il se borna à chercher un système propre à réaliser sa formule : « A chacun sa capacité, à chacun selon ses œuvres. » La Révolution, disait-il, n'a accompli qu'une œuvre négative, elle a détruit ; il faut réorganiser, car la liberté n'est pas un but. On ne s'associe pas pour être libres, sinon, autant vaudrait rester isolés. — Cherchant le but de la société, il le définit « la production des choses utiles à la vie ». Tout homme doit donc se considérer comme « engagé dans une compagnie de travailleurs », et c'est à la société que revient le soin de diriger les efforts de chacun. — Il propose en conséquence un régime parlementaire où fonctionneraient trois chambres : une chambre d'invention, composée d'ingénieurs et d'artistes chargés de découvrir et de proposer les travaux qu'il convient d'entreprendre ; une chambre d'examen, composée de savants qui statueraient sur les propositions de la première ; et une chambre d'exécution dont les membres, choisis parmi les industriels les plus riches, dirigeraient les travaux votés. — Ce n'est que sur la fin de sa vie qu'il donne à sa doctrine le caractère religieux qui, plus tard, fit la force de son école. Dans une série de *Lettres au roi*, Saint-Simon, présentant son système comme une conséquence des vrais principes du christianisme, jusque-là faussés par l'Église, somme le roi de se mettre à la tête du mouvement et d'arracher le pouvoir aux guerriers et aux théologiens, pour le confier aux industriels et aux savants.

Saint-Simon mort, une école se fonda qui reprit ses idées. Dirigée surtout par Enfantin, Bazard et Rodrigues, elle fit du *nouveau christianisme*, à peine indiqué par Saint-Simon, son principe fondamental. Le christianisme, n'ayant pas fait une place suffisante aux intérêts matériels, devait se transformer et devenir la religion de l'industrie. Trois catégories de prêtres devaient être instituées : le prêtre social, chargé de la direction générale ; le prêtre de la science, ou prêtre du dogme, car dans cette religion matérielle les dogmes consistent dans les connaissances utiles ; et le prêtre de l'industrie ou prêtre du culte. Sous leurs ordres, la société devait se livrer à la production des richesses. L'abolition de l'héritage devait fournir rapidement à la société les ressources dont elle aurait besoin et dispenser de recourir à l'expropriation des propriétaires actuels.

On a peine à croire que de pareilles folies séduisirent nombre d'hommes distingués. Il en fut pourtant ainsi, jusqu'au moment où le scandale d'un procès, où Enfantin fut condamné, amena la dissolution de la communauté qu'ils avaient formée.

LE FOURIÉRISME. — Pas plus que Saint-Simon, Fourier n'assista au triomphe momentané de ses idées, car ses écrits, publiés vers 1808, n'obtinrent l'attention qu'en 1830, une année avant sa mort. Mais, tandis que l'école saint-simonienne avait dû, en s'inspirant des idées du maître, construire elle-même son système, les disciples de Fourier n'eurent qu'à reprendre sa doctrine et à la conserver dans son intégralité. Elle forme en effet un tout compact auquel on ne peut rien ajouter et dont on ne saurait rien retrancher.

Dieu, disait Fourier, n'a pu vouloir le mal, et c'est seulement parce qu'elles sont comprimées par une organisation sociale vicieuse que nos passions sont dangereuses. Loin de les réprimer, il faut organiser la société de façon que chacune d'elles puisse être utilement satisfaite. Ce que l'on appelle l'esprit de rivalité et d'intrigue (la passion cabaliste, dit Fourier) trouvera son emploi si la société est divisée en groupes dont les membres soient étroitement unis, car elle engendrera l'émulation par le désir qu'aura chacun d'assurer la supériorité de son groupe. Ce que l'on appelle l'inconstance d'esprit, le besoin de changement (la passion papillonne), permettra d'obtenir la variété des produits, si on la satisfait en multipliant les genres d'occupation et en n'astreignant chacun à la même tâche que pendant un temps très court, etc. En conséquence, Fourier demandait qu'on formât des associations convenablement composées, où chacun, en obéissant librement aux suggestions de son esprit, concourrait à la production des objets nécessaires à la vie. C'était ce qu'il appelait « l'ordre combiné », ordre supposant l'exploitation du sol et la consommation en commun. Quatre cents familles réunissant leurs champs et vivant en commun suffiraient, pensait Fourier, à assurer le jeu de ce système. Elles formeraient la *Phalange*, et leur village s'appellerait un *Phalanstère*.

Fourier n'a, du reste, jamais fait appel à la violence. Il était convaincu, qu'un essai réussissant, les hommes seraient bientôt convertis à ses idées, et que de toutes parts se formeraient des phalanges.

LE SOCIALISME EN 1848. — L'école de Fourier subsistait encore en 1848, mais l'enthousiasme qui l'avait d'abord accueillie n'existait plus. Le mysticisme avait fait son temps, et le socialisme, renonçant aux théories religieuses et psychologiques, cherchait son point d'appui dans les principes du droit. On mettait en avant de prétendus droits de l'individu vis-à-vis de la société, ou les soi-disant règles d'équité qui doivent présider aux contrats, pour démontrer que le régime économique libéral est injuste, et pour proposer des organisations nouvelles. De toutes parts, des systèmes étaient proposés : c'était l'époque où Cabet, Villegardelle, Louis Blanc, Proudhon, etc., publiaient leurs écrits. Beaucoup de ces théories sont aujourd'hui oubliées ; seuls, *l'Organisation du travail* de Louis Blanc et le *Mutuellisme* de Proudhon méritent d'être signalés.

L'ORGANISATION DU TRAVAIL DE LOUIS BLANC. — Louis Blanc, qui écrivait en 1839, posait en principe que la société doit assurer à tous ses membres le moyen de vivre, c'est-à-dire leur procurer du travail. Chacun, d'après lui, serait, de ce chef, créancier de la société. Chacun aurait *droit au travail*. Pour remplir son obligation, l'État, disait-il, doit *organiser le travail*, c'est-à-dire se faire producteur, chef d'atelier, prêt à accueillir tous ceux qui demanderont à être occupés. Il réclamait en conséquence la création de trois ateliers sociaux : l'atelier industriel, l'atelier agricole et l'atelier d'échange. Dans les deux premiers on produirait, dans le troisième on vendrait les produits fabriqués et l'on achèterait les matières premières.

Fondés à côté de l'industrie privée, ces ateliers sociaux ne tarderaient pas à la supprimer, parce qu'elle ne pourrait supporter leur concurrence ; et l'État deviendrait bientôt le seul producteur, ayant tous les citoyens sous ses ordres. Il donnerait à tous des salaires égaux, et réaliserait ainsi l'égalité des conditions sans détruire la famille, sans tomber dans le communisme.

Cette conception, assez vulgaire dans l'ensemble, enfantine dans les détails, ne dut son succès qu'au talent d'écrivain de son auteur. L'idée fut acceptée et, en 1848, les insurgés inscrivaient sur leurs drapeaux la formule : *Organisation du travail*. Louis Blanc, membre du gouvernement provisoire, fut nommé président d'une « commission permanente du gouvernement pour les travailleurs ». Des ateliers nationaux furent fondés, dont l'établissement provoqua de tous côtés des grèves, et qui d'ailleurs aboutirent à un échec complet. Cependant, en 1848, l'Assemblée nationale eut à se prononcer sur le principe du droit au travail. Le projet de constitution l'admettait, mais d'une manière assez vague, dans son article 8 ; un amendement fut proposé affirmant le droit des citoyens « à l'instruction, au travail et à l'assistance », mais il fut repoussé et l'on s'en tint aux termes peu compromettants du projet.

LE MUTUELLISME DE PROUDHON OU GRATUITÉ DU CRÉDIT. — Si le système de Louis Blanc est enfantin, que dire de celui de Proudhon ? Il semble être un défi au bon sens ou une insolente raillerie. C'est que Proudhon ne fut en réalité qu'un polémiste. Il critiqua tout, aussi bien le socialisme, et notamment le communisme, que la propriété individuelle. Il le fit avec une incomparable verve et d'inépuisables ressources d'injures ; mais quand on lui demanda d'exposer son système, ayant tout condamné, ne voulant être ni libéral, ni communiste, ni socialiste, il se trouva fort embarrassé.

A vrai dire, son point de départ seul est intéressant. C'est une assertion fausse, mais qui a été reprise en Allemagne et constitue encore le grand argument du socialisme contemporain. Le travail étant seul productif, dit Proudhon, le capitaliste n'a droit qu'à la restitution de son capital, et toute la plus-value obtenue doit revenir à l'ouvrier. Celui-ci doit donc être mis à même avec son salaire « de racheter son produit ». — S'il en était ainsi, il y aurait équivalence parfaite des valeurs échangées entre le patron et l'ouvrier, chacun se rendant mutuellement des services équivalents. — Pour réaliser ce *mutuellisme*, il suffit de supprimer l'intérêt, c'est-à-dire d'assurer la *Gratuité du Crédit*. Proudhon proposait en conséquence la création d'une banque d'État, recevant sans intérêt les fonds qu'on lui apporterait et prêtant à son tour à un taux restreint, 1/4 p. 0/0 par exemple, de manière à couvrir les frais d'administration. La propriété des maisons et des terres devait être attribuée aux communes qui en auraient concédé la jouissance à un prix insignifiant, pour couvrir les frais d'entretien. Ainsi, s'écriait Proudhon, le producteur aura gratuitement le capital pour produire et la maison pour se loger. — Système peu sérieux, comme on voit, qui suppose que tous les capitalistes s'empresseront de confier leurs capitaux à une banque qui ne leur offrira en échange aucune rémunération !

LE SOCIALISME CONTEMPORAIN. — Les écrivains français dont nous venons de parler avaient, on peut le dire, retourné dans tous les sens l'idée socialiste, sans aboutir à un système sérieux. Leurs œuvres sont aujourd'hui tombées dans le discrédit; à leurs théories abandonnées a succédé une théorie nouvelle : le collectivisme.

Le collectivisme est né et s'est développé en Allemagne. Rodbertus Jagetzow, dans une série d'articles de revue, en traça les principales lignes. Karl Marx, avec une rare subtilité d'esprit et un grand appareil d'érudition, s'en fit le théoricien dans son ouvrage : *Das capital*. Enfin l'agitateur Lasalle, éloquent, instruit et séduisant, prêcha la doctrine : il personnifie le socialisme militant.

Sous ces influences, le collectivisme fit de rapides progrès en Allemagne. Deux grandes associations se formèrent : l'Association générale des ouvriers allemands et l'Association démocratique. Elles différaient dans le choix des moyens. L'une voulait recourir à la violence, et l'autre comptait sur la force de la persuasion. Mais elles acceptaient toutes deux la théorie collectiviste. Elles disparurent, en tant qu'associations avouées, quand fut rendue la loi de 1878 contre les socialistes allemands; mais leur influence n'a pas cessé de se faire sentir, et ce sont leurs idées qui forment aujourd'hui le fonds des revendications socialistes dans tous les pays.

A s'en tenir aux apparences, il semble que les collectivistes apportent une formule nouvelle du socialisme. Il n'en est pas ainsi; bien qu'ils s'en défendent, ils ont seulement repris les idées des socialistes français, en leur donnant une précision scientifique plus grande. Aux phrases déclamatoires a succédé un exposé sec et compliqué; à l'étalage de sentimentalité, l'érudition la plus étendue et l'analyse la plus subtile ; mais sous cet habillement nouveau, il est aisé de reconnaître les idées de Louis Blanc et de Proudhon.

Le point de départ nous est déjà connu. C'est cette étrange affirmation que, le travail étant seul productif, le capitaliste qui reçoit un intérêt spolie l'ouvrier. C'est le principe de Proudhon déclarant que l'ouvrier doit « avec son salaire pouvoir racheter son produit. » La démonstration est seulement présentée d'une façon plus habile.

Quant au système lui-même, il rappelle les ateliers sociaux de Louis Blanc. Le seul moyen, dit-on, d'empêcher le capitaliste d'exploiter l'ouvrier, c'est de supprimer le *capital privé* et de le remplacer par le *capital collectif*. L'État doit donc être déclaré propriétaire de tous les *moyens de production* (outils, matières premières, terre); il organisera l'industrie qui fonctionnera sous sa direction, les produits seront recueillis dans de vastes magasins, et les travailleurs seront rétribués proportionnellement à la valeur de leur travail par des *bons*, contre lesquels les marchandises qu'ils demanderont leur seront délivrées.

Cette conception, affirment les collectivistes, a de grands mérites, parce qu'elle respecte, dans la mesure du possible, l'indépendance des individus. Elle évite le communisme et laisse à chacun le choix de ses consommations, ne porte aucune atteinte à la vie de famille, et maintient même la propriété et l'héritage en les restreignant seulement aux *moyens de consommation*, seules richesses dont l'appropriation ne permette à aucun homme d'exploiter ses semblables.

Réfutation du socialisme. — Nous ne nous attarderons pas à réfuter longuement tous ces systèmes. Il suffit de les connaître pour en sentir le vide et l'impuissance. Dans leurs conceptions chimériques, les socialistes supposent l'homme tel qu'ils voudraient qu'il fût, au lieu de le prendre tel qu'il est. Les divers arrangements qu'ils proposent devant tous avoir cet effet que personne n'aurait plus un intérêt direct à travailler, il faudrait, pour que l'un quelconque de ces systèmes fonctionnât seulement quelques jours, un admirable dévouement de chacun aux intérêts de tous. Or, quoi qu'on fasse, la charité, ou si l'on aime mieux l'altruisme, n'est pas le sentiment qui ait le plus grand empire sur nos actions. Ce sentiment existe sans doute en nous, mais son influence n'est que secondaire; l'homme obéit principalement aux suggestions de son intérêt personnel, et pourvu qu'il ne tombe pas dans une excessive âpreté, on ne peut guère le lui reprocher. D'ailleurs, qu'on le lui reproche ou non, l'homme est fait ainsi, et il faut bien en tenir compte. Le socialisme s'y refuse ; mais en supprimant le ressort essentiel de l'activité humaine, l'intérêt personnel, il rend la production impossible et la misère inévitable pour tous.

Peut-on d'ailleurs penser sans effroi à la tâche formidable qu'il prétend imposer à l'État ? Celui-ci serait chargé d'organiser et de diriger l'industrie, ayant sous ses ordres une armée de plusieurs millions de travailleurs, responsable de la vie et du bien-être de tous ! Une moitié de la nation passerait son temps à contraindre l'autre au travail, distribuant les tâches, les faveurs et les passe-droits ! Sous cette tyrannie monstrueuse, la société tomberait bientôt en décadence !

En somme, le socialisme, sous ses diverses formes, n'est qu'un essai puéril de retour aux organisations primitives qui, bonnes pour des tribus peu nombreuses, ont précisément disparu parce que les progrès de l'espèce humaine les ont rendues impraticables.

Lire dans les *Extraits :*

Louis Blanc : Le droit au travail (p. 436).

De Molinari : Protectionnisme et socialisme (p. 452).

SEIZIÈME LEÇON

CHAPITRE II.

Les probabilités de l'avenir sous le régime de la liberté économique.

Programme officiel : La pauvreté et le paupérisme *(suite)*. La question de la population dans ses rapports avec la distribution de la richesse.

Atténuation probable des inégalités sociales, de la misère et du paupérisme dans l'avenir. — Le socialisme n'est pas arrivé à imaginer une organisation sociale acceptable. Il a épuisé toutes les combinaisons et n'est parvenu qu'à démontrer son impuissance. On devait s'y attendre, car il ne pouvait rien sortir de bon d'une école que son dédain des faits et de l'analyse place en dehors de la science. Ce n'est que l'empirisme à la poursuite d'une chimère.

Le régime de la liberté économique sort de la revue que nous venons de faire des doctrines socialistes définitivement assis. C'est le seul possible dans l'état actuel de la civilisation, et il faut l'accepter tout entier avec ses imperfections comme avec ses avantages.

Ces imperfections, nous ne songeons nullement à les nier ; mais il faudrait se garder de les exagérer.

On ne saurait considérer les inégalités sociales comme un mal. Peut-être peut-on les regretter au point de vue de la justice absolue, mais cette justice n'est pas de ce monde, ou la nature impose les inégalités sociales, et en fait une condition du développement des sociétés.

Nous ne pouvons, au contraire, prendre aussi aisément notre parti de l'indigence et du paupérisme. On dira sans doute que les paresseux et les ivrognes ne sont guère intéressants ; pourtant, il ne faut pas oublier que c'est le plus souvent la misère qui engendre le vice. Elle est bien saisissante, la réponse du misérable, alléguant qu'il ne serait pas vicieux si la fortune l'avait traité comme celui qui le sermonne. D'ailleurs, il reste toujours les malhabiles et les malchanceux, qui ne sont pas responsables de leur incapacité et de leur malchance.

Sans doute, la société n'est pas responsable de ces maux. Nous avons antérieurement montré que le régime de liberté pratiqué par elle est juste et nous venons de constater qu'aucun autre n'est possible. Comparé aux régimes antérieurs, il a d'ailleurs réalisé d'immenses progrès. La pauvreté était jadis le lot, non pas d'un grand nombre, mais de tous, et c'est une erreur de croire que l'indigence et le paupérisme ont été engendrés par la liberté économique. Ceux qui sont le plus à plaindre de nos jours sont encore plus heureux que ne le furent jadis les classes asservies des esclaves, des serfs, des colons, etc. En réalité, si la misère existe, c'est qu'il ne peut en être autrement. L'humanité se trouve en face de ce dilemme : ou renoncer à tout développement, ou accepter les conséquences du régime de liberté en laissant à chacun la responsabilité de ses actes ; et elle est bien obligée d'opter pour le second parti. Mais il n'en reste pas moins vrai que l'indigence et le paupérisme constituent des faits extrêmement regrettables. Ils forment une triste contre-partie aux progrès de la civilisation. C'est une imperfection de ce régime de liberté, auquel nous devons tant d'autre part, de ne pas arriver à les supprimer, et il ne suffit pas pour s'en consoler de constater qu'aucun autre régime n'atteindrait ce résultat.

Heureusement on peut, on doit même espérer que cette imperfection ira peu à peu s'atténuant dans l'avenir.

Pour qu'il en soit ainsi, il faut évidemment : 1° que l'élévation progressive du salaire, en améliorant la situation de la masse, lui permette d'assurer son sort contre les malheurs imprévus et contre la vieillesse ; 2° qu'elle y travaille efficacement par la pratique de l'épargne et de l'assurance ; 3° enfin que la charité dispose de ressources assez abondantes pour secourir la misère partout où elle se rencontre, relever l'indigent quand c'est possible, adoucir son sort quand le mal est incurable. — Or n'est-il pas naturel de penser que ces remèdes agiront avec une puissance plus grande à mesure que les sociétés deviendront plus riches ?

On aurait tort de croire, en effet, que l'humanité est actuellement riche ; elle est pauvre, au contraire, si l'on compare ses ressources au nombre des hommes. En dépit des progrès réalisés, la masse à partager reste petite pour la multitude des copartageants.

Aux États-Unis, par exemple, on évaluait, en 1884, les divers éléments de la richesse nationale au chiffre, formidable en apparence, de 212 milliards 800 millions ; mais la population de ce pays dépasse 50 millions d'habitants : c'est à peine 4,250 francs par tête en capital. En France, ou la richesse est estimée à 220 milliards environ, et où la population dépasse 37 millions d'habitants, la richesse par tête atteint à peu près 5,880 francs ; et en Angleterre elle s'élève à peine à 6,000 francs.

Il n'est dès lors pas étonnant que, malgré leur augmentation relativement considérable depuis cinquante ans, les salaires restent en général assez maigres et soient parfois insuffisants, que les efforts de la charité, pourtant admirables aujourd'hui, soient impuissants à soulager toutes les misères, et qu'en dépit des encouragements prodigués, l'épargne et l'assurance se développent difficilement. La classe ouvrière, il est vrai, aurait pu épargner plus qu'elle ne l'a fait au cours de ce siècle. On s'extasie souvent devant les onze ou douze milliards qui représentent le total des sommes actuellement confiées aux caisses d'épargne par les ouvriers des diverses nations : malheureusement, ces chiffres, qui paraissent énormes, fondent dès qu'on envisage la moyenne afférente à chaque déposant. Cette moyenne n'est pas élevée ; elle le serait bien davantage si l'augmentation des salaires dont a bénéficié la classe ouvrière n'avait pas été, pour la plus grande partie, consacrée à accroître ses consommations quotidiennes. Mais, si l'on peut regretter dans une certaine mesure qu'elle ait reçu cet emploi, comment s'en étonner quand on songe à la vie misérable des ouvriers au siècle dernier. Pour que l'épargne et l'assurance se développent, il faut d'abord que la satisfaction des besoins immédiats se trouve convenablement assurée.

Pourtant, il n'est pas douteux que de grands progrès ont été déjà réalisés. Les salaires ont presque doublé depuis le commencement du siècle, l'épargne et l'assurance sont entrés dans les mœurs de l'élite de la classe ouvrière et la charité, dont les ressources sont plus abondantes qu'autrefois, a perfectionné son organisation et ses procédés. Si les résultats obtenus paraissent encore insuffisants, au moins faut-il reconnaître qu'ils sont considérables. Or ils sont dus surtout à l'augmentation de la richesse nationale qui, grâce aux machines et à la grande industrie, croît aujourd'hui plus vite que la population. Nous ne voyons aucune raison pour que ce mouvement favorable ne se continue pas dans l'avenir. On peut donc s'attendre à ce que le taux du salaire continue à s'élever et la rapidité de son accroissement devra même aller en s'accélérant. Nous avons vu, en effet, que les progrès de la civilisation tendent, sauf à certaines époques exceptionnelles, à abaisser sans cesse le taux de l'intérêt, la sécurité plus grande et l'esprit de prévoyance plus développé rendant les capitalistes de moins en moins exigeants, en même temps que l'accumulation des capitaux surexcite leur concurrence. Il en est de même du taux des profits, tandis que les perfectionnements des procédés, en augmentant la productivité du travail, permettent à l'ouvrier d'élever ses prétentions et de les faire triompher. La classe ouvrière doit donc profiter, plus largement que les capitalistes et que les entrepreneurs, des bénéfices dus aux inventions de tout genre. Comme le disait déjà Bastiat : « A mesure que les capitaux s'accumulent, le prélèvement *absolu* du capital dans le résultat de la production augmente, mais son prélèvement *proportionnel* diminue ; le travail au contraire voit augmenter sa part *relative*, et, à plus forte raison, sa part *absolue*. » Par là même, la pratique de l'épargne et de l'assurance sera rendue plus aisée ; tout homme prévoyant pourra prendre ses précautions contre les éventualités de l'avenir. Enfin, la Société, devenue plus riche, viendra plus facilement au secours des indigents dont le nombre aura d'ailleurs diminué.

Ainsi, sans prétendre supprimer absolument l'indigence et le paupérisme, pas plus qu'on ne supprimera les vices et les malheurs, on peut espérer, par la pratique de la liberté économique et grâce aux progrès de la production, voir réduits à leur minimum les maux dont on se plaint actuellement.

La question de la population dans ses rapports avec la distribution de la richesse. — La théorie de Malthus. — Telles sont les conclusions que la science économique tend à enseigner aujourd'hui. Mais pendant longtemps elle en a adopté de tout opposées.

Une théorie célèbre, où se trouve d'ailleurs une part de vérité, mais dont ils exagéraient singulièrement la portée, obséda longtemps les premiers économistes et les conduisit aux doctrines les plus désespérantes.

Cette théorie est connue sous le nom de *Théorie de Malthus* ou de *Principe de la Population.*

Malthus, pasteur protestant, compatriote et contemporain de Ricardo, écrivait au commencement du siècle, alors que la Révolution française produisait son contre-coup en Angleterre. Les théories égalitaires se faisaient jour, on cherchait les causes de la misère et quelques philosophes en rendaient responsable la mauvaise gestion des gouvernements : quelques autres au contraire, tels que Hume, Wallace, Smith, le D' Price, en accusaient la tendance à une augmentation trop rapide de la population. C'est la thèse de ces derniers que reprit Malthus, et il la fit sienne par la force avec laquelle il l'exposa.

Les malheurs des peuples, affirmait-il, sont dus surtout à ce que la population, quand son développement n'est entravé par aucun obstacle, tend à croître avec une rapidité plus grande que la production des moyens de subsistance. Elle doublerait, pensait-il, en vingt-cinq années et croîtrait ainsi en progression géométrique par périodes de vingt-cinq ans, tandis que les aliments ne pourraient être multipliés que selon une simple progression arithmétique. La population, qu'on représenterait par l'unité à un moment donné, devrait être représentée par 2 au bout de vingt-cinq ans, par 4 après cinquante ans, par 8 après soixante-quinze ans et par 16 à la fin du siècle; tandis que les moyens de subsistance dans le même temps n'auraient pu croître que dans les proportions de 1 à 2, à 3, à 4 et à 5. Au bout de deux siècles, l'augmentation de la population se chiffrerait par la proportion de 1 à 256, tandis que celle des subsistances serait seulement de 1 à 9.

Une pareille disproportion entre la population et les moyens d'existence étant impossible, il faut bien que le développement de la population se trouve contenu. Il l'est, en fait, par la misère, les vices, les guerres et fléaux de toute sorte, dont la plupart sont précisément engendrés par l'excès de la population et les souffrances qui en résultent. Malthus conseillait aux hommes de substituer à l'action cruelle de ces obstacles celle de leur propre volonté, ce qu'il appelait le *moral restreint*, en évitant, par exemple, de se marier avant l'âge où ils sont assurés de pouvoir subvenir aux besoins d'une famille.

Il faut convenir que, si les affirmations de Malthus étaient exactes, son conseil serait bon, mais peu efficace. La disproportion qu'il annonce entre le mouvement de la population et celui des subsistances est telle qu'aucune prudence humaine ne suffirait à en écarter les conséquences néfastes. Ce fut bien ainsi, en effet, que les disciples de Malthus l'entendirent et pendant longtemps les économistes raisonnèrent dans la conviction qu'une tendance incoercible pousse à une augmentation trop rapide du nombre des hommes.

Sous l'influence de cette obsession, les maîtres de l'ancienne école anglaise édifièrent les théories les plus pessimistes. Ricardo affirmait que le salaire irait sans cesse baissant, car, « dans la marche actuelle des sociétés, le nombre des ouvriers continuerait à s'accroître d'une progression un peu plus rapide que celle de la demande de bras ». C'est la théorie du *salaire naturel* que nous avons précédemment signalée. Stuart Mill alla plus loin encore. Reprenant, avec son analyse pénétrante, les idées de ses devanciers, il aboutit à cette conclusion que, dans l'avenir, quels que soient les progrès de la production, ceux de la population devant être encore plus considérables, on doit s'attendre à voir baisser à la fois les salaires, les intérêts et les profits. Seul le propriétaire foncier, vendant ses produits d'autant plus chèrement que ceux qui se les disputent sont plus nombreux, échapperait à la misère générale et s'enrichirait aux dépens de tous. Aussi désespère-t-il de la civilisation : toute marche en avant lui semble périlleuse et *l'état stationnaire*, caractérisé par un arrêt de développement de la population, des capitaux et de l'art industriel, lui paraît le meilleur auquel puisse aspirer un peuple.

On ne s'étonnera pas, en présence de pareilles doctrines, que les socialistes allemands aient pu s'appuyer du témoignage de Ricardo, de Malthus et de Stuart Mill, quand ils ont affirmé que, sous le régime de la liberté, les progrès se retournent contre la classe ouvrière, celle-ci, trop nombreuse, se trouvant à la merci des capitalistes et « l'abîme s'élargissant sans cesse entre les riches et les pauvres ».

Réfutation des assertions pessimistes de Ricardo, de Malthus et de Stuart Mill. — Mais pour faire tomber tout cet échafaudage de prédictions sinistres, il suffit d'examiner de près la théorie de Malthus qui les a inspirées.

Cette théorie n'est pas dénuée de toute valeur scientifique : nous montrerons bientôt qu'on peut en tirer d'utiles enseignements. Mais, telle que Malthus, et surtout ses disciples, l'ont présentée, elle est empreinte d'un rigorisme tout à fait excessif. Nous n'entendons pas seulement, en parlant ainsi, critiquer la formule des deux proportions, arithmétique et géométrique, où Malthus condensait sa doctrine. Il y a longtemps que les partisans les plus convaincus du principe de population l'ont abandonné en déclarant que le maître s'en était servi seulement pour donner plus de relief à sa pensée. Nous voulons dire qu'il est excessif d'affirmer qu'une incoercible tendance pousse la population à croître plus rapidement que les moyens d'existence. Les faits démentent cette affirmation d'une façon catégorique.

Et d'abord, il n'est nullement démontré que l'accroissement de la population ne puisse se modérer d'une façon en quelque sorte spontanée. La différence qui s'observe dans le mouvement des naissances et des décès en Amérique et en Europe prouve plutôt le contraire. Aux États-Unis, en effet, même si l'on a soin de déduire les effectifs abondants que fournit chaque année l'immigration, on trouve un coefficient d'augmentation qui est à peu près celui qu'indiquait Malthus. La population y double par l'effet des naissances en une trentaine d'années. Mais en Europe, où la vie est plus difficile, il n'en est pas ainsi. M. Levasseur, d'accord sur ce point avec les statisticiens les plus autorisés, estimait en 1883 que pour l'Europe entière l'accroissement annuel résultant de l'excédent des naissances sur les décès atteignait à peu près 9 pour 1,000. Il faudrait, dans ces conditions, plus de quatre-vingts années pour que la population fût doublée. Pourtant les guerres, maladies, famines et fléaux de tout genre ont fait bien moins de ravages au XIX° siècle que dans les temps passés. Il faut donc bien reconnaître que la sagesse s'est imposée aux hommes et que ceux-ci ont su comprendre, dans une certaine mesure, ce que la situation commandait. Si d'ailleurs on analyse les faits avec détail, on trouve des exemples incontestables de populations ouvrières où le mariage est retardé et le mouvement de la population contenu. Stuart Mill signalait déjà la Norvège et certaines parties de la Suisse; en France, les exemples sont nombreux, et même en Suède, où pourtant la plus forte proportion d'augmentation annuelle qu'il y ait en Europe se trouve atteinte, les observateurs affirment que, le plus souvent, l'ouvrier ne se marie qu'après avoir acquis un certain degré d'habileté lui assurant une rémunération suffisante pour l'entretien d'une famille.

L'exemple de ce qui se passe en France prouve même qu'un excès exactement contraire à celui que redoutait Malthus peut se rencontrer. Il est impossible de ne pas s'inquiéter du ralentissement des naissances sur notre sol. Indépendamment des craintes qu'on en peut concevoir pour la sécurité de notre patrie, nous nous privons, par une prudence excessive, de ressources économiques précieuses. Une population plus nombreuse faciliterait la division de la richesse, augmenterait l'émulation, l'initiative, l'esprit d'invention et répandrait par la colonisation notre influence dans le monde. Il est certain que la France pourrait, sans danger pour personne, et même au grand profit de tous, compter un plus grand nombre de citoyens. La preuve en est dans l'infiltration lente que l'on constate à toutes nos frontières, et qui a, peu à peu, introduit chez nous, d'une façon permanente plus d'un million d'étrangers. Dira-t-on qu'à tout prendre ils remplacent les hommes que nous ne produisons pas? Il s'en faut bien ! Les plus intelligents viennent chercher chez nous l'instruction technique, le secret de nos procédés et de notre tour de main, puis retournent chez eux organiser la concurrence. Les autres, pour la plupart, sont des déclassés qui n'ont pas su se créer chez eux une situation convenable, gens incapables de se régénérer par le travail et qui finissent par tomber à la charge de la charité publique. A Paris, en 1883, les étrangers comptaient presque pour un dixième dans le total des assistés ! — Pourtant il serait absurde de songer à fermer les frontières. Si nous sommes envahis, c'est par notre faute et nous avons besoin de ces collaborateurs. Mais ne serait-il pas bien préférable que l'augmentation de la population indigène vînt remplir les vides et remplacer cette population rivale ou misérable par des hommes ayant le même intérêt que nous et le même état de santé économique ?

Comment, en présence de pareils faits, croire avec Malthus, Ricardo et Stuart Mill, que la population, dans l'avenir, croîtra nécessairement plus vite que les moyens d'existence, ou même seulement, avec des économistes moins absolus, qu'il est indispensable d'organiser une sorte de croisade, une prédication incessante pour arrêter la population toujours prête à déborder ?

D'autre part, les progrès de la production sont bien faits pour rassurer. Il est certain que Ricardo, Malthus et Stuart Mill n'ont pas tenu un compte suffisant des développements dont l'art industriel est susceptible. Il n'y a pas lieu de s'en étonner, au moins pour les deux premiers, car, à l'époque où ils écrivaient, la transformation des procédés qui a marqué le xix° siècle commençait seulement, et ses débuts n'étaient pas sans causer de vives souffrances. Mais nous n'aurions plus aujourd'hui les mêmes excuses. Le nouveau régime de la liberté, de la grande industrie et de l'outillage puissant a fait ses preuves, et, par le passé, on peut juger de l'avenir. Partout l'augmentation de la production a été considérable. En France, par exemple, la production annuelle qu'on estimait à moins de 2 milliards en 1812 est au moins de 12 à 15 aujourd'hui. En Angleterre, dans le court espace de dix années, de 1872 à 1882, la richesse passe de 127 livres sterling par tête en moyenne à 249 livres sterling et aux Etats-Unis, de 1850 à 1875, la richesse fait plus que quadrupler, tandis que la population augmente seulement de 93 pour 100.

L'industrie proprement dite a eu, il est vrai, une large part dans ces progrès, et l'on pourrait objecter que, si elle nous procure les commodités de la vie, elle ne nous fournit pas les aliments. Mais même en restreignant l'observation à la production agricole, on constate les faits les plus rassurants.

Pendant tout le xix° siècle, alors que le sort de tous s'améliorait et que les consommations de chacun augmentaient dans de larges proportions, les prix des objets indispensables à l'alimentation ne se sont pas élevés d'une façon sensible : le prix du pain a même plutôt baissé. C'est que l'exploitation d'une partie des terres vierges qui s'offraient en quantités immenses dans les contrées encore peu peuplées du globe a fourni aisément les suppléments dont on avait besoin. Les États-Unis, à eux seuls, ont pu, de 1839 à 1882, quintupler leur production en froment, tripler celle du maïs et exporter en céréales des deux espèces l'énorme total de 675 millions d'hectolitres. Or ce n'est là qu'un commencement. Il reste encore des réserves considérables de terres inexploitées. La densité de la population totale du globe est à peine de onze habitants par cent hectares, tandis que l'Europe à elle seule entretient trente-trois habitants sur le même espace : le nombre des hommes peut donc tripler avant que toutes les parties du monde en soient au point où se trouve actuellement l'Europe. Et si l'on comparait avec la France, où la densité de la population est de soixante-douze habitants par cent hectares, il pourrait presque septupler.

Dans les pays mêmes qui nourrissent aujourd'hui les populations les plus nombreuses, de grands progrès pourraient encore être réalisés. La France, par exemple, sans même modifier les procédés, en généralisant seulement les perfectionnements accomplis déjà sur certains points et notamment dans le Nord, notre agriculture augmenterait considérablement ses rendements. Et si partout les procédés les plus conformes aux données scientifiques étaient appliqués, elle pourrait peut-être les tripler. Enfin, ne faut-il pas tenir compte des découvertes et des inventions futures dont on ne peut prévoir la portée?

Ce qu'il faut conserver de la théorie de Malthus. — Malthus et ses disciples ont donc poussé trop loin leurs affirmations : ils ont trop hâtivement généralisé. Mais on aurait tort de refuser toute valeur scientifique à leur doctrine. Ils ont rendu à l'humanité un grand service en signalant un péril que les peuples ne doivent pas ignorer.

S'il n'est pas à craindre que, dans l'ensemble, l'humanité s'accroisse trop vite, la rupture d'équilibre entre l'augmentation de la population et celle de la production peut se produire sur certains points déterminés. Nous en avons actuellement des exemples en Europe, particulièrement en Allemagne, en Belgique et en Irlande. Tous les observateurs s'accordent à reconnaître que, dans ces pays, l'exubérance de la population est la cause principale des souffrances qui atteignent les classes ouvrières. Pour la Belgique, par exemple, c'est un lieu commun aujourd'hui que le rapprochement de l'admirable rendement de ses cultures et de la misère de ses ouvriers agricoles. A ces peuples on peut évidemment, avec raison, conseiller plus de prudence.

Il ne faudrait toutefois pas exagérer le péril. Tant qu'il restera dans le monde des terres à conquérir et à mettre en culture, il sera bon pour les peuples européens, s'ils savent en profiter, d'avoir chaque année un certain excédent de population disposé à aller chercher fortune au dehors. Ils doivent y trouver le moyen d'entretenir un courant d'émigration qui, allant au loin fonder des colonies, portant chez les autres nations la langue, les idées et les mœurs de la mère-patrie, restant avec elle en état de relations commerciales, sera pour celle-ci une cause précieuse de force et d'expansion. L'Irlande résiste malheureusement trop aux conseils et aux encouragements qu'elle reçoit en ce sens et, en Belgique, où la population est l'une des plus denses de l'Europe, l'émigration est à peu près nulle au delà des mers et peu considérable sur le continent. Mais il en est tout autrement en Allemagne et ce pays doit, en partie, à ses nombreux émigrants l'extension considérable prise depuis 1872 par son commerce extérieur. Il est regrettable que la France ne puisse l'imiter sur ce point.

En résumé, les observations de Malthus, inspirées par un grand esprit de philanthropie, contiennent d'utiles enseignements que les sociétés ne doivent pas oublier, sans d'ailleurs en exagérer la portée. Mais prétendre en tirer une loi économique inflexible, affirmer l'existence d'un obstacle insurmontable au bonheur des hommes, hasarder des prophéties décourageantes, c'est aller contre tous les faits et toutes les vraisemblances.

Lire dans les *Extraits :*

Malthus : Théorie de la population (p. 190).
Frédéric Passy : La misère n'est pas nouvelle en ce monde (p. 463).

DIX-SEPTIÈME LEÇON

TROISIÈME PARTIE

CIRCULATION DE LA RICHESSE

On dit qu'il y a circulation de la richesse chaque fois que le droit de propriété ou de jouissance d'une chose est transféré d'une personne à une autre. Ce résultat se produit normalement dans trois cas : au cas de donation, au cas de succession et au cas d'échange. Mais, de ces trois cas, le dernier seul mérite d'appeler notre attention dans cette partie de nos études, car la donation est un fait rare, qui d'ailleurs échappe à toute généralisation scientifique, et la succession a seulement pour effet de transmettre périodiquement les fortunes des mains d'une génération aux mains de la suivante, et non de transformer, à la volonté de chacun et selon ses besoins, la composition des patrimoines.

Seul l'échange, mode volontaire et supposant un équivalent fourni par chacune des parties contractantes, permet aux hommes de modifier à tout instant la distribution de la richesse entre eux, conformément aux désirs de chacun et aux nécessités du mouvement économique. Grâce à lui, l'individu qui possède, par exemple, une maison, peut la remplacer dans son patrimoine par des machines, par des matières premières, par des objets de consommation personnelle, etc. La plupart des choses qui existent dans une société se trouvent ainsi à la disposition de quiconque veut et peut donner pour les acquérir d'autres richesses jugées équivalentes, et elles tendent naturellement à arriver aux mains de ceux qui sont le plus aptes à en tirer parti.

La circulation des richesses par voie d'échange est évidemment, en elle-même, un phénomène économique simple, qui n'a dû coûter aux hommes aucun effort d'invention, car il est naturel que deux hommes, dont chacun possède certains biens en quantité excédant ses besoins, s'entendent pour échanger leur superflu. Mais ce phénomène simple était susceptible de perfectionnements considérables qu'il a reçus progressivement à mesure que l'organisation économique des sociétés s'est compliquée.

Les peuples primitifs n'ignorent pas absolument l'échange, mais ils le pratiquent peu, chaque famille produisant tout ce qui est nécessaire à la satisfaction de ses besoins et consommant tout ce qu'elle a produit. Tout au plus, dans des cas exceptionnels, l'une d'elles demande-t-elle à une autre certains objets qui lui manquent, des armes, des outils, par exemple, lui abandonnant en retour une partie de ses approvisionnements. — Plus tard, quand ces peuples entrent en relations avec d'autres, la diversité des produits obtenus sur des sols différents, et par des races dont les aptitudes et l'art industriel ne sont pas les mêmes, développe l'échange. Les Romains, au temps de Tacite, achetaient l'ambre aux tribus germaniques et, de nos jours, en Afrique, des peuplades presque sauvages entretiennent les unes avec les autres des rapports commerciaux. Mais ce ne sont encore là que des périodes de transition ; la pratique de l'échange y est encore restreinte à un petit nombre d'objets. — Il faut que la propriété individuelle se substitue à la propriété collective et que la liberté du travail soit proclamée pour que la circulation des richesses par voie d'échange acquière toute son intensité. Supprimant la communauté du travail et des consommations au sein de la famille, un pareil régime oblige chaque individu à tirer tout le parti possible de ce qu'il possède, biens ou aptitudes. Impuissant à fabriquer tous les objets dont il a besoin et comprenant d'ailleurs l'avantage qu'il trouvera à concentrer ses efforts, chacun se consacre à une fonction déterminée. C'est ainsi que, dans nos sociétés, le boulanger ne fabrique que du pain, et naturellement il en fabrique beaucoup plus qu'il n'en doit consommer ; que le tailleur ne confectionne que des vêtements, et naturellement il en confectionne beaucoup plus qu'il n'en doit porter, etc. Il faut donc que chacun cède à d'autres l'excédent de ce qu'il a produit sur ses besoins propres et obtienne en échange les autres choses nécessaires à la vie. Il faut aussi que les diverses industries se fournissent les unes aux autres les matières qu'elles doivent employer, que, par exemple, le filateur achète aux cultivateurs le coton qu'il va transformer en fil et que le fabricant de machines demande l'acier dont il a besoin à des usines qui, elles-mêmes, ont dû acheter les minerais qu'elles ont mis en œuvre. Et ces relations des industries entre elles sont d'autant plus complexes que l'art industriel est plus avancé.

La circulation des richesses par voie d'échange est donc le complément de la division du travail et constitue un rouage essentiel du mécanisme économique des sociétés avancées. Aussi s'est-on efforcé de la perfectionner. L'emploi de la *monnaie* et l'usage du *crédit* n'ont pas d'autre raison d'être et un grand nombre d'individus consacrent tous leurs efforts à faciliter la circulation de la richesse en se livrant au *commerce*.

Nous étudierons successivement :

Chapitre premier. — L'échange.

Chapitre II. — La monnaie.

Chapitre III. — Le crédit.

Chapitre IV. — Le commerce.

CHAPITRE PREMIER

L'Échange. — Théorie de la valeur

Programme officiel : L'échange : Ses diverses formes. — La valeur et le prix. — Lois qui président à la fixation, aux variations et à l'équilibre des prix. — Prix courant, coût de production. — Concurrence, monopole.

L'échange : ses diverses formes. — L'économie politique appelle *échange* tout contrat dans lequel chacune des parties reçoit un avantage en compensation de celui qu'elle accorde. Cet avantage peut d'ailleurs consister, soit en un droit de propriété ou de jouissance, soit en un simple droit de créance.

C'est là une définition très large de l'échange; elle s'applique à beaucoup de cas, et les formes de l'échange sont en effet très diverses. Il y a, par exemple, échange quand un individu cède un produit pour en recevoir un autre, comme un sac de blé contre une certaine quantité de charbon. Il y a encore échange lorsque le propriétaire d'un terrain ou d'un cheval en abandonne la propriété à autrui moyennant une somme d'argent. Le propriétaire foncier et le fermier qui passent contrat pour régler le montant du fermage et les droits du preneur font un échange, le patron et l'ouvrier en font également un quand ils s'entendent pour fixer les conditions du travail et le taux du salaire, et de même ceux qui mettent en commun des capitaux pour fonder une entreprise et en partager les bénéfices ou les pertes. On trouverait encore aisément d'autres exemples.

En étendant ainsi le sens du mot « échange », l'économie politique rompt avec les habitudes de la langue juridique et même du langage courant. Mais on aurait tort de l'en blâmer. Si, en effet, on sent ordinairement le besoin de distinguer soigneusement les uns des autres les divers contrats dont nous venons d'énumérer les principaux, c'est que chacun d'eux est soumis, quant à sa formation et à ses effets, à des règles spéciales. On réserve, en conséquence, au premier, à celui dans lequel un produit est cédé contre un produit, le nom d'*échange*, et les autres sont désignés par les mots de *vente*, de *louage*, de *louage de services*, *d'association*, etc. Rien de plus naturel, de plus nécessaire même. — Mais l'économie politique n'a pas besoin de ces dénominations diverses parce que les particularités qui distinguent les divers contrats n'ont pour elle qu'une importance secondaire. Ce qui l'intéresse, c'est au contraire le trait commun que tous présentent. Tous supposent que chaque partie contractante reçoit un équivalent de ce qu'elle fournit; or l'économiste cherche avant tout les lois qui président à la détermination des équivalences, pourquoi, par exemple, l'hectolitre de blé est cédé contre 20 francs plutôt que contre 15 ou contre 25, pourquoi telle ferme se loue 1,000 francs plutôt que 800 ou 1,200, etc. — Envisageant tous ces contrats sous le même point de vue, il a avantage à les désigner d'un même nom, et le mot échange est bien choisi, puisqu'il implique l'idée d'un équivalent fourni par chacun des contractants.

La Valeur et le Prix. — Les économistes ont cependant, en cette matière, emprunté à la langue courante un mot dont, à la rigueur, ils auraient pu se passer.

Ils expriment ordinairement par le mot *valeur* les relations d'équivalence des diverses choses. Si, par exemple, un hectolitre de blé s'échange contre 50 kilog. de sucre, on dit que l'hectolitre de blé *vaut* 50 kilog. de sucre. Mais, quand une chose est échangée contre de la monnaie, contre 100 francs, par exemple, on s'exprime en général autrement : la somme de monnaie fournie reçoit le nom de *prix*, et l'on dit que la chose *coûte* 100 francs. Il est très commode de pouvoir ainsi indiquer d'un mot qu'on se trouve dans le cas si fréquent où l'un des équivalents échangés est de la monnaie, mais il serait tout aussi correct de dire que la chose *vaut* 100 francs.

Le prix n'est donc que la valeur d'une chose exprimée en monnaie, et l'on doit bien se garder d'opposer ces deux mots, prix et valeur, l'un à l'autre. Le premier n'est qu'un synonyme du second, employé dans un cas particulier, et il n'y a aucune distinction à faire entre la valeur et le prix d'une chose quand on cherche les lois économiques qui déterminent les conditions des échanges.

Lois qui président à la fixation, aux variations et à l'équilibre des prix — ou Théorie de la valeur. — Iº LA VALEUR ET SES CARACTÈRES. — Pour comprendre comment l'échange est possible et quelles lois en déterminent les conditions, il faut approfondir la notion de *valeur*.

La valeur est la propriété qu'ont un grand nombre de choses d'exciter nos désirs. Nous souhaitons de conserver ces choses quand nous les possédons déjà; nous aspirons à les acquérir lorsque nous ne les possédons pas encore.

Cette propriété, toutes les choses ne l'ont pas, car elle implique deux conditions. Il faut d'abord que la chose dont il s'agit soit *utile*, c'est-à-dire apte à satisfaire l'un de nos besoins : comment, en effet, désirerions-nous une chose qui ne pourrait nous servir ? Il faut, en outre, que nous redoutions quelque difficulté à remplacer cette chose si nous en abandonnons la possession, ou à en acquérir une semblable si celle-là nous échappe. L'eau est incontestablement utile et la valeur de celle qu'il transporte est considérable pour l'homme qui traverse un désert; mais la provision d'eau du riverain d'un fleuve n'a pour ce dernier presque aucune valeur, parce qu'il peut la renouveler à volonté. Cette seconde condition est généralement désignée par le mot, suffisamment exact, de *rareté*, et l'on dit que *la valeur suppose l'utilité et la rareté.*

Or rien n'est plus variable, selon les objets, les hommes et les temps, que le degré d'utilité et de rareté des choses. — D'une part, pour un même homme, l'utilité ou la rareté des diverses choses peuvent évidemment être très différentes. D'autre part, deux individus apprécient souvent de façon très dissemblable l'utilité ou la rareté d'une même chose. Enfin, d'un moment à l'autre, nos idées se modifient avec nos besoins ou selon les circonstances : ce que nous jugions très utile cesse de l'être, ce qui nous paraissait rare devient abondant, ou réciproquement.

Cette variabilité et cette instabilité de ses deux éléments se communiquent naturellement à la valeur et engendrent, en ce qui la concerne, trois conséquences capitales :

1º Les diverses choses n'ont pas pour un même homme une valeur identique. Chacun de nous dresserait aisément la liste des objets qui l'entourent par ordre de valeur, et, en y réfléchissant, on constate même que ce classement se fait de lui-même, inconsciemment, dans notre esprit.

2º Chacun appréciant les choses à son point de vue, il arrive souvent que deux individus ne reconnaissent pas à une même chose la même valeur. Chacun fait à sa façon le classement des valeurs, et les listes que nous avons tous dans l'esprit ne sont pas concordantes.

3º Enfin d'un moment à l'autre nos appréciations peuvent changer. Le classement des valeurs se refait sans cesse dans notre esprit, et la chose qui tenait hier l'un des premiers rangs est peut-être aujourd'hui reléguée dans les derniers. Le besoin que nous éprouvions est peut-être satisfait, nos goûts ont pu se modifier, ou bien les circonstances ont mis à notre disposition ce que nous jugions difficile à acquérir antérieurement.

11º **RELATIONS DE LA VALEUR ET DE L'ÉCHANGE.** — Ces caractères de la valeur contiennent en germe toute la théorie de l'échange.

1º Ils expliquent d'abord comment l'échange est possible. Quand, en effet, un homme propose à un autre de lui céder, par exemple, un aliment contre un vêtement, il a évidemment comparé ces deux choses et jugé que le vêtement vaut plus que l'aliment. Celui auquel il s'adresse fait une comparaison semblable et, s'il estime que l'aliment vaut plus que le vêtement, il consent et l'échange a lieu. Un pareil résultat serait incompréhensible, si nous ne savions que deux individus peuvent apprécier de façon très différente la valeur d'une même chose.

2º Ils expliquent aussi comment se déterminent les conditions de l'échange quand les objets en présence sont divisibles et qu'on échange des quantités, par exemple des litres de blé contre des kilogrammes de charbon. C'est encore en comparant les valeurs respectives de ces choses que chacun fixe les limites de son sacrifice. — Si les deux contractants arrivent à des résultats concordants, l'échange a lieu sans peine, car la simple comparaison des valeurs suffit à en déterminer les conditions. Il en serait ainsi, par exemple, si le détenteur du charbon estimait qu'il peut avec avantage abandonner 10 kilog. de charbon pour acquérir 3 litres de blé, mais qu'il serait en perte s'il en cédait davantage, et si, en même temps, le détenteur de blé jugeait qu'il ne peut donner 3 litres de blé pour moins de 10 kilog. de charbon. L'échange se ferait alors à raison de 10 kilog. de charbon contre 3 litres de blé. — Mais il peut en être autrement. On peut supposer que l'un consentirait à abandonner 10 kilog. de charbon pour recevoir 3 litres de blé, tandis que l'autre accepterait à la rigueur de livrer les 3 litres de blé contre 8 kilog. seulement de charbon. Dans ces conditions, la quantité de charbon cédée contre 3 litres de blé se fixera entre 8 et 10 kilog., et c'est l'habileté respective des échangistes qui décidera du chiffre intermédiaire auquel on s'arrêtera. Ce sera une question de marchandage où celui-là l'emportera qui saura le mieux pénétrer la pensée de l'autre. Ainsi, même dans ce cas, si la comparaison des valeurs ne suffit pas à déterminer les proportions de l'échange, elle fixe du moins des limites étroites dont les parties ne peuvent sortir, et par là facilite singulièrement leur entente.

3° Enfin les caractères de la valeur expliquent pourquoi les conditions de l'échange sont essentiellement instables, de telle sorte que celui qui vient de faire un marché avantageux sera peut-être, l'instant d'après, dans l'impossibilité d'en faire un semblable, et réciproquement. — Supposons, en effet, que les détenteurs de blé et de charbon dont nous venons de parler se rencontrent à nouveau et cherchent encore à passer contrat. Les circonstances ayant pu se modifier, une nouvelle comparaison des valeurs les mènera peut-être à des résultats très différents de ceux auxquels ils sont arrivés la première fois. Il n'y aurait rien d'étonnant, par exemple, à ce que celui qui n'avait donné que 9 kilog. de charbon pour obtenir 3 litres de blé soit, cette fois, obligé de pousser son sacrifice jusqu'à en céder 11 ou 12 kilog. — Les conditions de l'échange de deux marchandises ne se fixent donc jamais d'une façon définitive. La comparaison dont elles dépendent est toujours à refaire, parce que l'utilité et la rareté respectives des choses peuvent toujours changer.

III°. COMMENT LE MÉCANISME DE L'ÉCHANGE SE COMPLÈTE DANS LES SOCIÉTÉS AVANCÉES.

— Les explications qui précèdent font connaître les éléments essentiels du mécanisme des échanges. Il n'y a pas à en chercher d'autres entre individus isolés qui se rencontrent de temps à autre et profitent de leurs rencontres pour échanger leur superflu. Mais il ne peut en être de même dans nos sociétés, où la pratique incessante de l'échange est une condition de la vie économique. — Laissés à eux-mêmes sans plus de coordination, les éléments que nous venons de décrire se prêteraient à des écarts trop violents. Les hommes verraient constamment leurs prévisions déroutées et l'on aboutirait souvent aux résultats les plus choquants. — Est-il admissible, par exemple, qu'en France, un homme pressé par le besoin de manger soit obligé de payer quelques centaines de francs pour se procurer un pain? Il consentirait sans doute à en passer par là plutôt que de mourir de faim, mais le mécanisme économique qui permettrait de pareils abus serait évidemment incomplet : on ne pourrait mieux le comparer qu'à une machine ingénieusement agencée, mais qui manquerait de régulateur.

Heureusement, le mécanisme se complète, la coordination nécessaire s'accomplit par l'effet même de l'organisation économique des sociétés. Grâce à la division du travail, toute production est faite en vue de l'échange et ce simple fait suffit pour diriger la fixation des prix et modérer leurs variations à un double point de vue.

a. — LA LOI DE L'OFFRE ET DE LA DEMANDE. — VALEUR COURANTE. —

PRIX COURANT. — Il en résulte d'abord qu'ayant besoin, par exemple, d'acheter un produit, on n'est pas réduit à chercher au hasard celui qui, possédant ce produit, désire le vendre. Des marchés existent, où, soit d'une façon permanente, soit à des époques périodiques, tous ceux qui veulent acheter et tous ceux qui veulent vendre sont sûrs de se rencontrer. Les boutiquiers dans une ville font une offre permanente de marchandises, et les bourses, foires ou marchés proprement dits offrent des exemples de réunions périodiques d'acheteurs et de vendeurs. — Ainsi, au lieu de se trouver seul en face d'un unique vendeur, on fait partie d'une foule qui veut acheter à une autre foule qui veut vendre. Les mobiles particuliers, les besoins extrêmes, d'un caractère purement individuel, disparaissent, se perdent dans la masse, et c'est en somme de la moyenne des appréciations de ceux qui veulent acheter et de ceux qui veulent vendre que résulte à tout instant la fixation des prix.

Voici, dès lors, comment les choses se passent.

Imaginons un marché où des individus *offrent* pour la vendre une certaine marchandise, tandis que d'autres *demandent* pour l'acheter cette même marchandise. Après les premiers pourparlers, une tendance favorable soit aux acheteurs, soit aux vendeurs se manifeste. Si, par exemple, les offres sont moins nombreuses que les demandes, ceux qui désirent acheter sont obligés de se faire concurrence : ceux-là seuls seront servis qui offriront plus que les autres. A mesure que la lutte s'accentue, le prix tendant vers un taux de plus en plus élevé certains acheteurs se découragent et se retirent et il arrive un moment où les demandes persistantes sont précisément égales aux offres. C'est alors seulement que le prix peut se fixer, car tant qu'il reste plus de demandes qu'il n'y a d'offres, la lutte entre les acheteurs ne peut pas prendre fin. L'égalisation des demandes et des offres peut d'ailleurs être facilitée par les vendeurs eux-mêmes si, encouragés par les bonnes conditions qui s'annoncent, ils augmentent leurs offres en faisant venir à la hâte de nouvelles marchandises ou en offrant de vendre sauf à livrer plus tard. Dans tous les cas, *le prix se fixe au taux qui produit l'équation des offres et des demandes.*

Telle est la célèbre loi de l'offre et de la demande, la plus importante de l'économie politique. Comme on le voit, elle aboutit à déterminer un prix unique auquel tous ceux qui consentiront à le payer pourront se procurer la chose. Ce prix, on l'appelle *prix courant* parce qu'en effet c'est celui auquel se vend couramment la chose, et cela est si vrai que beaucoup de vendeurs, une fois renseignés sur l'état du marché, n'hésitent pas à afficher ce prix et renoncent par là même à en obtenir un autre.

Dans ces conditions, aucun acheteur n'est obligé de payer un prix exceptionnel. L'un d'eux serait-il sous le coup d'une nécessité impérieuse, prêt peut-être à sacrifier une somme énorme pour obtenir la marchandise, qu'il ne la payerait cependant pas plus que le prix courant tel qu'il résulte de l'ensemble des offres et des demandes. Si parfois il en est autrement, si quelque acheteur paye la chose plus cher que les autres, c'est qu'il n'a pas pris la peine de se renseigner avant de traiter [1].

b. — LE COUT DE PRODUCTION. — VALEUR NORMALE. — PRIX NORMAL — L'organisation économique des sociétés avancées, basée sur la division du travail, produit encore un autre effet. Elle tend sans cesse à modérer les variations du prix courant, à corriger ses écarts lorsqu'il s'en produit et à le maintenir à un taux rationnel.

D'une part, en effet, chaque entrepreneur, produisant pour vendre, se propose nécessairement d'obtenir un certain prix et fait tous ses efforts pour y arriver. Ne faut-il pas, en effet, qu'il retrouve le total de ses frais de production et, en outre, un certain bénéfice qui l'indemnise de ses peines et de ses risques? Si donc, dans une industrie, le prix courant vient à s'abaisser au point de ne pas donner aux entrepreneurs un profit suffisant ou de les mettre en perte, ceux-ci s'empressent de ralentir la production : l'offre devient alors moins abondante et le prix courant se relève.

Mais, d'un autre côté, comme toute entreprise est fondée en vue de réaliser des bénéfices, si des circonstances inattendues viennent à élever le prix courant à un taux exceptionnel, les entrepreneurs ne manquent pas d'augmenter leur production pour en profiter plus largement. Si d'ailleurs ils ne le faisaient pas, d'autres entrepreneurs, en quête d'occupations avantageuses, s'empresseraient de fonder des entreprises nouvelles. L'équilibre se rétablit donc bientôt entre les offres et les demandes; ces dernières cessent d'être surabondantes et le prix courant s'abaisse.

La valeur courante ne se fixe donc pas au hasard. Les prix tendent sans cesse à se fixer *au taux qui représente le coût de produc-tion de chaque chose augmenté d'un profit moyen pour le fabricant.* Aussi dit-on que, pour chaque objet, à côté du *prix courant* (ou prix effectif auquel il se vend), il existe un *prix normal,* sorte de prix idéal vers lequel le prix courant tend à revenir, quand par hasard il s'en est écarté.

Cette influence du coût de production sur les prix est particulièrement heureuse, car elle permet aux consommateurs, c'est-à-dire à la société tout entière, de recueillir le bénéfice des progrès industriels. C'est grâce à elle que, dans nos sociétés, les prix des objets manufacturés, comme les vêtements et les meubles de toute

---

1. Nous avons parlé de l'acheteur à titre d'exemple. Les mêmes raisonnements montreraient qu'un vendeur, quelque intérêt qu'il ait à vendre, peut vendre au prix courant.

espèce, tendent à s'abaisser graduellement. Beaucoup d'objets de ce genre, qui jadis étaient choses de luxe, sont devenus de consommation usuelle, parce qu'on a trouvé le moyen de les fabriquer de moins en moins chèrement et que leur prix de vente a naturellement suivi le même mouvement. Pour d'autres produits, et notamment ceux de l'agriculture, le même effet est moins apparent, mais il n'en est pas moins réel. Nous ne payons pas aujourd'hui le pain plus cher qu'il y a cinquante ans et la hausse du prix de la viande depuis 1850 est seulement de 60 p. 100. Pourtant ce sont-là des choses dont on n'augmente pas à volonté la quantité et, d'autre part, leur consommation s'est prodigieusement accrue. Mais les progrès de l'agriculture et la mise en exploitation de terres nouvelles ont permis de faire face, ou à peu près, à l'augmentation de la demande. On a trouvé le moyen de produire ces objets en quantités beaucoup plus considérables qu'autrefois sans augmenter sensiblement les frais de production, et les prix, se mesurant sur ces frais, sont restés stationnaires ou n'ont augmenté que dans une mesure relativement faible.

Concurrence et monopoles. — Ainsi le régulateur dont nous montrions, il y a un instant, la nécessité existe réellement dans nos sociétés. Grâce à lui, le mécanisme des échanges y est complet et assuré d'un jeu régulier. Chacun obtient la chose dont il a besoin à un prix déterminé par les conditions économiques générales, quelles que soient les circonstances exceptionnelles où il peut se trouver lui-même par hasard ; ce prix ne représente guère que la dépense nécessaire pour produire l'objet et le bénéfice légitime du producteur ; enfin, à mesure que l'industrie progresse, tout le monde en profite, chacun se trouve mis à même d'étendre ses consommations. Les échanges s'opèrent ainsi conformément aux règles de l'équité, et l'aisance se répand graduellement dans toutes les classes de la société.

Mais, pour que ces effets bienfaisants se produisent, il faut que la production de la richesse se fasse sous la loi de la concurrence, c'est-à-dire que chacun soit libre de se livrer à toute occupation qu'il lui plaît de choisir et que nul ne jouisse de privilèges à l'encontre des autres. C'est à cette condition seulement, en effet, que peut s'engager entre les entrepreneurs cette lutte qui tend sans cesse à ramener le prix courant vers le coût de production et qui abaisse graduellement le coût de production grâce à l'émulation qu'elle suscite.

Le régime opposé, le régime des monopoles, assurant à quelques individus le droit exclusif de fabriquer certains produits, ou leur accordant vis-à-vis des autres certains avantages, rend toute lutte impossible et n'encourage que l'inertie. N'ayant pas de rivaux, celui

qui jouit d'un monopole fait dans une large mesure la loi sur le
marché. Pourvu qu'il ne multiplie pas les produits à l'excès, il peut
les vendre à des prix hors de proportion avec les frais de fabrication : il recueille ainsi, sans courir aucun risque, des bénéfices
exceptionnels, et la certitude où il est de les obtenir supprime en
lui tout esprit d'initiative, tout désir de perfectionnement.

Il existe cependant, dans toutes les sociétés, même très avancées, certains monopoles. Quelques-uns, qu'on appelle *monopoles
de fait*, résultent de la force des choses. Celui, par exemple, qui
peut utiliser une chute d'eau, jouit d'un monopole vis-à-vis de
ses concurrents obligés d'employer la vapeur, et il en est de même
pour la plupart des cas de rente que nous avons précédemment
signalés [1]. Mais, nous l'avons dit, ces situations privilégiées sont relativement peu nombreuses ; on ne les conquiert qu'en s'exposant
à certains risques ; la société ne peut mieux faire que de les respecter.

On ne peut hésiter, au contraire, à blâmer l'État quand il constitue de son plein gré des monopoles au profit de quelques particuliers, car, en agissant ainsi, il favorise certains individus aux
dépens du public. Pourtant, il existe des cas exceptionnels où un
monopole peut être légitimement concédé par l'État.— Nous pensons,
par exemple, qu'en France on a eu raison de concéder à quelques
grandes compagnies le monopole de la construction et de l'exploitation des voies ferrées. C'est qu'il s'agit là d'entreprises colossales
engageant une part considérable du capital national. La concurrence
s'y établirait malaisément et n'y produirait pas ses effets ordinaires.
Tout au plus, pour certaines lignes, deux ou trois compagnies pourraient-elles s'organiser ; mais, au bout d'un certain temps, ou bien
elles arriveraient à s'entendre, ou bien l'une d'elles subsisterait
seule, ayant triomphé des autres. Dans les deux cas, le public serait
à la merci d'un monopole de fait des plus dangereux, et, au deuxième,
l'organisation du service se trouverait avoir coûté deux ou trois fois
plus qu'il n'était nécessaire. L'État doit, d'ailleurs, en échange du
privilège qu'il accorde, se réserver un droit de contrôle pour empêcher les abus. — De même il nous paraît excellent qu'un monopole
soit accordé par la loi à l'inventeur. Dans presque tous les pays
aujourd'hui, et notamment en France, on encourage les inventions
en accordant à leurs auteurs le droit exclusif, pendant un certain
nombre d'années, d'exploiter leur découverte. On leur donne ainsi
le temps de tirer un profit personnel du procédé qu'ils ont imaginé,
de faire fortune s'ils le peuvent ; après quoi leur invention tombe
dans le domaine public et profite à tous. C'est le système des *brevets*

---

1. Voy. ci-dessus, p. 127.

d'invention, bien supérieur à notre avis aux diverses combinaisons qu'on a parfois proposées pour le remplacer.

Mais, en dehors de ces cas et de quelques autres d'une nature tout aussi exceptionnelle [1], l'État doit respecter scrupuleusement le principe de la concurrence. Le fonctionnement des échanges et le progrès de l'industrie sont à ce prix.

1. Les monopoles établis en vue de l'impôt par exemple (tabacs, allumettes, etc.). Voy. ci-dessous, notre leçon sur l'impôt.

Lire dans les *Extraits* :

Adam Smith : Loi de la formation des prix (p. 166).
Bastiat : Effets du monopole et de la liberté (p. 313).

DIX-HUITIÈME LEÇON

CHAPITRE II

La Monnaie.

Programme officiel : La Monnaie. — En quel sens c'est une marchandise. — Monnaie d'or, d'argent et de billon.

§ 1er.

NATURE ET FONCTIONS ÉCONOMIQUES DE LA MONNAIE

La Monnaie. — Ses deux fonctions. — En quel sens c'est une marchandise. — On appelle *monnaie* une richesse qui, étant couramment acceptée de tous, sert d'intermédiaire aux échanges et à laquelle on a pris l'habitude de rapporter toutes les autres pour en déterminer plus aisément la valeur.

La monnaie n'existe pas seulement dans les sociétés avancées. Partout où l'échange a été pratiqué d'une façon suivie, les hommes ont imaginé de se servir d'une richesse type pour faciliter la circulation des autres. On retrouve ce procédé chez des peuples qui, privés des moyens de communiquer ensemble, n'ont pu se le transmettre, et même chez des peuplades encore presque sauvages. L'emploi de la monnaie est donc le résultat d'une invention spontanée, inconsciente en quelque sorte, des hommes ; et l'on comprend qu'il en soit ainsi quand on réfléchit aux avantages qu'il leur procure.

1° Le troc, ou échange direct des marchandises et services, serait souvent impraticable. Celui, par exemple, qui, possédant un vêtement, désirerait se procurer du blé, aurait probablement beaucoup de peine à trouver un individu consentant précisément à céder du blé pour acquérir un vêtement. Et, même s'il le rencontrait, l'échange n'en serait peut-être pas plus aisé : que faire par exemple, si le vêtement, objet indivisible, vaut 30 ou 40 litres de blé, alors que son possesseur en désire seulement 8 ou 10 litres et veut, pour le surplus, acquérir des objets d'un autre genre ? On tomberait dans des complications inextricables !

L'usage de la monnaie supprime ces inconvénients. Au lieu d'échanger directement la chose que l'on possède contre celles que l'on convoite, on commence par vendre cette chose, c'est-à-dire par l'échanger contre de la monnaie, sorte de richesse dont chacun possède une certaine quantité et que l'on peut choisir divisible : puis, avec cette monnaie, on achète aisément les objets divers dont on a besoin. Si l'on va au fond des choses, on voit que le vêtement est toujours échangé contre du blé, du sucre, etc... mais l'opération a été décomposée et la monnaie a servi d'intermédiaire à l'échange des divers produits.

2° La monnaie nous rend encore un autre service. Elle nous aide à nous rendre compte de ce que chacune des choses que nous possédons représente en autres richesses de toute espèce. Celui qui, par exemple, possède un cheval n'aura pas besoin de chercher combien ce cheval vaut d'hectolitres de blé, de mètres de drap ou de kilogrammes de sucre, calculs interminables qui ne lui laisseraient dans l'esprit aucune idée nette. Il se bornera à rechercher combien il vaut de monnaie, car nous avons l'habitude de comparer toutes les valeurs à celles de la monnaie, et nous nous représentons aisément ce que telle quantité de monnaie vaut en objets de toute nature.

La monnaie n'est donc pas seulement un intermédiaire des échanges, nous l'employons aussi comme une sorte d'étalon des valeurs. Elle nous sert à mesurer celles-ci comme le mètre, le gramme ou le litre à mesurer les longueurs, les poids et les volumes.

Comme on le voit, la monnaie n'est en somme qu'une marchandise choisie parmi les autres pour un rôle particulier. La langue courante, il est vrai, oppose ordinairement la monnaie à la marchandise qu'elle sert à acquérir. Dans le troc, l'on dit qu'il y a échange de deux marchandises, tandis que, dans la vente, on dit qu'il y a échange d'une marchandise contre de la monnaie. Mais ce n'est là qu'un procédé de langage commode pour distinguer les deux choses, objets du contrat. Au sens économique du mot, la monnaie n'en est pas moins une marchandise au même titre que le blé, l'étoffe ou le fer qu'elle sert à payer. Tout ce qui s'échange, en effet, est marchandise, car, quel que soit l'objet que l'on donne pour en obtenir un autre, c'est toujours par l'action des mêmes règles que se déterminent les conditions de l'échange. La loi de l'offre et de la demande et le coût de production agissent tout aussi bien pour fixer le *prix* d'un hectolitre de blé que pour déterminer ce qu'il vaut en kilogrammes de sucre ou en mètres de drap.

Ce caractère incontestable de la monnaie a une très grande importance et c'est avec raison que les économistes se sont efforcés de le mettre en relief, car l'habitude d'opposer la monnaie aux autres marchandises a parfois fait oublier qu'elle en était une elle-même et de graves erreurs ont été la conséquence de cet oubli. La plus célèbre est celle de l'école mercantile, école née au XVI° siècle, et dont l'influence pesa sur toute la politique des peuples de l'Europe pendant le XVII° et le XVIII°. On se représentait la monnaie comme une richesse d'une nature exceptionnelle, qu'il fallait s'efforcer d'accumuler sans fin, en sacrifiant, au besoin, tout le reste à son acquisition. On eût évité cette erreur si l'on eût compris que la monnaie est une marchandise. Dire qu'elle est une marchandise, en effet, c'est dire qu'elle est coûteuse, puisqu'il faut pour l'acquérir livrer d'autres richesses ; et pourquoi dès lors un peuple s'efforce-rait-il de l'accumuler au delà du besoin qu'il en a? Dès que le stock existant suffit à assurer la circulation générale des richesses, il est mauvais de continuer à en acquérir, car on se prive inutilement d'autres objets, outils ou approvisionnements, qui permettraient d'accroître la production ou augmenteraient l'aisance de tous.

Pourtant, aujourd'hui même, le préjugé n'est pas absolument détruit. Bien des esprits résistent encore à admettre que la monnaie n'est qu'une marchandise semblable aux autres richesses contre lesquelles on l'échange. Comment expliquer, notamment, la limita-tion légale du taux de l'intérêt, c'est-à-dire du loyer de l'argent, sinon par l'idée fausse que la libre concurrence ne suffirait pas à réduire le taux de l'intérêt à son minimum comme elle le fait pour le prix de toute marchandise?

Des conditions à réaliser pour avoir une bonne mon-naie. — Mais si la monnaie n'est autre chose qu'une marchandise choisie entre les autres pour une certaine fonction, il ne faudrait pas croire que cette marchandise puisse être choisie au hasard. Toutes les marchandises ne pourraient pas être employées comme monnaie et, parmi celles qui le pourraient à la rigueur, combien peu réaliseraient les conditions d'une bonne monnaie! Ces condi-tions sont, en effet, très nombreuses :

1° Il faut, avant tout, que la marchandise choisie soit de celles que tout le monde accepte couramment. Comment, en effet, servi-rait-elle d'intermédiaire dans les échanges si, la possédant, on éprouvait des difficultés à la faire accepter en payement?

2° Il faut même, au moins de nos jours, qu'elle soit acceptée en payement chez tous les peuples, c'est-à-dire qu'elle soit internationale, parce qu'elle doit servir d'intermédiaire dans les échanges internationaux.

3° Elle doit avoir beaucoup de valeur sous un mince volume, afin que l'on puisse, au besoin, porter sur soi ou expédier d'un lieu à un autre la monnaie nécessaire à des achats considérables.

4° Elle doit encore être douée d'une parfaite divisibilité : au point de vue physique d'abord, nous l'avons précédemment montré, mais aussi au point de vue économique. Il faut, en effet, que chaque fraction de la chose choisie comme monnaie ait une valeur exactement proportionnelle à son poids ou à son volume. Cette condition est indispensable pour le bon équilibre du système monétaire et pour la simplification des comptes. Les diamants, par exemple, feraient une très mauvaise monnaie, parce que d'énormes écarts dans leur valeur correspondent à de très petites différences de leur poids.

5° Il faut encore que la marchandise choisie comme monnaie soit parfaitement une dans sa nature. Il ne doit pas y avoir plusieurs espèces ou qualités de la chose qui sert de monnaie, pas plus qu'il ne doit y avoir plusieurs mètres, plusieurs grammes ou plusieurs litres.

Pourquoi il est impossible d'avoir une monnaie parfaite. — Il y aurait enfin une dernière condition à réaliser pour qu'une monnaie fût parfaite. Il faudrait que sa valeur propre fût invariable. Il est malheureusement impossible de trouver une monnaie douée de cette qualité, parce que la nature même des choses s'y oppose.

1° D'une part, en effet, la monnaie étant une richesse produite par l'homme comme toutes les autres, les quantités existantes de monnaie peuvent varier d'un moment à l'autre, comme celles de toutes les richesses. Si, par exemple, c'était le blé qui servît de monnaie, sa valeur dépendrait du rendement des récoltes, si c'était le bétail, une épizootie suffirait pour faire hausser tous les prix, et aujourd'hui que nous employons l'or et l'argent, nous sommes à la merci des découvertes de mines et des résultats de leur exploitation.

2° Les quantités de monnaie offertes dans les échanges peuvent d'ailleurs augmenter ou diminuer par l'effet du crédit.

Vendre à crédit, en effet, c'est mettre en mesure d'offrir de la monnaie un individu qui n'en possède pas. Le résultat est le même que si la quantité de monnaie existante était accrue : les prix tendent à s'élever. Ils tendent à baisser, au contraire, quand une cause quelconque amène un resserrement du crédit.

3° Les quantités de monnaie offertes dans les échanges varient encore selon le plus ou moins de rapidité de circulation de la monnaie. Comme, en effet, la monnaie est essentiellement un intermédiaire, que le vendeur ne l'accepte guère que pour s'en servir bientôt à son tour, une quantité donnée de monnaie peut, en un court espace de temps, être employée dans un grand nombre d'opérations. La monnaie offerte se trouve ainsi multipliée, car si, avec 100 millions de monnaie, on peut acheter et payer pour 1 milliard de marchandises, les choses se passent exactement comme s'il y avait 1 milliard de monnaie disponible sur le marché. Or, rien n'est plus variable que la rapidité de circulation de la monnaie. Selon les circonstances, elle augmente ou diminue, faisant hausser les prix dans le premier cas et les abaissant dans le second.

De ces trois causes qui font varier la valeur de la monnaie, on peut, théoriquement, imaginer que la première soit supprimée : les hommes, cependant, n'ont pas encore trouvé le moyen pratique d'y arriver[1]. Mais les deux dernières subsisteront toujours, de telle sorte qu'il est impossible de concevoir une monnaie dont la valeur soit invariable. Il en résulte deux inconvénients graves :

D'une part, celui qui, au lieu de recourir au troc, vend une marchandise dans l'intention d'en acheter une autre avec le prix de la première, s'expose à certains risques puisque la monnaie par lui reçue peut perdre de sa valeur avant qu'il en ait fait emploi. Celui, par exemple, qui vend un hectolitre de blé pour 25 francs, comptant acheter avec cet argent dix mètres de drap, sera lésé si, avant son achat, la quantité de monnaie existante ou offerte vient à augmenter. En pareil cas, en effet, tous les prix hausseront et ses 25 francs ne lui permettront peut-être plus de se procurer que sept ou huit mètres de drap. Pourtant l'hectolitre de blé vaudra toujours dix mètres de drap : et ce sera uniquement parce que l'intermédiaire accepté par lui aura perdu de sa valeur qu'il subira cette perte. Il est vrai qu'à ces risques de perte correspondent des chances de gain, car la monnaie peut tout aussi bien augmenter de valeur entre ses mains. Mais il n'importe : pour qu'une monnaie fût parfaite, il faudrait que son emploi n'engendrât ni chances de gain, ni risques de perte.

D'autre part, les variations de valeur de la monnaie empêchent qu'elle soit un véritable étalon des valeurs. La condition essentielle d'une commune mesure est, en effet, d'être invariable. Le mètre, par exemple, est un véritable étalon des longueurs, parce qu'on a pu en établir le type dans des conditions telles qu'il est à l'abri de toute modification appréciable. Il n'en est pas de même pour la monnaie. Nous sommes donc réduits à comparer entre elles les valeurs en les rapportant à un modèle qui ne reste pas toujours identique à lui-

---

1. Voy. plus bas ce que nous disons du papier-monnaie, p. 208.

même. Il n'importe guère tant qu'il s'agit seulement de mesurer les valeurs des diverses choses à un moment donné, car nous prenons pour terme de comparaison la valeur de la monnaie à ce même moment. Mais l'inconvénient est très grand quand on veut se rendre compte des variations de valeur d'une même chose d'une époque à une autre. Comment, par exemple, savoir si le pain valait plus il y a deux siècles qu'aujourd'hui ? Le rapprochement des prix ne signifie rien, puisque la monnaie n'a plus actuellement la même valeur qu'autrefois. De même, on ne saurait apprécier l'état de richesse d'un individu dans les temps passés d'après les données actuelles. Cent mille francs représentaient, au XVIIe siècle, ou même seulement il y a cinquante ans, beaucoup plus que de nos jours !

Ainsi, aucune monnaie ne saurait être parfaite, aucune ne pourrait remplir d'une façon irréprochable la double fonction d'intermédiaire des échanges et d'étalon des valeurs. Tout ce que l'on peut faire, c'est de chercher et de choisir comme monnaie une marchandise douée d'une fixité relative de valeur, c'est-à-dire une marchandise dont la valeur soit soumise à moins de causes de variation que celle de la plupart des autres.

L'or, l'argent et le billon. — Avantages et imperfections des monnaies métalliques. — Voilà, comme on le voit, bien des conditions à rechercher dans un même objet. Il s'agit de trouver une marchandise qui, tout à la fois, soit acceptée de tous, même à l'étranger, présente beaucoup de valeur sous un petit volume, soit parfaitement divisible, une dans sa nature et relativement fixe dans sa valeur. On ne s'étonnera pas que les hommes n'y soient pas de suite parvenus.

En général, aux premiers âges, la monnaie ne réalise que la première condition. Cette condition est si essentielle et le choix est si limité qu'on lui sacrifie toutes les autres. Il n'y a, en effet, chez les peuples primitifs, que très peu d'objets qui possèdent cette qualité d'être acceptés couramment de tous. Ce seront, par exemple, les objets d'ornementation tels que colliers, plumes, coquillages, chez les sauvages que séduit ce qui brille, le bétail chez les peuples pasteurs, les céréales chez les peuples agricoles. Ces objets servent donc de monnaies : monnaies bien imparfaites sans doute, bien grossières même, mais dont on se contente parce qu'aucune autre chose ne réaliserait aussi bien la condition essentielle sans laquelle il ne peut y avoir de monnaie.

Plus tard, seulement, quand les idées ont progressé, quand les sociétés se sont étendues et ont pris plus de cohésion, cette première condition se réalise plus aisément ; on est alors plus libre de son choix et l'on peut donner la préférence à des objets présentant tout ou parties des qualités que nous avons énumérées.

Depuis longtemps, les hommes utilisent comme monnaie les métaux ; ils ont même fini par n'employer que l'*or* et l'*argent*. Tout au plus, aujourd'hui, quelque métal inférieur, comme le cuivre ou le nickel, est-il employé à titre de *billon*, c'est-à-dire comme monnaie d'appoint pour les petits payements. — Ce n'est encore pas là sans doute un système monétaire parfait, car l'or et l'argent ne sont pas à l'abri de variations brusques et considérables dans leur valeur. Au xvie siècle, par exemple, l'ouverture des mines du Mexique et du Pérou produisit un véritable bouleversement économique qui étonna les contemporains, hors d'état d'en deviner la cause, et, vers 1848, la découverte des mines de la Californie, puis de l'Australie, porta au quintuple la production annuelle de l'or et de l'argent ; de 200 millions environ elle passa à 1 milliard. Mais ces faits sont exceptionnels, ils ne se présentent que de loin en loin et ils n'empêchent pas, qu'à tout prendre, la valeur des métaux précieux soit douée d'une fixité relative. Comme, en effet, ils ne s'usent que lentement, les quantités annuellement produites s'accumulent sans cesse. Elles forment aujourd'hui, dans le monde entier, une masse qu'on estime à près de 60 milliards. La production annuelle, qui ne dépasse guère 1 milliard, se trouve donc en proportion très faible comparativement au stock en permanence et ne l'influence que faiblement en temps ordinaire.

D'autre part, l'or et l'argent possèdent les plus précieuses qualités au point de vue monétaire. Doués d'une grande valeur, parce qu'on ne les produit qu'à grands frais et que les mines sont en quantité limitée, ces métaux sont, en outre, d'une divisibilité parfaite, en même temps que leur nature est une parce qu'ils sont des corps simples.

Mais, pour que leur emploi devînt possible, il a fallu un très grand progrès dans les idées et dans les habitudes économiques. Ces monnaies, en effet, sont bien différentes de celles dont nous avons parlé antérieurement, comme le bétail et le blé. — Ces dernières sont des choses d'une utilité propre incontestable. Chez les peuples pasteurs et agricoles, chacun les accepte volontiers, par l'excellente raison qu'elles sont de celles dont on n'a jamais trop. Si elles cessaient tout à coup de servir aux payements, celui qui les a reçues n'en serait aucunement embarrassé : il ne subirait aucune perte. — Il en est tout autrement pour l'or et pour l'argent. Leur valeur tient, en grande partie, à l'emploi même qu'on en fait comme monnaie. Une portion des produits des mines (la moitié environ) est bien, il est vrai, absorbée chaque année par l'industrie des bijoutiers ou des orfèvres, mais tout le reste n'a d'emploi que comme monnaie et ne pourrait guère en recevoir d'autre. Si, tout à coup, l'or et l'argent étaient démonétisés, chacun serait fort en peine d'utiliser ce qu'il en possède, et la valeur en baisserait brusquement des trois quarts au moins.

Les monnaies métalliques doivent donc en partie leur valeur à une convention sociale, et c'est grâce à cette convention qu'elles circulent et servent aux payements. Pour que cette convention s'établît, il a évidemment fallu un grand progrès des mœurs. L'habitude que nous avons des échanges et la certitude ou nous sommes que la pièce par nous acceptée le sera également par d'autres, nous décident seules à faire entrer dans notre patrimoine une richesse que nous ne pouvons utiliser qu'en l'échangeant. C'est dire que les monnaies métalliques ne circuleraient pas si nous n'avions une parfaite confiance dans le maintien de l'arrangement social actuel. Aussi l'État intervient-il pour achever l'œuvre et rendre obligatoire pour tous ce qui n'était d'abord que l'effet d'un consentement général.

Si l'on pourrait remplacer utilement l'or et l'argent par d'autres monnaies. — C'est là, évidemment, un système très perfectionné, et l'on peut dire que l'emploi des monnaies métalliques marque un grand progrès de l'humanité. Mais il n'est pas sûr que ce progrès soit le dernier et que d'autres combinaisons plus avantageuses ne deviendront pas réalisables plus tard.

Pourquoi, par exemple, puisque les monnaies actuelles tirent, en partie, leur valeur de la convention sociale et de la loi, ne pas en choisir une dont la valeur reposerait tout entière sur la convention et sur la garantie de l'État ? — C'est en partant de cette idée qu'on a proposé de substituer à l'or et à l'argent *le papier-monnaie*, c'est-à-dire des titres émis par l'État et circulant sous sa garantie. On ferait ainsi l'économie des forces productives qui sont chaque année consacrées à extraire l'or et l'argent destinés au monnayage. On espère aussi qu'un pareil système permettrait d'arriver à plus de fixité dans la valeur de la monnaie, parce que, au lieu d'être soumise aux hasards de l'exploitation des mines, l'abondance ou la rareté du papier-monnaie dépendrait de l'État, qui s'efforcerait de mesurer aux besoins du commerce les quantités mises ou laissées en circulation. — Ce système, ou quelque autre de ce genre, pourra-t-il être un jour appliqué ? Il est difficile de le dire, mais cela nous paraît peu probable. Nous ne croyons pas que l'État puisse, sans imprudence, se charger d'une mission aussi délicate que celle qui consisterait à déterminer quelles quantités de monnaies il convient de laisser en circulation ou de retirer. Il serait d'ailleurs bien difficile de retirer ce qui aurait une fois été lancé dans la circulation : car l'État ne pourrait le faire qu'en subissant une perte. En tous cas, il nous paraît hors de doute que toute combinaison de ce genre serait actuellement irréalisable. Les peuples, nous l'avons dit, ont besoin d'une monnaie internationale, or, on ne peut guère espérer qu'ils arrivent à s'entendre pour la création d'un papier-monnaie unique, garanti par tous les États et émis en quantités déterminées. D'autre part, on ne saurait laisser à la discrétion des gouvernements un moyen aussi commode de se procurer des ressources : ce serait rendre trop faciles les guerres, les entreprises ruineuses et les gaspillages.

C'est donc à d'autres arrangements qu'il faut avoir recours pour corriger les inconvénients des monnaies métalliques.

On peut en rendre l'emploi moins coûteux en le rendant plus rare. Nous étudierons prochainement, dans le chapitre consacré au crédit, des procédés ingénieux actuellement pratiqués dans ce but.

Peut-être pourrait-on aussi remédier, dans une certaine mesure, aux variations de valeur des métaux précieux. Il faudrait, pour cela, déterminer la part qui, dans les variations des prix, revient à la monnaie et celle qui revient aux marchandises. Si, par exemple, on dressait le tableau des cours quotidiens des marchandises les plus usuelles, on serait en droit de penser que, les variations ne s'effectuant pas dans le même sens, celles des unes corrigeraient celles des autres, et les hausses ou les baisses que l'on constaterait dans le prix moyen de l'ensemble pourraient, avec vraisemblance, être attribuée à des changements dans la valeur des métaux précieux. Il serait alors facile de tenir compte de ces changements : si, par exemple, un individu avait prêté 100 francs à un autre pour six mois, et si, au bout des six mois, l'on constatait que la valeur de la monnaie eût baissé de 5 p. 100, le créancier serait autorisé à réclamer 105 francs au lieu des 100 francs par lui prêtés[1]. Ce système, dit *système des tables de référence*, est le plus ingénieux de ceux qui ont été proposés pour corriger les variations de valeur de la monnaie. Nous le signalons à titre de curiosité; mais l'expérience seule permettrait de prononcer sur son mérite.

1. Exactement : 105 fr. 26.

Lire dans les *Extraits :*

Turgot : De la monnaie (p. 127).
Michel Chevalier : Caractères qu'une substance doit réunir pour être propre à servir de monnaie (p. 300).

DIX-NEUVIÈME LEÇON

§ II

LE SYSTÈME MONÉTAIRE

Programme officiel : Monnaies d'or, d'argent et de billon *(suite)*. — Titre et tolérance. — Union latine. — Monométallisme et bimétallisme. — Système monétaire.

Le rôle de l'État en matière monétaire. — Monnayage. — Titre et tolérance. — Cours légal. — Il ne suffit pas de choisir comme monnaie les marchandises les plus propres à en jouer le rôle. Il faut encore prendre certaines mesures en vue de régulariser le fonctionnement des monnaies : l'ensemble de ces mesures constitue le *système monétaire* d'un pays.

L'aide de l'État est ici indispensable. Nous avons eu déjà, à plusieurs reprises, l'occasion d'insister sur la réserve que l'État doit s'imposer en matière économique. Le plus souvent son zèle n'aurait que des effets nuisibles, et il est à désirer, en général, qu'il se borne à tracer, par une réglementation très large, le cadre où les individus pourront se mouvoir. Mais il n'en est pas ainsi à l'égard de la monnaie. Le besoin d'une monnaie uniforme et commode et la nécessité d'éviter tout ce qui pourrait en entraver la circulation ont amené depuis longtemps, chez tous les peuples, une intervention très active de l'État, et, pourvu qu'elle ne dépasse pas certaines limites que nous indiquerons, cette intervention ne peut qu'être approuvée.

Le rôle de l'État en matière monétaire peut être aisément précisé.

1° C'est à lui que revient le soin de déterminer les types des monnaies qui seront mises en circulation ; il décide donc de leur volume, de leur poids et aussi de leur titre. — Les monnaies métalliques ne sont pas, en effet, des lingots de métal pur, l'or et l'argent qu'elles contiennent sont unies à une faible quantité d'un autre métal qui en diminue le frai (l'usure). On appelle *titre* la proportion de métal précieux qui entre dans les monnaies, et *alliage* la proportion de métal inférieur qu'elles contiennent. En France, par exemple, la loi ordonne que les pièces d'or et les pièces de 5 francs en argent soient frappées au titre de 900 millièmes, c'est-à-dire soient composées d'or ou d'argent pur pour les 900 millièmes de leur poids et d'alliage pour le reste.

2° L'État doit ensuite garantir la monnaie, c'est-à-dire qu'il répond vis-à-vis du public que les pièces mises en circulation contiennent bien la quantité de métal précieux convenu, qu'elles sont frappées au titre voulu. Aussi l'État ne permet-il pas aux individus de fabriquer librement les monnaies. Tantôt il se réserve le soin de les frapper lui-même : il a alors un hôtel des monnaies dirigé par ses ingénieurs. C'est le système adopté notamment en Angleterre, aux États-Unis, et en France depuis 1879. Tantôt il confère à certaines personnes le droit exclusif de fabrication, en se réservant de les surveiller. On a parfois blâmé cette ingérence de l'État dans le monnayage ; quelques économistes voudraient que la fabrication des monnaies fût libre comme celle des autres marchandises. Nous ne pouvons partager leur opinion. Le meilleur moyen pour l'État de s'assurer que les pièces sont frappées comme il convient, c'est évidemment de les frapper lui-même ou de les faire frapper sous sa surveillance immédiate.

L'État se réserve d'ailleurs une certaine latitude dans la fabrication, ce que l'on appelle la *tolérance*. Il n'est pas, en effet, possible d'atteindre d'une façon absolue les proportions d'alliage d'où résulte le titre des pièces. Mais la tolérance est fixée aussi bas que possible. En France, elle atteint seulement 2 millièmes. L'État s'interdit donc de lancer dans la circulation toute pièce qui ne renfermerait pas la quantité de métal précieux qu'elle doit contenir, à 2 millièmes près. Une pièce d'or, par exemple, qui, en sortant des presses, ne contiendrait pas au moins les 898 millièmes de son poids en or serait refondue.

3° Enfin l'État donne cours légal aux diverses pièces de monnaie à un certain taux nominal, c'est-à-dire qu'il ordonne que tout créancier devra se tenir pour payé si on lui fournit une quantité de monnaie dont la valeur nominale soit égale au montant de sa créance. Celui auquel il est dû 100 francs, par exemple, devra se considérer comme payé si on lui remet cinq pièces d'or de 20 francs ou vingt écus d'argent de 5 francs. Il ne pourra ni refuser ces pièces en payement, ni refuser de compter les premières pour vingt unités ou les secondes pour cinq. Il est d'ailleurs bien évident que cette obligation n'existe qu'à l'égard de ceux qui sont créanciers de sommes d'argent et non pas de ceux qui vendent au comptant, car, pour ces

derniers, s'il ne leur convient pas d'accepter de l'or ou de l'argent
en échange de leurs produits, on ne saurait les y contraindre : ils
sont libres d'échanger comme il leur plaît ou même de ne pas
échanger, s'ils le préfèrent. Il faut excepter cependant les individus
qui, investis de certains monopoles, sont obligés de mettre leurs
marchandises à la disposition du public à des prix déterminés. Un
débitant de tabac, par exemple, ne pourrait refuser de recevoir en
payement les monnaies investies du cours légal.

**Avantages de l'intervention de l'État en matière moné-
taire.** — Cette intervention de l'État rend à la société de grands
services :

1° On lui doit d'abord de grandes simplifications des comptes et
des échanges au comptant.

Ayant à déterminer les types des pièces qui seront mises en circulation, l'État peut faire son choix de façon à satisfaire tous les
besoins. Il arrive aisément à constituer un régime monétaire commode, permettant de payer aisément les plus petites sommes. Et en
France on a pu établir ce régime sur le principe du système dé-
cimal.

D'autre part, comme toutes les monnaies frappées le sont conformément à certains modèles, il est facile d'indiquer, par des
empreintes dont on les recouvre, la quantité de métal précieux
qu'elles contiennent et la valeur nominale pour laquelle elles doivent être reçues. Ainsi, au lieu de lingots différents de forme, de
volume ou de poids, qu'il faudrait vérifier et estimer avant de les
accepter, on échange des pièces dont la plus simple inspection permet de reconnaître la valeur.

2° Ces pièces circulent sans difficulté, puisque l'État les garantit.
On peut avoir toute confiance dans les indications qu'elles portent,
car si, par hasard, celles que l'on aurait acceptées ne contenaient
pas la quantité voulue d'or ou d'argent, l'État serait responsable. On
n'a pas non plus à distinguer entre les pièces neuves et les pièces
usées, car le frai de la monnaie est à la charge de l'État. A lui revient
le soin de retirer les pièces auxquelles le frottement a fait perdre
une partie de leur poids, et de supporter la perte qui en est la conséquence. Cette obligation est assez lourde : en France, par exemple,
le frai représente annuellement une valeur de 1 million. Mais en
l'assumant, l'État assure la libre circulation des pièces. Il est d'ailleurs largement rémunéré de ses dépenses par les droits de monnayage que lui payent les particuliers qui veulent faire transformer
en monnaie des lingots d'or ou d'argent, et par les bénéfices que lui
rapporte la frappe des monnaies conventionnelles [1].

1. Voy. ci-dessous, p. 213.

En somme, grâce à la garantie de l'État, les particuliers n'ont à se défendre que contre les faux monnayeurs, ce qui est généralement assez facile.

3° La garantie de l'État procure encore un avantage d'un autre genre. Elle permet la circulation de certaines pièces, dites *monnaies conventionnelles,* qui ne contiennent pas une quantité de métal fin proportionnée à leur valeur nominale. En France, par exemple, toute la monnaie de billon (c'est-à-dire les pièces de monnaie de 1, 2, 5 et 10 centimes) est frappée dans des conditions telles que sa valeur intrinsèque n'est guère égale qu'au tiers de sa valeur légale. A un moindre degré, les monnaies divisionnaires d'argent (pièces de 20 et de 50 centimes, de 1 et de 2 francs) sont dans une condition semblable : depuis 1865, elles sont frappées au titre de 835 millièmes, au lieu de l'être au titre normal de 900 millièmes. Pour les monnaies de cuivre, cette altération de leur titre a pour but de leur donner plus de légèreté : les pièces de 5 et de 10 centimes seraient singulièrement incommodes si elles pesaient deux ou trois fois plus qu'elles ne pèsent actuellement. Quant aux monnaies divisionnaires d'argent, la mesure prise à leur égard s'explique, on le verra bientôt, par la nécessité où nous nous sommes trouvés, à une certaine époque, d'empêcher leur accaparement par les autres nations. On a abaissé leur titre pour les maintenir en France, où elles sont indispensables.

L'État a d'ailleurs soin de se réserver le droit exclusif d'émettre ces monnaies, pour empêcher que leur nombre ne devienne excessif, et il ne leur accorde le cours légal que dans une mesure très restreinte. Ce sont seulement des monnaies d'*appoint,* c'est-à-dire qu'un créancier n'est tenu de les recevoir que jusqu'à concurrence d'une certaine somme : 5 francs pour les monnaies de cuivre, et 50 francs pour les monnaies divisionnaires d'argent.

Grâce à ces précautions, la garantie de l'État est pleinement efficace. Ces pièces circulent tout aussi bien que si leur titre était normal. Personne n'hésite, par exemple, à accepter cinq pièces de 1 franc en argent en échange d'un écu de 5 francs. Pourtant, c'est recevoir moins de métal fin qu'on n'en donne. Nul n'y consentirait évidemment si l'État ne prêtait pas au système monétaire l'appui de son crédit.

4° Enfin le cours légal est le complément de toute cette organisation. En obligeant les créanciers à recevoir en payement les pièces par lui frappées, l'État donne une sanction à la convention tacite sur laquelle repose tout système monétaire. Il soustrait ainsi la circulation de la monnaie à l'influence des paniques irréfléchies ou des fantaisies individuelles.

Des limites qu'il convient d'imposer à l'intervention

de l'État en matière monétaire. — L'action de l'État en matière monétaire est donc très bienfaisante, mais c'est à la condition qu'elle ne franchisse pas certaines limites. L'organisation et la police du système monétaire, voilà ce qui revient naturellement à l'État; mais il doit s'interdire toute ingérence tendant à établir un équilibre factice entre la monnaie et les autres marchandises.

Il commettrait, par exemple, une très grave faute s'il prétendait fixer par des lois la valeur d'échange des monnaies. Il faut, en effet, distinguer avec soin la *valeur nominale* d'une pièce de monnaie et sa valeur réelle ou *valeur d'échange*. La première, la valeur nominale, n'est à vrai dire que le nom de la pièce : il appartient évidemment à l'État d'en décider, de dire, par exemple, comme en France, que la pièce d'argent pesant 5 grammes s'appellera pièce de 1 franc, celle de 10 grammes pièce de 2 francs, etc. Voilà pourquoi l'État peut obliger celui auquel il est dû 20 francs à se considérer comme payé si on lui fournit vingt pièces d'un franc ou dix pièces de 2 francs, etc. Vouloir au contraire fixer la valeur d'échange de la monnaie, ce serait prétendre décider quelle quantité de pièces pourra être exigée en échange de chaque produit, c'est-à-dire prétendre réglementer tous les prix : empiétement intolérable sur la liberté des individus et entreprise d'ailleurs chimérique, l'État ne pouvant pas obliger le détenteur d'un produit à le vendre dans des conditions qui ne lui conviennent pas.

L'État ne doit donc pas oublier que la valeur d'échange des monnaies ne dépend pas de sa volonté, qu'elle est réglée comme celle de toute marchandise par la loi de l'offre et de la demande et par le coût de production. Cette vérité élémentaire n'a pas toujours été reconnue. Les successeurs de saint Louis, ceux que l'histoire appelle les rois faux monnayeurs, tentèrent à maintes reprises de se créer des ressources en donnant aux monnaies une valeur factice. Le plus souvent ils ordonnaient que toutes les pièces d'un certain modèle fussent rapportées au Trésor contre indemnité; et, après un certain temps, ils les lançaient de nouveau dans la circulation, mais en augmentant leur valeur nominale. Ils décidaient, par exemple, que ces pièces, qui avaient jusque là compté pour une livre, compteraient désormais pour deux. Ils croyaient ainsi s'enrichir : s'ils avaient retiré pour un million de ces pièces, ne se trouvaient-ils pas du jour au lendemain à la tête de deux millions? En fait, leur calcul se trouvait déjoué, car les marchands haussaient aussitôt les prix de toutes les marchandises; là où antérieurement on ne demandait que deux livres, on en réclamait quatre, de manière à recevoir toujours le même nombre de pièces. Le roi ne se trouvait donc pas plus riche, il n'avait obtenu d'autre résultat que de troubler le marché et de susciter mille récriminations.

Il est encore une autre ingérence que l'État doit s'interdire. Se réservant le droit exclusif de frapper les monnaies, il ne peut prétendre en régler l'émission. Il ne lui appartient pas, en effet, de décider, à un moment donné, s'il convient ou non d'augmenter les quantités de monnaies en circulation. Seuls, les particuliers, guidés par leur intérêt, peuvent en juger, et l'État, insuffisamment renseigné, s'exposerait à provoquer par des mesures inopportunes des crises graves qui engageraient sa responsabilité. L'hôtel des monnaies doit donc se tenir à la disposition des particuliers et monnayer tout lingot qui lui est apporté.

L'État ne doit faire exception à cette règle que pour les monnaies conventionnelles. Comme elles donnent lieu à un bénéfice exceptionnel, il est impossible de maintenir, en ce qui les concerne, la liberté d'émission. L'État s'en réserve donc le monopole, et l'inconvénient n'est pas grand, puisque ces monnaies ne servent qu'aux petits payements.

Monométallisme et Bimétallisme. — L'organisation du système monétaire place l'État en face d'une difficulté particulièrement grave, qu'il lui faut résoudre. Il doit choisir entre deux systèmes connus sous le nom de monométallisme et de bimétallisme.

Le monométallisme, ou système de l'étalon unique, est un régime dans lequel un seul métal, l'or, par exemple, reçoit le cours légal illimité ; les autres, argent, cuivre, nickel... n'étant admis dans la circulation qu'à titre de monnaies d'appoint.

Le bimétallisme, ou système du double étalon, admet au contraire au cours légal plein l'or et l'argent. Il faut alors, pour assurer l'unité, établir un rapport légal de valeur entre ces deux métaux. On s'arrête de nos jours au rapport de 1 à 15-1/2, c'est-à-dire qu'à valeur nominale égale les pièces d'or contiennent quinze fois et demi moins de métal fin que les pièces d'argent. En France, par exemple, où ce régime existe, la pièce d'or de 5 francs ne contient que 1^{gr},61 de fin, tandis que la pièce de 5 francs en argent en renferme 25 grammes, et l'on extrait 155 pièces de 20 francs d'un kilogramme d'or, alors qu'on ne découpe dans un kilogramme d'argent que 40 écus de 5 francs.

Rigoureusement, il semble qu'on pourrait hésiter entre trois solutions : le monométallisme-or, le monométallisme-argent et le bimétallisme. Mais l'or, monnaie légère et peu encombrante, est si évidemment supérieur à l'argent que personne ne songe plus à préconiser ce dernier métal à l'exclusion du premier, de sorte que la question ne se pose plus aujourd'hui qu'entre le monométallisme-or et le bimétallisme.

Dans ces termes généraux, elle est fort embarrassante et nous laisse des doutes. — Le système qui n'admet au cours légal plein que l'or est certainement le plus logique. Le bimétallisme, en effet, repose sur une fiction, car le rapport de 1 à 15 1/2 ne se maintient pas toujours. De temps à autre, quelque événement comme la découverte d'une mine, soit d'or, soit d'argent, vient le détruire et le système monétaire des pays bimétallistes se trouve alors déséquilibré. De plus, dans ces pays, les chances de variation de valeur des monnaies sont accrues puisqu'on subit le contre-coup de tous les événements intéressant l'un quelconque des deux métaux. — Ces arguments sont très sérieux ; on peut cependant douter qu'ils soient décisifs. La logique a peu d'importance en pareille matière, le meilleur système monétaire n'étant pas nécessairement le plus simple, mais bien celui qui expose les monnaies aux moindres variations. Or, si le régime du double étalon risque de rendre les variations plus fréquentes, il les atténue quand elles se produisent. Lorsqu'en effet l'un des métaux, l'or, par exemple, devient l'objet d'une production plus abondante qui en abaisse la valeur, l'autre, l'argent, tend à disparaître de la circulation. Ce curieux phénomène est le résultat d'une loi économique appelée *loi de Gresham* qui se formule ainsi : *La mauvaise monnaie chasse la bonne.* Tous ceux, en effet, qui possèdent à la fois de l'or et de l'argent donnent plus volontiers l'or en payement puisqu'il est déprécié ; les individus qui thésaurisent recueillent de préférence, pour l'amasser, l'argent qui fait prime ; enfin beaucoup de personnes trouvent avantage à fondre l'argent pour le transformer en pièces d'orfèvrerie, bijoux, etc..., qu'ils vendront à bon compte contre de l'or. L'argent disparaît donc, mais par là même il laisse le champ libre à l'or au moment même où celui-ci devient plus abondant ; les emplois offerts à l'or se multiplient donc et la hausse des prix se trouve enrayée. C'est là un avantage extrêmement précieux que le monométallisme ne saurait procurer, car il oblige à subir sans atténuation toutes les oscillations de la valeur du métal choisi. — Le bimétallisme, malgré les vives attaques dont il est aujourd'hui l'objet, ne nous paraît donc pas définitivement condamné en théorie. Si tous les peuples de l'Europe et de l'Amérique arrivaient à s'entendre pour l'adopter, en prenant pour base le rapport de 1 à 15 1/2, la grande étendue du marché qui se trouverait ouvert aux deux métaux rendant très rare la rupture de l'équilibre ainsi établi, on obtiendrait probablement le meilleur système monétaire actuellement réalisable.

Mais une pareille entente est bien peu probable. Or, tant qu'elle ne se sera pas produite, il y a une vérité qu'on ne devra pas perdre de vue : c'est qu'un peuple s'expose à de grandes pertes en restant bimétalliste quand tous les autres ne le sont pas. Fatalement, ce peuple subit toutes les conséquences des dépréciations qui peuvent atteindre successivement l'un et l'autre des deux métaux. La loi de Gresham produit, en effet, ce résultat que le peuple bimétalliste, dès que le rapport de 1 à 15 1/2 est altéré, voit disparaître au profit de ses voisins la monnaie qui fait prime et absorbe à la place celle dont la valeur a baissé. — Dans son commerce extérieur, il est obligé de payer en bonne monnaie, les autres nations n'acceptant que celle-là, tandis que ses propres lois l'obligent à recevoir en payement la mauvaise. — En outre, les spéculateurs trouvent avantage à exporter la meilleure monnaie et à importer en échange des lingots du métal déprécié, dont le monnayage leur procure un bénéfice. Si, par exemple, on suppose que l'argent ait perdu de sa valeur au point que le rapport de 1 à 15 1/2 soit remplacé par celui de 1 à 17, l'exportation d'un kilogramme d'or (155 pièces de 20 francs, c'est-à-dire 3.100 francs) permettra d'acheter à l'étranger 17 kilogrammes d'argent en lingots, qui, transformés en écus de 5 francs, représenteront 3.400 francs. Le gain réalisé sera de 300 francs. — Ainsi le stock monétaire du peuple bimétalliste est comme un réservoir où les autres viennent puiser pour modérer l'effet des variations des deux métaux. L'or hausse-t-il, par exemple, pendant que l'argent baisse, le peuple bimétalliste fournit à ses voisins l'or qui leur manque et absorbe l'argent qu'ils ont en trop. Aussi, en 1878, dans une conférence monétaire internationale, le représentant de l'Angleterre déclarait-il qu'il serait regrettable que l'argent cessât d'être monnaie à cours légal plein dans quelques pays. Il serait, en effet, commode pour l'Angleterre de nous acheter actuellement l'argent dont elle a besoin pour son commerce avec les Indes, sans courir le risque de sa dépréciation, commode également pour l'Allemagne de nous écouler ses monnaies d'argent qu'elle voudrait démonétiser, et de les échanger contre de l'or, sans avoir à tenir compte de la baisse de l'un et de la hausse de l'autre de ces deux métaux. Mais le peuple qui rendrait aux autres des services de ce genre jouerait évidemment un rôle de dupe.

Notre système monétaire. — L'Union latine. — Ces dangers ne sont pas imaginaires. La France a eu l'occasion de s'en convaincre, et pour y échapper, elle a dû modifier profondément, depuis un quart de siècle, son système monétaire.

Ce système, dans sa pureté primitive, était caractérisé par les traits suivants. Aux termes de la loi du 7 germinal an XI, l'unité monétaire, l'étalon, était le franc, c'est-à-dire une pièce d'argent pesant 5 grammes et frappée au titre de 900 millièmes. La valeur nominale des autres pièces d'argent se déduisait sans peine de leur comparaison avec cette unité ; quant aux monnaies d'or, leurs dénominations étaient établies en supposant le kilogramme d'or équivalant à 15 kilogrammes 1/2 d'argent. Les monnaies d'or et les monnaies d'argent jouissaient également du cours légal plein. Enfin l'émission des unes et des autres était libre, tout détenteur de lingots d'or ou d'argent ayant le droit d'en réclamer le monnayage.

C'était le bimétallisme avec adoption du rapport de 1 à 15 1/2.

Ce système n'aurait pas eu d'inconvénients sérieux si tous les autres peuples l'avaient adopté. Mais il n'en fut pas ainsi. Quelques-uns d'entre eux ne donnèrent le cours légal illimité qu'à l'un des deux métaux. L'Autriche, la Russie, l'Amérique du Sud, l'Inde ne reconnaissaient que l'argent comme monnaie légale, tandis que l'Angleterre, dès 1816, se convertissait au monométallisme-or. Nous nous trouvions donc dans la situation particulièrement dangereuse d'un peuple qui est bimétalliste alors que ses voisins ne le sont pas, et nous devions fatalement subir des pertes chaque fois que les circonstances, en modifiant la valeur de l'un des deux métaux, donneraient un démenti à la présomption de 15 1/2 posée par la loi de germinal.

Or cette présomption ne s'est trouvée que rarement confirmée par les faits pendant le XIXᵉ siècle. Presque toujours l'un des deux métaux a fait prime et notre circulation monétaire a oscillé de l'un à l'autre, l'argent cédant la place à l'or ou se substituant à lui selon l'événement. Mais ces ruptures d'équilibre s'accentuèrent surtout à deux époques. Ce fut au point qu'il nous fallut prendre des mesures pour en atténuer les conséquences.

Vers 1850, l'or est brusquement déprécié, la découverte des mines de Californie et d'Australie jetant sur les marchés du monde des quantités énormes de ce métal qui en font baisser la valeur. La guerre de sécession, en obligeant l'Europe à acheter aux Indes, où l'argent seul est reçu, le coton que l'Amérique ne lui fournit plus, achève l'œuvre. L'argent fait prime sur l'or, et nous sommes obligés de payer nos achats à l'étranger en argent, tandis que nous sommes payés en or. C'est à ce moment que se constitua, en grande partie, le stock d'or que nous possédons encore aujourd'hui. — Cette disparition de l'argent, si elle n'avait atteint que les pièces de 5 francs, n'eût guère été regrettable, car elle permettait la substitution d'une monnaie commode à une monnaie encombrante et il y avait tout lieu d'espérer que, la valeur de l'or se relevant, nous serions bientôt indemnisés de nos pertes. Mais ce n'était pas seulement la pièce de 5 francs, c'étaient aussi les monnaies divisionnaires d'argent qui partaient à l'étranger, au grand embarras du commerce français. Celui-ci, manquant de pièces de 2 francs, de 1 franc, de 50 centimes, ne savait comment régler ses comptes. C'est alors, en 1865, que se fonda l'*Union latine*.

Quelques peuples bimétallistes, la France, l'Italie, la Belgique et la Suisse [1] s'entendirent pour prendre les mesures suivantes. Les pièces divisionnaires d'argent furent transformées en monnaies conventionnelles, au titre de 835 millièmes. Elles devinrent aussi des

----

1. Depuis, la Grèce adhéra à la convention.

monnaies d'appoint qu'on ne put imposer dans les payements que jusqu'à concurrence de cinquante francs. Les quatre gouvernements se réservèrent le monopole de l'émission de ces pièces, et chacun s'engagea à n'en pas émettre pour plus de 6 francs par habitant. Enfin il fut stipulé qu'elles seraient toutes admises, sans distinction, par les caisses publiques des États signataires. On constituait ainsi aux nouvelles monnaies divisionnaires un marché suffisant pour assurer leur circulation ; mais on mettait les autres peuples dans l'impossibilité de les accepter en payement, puisque la valeur réelle de ces pièces ne correspondait plus à leur valeur nominale.

Ce système subsiste encore aujourd'hui. Les monnaies conventionnelles d'argent furent acceptées sans difficulté par les habitants des pays de l'Union latine, et, comme leur émission procurait aux gouvernements un bénéfice important, on les conserva bien que, dans ces derniers temps, les dangers qu'elles devaient écarter eussent fait place à d'autres absolument opposés. Depuis 1870, en effet, la situation s'est entièrement modifiée. Ce n'est plus l'or qui est en baisse, c'est l'argent. Sa dépréciation, suite du rendement plus abondant des mines américaines et de la conversion de certains peuples au monométallisme-or, a été assez forte pour atteindre à certaines époques jusqu'à 230 p. 1000, et aujourd'hui encore le rapport de l'or à l'argent, au lieu de 1 à 15 1/2, est à peine de 1 à 17. L'Union latine dut prendre de nouvelles mesures : il ne s'agissait plus pour elle de faire obstacle à la disparition des monnaies divisionnaires d'argent, mais bien de défendre ses pièces d'or qui passaient à l'étranger et étaient remplacées par des pièces de 5 francs en argent. On limita d'abord, en 1874, 1875 et 1876, la frappe des pièces de 5 francs ; enfin, le remède étant insuffisant, la conférence monétaire de 1878 suspendit absolument la fabrication de ces pièces. Ce moyen radical était décisif. Les étrangers, en effet, ne nous payent pas ce qu'ils nous achètent avec leurs monnaies qui, n'ayant pas cours légal en France, n'y seraient pas acceptées ; ils nous payent en lingots ; dès que ces lingots ne peuvent plus être transformés en monnaies, leur valeur cesse d'être fixée arbitrairement et nos débiteurs n'ont plus aucun intérêt à nous payer en argent plutôt qu'en or.

L'Union latine a été renouvelée, sous les mêmes conditions, en 1886. A cette époque quelques économistes conseillaient au gouvernement français de renoncer à toute mesure transitoire et d'adopter franchement le monométallisme-or. On aurait dû, pensaient-ils, retirer de la circulation tous les écus d'argent et les vendre au prix du lingot sur le marché des métaux précieux. Mais la perte à subir eût été considérable ; on ne peut l'évaluer à moins de 400 millions, et, la mesure proposée devant augmenter encore la dépréciation du métal argent, elle eût peut-être dépassé de beaucoup ce chiffre. D'autre part, on peut espérer pour l'argent des jours meilleurs, car il est la monnaie préférée des pays d'Orient, susceptibles d'un grand développement. Il paraît donc sage de temporiser et d'attendre qu'une occasion favorable nous permette d'abandonner le système du double étalon pour adopter celui du monométallisme-or.

L'exemple de l'Allemagne est du reste bien fait pour nous enseigner la prudence.

Des lois de 1871 et de 1873 y proclamèrent le principe de l'étalon d'or unique et le gouvernement impérial commença aussitôt à retirer de la circulation les monnaies d'argent pour les fondre et les vendre à Londres, où se tient le principal marché des métaux précieux. Mais, en 1879, l'opération, faite pour 663 millions de marcs[1], avait déjà coûté 120 millions de francs. On dut arrêter les ventes et laisser en circulation plus de 600 millions de monnaies d'argent.

Il résulte de là, qu'au point de vue monétaire, la France et l'Allemagne, bien qu'acceptant des principes absolument opposés, se trouvent en réalité dans des situations parfaitement identiques. Théoriquement, la France est bimétalliste tandis que l'Allemagne n'admet qu'un étalon : en fait, dans l'un et l'autre pays on n'émet plus, en dehors des monnaies d'appoint, que des pièces d'or, mais il reste en permanence une grande quantité de pièces d'argent jouissant du cours légal illimité.

1. Soit, 829 millions de francs.

Lire dans les *Extraits* :

Wolowski : Défense du bimétallisme (p. 410).
Law : De l'altération des monnaies (p. 39).

VINGTIÈME LEÇON

CHAPITRE III

Le crédit.

§ Ier

NOTIONS GÉNÉRALES SUR LE CRÉDIT ET SUR LES BANQUES.

Programme officiel : Le crédit. — Comment il supplée à la monnaie et est
une source de richesse. — Ses rapports avec l'épargne. — Crédit privé :
Commerce de banque ; Circulation fiduciaire.

Le crédit. — Les hommes, pour faciliter les échanges, n'ont pas
seulement inventé la monnaie ; ils ont aussi imaginé le crédit. Le
crédit consiste dans un échange où l'une des parties ne reçoit pas
immédiatement l'équivalent de ce qu'elle fournit. Il suppose donc
essentiellement qu'un individu consent à se fier à un autre, et son
nom même l'indique : le mot crédit vient de *credere*, croire, avoir
confiance. Celui, par exemple, qui consent à livrer des marchandises
en reportant le payement à trois mois, ou qui prête une somme
d'argent pour un an moyennant un intérêt à 5 0/0, se refuserait à
une pareille opération s'il ne jugeait pas son acheteur ou emprunteur honnête et solvable. Aussi le crédit ne peut-il recevoir un égal
développement chez tous les peuples : ceux-là seuls où la sécurité
est grande, où les relations commerciales sont bien assises peuvent
profiter de tous les avantages qu'il est susceptible de procurer.

**Utilité du crédit. — Comment il supplée à la monnaie
et est une source de richesse. — Ses rapports avec
l'épargne.** — Ces avantages ont parfois été exagérés. Des enthou-

siastes ont représenté le crédit comme multipliant à l'infini les capitaux. Il semblerait presque, à les entendre, qu'une vertu magique permît au crédit de faire quelque chose de rien! Il ne saurait en être ainsi. Prêter ses capitaux à autrui, ce n'est pas les accroître, accorder un terme pour le payement d'un prix d'achat, ce n'est pas créer une richesse. Et, à tomber dans ces exagérations, on risquerait de perdre de vue les services très réels que nous rend le crédit.

Ces services peuvent être ramenés à trois :

1° Le crédit est une source de richesse : non pas qu'il crée des richesses, mais il en facilite la production en distribuant les capitaux de la façon la plus avantageuse.

Il les place d'abord aux mains des plus aptes à en tirer bon parti, celui qui ne saurait ou ne pourrait exploiter lui-même ses capitaux les prêtant à d'autres en qui il a confiance. — Il groupe aussi des ressources qui, divisées, resteraient stériles et, par là, il multiplie les entreprises. C'est grâce à lui, notamment, que se fondent ces sociétés dont les capitaux dépassent souvent de beaucoup les fortunes individuelles les plus considérables. — Enfin, il procure aux producteurs des facilités indispensables. L'industriel, par exemple, obligé d'engager ses fonds dans sa fabrication, ne peut pas toujours les dégager aussi vite qu'il le faudrait pour éviter d'interrompre la production. Les produits obtenus ne peuvent être vendus qu'au bout d'un certain temps et jusque-là les capitaux lui manqueront pour acheter et payer comptant de nouvelles matières premières, pour renouveler et entretenir son outillage, etc. Le crédit vient à son secours. Cet industriel achètera à crédit les objets dont il a besoin. Lui-même, en vendant ses produits au détaillant, accordera à ce dernier un certain délai, le temps nécessaire pour les revendre au public. Le crédit solidarise ainsi toutes les entreprises et en permet le fonctionnement régulier.

Au reste il n'en est pas toujours ainsi. Il arrive parfois qu'au lieu de faciliter la production des richesses, le crédit en favorise l'anéantissement. C'est lorsqu'il est accordé, non pas à la production, mais à la consommation. Le fournisseur, par exemple, qui fait crédit à son client, met en mesure de consommer un individu qui, sans le crédit, serait obligé de s'abstenir. On ne peut pas condamner absolument ce genre de crédit, la classe la moins riche en ayant souvent grand besoin ; mais il est très dangereux parce qu'il pousse les particuliers à des dépenses excessives qui peuvent les ruiner. Seul le crédit à la production a une véritable valeur économique, car l'emprunteur devant restituer la richesse empruntée, il est illogique qu'il la consomme improductivement.

2° Le crédit a les rapports les plus étroits avec l'épargne : d'une part, il utilise les capitaux qu'elle crée, et d'autre part il l'encourage par les placements qu'il lui fournit. Il n'est pas douteux que l'épargne a fait de grands progrès en France depuis qu'une foule de titres de crédit, rentes sur l'État, actions et obligations des sociétés etc., la sollicitent en lui offrant une rémunération avantageuse.

3° Enfin le crédit supplée à la monnaie et rend plus rare l'emploi de ce coûteux intermédiaire. C'est là, sinon le plus important, au moins le plus curieux des effets du crédit. Il étonne d'abord, car on ne voit pas en quoi le fait de vendre à terme ou celui de prêter une somme d'argent dispense de faire circuler la monnaie. Ne faudra-t-il pas toujours que le prix de la marchandise soit payé, ou l'avance restituée? Aussi le phénomène dont nous parlons n'est-il pas une conséquence directe du crédit; il résulte, on le verra, des procédés auxquels on a recours pour faciliter les opérations de crédit.

Comment on décide les capitalistes à accorder du crédit. — Ce n'est pas, en effet, une chose toute simple que le crédit. Trois causes font que celui à qui l'on s'adresse pour l'obtenir hésite très légitimement à l'accorder : 1° vendre à crédit ou prêter, c'est se priver pour un certain temps d'une somme de monnaie (prix de la chose ou montant du prêt) dont on a peut-être occasion de faire un emploi agréable ou utile; 2° c'est aussi s'exposer à des risques, car celui auquel on vend ou prête peut se montrer malhonnête ou devenir insolvable; 3° c'est enfin s'engager pour un certain temps, alors qu'on n'est jamais certain de n'avoir pas besoin de la somme dont il s'agit avant l'époque fixée pour le remboursement. Ce sont là autant d'obstacles qu'il faut écarter pour que l'opération à crédit soit possible. Les acheteurs à terme et les emprunteurs doivent s'efforcer de donner satisfaction sur ces trois points aux vendeurs et aux prêteurs. Voyons comment ils y parviennent.

1° COMMENT ON INDEMNISE LE CAPITALISTE DE LA PRIVATION DE SON CAPITAL. — Il y a un moyen très simple d'écarter le premier obstacle. On offre au capitaliste un avantage propre à compenser la privation qu'il va s'imposer. — C'est ce que fait l'emprunteur quand il promet au prêteur de lui payer un intérêt annuel pendant la durée du prêt. C'est ce que fait aussi l'acheteur à terme quand il consent à payer la chose un peu plus cher que s'il la payait comptant. — Bien d'autres combinaisons sont d'ailleurs possibles. L'État, par exemple, quand il emprunte, émet souvent les titres de rentes qu'il offre au public au dessous du pair, c'est-à-dire au-dessous du taux auquel il s'engage à les rembourser. Il cédera, par exemple, au prix de 75 francs, des titres de 3 0/0 remboursables à 100 francs; en pareil cas, le prêteur recevra 3 francs d'intérêt par 75 francs qu'il aura prêtés, ce qui fait un intérêt de 4 0/0, et il aura droit en outre à une prime de remboursement de 25 francs le jour où l'État voudra se libérer. Les villes usent souvent de procédés analogues. Parfois même elles émettent des valeurs à lots, c'est-à-dire des obligations remboursables par tirages au sort périodiques, avec des lots plus ou moins considérables pour les premiers numéros sortants. Enfin les sociétés par actions, dont les fondateurs font appel au crédit en demandant au public de souscrire les actions qu'ils émettent, assurent aux souscripteurs la situation d'associés avec ses avantages : droit à une part dans les bénéfices tant que la société fonctionnera, droit à une part dans le fonds social quand elle sera dissoute.

Quel que soit le procédé employé, le moyen et le but sont toujours identiques. On assure à ceux qui font crédit des avantages pour compenser la privation à laquelle ils se soumettent.

2° COMMENT ON RASSURE LE CAPITALISTE QUI CRAINT DE N'ÊTRE PAS REMBOURSÉ. — La rémunération accordée au prêteur ou au vendeur à terme n'a pas seulement pour objet de l'indemniser de la privation de son capital, on la calcule en tenant compte des risques qu'il va courir. Mais il faut faire plus : on doit, dans la mesure du possible, atténuer ces risques, car les plus belles promesses ne sont guère engageantes quand elles émanent d'un individu qui peut se montrer malhonnête ou devenir insolvable.

Toutes les législations prennent des mesures en ce sens. En France, la procédure de la saisie et celle de la faillite n'ont pas d'autre but. La première, applicable aux non-commerçants, permet à tout créancier de faire vendre tout ou partie des biens de son débiteur récalcitrant et de se payer sur le prix obtenu ; la deuxième, spéciale au cas où un commerçant cesse de faire honneur à ses engagements, amène le partage de son actif entre tous les créanciers de ce commerçant au prorata de leurs créances. — Ce sont là des procédés généraux mis à la disposition de tous ceux qui ont accordé crédit à autrui. Quand un vendeur ou un prêteur s'en contente, on dit qu'il accorde un *crédit personnel* : son droit de créance n'est en effet garanti par aucun bien en particulier, mais seulement par l'ensemble du patrimoine de son débiteur, patrimoine qui, juridiquement, est considéré comme l'accessoire de la personne. — Ce crédit n'est pas aussi rare qu'on serait tenté de le croire. Les vendeurs à terme l'accordent très souvent : ce n'est que par exception qu'un individu vendant à un autre des objets de consommation personnelle, des machines, des matières premières, par exemple, exige une garantie spéciale. Comme il ne concède qu'un délai assez bref et qu'il existe entre lui et l'acheteur un certain courant d'affaires, il se contente en général du droit que lui accorde la loi.

Il est très difficile, au contraire, d'obtenir un prêt dans ces conditions, le délai réclamé étant le plus souvent assez long et l'usage qui sera fait de la somme avancée restant incertain. Presque toujours l'emprunteur exigera des sûretés particulières. On peut lui en accorder de deux sortes. — Parfois il recevra ce que l'on appelle une *sûreté personnelle*. L'emprunteur lui fournira une *caution*, c'est-à-dire qu'une autre personne s'engagera à rembourser le prêteur si l'emprunteur ne peut ou ne veut le faire ; ou bien l'on aura recours à la *solidarité*. Dans ce dernier cas, plusieurs individus, que lie en général un intérêt commun, se portent réciproquement responsables de la solvabilité les uns des autres. Nous en avons antérieurement [1] signalé un très intéressant exemple en décrivant les Sociétés populaires de crédit qui ont pris dans ces derniers temps une si belle extension en Allemagne et en Italie. — Mais, le plus souvent, la sûreté concédée est une *sûreté réelle*, l'un des biens de son patrimoine étant spécialement affecté par l'emprunteur au remboursement de sa dette. Ce bien est-il un immeuble, le prêteur reçoit une hypothèque, droit réel qui lui permettra de suivre la chose en quelques mains qu'elle passe, de la faire vendre et de se payer sur le prix par préférence à tout autre créancier. Le crédit accordé en pareil cas est dit : crédit hypothécaire ou *crédit immobilier*. S'agit-il d'un meuble, on le donnera en *gage* au prêteur qui recevra la chose pour la conserver jusqu'au remboursement, et, au besoin, la faire vendre et se faire payer par préférence sur le prix. C'est le *crédit mobilier*.

De quelque façon que l'on procède, quelle que soit la sûreté offerte, le but est de rassurer le capitaliste. On écarte le second obstacle en lui assurant une sécurité plus ou moins complète.

3° COMMENT ON MET LE CAPITALISTE A MÊME DE RENTRER A SA VOLONTÉ DANS SES FONDS. — Il semble qu'il soit bien difficile de donner satisfaction au vendeur à terme et au prêteur sur le troisième point. Ils craignent, avons-nous dit, de s'engager pour un temps déterminé, n'étant jamais sûrs de n'avoir pas besoin du prix de la chose vendue ou de la somme prêtée avant l'époque fixée pour le payement ou le remboursement. Mais, d'un autre côté, l'acheteur à terme et l'emprunteur ont absolument besoin de pouvoir compter sur un certain délai. Comment concilier des intérêts aussi directement opposés ?

Le moyen a été trouvé. Il consiste à mettre le vendeur à terme et l'emprunteur en mesure de transmettre à d'autres, le cas échéant, la situation de créancier qui leur devient à charge.

On a imaginé dans ce but des arrangements particulièrement commodes. Il est bien de principe, en effet, dans notre législation, que tout créancier peut transmettre à autrui son droit et le titre qui le constate. Mais les procédés du droit commun sont compliqués, imposant des formalités longues et coûteuses. L'industrie et le commerce avaient besoin de modes plus simples, et l'on a trouvé ces modes en revêtant de formes spéciales les titres qui constatent les

---

1. Voy. plus haut, p. 166.

créances. Deux formes surtout, la forme à ordre et la forme au porteur, permettent la transmission des créances dans les conditions de la plus parfaite simplicité.

Le titre à ordre est transmissible par endossement. Quelques mots tracés au dos du titre suffisent au créancier pour indiquer à qui la créance doit être payée en son lieu et place. Ce droit d'endosser n'est, du reste, pas réservé au premier titulaire de l'effet ; quiconque est devenu propriétaire du titre peut à son tour l'endosser au profit d'autrui. — Quant à la transmission d'une créance constatée par un titre au porteur, elle est plus simple encore. On l'opère en remettant l'effet à l'acquéreur de la main à la main.

Dès lors, rien de plus aisé que de rassurer le vendeur à terme et le prêteur qui hésitent à s'engager pour un temps déterminé. On leur offre un titre qu'ils pourront vendre sans difficulté le jour où ils auront besoin d'argent.

C'est ce que fait l'État quand il contracte un emprunt : il permet aux prêteurs de donner à leurs titres de rente la forme au porteur. Les sociétés prennent des mesures analogues pour leurs actions et leurs obligations.

C'est encore ce que fait l'acheteur à terme ou l'emprunteur quand il offre au vendeur ou au prêteur un *billet à ordre,* titre par lequel il s'engage à payer la somme due au créancier primitif ou à celui qui se trouvera désigné par un endossement régulier.

La *lettre de change* présente le même caractère. C'est un titre par lequel le créancier ordonne à son débiteur de payer la somme due à une tierce personne qu'il désigne, ou à l'ordre de cette tierce personne. Très utile pour le règlement des affaires entre individus qui n'habitent pas la même ville, il permet aussi au créancier qui le crée, et à tous ceux qui consentent à l'accepter, de s'en faire payer le montant, quand il leur plaît, en le vendant à un tiers.

Enfin le *warrant* est encore un titre du même genre. Il constate un prêt fait pour un certain temps et garanti par un droit de gage sur des marchandises déposées dans un magasin général. Inspirant toute confiance, il circule aisément, et comme il est à ordre, le prêteur, s'il ne peut attendre l'échéance, n'éprouve aucune difficulté à en transférer la propriété au tiers qui consent à le lui acheter.

On pourrait même aller plus loin : rien n'empêcherait, comme cela a été proposé, de faire circuler des titres constatant des droits d'hypothèques sur les maisons, les terres ou les navires.

La circulation fiduciaire. — C'est de l'emploi de ces procédés que sort la circulation fiduciaire.

Les titres que nous venons d'énumérer peuvent, en effet, se classer en deux catégories. — Les premiers, rentes sur l'État, actions et obligations des sociétés, sont généralement à échéance lointaine et portent souvent sur des sommes considérables. Pour ceux-là, on ne peut demander à la forme au porteur, quand on la leur donne, que d'en rendre la transmission plus aisée. — Mais pour les autres, billets à ordre, lettres de change et warrants, la forme à ordre qu'ils revêtent rend un autre service. Elle ne facilite pas seulement la transmission de ces titres, elle permet aussi de s'en servir comme d'une sorte de monnaie. Comme ils ont presque toujours pour objet des sommes peu élevées, ils se prêtent fort bien au règlement des comptes. Généralement à court terme, ils représentent une somme d'argent à toucher dans un bref délai. Enfin, pour les transmettre, il suffit de tracer quelques lignes qu'on date et que l'on signe. Ils sont presque de la monnaie! En fait, ils en jouent le rôle; on les donne en payement. Celui qui possède un effet de ce genre, et qui se voit pressé par un créancier, n'est souvent pas obligé de vendre cet effet pour se procurer l'argent dont il a besoin. Il l'offre à son créancier, et presque toujours, si les signatures dont le titre est revêtu sont bonnes, émanant d'individus solvables, le créancier l'accepte, sauf à déduire l'intérêt à courir du jour où il le reçoit jusqu'à celui où il en touchera le montant.

Ainsi, à côté de la monnaie, apparaissent une foule de titres qui peuvent la remplacer et qui en rendent l'emploi plus rare. La circulation de ces titres est appelée circulation fiduciaire, parce qu'en effet elle repose sur le crédit, sur la confiance *(fiducia)*[1]. Elle rend les plus grands services, soit au commerce intérieur, soit dans l'échange entre les nations, car elle permet de compenser les créances et les dettes sans faire subir à la monnaie des déplacements inutiles et coûteux.

Les intermédiaires du crédit. Le commerce de banque. — Le crédit et la circulation fiduciaire, qui en est aujourd'hui une condition essentielle, ont pris une telle importance qu'il existe des intermédiaires dont tout le rôle, considérable, consiste à les faciliter. Ce sont les banquiers.

Il y a longtemps que le commerce de banque existe. Les Romains l'avaient porté à un haut degré de perfection, mais il disparut de l'Europe après la chute de l'empire romain et, quand on le restaura, au moyen âge, ce fut avec une extrême timidité. Les premiers banquiers de Gênes, d'Amsterdam, de Hambourg, de Nuremberg, de Rotterdam, recevaient les dépôts qu'on leur confiait, mais ils n'osaient pas en disposer; ils se bornaient à les conserver et à mettre ainsi le déposant à l'abri des risques de perte ou de vol. Ils se chargeaient

---

1. Les billets à ordre, lettres de change et warrants ne forment d'ailleurs pas, à eux seuls, toute la circulation fiduciaire. Il faut y joindre deux titres dont nous aurons bientôt à parler : le chèque (voy. p. 229) et le billet de banque (voy. p. 233).

aussi de payer et de recevoir pour leurs clients, et simplifiaient les règlements de comptes par la pratique des virements.

Mais, peu à peu, ils s'aperçurent qu'il était inutile de conserver en caisse le montant intégral des fonds qu'on leur confiait. Les déposants ne viennent jamais tous à la fois réclamer ce qui leur est dû; il suffit donc de tenir disponible une partie seulement des dépôts; le reste peut être employé à de fructueuses opérations de prêt. De ce moment, le commerce de banque commença à prendre une grande extension. — Aujourd'hui, les banquiers jouent un double rôle.

1° LES BANQUIERS SONT INTERMÉDIAIRES DANS LES OPÉRATIONS CONCERNANT LES MONNAIES ET LES PAYEMENTS. — Ils ont d'abord conservé leur ancienne fonction en l'élargissant. Ils se chargent de tout ce qui concerne la circulation fiduciaire et le mouvement des espèces métalliques. On s'adresse à eux pour faire transporter des monnaies d'un lieu dans un autre, pour acheter ou vendre des effets de commerce, pour faire toucher ceux qui sont payables au loin; ils servent aussi de caissiers à leurs clients.

Trois combinaisons leur servent particulièrement dans ces divers cas : le compte courant, le virement et le chèque.

LE COMPTE COURANT est un contrat qui règle les situations respectives d'individus que leurs relations d'affaires amènent à se faire réciproquement des avances. Il détermine une fois pour toutes l'intérêt auquel chacun aura droit pour les sommes qu'il aura versées à l'autre, ainsi que l'époque où le compte sera arrêté et la manière dont s'en fera le règlement. — Rien n'est mieux fait que ce contrat pour faciliter les opérations entre les banquiers. Ceux entre lesquels il est intervenu n'hésitent pas à se transmettre des ordres qui sont immédiatement exécutés, puisque les conséquences en ont été prévues et réglées à l'avance. — Les comptes courants forment ainsi comme un vaste réseau qui relie les banques et permet au crédit de circuler instantanément d'un bout du monde à l'autre. Le banquier de Paris qui reçoit l'ordre de faire toucher une lettre de change à New-York envoie cette lettre à son correspondant dans cette ville, et celui auquel on verse, à Marseille, par exemple, une somme de monnaie peut, par un simple télégramme, en procurer l'équivalent à la personne qu'on lui indique, à Melbourne aussi bien qu'à Bordeaux.

LE VIREMENT est une opération qui consiste à supprimer une somme du compte d'un client pour la porter à celui d'un autre. Il facilite les payements entre ceux qui ont des fonds déposés chez le même banquier, puisque, sur un simple ordre donné à celui-ci, une dette sera éteinte sans déplacement de monnaie.

LE CHÈQUE. — LES COMPENSATIONS. — LES CLEARING-HOUSES. — Mais l'instrument le plus utile aux banquiers, pour faciliter leurs opérations, est le chèque. Imaginé par eux pour permettre aux clients qui leur ont confié des fonds d'en disposer plus aisément, il consiste en un petit écrit par lequel ordre est donné au banquier de payer telle somme au nom du signataire. Il peut être au porteur aussi bien qu'à ordre, et il suppose essentiellement que le signataire a des fonds déposés chez le banquier désigné. — C'est donc un excellent instrument de payement, aussi commode par la simplicité de ses formes que digne d'inspirer confiance. Aussi s'ajoute-t-il au billet à ordre, à la lettre de change et au warrant pour augmenter la circulation fiduciaire. — Mais il est surtout destiné à permettre aux clients de se servir de leur banquiers comme caissiers. C'est, en effet, un très bon moyen, pour les banquiers, d'encourager le public à leur confier des fonds, que de se charger des opérations de caisse des déposants. A Londres, par exemple, où l'emploi du chèque est très développé, les négociants de la Cité se déchargent sur leurs banquiers de la gestion de leurs fonds. Celui qui doit faire un payement délivre un chèque sur son banquier, et celui qui reçoit un chèque ou tout autre effet de commerce en payement, l'envoie chez son banquier qui se charge de le toucher.

Cet usage en a engendré un autre singulièrement avantageux. Comme, à la fin de chaque jour, tous les effets échangés pour le règlement des opérations qui ont eu lieu se trouvent centralisés aux mains des banquiers, ceux-ci se réunissent au *clearing-house,* maison de liquidation, où ils opèrent des compensations en masse. Chacun établit la liste des sommes qu'il est chargé de recevoir de ses confrères et de celles qu'il doit leur payer, et c'est seulement la différence qu'il reçoit ou paye. — Le plus souvent même, le règlement de ces différences se fait de la façon la plus simple. Chacun des banquiers de Londres ayant un compte à la Banque d'Angleterre, ceux qui se trouvent débiteurs délivrent des ordres de virement au profit de ceux qui sont créanciers, de sorte que des sommes énormes, 140 à 150 milliards par an, se trouvent compensées sans aucune circulation de numéraire. — Malheureusement nous sommes loin de pareils résultats. Le chèque, imaginé en Angleterre, ne fut introduit en France qu'en 1865 (loi du 14 juin). Il y rend de grands services, mais il n'a pas encore suffisamment développé chez nos commerçants l'habitude de confier aux banquiers leurs opérations de caisse. Une maison de liquidation a bien été fondée à Paris en 1872, mais ses opérations ne vont guère à plus de 10 ou 12 milliards par an. C'est là une infériorité qui explique en partie l'exagération de notre stock métallique s'élevant au triple de celui qui suffit à l'Angleterre.

2° LES BANQUIERS SONT INTERMÉDIAIRES ENTRE LES PRÊTEURS ET LES EMPRUNTEURS. — En dehors de cette première catégorie de fonctions, les banquiers en remplissent une autre encore plus importante. Ils ne sont plus seulement, comme jadis, les intermédiaires du crédit comme facilitant l'échange des effets de commerce, les transports de monnaie et les opérations de payement ; ils le sont encore dans le sens le plus absolu du mot, comme empruntant aux uns pour prêter aux autres.

Intermédiaires entre les prêteurs et les emprunteurs, ils centralisent les fonds de ceux qui cherchent un placement et reçoivent les demandes de ceux qui ont besoin d'argent : aux uns et aux autres ils évitent la peine de se chercher. Ceux qui, ayant des fonds disponibles, ne veulent les engager qu'à court terme, les leur confient volontiers, attirés par un intérêt qu'on leur accorde et par les avantages que leur assure l'emploi du chèque : ceux qui veulent emprunter et qui peuvent offrir des garanties suffisantes s'adressent à eux, sûrs d'obtenir des conditions raisonnables de gens dont c'est le métier de consentir des prêts.

Ces prêts, le banquier les fait de diverses façons.

1° Au client qui lui offre des garanties suffisantes ou qui lui inspire confiance, il peut, par exemple, *ouvrir un crédit*, c'est-à-dire qu'il met à la disposition de ce client une certaine somme que celui-ci pourra prendre quand il lui plaira, en une fois ou par fractions. L'intérêt dû au banquier court, en pareil cas, du jour où le client use de son droit, et seulement pour la somme qu'il se fait remettre.

L'ouverture de crédit se double fréquemment d'une convention de compte courant, grâce à laquelle le client sera autorisé à rapporter les sommes dont il n'aura plus besoin, sauf à les reprendre plus tard. Entre temps, les sommes ainsi restituées produisent un intérêt à son profit qui vient en déduction de celui qu'il devra payer lui-même.

2° Souvent aussi, le banquier consent des *prêts sur titre*, c'est-à-dire fait des avances contre remise, à titre de gage, de rentes sur l'État, d'actions ou d'obligations de sociétés.

3° Mais la grande opération de prêt des banquiers est l'*escompte des effets de commerce*. On appelle ainsi le payement anticipé des billets à ordre, lettres de change et warrants. Celui qui, ayant vendu à terme ou fait un prêt, possède un titre de ce genre, ou qui l'a accepté en payement d'une créance, peut avoir besoin d'argent avant l'échéance de l'effet. Il le porte alors chez son banquier, et celui-ci lui en paye le montant, sauf retenue d'une petite somme pour l'intérêt à courir jusqu'à l'échéance et l'indemnité de ses risques. Le banquier rend ainsi service à son client, car il lui fait une avance d'argent, mais il trouve lui-même grand profit à ce genre d'opérations. L'escompte des effets de commerce est le meilleur moyen pour lui de faire fructifier ses fonds.

Le commerce de banque exige, en effet, une très grande prudence, puisque celui qui s'y livre prête des fonds qui ne lui appartiennent pas et dont une grande partie peut lui être réclamée à l'improviste. Le banquier doit, en conséquence, chercher des occasions sûres, éviter de s'engager pour longtemps, s'assurer un courant ininterrompu de rentrées, se ménager enfin le moyen de ralentir ses opérations au cas où un danger viendrait à le menacer. L'escompt lui permet de réaliser toutes ces conditions.

Pour un banquier bien renseigné, les effets de commerce fournissent des placements très sûrs, car tous les endosseurs successifs sont responsables, et il suffit qu'un seul soit solvable pour que le banquier soit remboursé. Une législation rigoureuse met d'ailleurs des moyens de coercition énergiques à la disposition du porteur en cas de refus de payement à l'échéance. Ces effets sont en outre, le plus souvent, à court terme, et le banquier, en les choisissant bien, peut aisément en échelonner les échéances de manière à alimenter constamment son encaisse. Enfin, une simple élévation du taux de l'escompte, ce taux étant porté par exemple de 3 1/2 p. 100 à 4 p. 100, suffira pour écarter tous ceux qui n'ont pas absolument besoin d'argent et permettra au banquier, le cas échéant, de ralentir ses opérations sans suspendre son commerce ou opposer à ses clients un refus catégorique qui ébranlerait leur confiance.

En escomptant ainsi les effets de commerce revêtus de bonnes signatures, les banquiers ne font pas seulement des avances d'argent, ils rendent au public un autre service qui consiste à faciliter la circulation de ces titres. On accepte d'autant plus volontiers un billet à ordre ou une lettre de change, que l'on sait pouvoir, en cas de besoin, en obtenir le payement anticipé. De ce chef encore, le commerce de banque vient en aide à la circulation fiduciaire.

Comme on le voit par cet examen rapide de leurs opérations ordinaires, les banquiers sont bien, ainsi que nous l'avions annoncé, les intermédiaires du crédit. Ils le sont à tous les points de vue, car ils en facilitent toutes les manifestations, aussi bien les principales, consistant en avances de capitaux, que les secondaires, si précieuses par l'économie de numéraire qu'elles permettent de réaliser.

Lire dans les *Extraits :*

Blanqui : Naissance du crédit en Europe. — Des banques de dépôt et en particulier de celle d'Amsterdam (p. 295).

VINGT ET UNIÈME LEÇON

§ 2

PARTICULARITÉS DU COMMERCE DE BANQUE

Programme officiel : Différentes espèces de banques : Les banques d'émission
et le billet de banque. — La Banque de France. — Le crédit immobilier
(sociétés de crédit foncier) et le crédit mobilier (monts-de-piété, avances
sur titres, magasins généraux).

Différentes espèces de banques. — Les développements qui
précèdent nous ont permis de donner une idée générale du rôle des
banquiers à l'égard du crédit. Il nous reste, pour achever le tableau,
à parler de quelques combinaisons spéciales employées par certains
d'entre eux. Toutes les banques, en effet, ne sont pas identiques.
A côté des banques ordinaires, de beaucoup les plus nombreuses,
qui se bornent aux opérations et aux procédés que nous venons de
décrire, quelques institutions de crédit se distinguent par les particularités de leur mécanisme. Les unes arrivent ainsi à augmenter
leurs ressources, leurs affaires et leurs bénéfices; les autres se mettent
en mesure de répondre à des besoins spéciaux que les banques ordinaires ne pourraient pas satisfaire.

**Comment certaines banques augmentent leurs res-
sources en émettant le billet de banque. — Banques d'émission.** — Dans tous les pays, il existe une ou plusieurs banques,
auxquelles on donne le nom de banques d'émission, et qui se distinguent des autres, non par leurs opérations, qui consistent, comme
celles des banques ordinaires, en opérations de caisses, en avances
sur titres, en ouvertures de crédit, et surtout en escompte des effets
de commerce, mais par la manière dont elles se procurent les fonds
dont elles ont besoin. En même temps qu'elles reçoivent des dépôts

et attirent les déposants par la pratique du chèque et du virement, elles emploient, pour augmenter leurs ressources, un procédé d'une extraordinaire puissance, qui consiste dans l'émission de billets de banque.

LE BILLET DE BANQUE. — SES CARACTÈRES. — Le billet de banque n'est autre chose qu'un effet de commerce : c'est un titre par lequel la banque s'engage à payer une certaine somme d'argent. Mais il présente trois caractères qui le distinguent de tous les autres effets de commerce et lui assurent, comme on le verra, une force de circulation exceptionnelle.

1° Il est au porteur. La banque doit donc en payer le montant à celui qui le présente à ses guichets sans pouvoir demander aucune justification d'identité. D'autre part, il se transmet entre particuliers par la simple remise de la main à la main. Enfin, celui qui le donne en payement à son créancier ne pourrait être inquiété plus tard si la banque ne pouvait ou ne voulait rembourser le billet. La libération du débiteur est aussi complète que si des espèces métalliques avaient été remises, et l'on peut dire que, grâce à son premier caractère, *le billet de banque vaut du comptant.*

2° Il est à vue, ce qui veut dire qu'il est toujours exigible. Le porteur peut donc le présenter au remboursement quand cela lui convient; il n'est tenu de laisser passer aucun délai.

3° Enfin, sa durée est indéfinie : il échappe à toute prescription. Celui qui le possède peut donc le conserver aussi longtemps qu'il le veut, sans avoir à redouter aucune déchéance.

Aucun autre titre ne présente à la fois ces trois caractères : ceux mêmes qui, en apparence, ressemblent le plus au billet de banque, en diffèrent profondément au moins à l'un des trois points de vue que nous venons de signaler. Le billet à ordre, par exemple, peut bien être à vue, mais il n'est pas au porteur, on doit le présenter au payement dans les trois mois, sous peine de déchéances graves, et il perd toute valeur au bout de cinq ans. Le chèque peut être au porteur et à vue, mais outre qu'il se prescrit, la loi oblige à le présenter dans des délais très courts : cinq ou huit jours, selon les cas.

A ces caractères essentiels, le banquier qui émet le billet de banque ne manque jamais d'en ajouter deux autres, très utiles, en effet, pour que le titre circule aisément.

4° On ne l'émet que pour des sommes rondes, comme 50, 100, 500 ou 1,000 francs, de manière à éviter toute complication dans les comptes.

5° Il ne rapporte aucun intérêt au porteur. On pourrait croire que c'est là pour le billet de banque une infériorité, car celui qui le reçoit et le garde un certain temps se trouve ainsi faire à la banque une avance gratuite. Mais en fait, le public ne l'en accepte pas moins, et l'on s'est débarrassé des calculs qu'il faudrait faire chaque fois que le billet passerait d'une personne à une autre pour indemniser la première des intérêts échus à son profit[1].

Dans ces conditions, le billet de banque constitue le meilleur des titres de la circulation fiduciaire. Bien mieux que la lettre de change, que le billet à ordre, que le warrant, et même que le chèque, il est apte à jouer le rôle de monnaie. Très commode, puisqu'il permet de transporter sans difficulté des sommes considérables, ses avantages ne sont balancés par aucun inconvénient. Celui qui le reçoit sait qu'il peut, à son gré, ou l'échanger quand il le voudra contre de la monnaie, ou le donner en payement sans engager sa responsabilité dans l'avenir, ou enfin le conserver un temps indéfini sans craindre aucune déchéance. Aussi, quand la banque qui l'a émis possède la confiance du public, le billet circule-t-il comme une véritable monnaie. — Cela est si vrai qu'on a parfois prétendu l'assimiler au papier-monnaie. Mais c'est là une très grave erreur, car le papier-monnaie est essentiellement un titre garanti par l'État et dont le porteur ne peut demander à volonté le remboursement. Le billet de banque prend bien ces caractères dans les cas très rares où une loi lui donne *cours forcé*[2], mais il cesse alors d'être un véritable billet de banque. — En temps normal, il n'est qu'un effet de commerce tirant toute sa valeur de la confiance inspirée par la banque. Mais c'est un effet de commerce doué d'une force de circulation exceptionnelle, grâce à laquelle il rend les plus grands services.

AVANTAGES DU BILLET DE BANQUE. — Ces services il ne les rend pas seulement au banquier qui l'émet, il les rend surtout au public. D'une part, excellent instrument de payement, il procure à la société une grande économie de monnaie. D'autre part, il abaisse le prix du crédit parce qu'il permet au banquier d'accorder à ses clients de meilleures conditions.

Ce titre, en effet, c'est à l'occasion de ses opérations que le banquier l'émet. Ayant à faire une avance d'argent, prêt sur titre ou escompte d'un effet de commerce par exemple, il remet à son client des billets de banque au lieu d'espèces métalliques, substituant ainsi son crédit solide au crédit moins unanimement reconnu de son client, remplaçant notamment, quand il fait l'escompte, un titre (lettre de change, billet à ordre) d'une circulation toujours un peu difficile, par un autre que tout le monde accepte volontiers.

Or, à agir ainsi, le banquier trouve de grands avantages qui lui

1. Pour faire échec au privilège de la Banque de France, M. de Girardin avait proposé d'émettre des billets rapportant par jour un centime d'intérêt (3 fr. 60 par an). Il pensait que l'intérêt promis ferait préférer ces titres au billet de banque. Ce fut le contraire qui arriva. Une banque ayant essayé d'appliquer son système, les complications résultant du calcul des intérêts empêchèrent ses titres de se répandre et l'entreprise fut abandonnée.

2. Voyez ci-dessous, p. 239.

permettent d'abaisser ses exigences. Il accroît gratuitement ses ressources, et par conséquent ses affaires et ses bénéfices ; il augmente aussi, on le verra, sa sécurité.

Si, par exemple, on admet[1] qu'un banquier prudent doive conserver en caisse le 1/3 des sommes dont on peut lui demander le remboursement sur première réquisition, celui qui ne demande ses ressources qu'aux dépôts à lui confiés n'en aura que d'assez restreintes. Sur 300 millions, par exemple, déposés entre ses mains, il ne devra disposer pour ses opérations que de 200, les 100 autres restant en caisse pour parer aux demandes de remboursement. — Celui qui émet le billet de banque, au contraire, pourra en pareil cas faire pour 600 millions d'avances, car, en gardant par devers lui les 300 millions d'espèces qu'on lui a confiés et en émettant pour 600 millions de billets, il aura entre les mains précisément le tiers des sommes (dépôts et billets) qu'on peut lui réclamer à tout instant. C'est une augmentation considérable de ses ressources, et elle est gratuite puisqu'il ne paye pas plus d'intérêts aux déposants pour avoir 600 millions à sa disposition que le banquier ordinaire pour en avoir 200.

L'augmentation est même plus grande encore que nous ne le disons. En général, la banque d'émission peut, sans imprudence, abaisser la proportion de son encaisse aux billets mis en circulation au-dessous du taux qui s'impose à une banque ordinaire. — Un banquier est, en effet, exposé à moins de surprises de la part des porteurs de billets que de la part des déposants. Dans une année difficile, par exemple, beaucoup de déposants, dont les ressources diminueront, réclameront aux banques les fonds qu'ils leur avaient confiés, et des établissements très bien dirigés pourront succomber devant cet accroissement subit de réclamations, ou tout au moins devront restreindre leurs opérations. Les billets de banque, au contraire, ne seront pas présentés au guichet de la banque par l'excellente raison qu'ils servent de monnaie et rendent à ceux qui les possèdent les mêmes services que leur rendraient des espèces métalliques. — Aussi a-t-on vu, en Écosse, des banques d'émission émettre des billets de banque en quantité égalant jusqu'à sept fois leur encaisse. Opérant depuis longtemps dans un rayon restreint, elles avaient habitué le public à leurs billets au point de faire disparaître tout besoin de monnaie. Dans aucun cas, au contraire, un banquier ordinaire n'oserait disposer pour ses opérations des 7/8 des dépôts à lui confiés !

En réalité, une banque d'émission bien dirigée n'a guère à redouter que deux dangers. 1° Elle peut être mise en péril quand les conditions de l'échange international obligent les commerçants

---

1. Il n'y a pas de règle absolue à ce sujet. C'est au banquier à déterminer, d'après les circonstances, les proportions à observer.

à envoyer au loin de grandes quantités d'or et d'argent. Les billets ne pouvant servir aux payements à l'étranger, ceux qui en possèdent viennent les échanger contre des espèces métalliques, et l'encaisse des banques d'émission diminue rapidement. C'est ce qui arrive, par exemple, quand un peuple comme la France est contraint, à la suite d'une mauvaise récolte, de faire à l'étranger de grands achats de blé, sans pouvoir les compenser en augmentant ses exportations. Nous verrons d'ailleurs, plus tard, que la banque est avertie du péril qui la menace par les variations du cours du change. Elle doit alors élever le taux de son escompte pour ralentir ses opérations et permettre la reconstitution de son encaisse à mesure que les effets escomptés par elle arrivent à échéance [1]. Si cependant le mouvement était trop brusque ou trop violent, la banque pourrait arriver à la fin de son encaisse sans avoir satisfait à toutes les réclamations; elle serait obligée de suspendre ses payements et tomberait en faillite. 2° Plus dangereux encore pour elle serait l'effet d'une panique, un événement quelconque venant à ébranler la confiance du public dans sa solvabilité. En pareil cas, tous les porteurs de billets de la banque se précipiteraient à ses guichets pour réclamer l'échange de leurs titres, et si la banque ne parvenait pas à calmer leurs craintes, elle sombrerait infailliblement [2].

Ce sont-là des risques redoutables, mais qui ne sont pas propres aux banques d'émission. Toutes les banques y sont exposées, tandis que, grâce au billet, les banques d'émission échappent, on l'a vu, à quelques-uns des périls qui menacent les banques ordinaires.

RÉGLEMENTATION DES BILLETS DE BANQUE. — En présence des avantages que nous venons de reconnaître au billet de banque, on se demandera sans doute pourquoi tous les banquiers n'en usent pas. — C'est d'abord parce que son émission suppose un crédit exceptionnel. Comme le billet de banque s'adresse à tout le monde sans que sa circulation repose sur autre chose que la signature de la banque, il n'est accepté qu'autant qu'il émane d'un établissement dont la solvabilité est universellement reconnue. Dès lors, et quelle que soit la législation d'un pays relativement au billet de banque, le nombre des banques d'émission est nécessairement restreint. — Mais chez la plupart des peuples il y a une autre raison, plus décisive encore : presque partout aujourd'hui la liberté d'émission est entravée par la loi.

Bien qu'on l'ait vivement contesté, le droit d'intervention de

---

1. L'ensemble de ces effets forme ce qu'on appelle le portefeuille d'une banque.

2. À moins cependant que les relations de la Banque avec l'État ne permettent l'emploi d'un remède suprême : l'établissement du cours forcé du billet. Voy. ci-dessous, p. 239.

l'État en pareille matière ne paraît guère niable. Il se justifie par des raisons analogues à celles que nous avons fait valoir pour expliquer l'ingérence de l'État en matière monétaire. La circulation du billet reposant sur la confiance de tous, et beaucoup d'individus étant hors d'état d'apprécier la solidité de l'établissement qui l'émet, il est bon que l'État rassure le public par une réglementation protectrice. Il reste seulement à savoir comment doit être organisée cette réglementation.

Les divers systèmes actuellement appliqués peuvent se ramener à trois types principaux.

Le plus libéral consiste dans un ensemble de conditions moyennant lesquelles toute banque peut, si cela lui convient, émettre des billets de banque. C'est le régime des États-Unis. Aux termes de la loi du 25 février 1863, le banquier qui désire mettre des billets en circulation doit déposer au Trésor des titres de la dette fédérale : il peut émettre une quantité de billets de banque représentant 90 p. 100 de la valeur des titres déposés. Son encaisse doit en outre être constamment égal à 5 p. 100 au moins du montant des billets émis. — Cette combinaison est ingénieuse, car pendant les périodes de prospérité la hausse des titres publics modère l'emploi du billet à un moment ou il est inutile d'en multiplier les émissions, et réciproquement. — Elle n'est cependant pas exempte d'inconvénients. La prime offerte aux banquiers en cas de baisse de la valeur des titres publics peut les pousser à abuser du droit d'émission ; voulant utiliser leurs billets ils risquent parfois des placements hasardeux, tombent en faillite et aggravent une situation déjà tendue.

A ce système on peut opposer celui des *banques d'État;* c'est le plus restrictif. Sous ce régime, une seule banque émet le billet et cette banque appartient à l'État : elle est dirigée par les agents du gouvernement et ses fonds sont fournis par l'impôt. — La Russie a adopté cette organisation. — La Suède également, mais elle la combine avec un système de simple réglementation. A côté de la banque d'État suédoise, des banques privées, Enskilda Bank, peuvent émettre des billets, sous des conditions rigoureuses et en se soumettant à la surveillance du gouvernement. — Le régime des banques d'État ne saurait être approuvé : il donne à l'État un pouvoir financier qui peut devenir dangereux, en même temps qu'il le charge d'une lourde responsabilité.

Le troisième système nous paraît préférable. Tenant le milieu entre les deux précédents, il consiste dans un monopole accordé par l'État à un ou plusieurs établissements privés. C'est le système français.

LA BANQUE DE FRANCE. — En France, en effet, un seul établissement, la Banque de France, peut émettre le billet de banque. C'est un établissement privé, mais à l'égard duquel l'État s'est réservé un droit de surveillance rigoureux.

Fondée en 1800 par un arrêté des consuls, la Banque de France ne se distinguait au début des autres banques que par ses attaches avec le gouvernement, auquel elle consentait des prêts et dont, en échange, elle recevait des faveurs. Mais, à mesure que les besoins de l'État augmentèrent, un double résultat se produisit. Le gouvernement s'efforça d'augmenter son autorité sur la Banque : c'est ainsi qu'en 1806 il lui imposa un gouverneur nommé par lui. Mais, en même temps, il saisit toutes les occasions pour étendre les privilèges de cet établissement. En 1803, on profita d'une crise commerciale pour enlever aux autres banques de Paris le droit d'émettre le billet de banque et la Banque reçut le monopole de l'émission à Paris pour quinze ans. Plus tard, en 1808, elle fut autorisée à fonder des comptoirs en province. Mais c'est en 1848 seulement que son monopole d'émission se compléta. La terrible crise financière de cette époque servit de prétexte. Les banques départementales, qui jusque-là avaient émis des billets de banques, furent (d'ailleurs très injustement) rendues responsables de cette crise, et les décrets des 27 avril et 2 mai 1848 prononcèrent l'absorption de ces banques par la Banque de France, qui fut investie du monopole d'émission pour la France entière. Depuis cette époque son privilège a été renouvelé ; actuellement il doit durer jusqu'en 1897.

Cette organisation n'est pas exempte d'inconvénients. Centralisant une grande partie des ressources du pays, la Banque de France est tenue de montrer une extrême prudence. Elle y est du reste contrainte par une législation restrictive. Elle ne fait des avances que sur lingots ou sur des titres déterminés, tels que rentes sur l'État, actions et obligations de chemins de fer, etc., et ne peut escompter que les effets de commerce revêtus au moins de trois signatures. Beaucoup d'opérations lui échappent donc, et la circulation de ses billets est relativement restreinte. Au 31 mai 1888, par exemple, les billets émis par elle s'élevaient seulement à 2 milliards 722 millions, dépassant seulement de 390 millions son encaisse qui représentait 2 milliards 332 millions (dont 1.119 en or et 1.213 en argent). On peut donc affirmer que, sous l'empire du monopole, la circulation du billet de banque ne reçoit pas toute l'extension dont elle est susceptible.

Mais ces inconvénients ont été largement compensés par les services rendus au pays par la Banque aux heures critiques de notre histoire. En 1848, par exemple, une crise financière sans précédent menaçait de tout emporter. La Banque de France elle-même fut menacée, ses billets lui revenant en masse. L'État put la sauver en décrétant le *cours forcé* du billet, c'est-à-dire en dispensant la Banque de l'obligation de rembourser les porteurs. On dompta ainsi la panique et, en maintenant la Banque, on conserva au commerce un point d'appui qui l'aida à dominer la situation. Le même fait se renouvela en 1871. Le cours forcé fut encore une fois proclamé, le billet de banque ne subit presque aucune dépréciation et la Banque put avancer à l'État près de 2 milliards.

Sans être parfait, ce régime est donc bon. Il a fait ses preuves et il serait imprudent de l'abandonner. Il nous paraît seulement regrettable qu'on l'ait modifié depuis 1871 en maintenant une disposition restrictive édictée à cette époque et que le cours forcé seul justifiait. En 1871, en effet, en même temps que l'on décréta le cours forcé du billet de banque, on limita le droit d'émission de la Banque. Rien n'était plus logique, car le billet à cours forcé est un véritable papier-monnaie. Mais depuis 1878 le billet de banque n'a plus cours forcé et cependant la limitation subsiste. Elle est aujourd'hui fixée à 3 milliards 500 millions. Cette restriction aux droits de la Banque est inutile et elle peut avoir les inconvénients les plus graves, car elle empêche la Banque de répondre exactement aux besoins du marché. En Angleterre, ou la même règle existe, on a déjà dû en suspendre plusieurs fois l'application [1]. On fait observer, il est vrai, que, si le billet de banque n'a pas cours forcé, il a encore cours légal. La Banque de France, en effet, depuis 1878, est bien obligée de rembourser ses billets sur présentation, mais les créanciers ont conservé le droit de les imposer dans les payements : ces billets ont donc la même force libératoire que les monnaies d'or ou d'argent. Mais ce privilège accordé au billet ne justifie aucunement la limitation du droit d'émission : la Banque ne sera pas plus qu'autrefois tentée d'abuser de son droit, puisqu'elle est tenue de rembourser ses billets à guichet ouvert. D'ailleurs l'utilité du cours légal accordé au billet de banque est très contestable, et mieux vaudrait le supprimer que de maintenir une restriction illogique et dangereuse.

Comment certaines banques répondent à des besoins spéciaux que les banques ordinaires ne pourraient satisfaire. — En dehors des banques d'émission, qui se distinguent des autres par la manière dont elles se procurent des ressources, il existe, avons-nous dit, des établissements de crédit qui se livrent à des opérations spéciales. Les banques ordinaires, en effet, opérant avec des fonds qu'on peut leur réclamer à tout instant, ne peuvent faire des avances que dans des conditions déterminées. Elles ne doivent s'engager que pour peu de temps et sur des garanties facilement convertibles en argent. Aussi se bornent-elles en général à

---

1. En 1847, notamment, l'agiotage sur les chemins de fer et de grands achats de grains ayant fait disparaître le numéraire, les demandes d'escompte à la Banque d'Angleterre épuisèrent la somme de billets qu'elle avait le droit d'émettre. Elle dut arrêter ses opérations. Le public la crut insolvable, ses billets lui revinrent en masse et son existence fut menacée. Le gouvernement dut l'autoriser à continuer ses émissions de billets.

prêter sur lingots, sur titres, ou par voie d'escompte, laissant de côté les prêts sur immeubles, sur meubles corporels et sur garanties personnelles (cautionnement et solidarité). Mais les opérations qui leur échappent ainsi sont reprises par des établissements qui s'y consacrent et qui s'organisent d'une façon spéciale en vue de les accomplir.

CRÉDIT IMMOBILIER. — SOCIÉTÉS DE CRÉDIT FONCIER. — Le prêt sur hypothèque, ou crédit immobilier, soulève des difficultés, parce que le propriétaire qui emprunte pour construire ou pour améliorer ses terres a généralement besoin d'un crédit de longue durée et parce que la réalisation du gage (c'est-à-dire la saisie, la vente de l'immeuble hypothéqué), nécessite des formalités compliquées et coûteuses. Celui qui désire emprunter sur hypothèque peut, il est vrai, trouver assez aisément un prêteur en s'adressant à un notaire; mais cet intermédiaire prélèvera un honoraire élevé, l'intérêt à payer sera presque toujours de 5 p. 100, et, comme le prêt ne sera consenti que pour quelques années, il faudra procéder à des renouvellements onéreux. La charge imposée à l'emprunteur atteindra 10, 12 et même 15 p. 100, bien que le prêteur ne reçoive que 5 p. 100!

Les sociétés de Crédit foncier obvient à ces inconvénients.

Elles prêtent sur hypothèque — et comme elles font beaucoup d'opérations et se procurent des fonds à un intérêt modéré, elles peuvent offrir aux propriétaires fonciers des capitaux à bon marché. — Les prêts qu'elles consentent sont en général de très longue durée : trente, quarante, cinquante ans et plus, de sorte que l'emprunteur évite les frais de renouvellement. Enfin elles calculent les annuités à payer par l'emprunteur de telle sorte qu'à l'expiration du temps convenu il est entièrement libéré. Pour cela, on exige de lui chaque année une somme un peu plus forte que le montant des intérêts. Si l'argent lui est prêté à 4 p. 100 par exemple, il payera 5 p. 100, et le supplément de 1 p. 100, en se capitalisant, amortira sa dette.

Ces résultats avantageux sont rendus possibles grâce au procédé ingénieux à l'aide duquel ces sociétés empruntent les fonds qu'elles prêtent. Devant les engager pour un long délai elles doivent les emprunter elles-mêmes à terme très éloigné. Pour y arriver, elles émettent des obligations remboursables en cinquante, soixante ou même quatre-ving-dix-neuf ans par tirages au sort périodiques. Ces obligations sont facilement acceptées, car ceux qui les achètent jouissent de la garantie des hypothèques concédées à la société par les emprunteurs, et d'autre part s'ils ont besoin de rentrer dans leurs fonds ils peuvent vendre ces obligations à la Bourse[1].

On a parfois comparé les obligations des sociétés de crédit foncier au billet de banque, mais rien ne justifierait une pareille assi-

---

1. Voy. ci-dessous, p. 253.

milation. Aussi ne voit-on aucune raison pour que ce genre d'opération fasse l'objet d'une intervention de l'État. En France, cependant, la société du *Crédit foncier de France* a longtemps joui d'un monopole. Il n'en est plus ainsi depuis 1877, des sociétés concurrentes peuvent être fondées. Mais le *Crédit foncier de France* a conservé des attaches officielles : son gouverneur est nommé par l'État et les dispositions de nos lois en matière hypothécaire ont été, sur certains points, modifiées en ce qui le concerne.

CRÉDIT SUR MEUBLES CORPORELS. — MONTS-DE-PIÉTÉ. — MAGASINS GÉNÉRAUX. — Le prêt d'argent contre dation en gage d'un meuble corporel, d'une certaine quantité de balles de coton ou d'un bijou, par exemple, présente lui aussi des inconvénients. Il exige de la part de l'établissement prêteur une installation permettant d'emmagasiner les objets à lui remis et nécessite des formalités assez coûteuses quand il faut réaliser le gage à défaut de remboursement. Il suppose donc une organisation spéciale. Cette organisation dépend d'ailleurs en grande partie de l'État, car la loi, par crainte du vol et du recel, défend de fonder aucun établissement de prêt sur gage sans autorisation du gouvernement (art. 411 C. pénal).

En France, les prêts sur meubles corporels sont surtout effectués par les magasins généraux et les monts-de-piété.

Les magasins généraux sont de vastes établissements où les commerçants peuvent déposer leurs marchandises en échange de deux titres qu'on leur délivre : le récépissé et le warrant. Le premier de ces deux titres constate le droit de propriété du déposant, le second sert à emprunter sur la marchandise. Il suffit d'endosser le warrant au profit du prêteur pour constituer au profit de celui-ci un droit de gage : le magasin général, averti de l'opération, doit conserver la marchandise jusqu'au jour fixé pour le remboursement du prêt ; ce jour arrivé, si le prêteur n'est pas désintéressé, la chose lui est livrée pour qu'il la fasse vendre et se paye sur le prix. Là se bornait, au début, le rôle des magasins généraux. Ceux-ci n'étaient donc que des dépôts constitués en vue de faciliter des opérations de prêt auxquels ils ne prenaient pas part ; mais, depuis 1870, ils ont été autorisés à prêter eux-mêmes sur les marchandises qu'on leur confie et sont ainsi devenus de véritables banques.

Les monts-de-piété ont un caractère très particulier. Comme leur nom l'indique, ce sont des banques charitables. Fondées surtout en vue de secourir les classes pauvres dans les moments de détresse, elles rendent aussi des services au petit commerce et à la petite industrie. Mais elles ne remplissent que très imparfaitement leur mission. « Trop isolées du commerce général de banque, dit M. Cauwès[1], et n'ayant pas, pour la plupart, de dotations, elles sont

1. *Précis d'Économie politique*, t. I, p. 612.

obligées de suppléer à l'absence de capitaux par des emprunts réalisés chèrement à de mauvaises conditions ». A Paris, par exemple, malgré des réformes récentes, les charges imposées aux emprunteurs, accessoires compris, ne descendent guère au-dessous de 7 ou 8 p. 100!

L'organisation du crédit sur meubles corporels reste, en somme, très incomplète en France. On n'est pas parvenu à constituer d'une façon pratique, au profit des cultivateurs, l'emprunt sur les récoltes, les outils et le bétail. Ce serait là cependant un élément indispensable du crédit agricole. Mais les difficultés sont considérables. Plusieurs projets ont été mis en avant dans ces dernières années : aucun n'a abouti.

CRÉDIT SUR GARANTIES PERSONNELLES. — LES BANQUES POPULAIRES. — Le crédit sur garantie personnelle, c'est-à-dire sur cautionnement ou solidarité[1], est de tous les genres de crédit le plus impraticable pour les banques ordinaires. Supposant une parfaite connaissance du degré de solvabilité de ceux qui répondent pour l'emprunteur, il est essentiellement du ressort de la mutualité. Ceux qu'unissent des intérêts communs et une confiance réciproque peuvent fonder eux-mêmes et alimenter un établissement qui se chargera de gérer et de distribuer les capitaux qu'ils consentent à se prêter mutuellement. Les *banques populaires* reposent sur ce principe. Nous en avons déjà décrit l'organisation[2] : on sait que, très florissantes dans certains pays, surtout en Allemagne et en Italie, elles sont encore très rares en France.

1. Voy. ci-dessus, p. 225.
2. Voy. ci-dessus, p. 166.

Lire dans les *Extraits* :

Coquelin : Propriétés dont jouit le billet de banque (p. 350).
Wolowski : le Crédit foncier (p. 411).

VINGT-DEUXIÈME LEÇON

---

§ 3

LE CRÉDIT PUBLIC

Programme officiel : 2° Crédit public : Sur quelles bases il repose. — Emprunts de l'État. — Théorie des annuités et de l'amortissement (obligations des chemins de fer et du Crédit foncier; rente amortissable). — Conversion des dettes publiques. — Cours légal et cours forcé.

Le crédit public. — Pourquoi les États font appel au crédit. — Les États, aussi bien que les particuliers, ont recours au crédit. Ils y sont contraints dans un certain nombre de cas. Parfois, au cours d'une année financière, les recettes s'effectuant plus lentement que les dépenses, il faut obtenir des anticipations. Il arrive aussi qu'à la fin d'une année, les dépenses engagées ayant excédé les recettes prévues, on est obligé de combler le déficit du budget. Enfin, pour tous les peuples, des occasions se présentent qui exigent un grand effort : guerres, travaux publics urgents, etc. Il faut alors réaliser rapidement des sommes considérables, et comme on ne les obtiendrait pas assez vite par l'impôt, on a recours à l'emprunt.

De tout temps il en a été ainsi et les États ont emprunté, mais c'est de nos jours surtout que le crédit public a pris une grande extension, les budgets étant plus considérables qu'autrefois, les guerres plus coûteuses, les travaux publics plus développés. Aussi, une sorte de réaction s'est-elle produite contre ce genre de crédit, et quelques-uns ont été jusqu'à le condamner absolument. Il est incontestable, en effet, que l'emprunt, permettant à l'État de prélever sur le capital du pays des sommes énormes, prête à de grands abus. Il peut faciliter les guerres, puisqu'il supprime le frein résultant de la difficulté d'en faire les frais ; il rend possible un développement exagéré des travaux publics qui détruirait l'équilibre indispensable entre les capitaux fixes et les capitaux circulants ; enfin, il grève l'avenir en mettant à la charge des générations futures le payement des intérêts de la somme empruntée et le remboursement de cette somme. La crainte de pareils abus ne doit pourtant pas empêcher de reconnaître aux emprunts publics de grands avantages quand l'œuvre à entreprendre est vraiment utile. Outre qu'ils fournissent de suite les sommes nécessaires, ils ont le mérite de les prélever sur les capitaux disponibles. Ils s'adressent aux capitalistes cherchant un placement, tandis que l'impôt frapperait indistinctement tout le monde, contraindrait ceux dont les capitaux sont engagés à des réalisations inopportunes et pourrait causer la ruine de certaines entreprises. Il n'est d'ailleurs pas toujours injuste que la dépense engagée par une génération retombe en partie sur les suivantes ; rien n'est plus équitable au contraire, quand l'œuvre accomplie est de celles dont les bénéfices sont permanents. Il serait donc excessif de prétendre interdire aux États le recours au crédit. Ils ne doivent pas en abuser, mais ils peuvent y trouver de grands avantages. Dans certains cas, c'est pour eux la meilleure façon de se procurer des ressources indispensables, et parfois c'est la seule.

Sur quelles bases repose le crédit public. — Le crédit public ne repose pas absolument sur les mêmes bases que le crédit privé. Les différences sont pourtant moindres qu'on ne serait tenté de le croire, et l'expérience a mis à néant certaines illusions qu'on a pu se faire à cet égard.

EMPRUNTS FORCÉS. — On s'est parfois imaginé que l'État pouvait user utilement de son autorité pour contraindre les capitalistes à lui faire des avances. En France, par exemple, un emprunt forcé de un milliard fut décrété en 1793, deux autres de moindre importance eurent lieu sous le Directoire, et un dernier, de 100 millions seulement, fut effectué en 1815. L'Autriche et l'Espagne ont agi de même à plusieurs reprises. Mais de pareils emprunts n'offrent que des inconvénients. Ils n'ont pas le mérite des emprunts ordinaires, qui est de ne faire appel qu'aux capitaux disponibles, ils suscitent mille résistances et sont à peu près irrécouvrables. L'emprunt de 1815 réussit parce que la somme demandée était très modique, mais en 1793 et sous le Directoire on avait échoué piteusement. En 1793, notamment, on n'avait recueilli que 100 millions au lieu de un milliard !

EMPRUNTS PATRIOTIQUES. — Parfois encore, on a dit à l'État : « Vous êtes le représentant de la patrie, vous agissez dans l'intérêt commun ; faites appel au patriotisme pour obtenir à bon compte ce dont vous avez besoin. » En 1830 et 1848, par exemple, on voulut, en France, émettre des titres de rente 5 p. 100 au pair, c'est-à-dire à 100 francs, alors que les titres du même genre se vendaient couramment à la Bourse au prix de 80 francs. En 1871, la même idée fut reprise au Parlement et dans la presse pour le payement de l'indemnité de guerre. Mais on ne put obtenir ainsi que des sommes minimes. En fait, les emprunts de 1830 et de 1848 échouèrent complètement.

LES VRAIES BASES DU CRÉDIT PUBLIC. — Il faut donc renoncer à ces procédés. L'État ne peut obtenir le concours des capitalistes qu'en raison de la confiance qu'il leur inspire et de la rémunération qu'il leur offre. Sa situation est, à ce point de vue, identique à celle d'un emprunteur ordinaire. Mais elle en diffère par les circonstances très particulières d'où dépend, à son égard, la confiance des capitalistes. En cela, mais en cela seulement, on peut dire que les bases du crédit public ne sont pas les mêmes que celles du crédit privé.

L'État, en effet, ne présente pas les garanties qu'offre ordinairement un particulier emprunteur. Il n'a guère de capitaux, ceux qui forment son domaine propre n'ayant généralement qu'une valeur bien inférieure à la somme des emprunts qu'il contracte. Ses ressources proviennent surtout de l'impôt et consistent en revenus. De plus, il est maître d'échapper à toute contrainte ; les prêteurs sont à la merci d'une loi qui dispenserait l'État de payer ses dettes. Un particulier ne trouverait aucun crédit dans de telles conditions. Mais, si l'État n'a que des revenus, ces revenus participent de sa pérennité et sont d'ailleurs très extensibles ; si son omnipotence peut inquiéter les prêteurs, de bonnes traditions financières les rassurent. C'est ainsi que la France moderne, qui eut le malheur de débuter par une banqueroute en l'an VI[1], a mis depuis une telle exactitude à remplir ses engagements qu'elle possède un crédit de premier ordre ; au lendemain de nos désastres, elle trouva sans peine les milliards dont elle avait besoin.

Emprunts de l'État. — Les deux catégories de dettes de l'État.

1° DETTE PERPÉTUELLE OU A LONGUE ÉCHÉANCE. — Ces caractères particuliers du crédit public permettent à l'État d'emprunter dans des conditions très spéciales. Pour la plus grande partie, ses dettes sont perpétuelles, ou tout au moins à longue échéance.

La dette perpétuelle, ou *dette consolidée*, n'est pas, comme son

1. La Révolution, pour liquider le passé et unifier les dettes de l'État, créa (loi du 24 août 1793) le grand livre de la dette publique. Mais en l'an VI on ordonna le remboursement en assignats, c'est-à-dire en valeurs fictives, des 2/3 de chacune des rentes inscrites. Quant au troisième tiers on le consolida. C'était faire banqueroute pour les 2/3 de la dette.

nom le ferait croire, une dette qui doive durer toujours. L'État peut la rembourser quand cela lui convient : mais les prêteurs n'ont jamais le droit d'en réclamer le montant. Quant aux dettes à longue échéance : obligations amortissables, annuités terminables, bons remboursables à échéances fixes ou dans un délai donné, etc., elles sont souvent contractées pour un temps très long : 60, 75 et même 90 ans. — Les particuliers ne trouveraient pas à emprunter pour d'aussi longs délais ; seules, les sociétés peuvent émettre des obligations à échéance très éloignée, mais aucune n'obtiendrait un prêt à titre perpétuel. La pérennité des États, la confiance qu'on a dans leur loyauté, rendent seules possibles de pareilles combinaisons, et l'inconvénient qu'elles pourraient avoir pour les prêteurs disparaît grâce à la faculté qu'ils ont de vendre leurs titres à la Bourse quand ils désirent rentrer dans leurs fonds.

Aussi une nation dont le crédit est solide n'éprouve-t-elle aucune difficulté à emprunter de cette manière. Jadis, l'État, quand il voulait émettre un emprunt, faisait appel aux banques les plus puissantes et les chargeait, moyennant une commission, de placer des titres dans leur clientèle. Aujourd'hui, on se contente d'ouvrir une souscription publique et les capitalistes affluent, attirés par les avantages d'un placement sur l'État. C'est ainsi qu'en 1873 l'emprunt pour la libération du territoire fut souscrit à 43 milliards[1] — Parfois encore, l'État vend directement à la Bourse les titres de l'emprunt. Mais c'est là un procédé très lent qui ne convient qu'aux emprunts à réaliser par fractions en un certain nombre d'années (pour exécuter un plan de travaux publics, par exemple).

2° **DETTE FLOTTANTE**. — Toutes les dettes de l'État ne sont pas perpétuelles ou à longue échéance. Celles qui forment ce que l'on appelle la dette flottante sont exigibles à bref délai. Elles proviennent de plusieurs causes :

1° Quand, au cours d'une année financière, les recettes sont en retard sur les dépenses, il faut emprunter pour donner à l'équilibre le temps de s'établir.

2° Lorsqu'un budget se solde en déficit, l'excédent des dépenses engagées, ne se trouvant plus compensé par des recettes en perspective, tombe à la charge de la dette flottante.

3° Enfin certains comptes spéciaux exposent l'État à des demandes

---

1. C'était treize fois la somme demandée. Au reste le procédé de la souscription offre un inconvénient assez grave. L'État, obligé d'arrêter *proprio motu* le prix d'émission, est tenté de le fixer trop bas afin d'assurer le succès de l'emprunt. Il serait bon, croyons-nous, de combiner le principe de la souscription publique avec celui de l'adjudication, chaque souscripteur étant admis à offrir un prix supérieur au taux officiel. Ce dernier ne serait qu'un minimum et l'on attribuerait les rentes en commençant par les plus offrants. (Voy. M. Leroy-Beaulieu, *Science des finances*, t. III, p. 339 et M. Cauwès, *Précis d'Économie politique*, t. III, p. 608.)

subites auxquelles il est tenu de répondre. Les caisses d'épargne, par exemple, qui lui confient leurs fonds, peuvent les lui réclamer ; les fonctionnaires qui ont versé au Trésor des cautionnements peuvent les reprendre ; et certaines promesses de secours faites aux départements ou aux communes pour les chemins vicinaux, pour les lycées, collèges, écoles, etc., obligent l'État à des avances qui dépassent parfois 50 millions en une année.

Ce sont là autant de dettes exigibles ou qui peuvent le devenir d'un moment à l'autre. Pour y faire face, l'État emploie d'abord les fonds disponibles du Trésor : les sommes que les caisses d'épargne lui ont confiées, par exemple, les cautionnements des fonctionnaires, etc. Mais, surtout, il emprunte à court terme en émettant des *bons du Trésor*. Ces titres, remboursables à trois mois, six mois, un an, sont généralement émis à bon compte (1, 1 1/2 p. 100 d'intérêt), car ils sont recherchés de ceux qui, ayant des capitaux disponibles, ne peuvent les engager pour un long temps. Ils fournissent à l'État le fonds de roulement dont il ne peut se passer et leur emploi est si nécessaire que les lois de finance le prévoient et le réglementent en fixant une limite aux émissions [1].

Comme on le voit, la dette flottante est l'ensemble des dettes courantes de l'État. Constamment en voie d'extinction et de reconstitution, elle ne peut pas atteindre un chiffre extrêmement élevé. Tandis que le total des dettes perpétuelles ou à longue échéance s'élève, en France, à plus de 25 milliards [2], à une vingtaine en Angleterre, à 10 aux États-Unis, à 8 environ pour les pays qui composent l'empire d'Allemagne, la dette flottante, même dans les pays où elle est le plus développée, ne peut guère dépasser 2 ou 3 milliards. Au delà de ce chiffre, on serait exposé à ne pouvoir faire face aux exigibilités. L'État devrait alors transformer une partie de cette dette en obligations à long terme. Il offrirait, par exemple, à ses créanciers, des titres de rente perpétuelle en payement, ou bien il emprunterait directement au public en émettant des rentes et emploierait le montant de l'emprunt à éteindre les dettes les plus pressantes. Dans l'un et l'autre cas, il ne diminuerait pas ses charges, mais il en changerait la nature et rejetterait sur l'avenir un fardeau trop lourd pour le présent. Une pareille opération s'appelle une *consolidation*. C'est un expédient indispensable en certains cas pour dégager une situation embarrassée, mais on sent aisément qu'il peut prêter à des abus.

Comment l'État réduit ses dettes. — Les dettes publiques

---

1. 400 millions, le plus souvent.
2. Si à ce chiffre déjà énorme on ajoute le montant de la capitalisation des dettes viagères de l'État et celui de la dette flottante, on constate que notre dette publique atteint le total de 33 milliards.

grevant le pays d'une lourde charge, l'État a le devoir de les réduire dès que cela est possible. Deux procédés mènent à ce résultat : l'*amortissement* et la *conversion*.

1. THÉORIE DES ANNUITÉS ET DE L'AMORTISSEMENT. — L'amortissement d'une dette est son extinction par voie de remboursement.

Pour toutes celles de ses dettes qui ne sont pas perpétuelles, l'État est dispensé de prendre aucune initiative pour les amortir, le mode et l'époque de leur extinction résultant de leur nature même ou se trouvant réglementés dans les clauses de l'emprunt.

Il en est ainsi pour la dette flottante, puisqu'elle est exigible de suite ou à très bref délai. On peut en dire autant des dettes à longue échéance, quelles que soient leurs formes.

Les unes, BONS A ÉCHÉANCES FIXES, doivent être remboursées à une époque déterminée. Mais on en use peu, l'État ne pouvant prévoir trente ou quarante ans à l'avance s'il sera en mesure de payer à telle date précise[1].

D'autres, BONS REMBOURSABLES DANS UN DÉLAI DONNÉ, laissent à l'État plus de latitude. Les emprunts connus aux États-Unis sous le nom de cinq-vingt par exemple, lui réservent la faculté de choisir pendant quinze ans le moment le plus favorable, car *il a le droit* de rembourser dès que s'est écoulée la cinquième année de l'émission et *est tenu* de l'avoir fait avant l'expiration de la vingtième.

Les ANNUITÉS TERMINABLES s'éteignent d'elles-mêmes car elles consistent en un certain nombre de versements annuels auxquels l'État s'est engagé. En France, par exemple, voulant aider certaines villes à exécuter des travaux jugés d'utilité publique, l'État propose à ces villes une subvention sous cette forme. Les versements convenus une fois effectués, il ne doit plus rien.

Les RENTES VIAGÈRES sont du même genre. Dues par l'État à divers titres : comme pensions, secours, retraites, etc., elles s'éteignent à la mort de leur titulaire.

Enfin, dans certains cas, et pour de grands emprunts, un amortissement graduel est organisé. L'État émet des OBLIGATIONS AMORTISSABLES PAR TIRAGES AU SORT PÉRIODIQUES. Chaque année le sort désigne un certain nombre de ces obligations et on les rembourse grâce à un sacrifice annuel ajouté à celui que nécessite le service des intérêts. Ce sacrifice est relativement léger parce que le remboursement total se trouve réparti sur un grand nombre d'années, 50, 60, 75 et même 99. Le plus souvent du reste on évite que ce sacrifice atteigne jamais un taux très élevé en combinant les choses de telle sorte que l'annuité à payer reste la même pendant toute la durée du prêt. Il suffit pour cela de la calculer en tenant compte

---

1. Pourtant, aux États-Unis, la plus grande partie de la dette fédérale est remboursable à échéance fixe.

de la diminution graduelle d'intérêt due a l'amortissement. Au début, la plus forte partie de l'annuité sert à solder les intérêts et l'amortissement est lent; mais peu à peu les remboursements qui s'opèrent diminuent la dette, et la portion de l'annuité consacrée à l'amortissement s'accroît d'année en année jusqu'à en absorber à la fin la presque totalité.

L'État n'est d'ailleurs pas seul à user de cette combinaison. Les villes s'en servent fréquemment et des sociétés privées, comme le Crédit foncier ou les compagnies de chemins de fer, l'appliquent à leurs obligations. Elle offre de grands avantages, mais, en ce qui concerne l'État, elle ne va pas sans inconvénients, car la situation complexe qu'elle crée rend à peu près impossible les conversions dont nous parlerons prochainement.

Dans tous ces cas, on le voit, il suffit à l'État d'exécuter fidèlement ses engagements pour que sa dette disparaisse à un moment donné : à la condition cependant qu'il exécute les payements convenus à l'aide de ses ressources normales et ne soit pas obligé de contracter de nouveaux emprunts pour éteindre les anciens.

Il en est tout autrement à l'égard des dettes perpétuelles. Elles ne sont jamais exigibles et leur amortissement ne peut être que le résultat d'un acte d'initiative de la part de l'État. Celui-ci n'a pas seulement à décider s'il convient ou non d'amortir, il doit encore faire choix du système selon lequel aura lieu l'amortissement. Ce sont là des questions délicates : presque toujours, pour avoir voulu trop bien faire, on les a mal résolues. En France, par exemple, de 1816 à 1885, l'amortissement de la dette perpétuelle s'est élevé nominalement au chiffre de 2 milliards 200 millions; mais il s'en faut bien que l'amortissement réel ait été aussi considérable. On a toujours procédé en constituant une *caisse d'amortissement* dotée de ressources spéciales qu'elle employait chaque année à acheter des titres de rentes. Tantôt la loi ordonna que ces rentes seraient conservées par la caisse; celle-ci touchait ainsi des revenus de plus en plus élevés et pouvait augmenter graduellement ses achats. Tantôt, au contraire, on décida que les titres achetés seraient aussitôt annulés. Mais, dans l'un et l'autre cas, l'amortissement s'opérait sans que l'on tînt compte de l'état du budget. Indépendante, la caisse continuait ses opérations alors même que le budget était en déficit et qu'il fallait recourir au crédit pour l'équilibrer. L'État amortissait donc d'une main, mais il empruntait de l'autre, et comme, en général, il émettait ses emprunts à des taux inférieurs à ceux de ses rachats, non seulement l'amortissement n'était qu'apparent, mais on réalisait une perte sèche[1].

1. En 1831, par exemple, l'État empruntait au cours de 64 francs, tandis que la caisse d'amortissement rachetait des titres aux taux de 89 fr. 50 et de 97 francs.

On ne doit donc amortir qu'à l'aide des excédents budgétaires... quand il en existe. Encore l'amortissement n'est-il pas toujours le meilleur emploi à faire de ces excédents. Mieux vaudrait bien souvent diminuer les impôts qui pèsent sur l'industrie et en arrêtent l'essor. La France, grevée d'une dette perpétuelle de 20 milliards, aurait sans aucun doute le plus grand intérêt à se débarrasser de cette charge écrasante, qui l'entrave dans le présent et pourrait dans l'avenir rendre difficiles les emprunts nouveaux que nécessiteraient les besoins de sa défense; mais il serait encore plus pressant pour elle, si la situation budgétaire le permettait, d'opérer des dégrèvements, nos charges annuelles ayant porté les impôts à un taux si élevé qu'ils mettent notre industrie dans un état d'infériorité sensible sur les marchés internationaux. — L'avenir nous réserve d'ailleurs des ressources grâce auxquelles le poids de nos dettes sera singulièrement amoindri. La principale sera réalisée vers le milieu du siècle prochain, quand l'expiration des concessions faites par l'État aux Compagnies de chemins de fer assurera au Trésor la totalité des recettes annuelles de nos voies ferrées. D'ici là, il sera sans doute possible de diminuer le service d'intérêts de notre dette perpétuelle en opérant des conversions successives.

2° **CONVERSION DES DETTES PUBLIQUES.** — La conversion est en effet une opération par laquelle l'État diminue les intérêts de sa dette. Presque toujours l'État, empruntant dans une période de crise, est obligé de promettre aux prêteurs un intérêt élevé. La crise passée, son crédit se raffermit, en même temps que l'incessante accumulation des capitaux abaisse graduellement le taux moyen de l'intérêt. Il arrive ainsi un moment où l'État aurait avantage à faire un nouvel emprunt pour rembourser le premier, puisque, ayant emprunté par exemple à 5 p. 100, il trouverait de l'argent à 4 1/2. Il est plus simple de convertir et le résultat est le même. L'État offre, en conséquence, à ses prêteurs le choix entre le remboursement de leurs titres au pair, c'est-à-dire à 100 francs, et une diminution de l'intérêt. En 1883, par exemple, l'État français ayant décrété la conversion en 4 1/2 du 5 p. 100 issu des grands emprunts nationaux de 1872 et 1873, ceux des porteurs de 5 p. 100 qui ne voulurent pas accepter l'échange de leurs titres contre des titres de rentes 4 1/2 purent exiger 100 francs en espèces. Mais bien peu usèrent de ce droit, car à cette époque, le taux de l'intérêt ayant baissé, un placement sur l'État à 4 1/2 restait très avantageux. Au lendemain de la conversion, le cours du nouveau 4 1/2 dépassait 100 francs [1]. — Un pays dont le crédit est solide peut actuellement abaisser graduellement l'intérêt

---

1. Le nouveau 4 1/2 fut d'ailleurs garanti pour dix ans contre toute conversion.

de ses dettes jusqu'à 3 p. 100. Au-delà de ce taux, la conversion devient très difficile.

On a parfois prétendu qu'en agissant ainsi l'État viole ses engagements. C'est une erreur car il n'impose que ce qu'il a le droit d'imposer : le remboursement; l'échange des titres, au contraire, reste facultatif. En convertissant ses dettes quand c'est possible, il use donc d'un droit; il remplit aussi un devoir parce qu'en négligeant de convertir, il sacrifierait l'intérêt des contribuables, c'est-à-dire de tous, aux intérêts d'une minorité, les rentiers, et priverait le pays de ressources importantes. L'Angleterre a trouvé dans une série de conversions, opérées de 1822 à 1854, une économie annuelle de 100 millions, et, en France, les conversions de 1852 à 1883, les seules qui aient été absolument correctes[1], ont diminué le service des intérêts, la première de 17 millions 1/2 et la seconde de 34 millions.

Expédients et abus en matière de crédit public. — Répudiations. — Banqueroutes. — Concordats. — Cours légal et cours forcé. — Nous avons supposé jusqu'ici l'État faisant appel au crédit par les voies régulières et exécutant fidèlement ses engagements. Il n'en est malheureusement pas toujours ainsi. L'abus du crédit public, les désastres financiers, les guerres, mènent parfois les gouvernements à des pratiques dont les unes sont tout au moins irrégulières et dangereuses, les autres absolument déloyales.

Les plus condamnables sont les *répudiations* et les *banqueroutes*. Répudier sa dette, en effet, c'est déclarer qu'on ne la payera pas, et faire banqueroute c'est la réduire sans le consentement des porteurs de titres. Dans les deux cas l'État abuse de son omnipotence pour se débarrasser de ses engagements. Il en est d'ailleurs puni par la perte de son crédit.

Un État aux abois peut quelquefois éviter la banqueroute en obtenant un *concordat* de ses créanciers. Ceux-ci lui accordent des délais ou lui font remise d'une partie de sa dette dans l'espoir de sauver le reste, et peut-être même la totalité si l'État revient à meilleure fortune.

Enfin, le plus souvent, on évite ces extrémités en recourant à des expédients qui, sous une forme ou sous une autre, aboutissent à des emprunts indirects, le plus souvent forcés. En France, par exemple, on employa un procédé de ce genre quand, en 1816, on éleva le cautionnement des officiers ministériels, car on contraignit un cer-

---

1. Il y eut en France d'autres conversions, en 1825, 1862 et 1887, mais mal combinées ou mélangées d'éléments qui en firent des emprunts plutôt que des conversions.

tain nombre de particuliers[1] à verser au Trésor des sommes considérables dont l'État s'empressa de faire emploi. Mais l'expédient dont les États usent le plus souvent consiste à donner *cours forcé* à des billets qu'ils émettent, c'est-à-dire à créer un papier-monnaie que chacun est obligé d'accepter dans les payements et dont les détenteurs ne peuvent réclamer le remboursement. C'est en réalité prélever un emprunt à la fois indirect et forcé sur l'ensemble du public. Dans le pays où existe une banque privilégiée émettant le billet de banque, l'État obtient le même résultat en donnant cours forcé aux billets de cette banque en compensation de fortes avances que celle-ci lui consent[2].

Presque tous les États ont été obligés de recourir au cours forcé. En France, l'assignat de la Révolution est resté célèbre. C'était un papier-monnaie gagé par les biens nationaux : l'émission dépassa 45 milliards et la dépréciation fut telle qu'au moment où on le supprima, il n'était plus accepté dans les payements que pour 1/300e de sa valeur nominale. On payait 3,000 francs ce qui, quelques années auparavant en coûtait 10 ! Plus récemment nous avons dû décréter, en 1848 et 1871, le cours forcé du billet de la Banque de France : mais, aux deux époques, les payements en espèces furent bientôt repris. En Angleterre, le billet de banque eut également cours forcé de 1797 à 1821 ; les États-Unis d'Amérique, contraints de recourir au papier-monnaie en 1862, ne purent s'en affranchir qu'en 1878 ; et l'Italie n'a supprimé le sien qu'en 1881. Enfin l'Autriche, la Russie, la Turquie et la plupart des États de l'Amérique du Sud sont encore sous le régime du cours forcé.

Bien que très dangereux, ce procédé n'est pas toujours condamnable. A la condition d'en user avec une extrême prudence et de ménager la possibilité d'un prompt retour aux payements en espèces, on peut y trouver le moyen d'apaiser des crises aiguës et de faire face aux nécessités d'une guerre. La France, en 1848 et en 1871, se procura ainsi, sans qu'il en résultât aucun inconvénient sensible, et presque gratuitement, des ressources qu'elle n'aurait pu demander à l'emprunt direct qu'avec beaucoup de difficultés et à des conditions très onéreuses. — Mais on ne peut que blâmer l'emploi du cours forcé comme mode d'emprunt permanent. Les États obérés, que l'épuisement de leur crédit force à y recourir, sont vite entraînés à exagérer les émissions : la valeur des titres s'altère, le bouleverse-

---

1. En compensation, on accorda à ces officiers ministériels le droit de présenter, moyennant finances, leurs successeurs à l'agrément du gouvernement, c'est-à-dire le droit de vendre leurs charges.

2. On ne peut pas dire au contraire que l'État fasse un emprunt au public quand il décrète le *cours légal* du billet de banque, car si, en pareil cas, le billet devient obligatoire dans les payements, chacun est libre d'aller immédiatement réclamer à la banque le remboursement de ceux qu'il a reçus.

ment des prix engendre des crises artificielles, et, comme les monnaies métalliques disparaissent par l'effet de la loi de Gresham [1], le règlement des échanges internationaux devient difficile et coûteux.

———

4

LA BOURSE DES EFFETS PUBLICS ET AUTRES

Programme officiel : la Bourse : Son rôle au point de vue du crédit.

———

On a vu que le fonctionnement du crédit, soit privé, soit public, donne naissance à une foule de titres, actions et obligations de sociétés, rentes sur l'État, etc., que les capitalistes n'acceptent qu'à la condition de pouvoir aisément les vendre en cas de besoin. Aussi existe-t-il dans chaque pays un certain nombre de marchés, appelés *bourses des effets publics et autres* [2], destinés à l'achat et à la vente des valeurs mobilières. Les opérations s'y font par l'intermédiaire des agents de change, officiers ministériels qui reçoivent et exécutent les ordres des vendeurs et des acheteurs, et dressent à la fin de la journée le tableau des *cours,* c'est-à-dire la liste des prix atteints par les divers titres. Les cours varient naturellement pour chaque titre selon les avantages auxquels il donne droit et le plus ou moins de confiance qu'il inspire.

Il semble que, sur un pareil marché, presque toutes les opérations devraient se faire au comptant. Il en serait ainsi, en effet, si tous les acheteurs de titres étaient des capitalistes désireux de faire un placement, et tous les vendeurs des emprunteurs véritables ou des prêteurs ayant besoin de rentrer dans leurs fonds. Mais, à côté de ces individus, pour qui la bourse est faite, existent les spéculateurs et les joueurs. Spéculant sur la hausse ou sur la baisse des cours, ils achètent le plus souvent des quantités qu'il leur serait impossible de payer comptant ou vendent des lots de titres qu'ils ne possèdent pas. Celui qui joue à la hausse achète, par exemple, le

———

1. Voy. p. 216.
2. Il existe aussi des *bourses de marchandises* où se vendent et s'achètent les produits de l'industrie : blé, coton, fer, sucre, etc..

7 mars, pour la fin du même mois, 2.250 francs de rente 4 1/2 au cours de 105 francs : il aurait donc, pour exécuter le contrat, à payer le 31 mars une somme de 52.500 francs contre livraison des titres. Mais, en réalité, il ne possède pas cette somme et ne se soucie pas de recevoir les titres. Son intention est de les revendre, livrables à la fin du mois, dès qu'une bonne occasion se présentera. S'il y réussit et revend, par exemple, à 106 le 25 mars pour fin courant, il se trouvera, au 31 mars, débiteur de 52.500 francs comme acheteur, et créancier de 53.000 francs comme vendeur : tout se réglera par une différence de 500 francs qu'il encaissera. Si ses prévisions étaient trompées, le cours des titres baissant au lieu de hausser, il revendrait quand même; mais, au lieu de percevoir une différence, il aurait à en payer une et réaliserait une perte. Les joueurs à la baisse agissent d'une façon analogue. Ils ne possèdent pas les titres qu'ils vendent : ce sont des vendeurs *à découvert*.

A de telles spéculations, l'opération au comptant ne saurait évidemment convenir. Les achats et les ventes à terme sont donc très fréquents à la bourse, et l'on a dû les réglementer avec soin. Les époques de liquidation ne sont pas laissées au choix des particuliers : on ne peut acheter ou vendre à terme les fonds d'État, ni les actions de la Banque de France, du Crédit foncier ou des Chemins de fer français que pour le dernier jour du mois où l'on traite, ou pour le dernier du mois suivant. Quant aux autres titres, on a le choix entre le 15 ou le dernier jour des deux mêmes mois. En outre, pour simplifier les comptes, il n'est permis d'opérer à terme que sur des quantités déterminées ou leurs multiples : 2.250 francs de rentes en 4 1/2, 2.000 francs en 4 p. 100, 1.500 francs en 3 p. 100, et 25 titres pour les actions ou obligations [1].

Ces spéculations de bourse ont souvent suscité des critiques. On a dit qu'elles détournaient les bourses de leur véritable rôle, substituant au mouvement normal du crédit l'agiotage et le jeu. Elles prêtent en effet à de grands abus ; cependant, il faut bien reconnaître qu'elles ont leur utilité. Entretenant l'animation du marché, elles facilitent bien souvent le maintien des cours, le placement des titres et la fondation des entreprises. Une importante réforme a du reste supprimé récemment la cause la plus choquante d'immoralité dans les bourses. La loi française, réprouvant le jeu, refuse, en général, toute action contre le perdant : poursuivi, celui-ci peut se mettre à l'abri en opposant l'*exception de jeu*. Les joueurs à la bourse, toujours payés par les agents de change intermédiaires en cas de gain, étaient donc maîtres de ne pas solder leurs différences quand ils perdaient. En voulant sanctionner une règle de morale,

---

1. Art. 6 du règlement de la compagnie des agents de change de Paris.

on provoquait de véritables scandales. Une loi du 28 mars 1885 a donné satisfaction à l'opinion publique en supprimant l'exception de jeu pour les opérations de bourse[1]. Mieux vaut, en effet, reconnaître franchement des actes que l'intérêt du crédit oblige à tolérer.

1. Malheureusement elle ne l'a pas fait aussi nettement qu'on pourrait le désirer.

Lire dans les *Extraits* :

Joseph Garnier : les Bourses de commerce (p. 424).

VINGT-TROISIÈME LEÇON

CHAPITRE IV

Le Commerce.

§ 1er.

GÉNÉRALITÉS SUR LE COMMERCE INTÉRIEUR ET EXTÉRIEUR. SON ROLE ET SON UTILITÉ. LE CHANGE. — LES CRISES COMMERCIALES.

Programme officiel : le Commerce intérieur et extérieur : le change. — Les crises commerciales : leurs causes et leurs remèdes. — Importation et exportation ; les débouchés. — Balance du commerce ; comment elle se règle par le numéraire ou par les fonds *internationaux*.

Le commerce intérieur et extérieur. — Son rôle. — Son utilité. — Importation et exportation. — Les débouchés. — On vient de voir à quel point l'emploi de la monnaie et celui du crédit sont utiles aux échanges. On n'aurait cependant qu'une vue bien incomplète des phénomènes de la circulation des richesses si l'on s'en tenait à ces deux inventions des hommes. Il ne suffit pas, en effet, pour qu'un échange ait lieu, qu'il existe des instruments propres à en faciliter le règlement, il faut encore, il faut surtout que celui qui désire vendre et celui qui peut acheter se rencontrent. L'industriel, occupé de sa fabrication, et le consommateur, retenu par ses occupations, ont besoin d'un intermédiaire qui les dispense de se chercher. Le commerçant est cet intermédiaire. Achetant aux uns pour revendre aux autres, il va chercher le produit là où il est fabriqué pour l'expédier là où il est demandé. Au besoin même, il devance la demande, acquiert le produit avant de savoir à qui il le pourra vendre, le transporte à portée des acheteurs, le conserve, le tient à la disposition du public et le lui présente sous l'aspect le plus séduisant, c'est-à-dire *paré* pour la vente. Chez tous les peuples avancés, un certain nombre, considérable, d'individus bornent à cette fonction tous leurs efforts. L'industrie à laquelle ils se livrent ainsi s'appelle le *commerce*. — C'est le *commerce intérieur* lorsque l'achat et la revente ont lieu sans que la marchandise franchisse la frontière. Au cas contraire, c'est le *commerce extérieur* déterminant un double courant : *d'importation* en faisant venir de l'étranger les produits dont le pays a besoin, *d'exportation* en expédiant à l'étranger une partie des produits obtenus dans le pays. — De là ces transports incessants de produits, qui alimentent les chemins de fer, les entreprises de roulage et la marine marchande ; de là ces marchés ou foires de toutes sortes où l'industriel vient acheter ses matières premières, où le cultivateur se procure ses chevaux, ses bestiaux, ses outils, où les consommateurs trouvent réunis les mille objets dont ils ont besoin ; de là les magasins généraux agglomérant, dans certains ports, des quantités énormes de marchandises amenées de l'étranger dans l'espérance d'un placement avantageux ; de là ces *maisons de gros* qui achètent, dans le pays ou au dehors, les produits en grande quantité et les revendent par les soins de leurs commis-voyageurs et préposés de toute espèce à leur clientèle de petits commerçants ; de là enfin, dans nos villes, bourgs et villages, ces riches magasins ou ces humbles boutiques où la marchandise attend docilement le bon plaisir de l'acheteur. Tout cela, c'est la vie commerciale dans ses agitations, son activité ou son calme.

Les services ainsi rendus sont considérables. Le commerce a, en somme, pour rôle d'approvisionner l'industrie et le public et de découvrir les *débouchés* qui permettent à chaque entrepreneur d'écouler ses produits. Il assure ainsi, nous l'avons déjà montré[1], une meilleure distribution des capitaux et des bras, parce qu'il permet aux habitants de chaque contrée, de chaque pays, de consacrer le meilleur de leurs forces aux industries qui leur sont le plus lucratives. Grâce au commerce extérieur, par exemple, la France consomme du thé, du café, du coton qu'elle ne pourrait produire elle-même et qu'elle paye en vins, en tissus, en articles de Paris, etc. Elle achète de même avec avantage des produits qu'elle pourrait fabriquer, mais à grands frais, tandis que d'autres pays les lui offrent à bon marché. D'autre part, on vient de le voir, le commerce dispense le producteur et le consommateur de l'embarras de se cher-

---

1. Voy. plus haut, p. 50.

cher l'un l'autre, et chacun peut ainsi se livrer tout entier à l'occupation qu'il a choisie. Ajoutons enfin qu'il sert encore d'éclaireur à l'industrie, car il renseigne le producteur sur les besoins et les goûts à satisfaire, et qu'il met le public à l'abri des disettes et des hausses de prix exagérées en comblant, le cas échéant, par des achats à l'étranger, les insuffisances de la production nationale.

Le Change. — Au point de vue de la circulation des richesses, l'intervention de l'industrie commerciale se traduit par une extraordinaire multiplication des échanges. Le produit, au lieu d'aller directement du producteur au consommateur, n'arrive à ce dernier qu'après avoir passé entre les mains d'un certain nombre de commerçants, peut-être de beaucoup. Ce n'est pas un mal, comme on pourrait le croire, car c'est ici l'un des cas où l'on peut dire que la route la plus courte ne serait pas la meilleure[1]. La voie à suivre s'est, il est vrai, allongée, mais, comme elle est tracée d'avance, elle est aussi plus rapidement parcourue.

Cette multiplication des échanges, nécessaire à son fonctionnement, rend particulièrement précieux pour le commerce les divers moyens inventés pour simplifier le règlement des achats. Pour lui, le payement en espèces n'est qu'un procédé rudimentaire, trop coûteux, trop dangereux aussi à cause des risques auxquels sont exposées les monnaies quand on les transporte. Il s'efforce donc d'en restreindre l'emploi et, dans ce but, il use, plus que toute autre industrie, sans qu'aucune comparaison soit possible, des inventions ingénieuses que nous connaissons déjà : virements en banque, compensations dans les clearing-houses, et surtout lettres de change.

Il résulte de là, en ce qui concerne ces dernières, d'importantes conséquences. On sait déjà quel genre de service rend le *change*. L'individu qui, domicilié à Marseille ou à Londres, par exemple, se trouve à la fois créancier d'un commerçant habitant Paris et débiteur d'un autre qui réside au même lieu, peut tirer une lettre de change sur son créancier et l'envoyer à son débiteur en le priant d'aller la toucher : il reçoit ainsi ce qui lui est dû et paye ce dont il est redevable sans qu'aucune somme de monnaie soit transportée. Mais une pareille opération ne serait pas facile à accomplir si elle exigeait que le même individu fût à la fois créancier et débiteur de personnes habitant la même ville. Elle n'aurait lieu que rarement et, si ingénieux qu'il soit, le mécanisme du change rendrait peu de services. Grâce à l'industrie commerciale, il en rend d'immenses. En multipliant les échanges, elle a rendu tellement fréquentes les opérations de change qu'une organisation est devenue possible, qui les simplifie et les

1. Voyez toutefois, p. 52, nos observations sur l'inconvénient qu'il y a à multiplier inutilement les intermédiaires.

facilite. Le change est aujourd'hui une branche importante du commerce des banquiers. Ceux-ci centralisent les lettres de change, les achetant à qui peut leur en vendre pour les céder à ceux qui en ont besoin. Dès lors, tout individu habitant Londres, par exemple, et qui est créancier d'un autre habitant Paris, peut tirer une lettre de change sur son débiteur; un banquier la lui escomptera. De même celui qui, habitant Londres, doit faire un payement à Paris, n'aura qu'à s'adresser à un banquier pour se procurer une lettre de change payable à Paris ; en l'envoyant à son créancier, il se libérera.

Les banquiers font plus encore. Il se peut, en effet, qu'il y ait à Paris beaucoup d'individus ayant à effectuer des payements à Londres alors que les créanciers de Paris sur Londres sont rares. Mais presque toujours, en pareil cas, une situation inverse existera entre Londres et une autre ville, par exemple Vienne. Les lettres de change sur Londres se trouveront donc tout à la fois faire défaut à Paris et abonder à Vienne. Bien informés, les banquiers de Paris s'empresseront d'acheter des lettres de change à Vienne pour les revendre à Paris. Lorsqu'ils agissent ainsi, l'on dit qu'ils font des opérations d'*arbitrage*. En même temps qu'ils réalisent un bénéfice, ils débarrassent Vienne d'un inutile excédent de lettres de change et fournissent à Paris l'instrument de payement dont il a besoin.

Les Banquiers ne sont d'ailleurs pas seuls à s'occuper du change. Dans certaines grandes villes, à Londres et à Paris, par exemple, il existe des *marchés d'effets de commerce* où l'on vend et achète chaque jour, à prix débattu, des lettres de change sur les diverses places du monde. Sur ces marchés, les intermédiaires sont, à Londres les *bill brokers*, et à Paris des individus sans titre spécial auxquels on donne quelquefois le nom de *courtiers de change*.

VARIATIONS DES COURS DU CHANGE. — Les lettres de change faisant l'objet d'un commerce, c'est-à-dire s'achetant et se vendant comme une marchandise quelconque, leur prix varie comme il arrive pour toutes les marchandises. Quand, à Paris, les lettres sur Londres que l'on veut vendre sont précisément en nombre égal à celles que l'on veut acheter, le change est au *pair*, c'est-à-dire que la lettre payable à Londres coûtera 25 fr. 21 par livre sterling, ce qui représente exactement, en monnaie française, la quantité d'or fin qui se trouve dans une livre sterling anglaise. Mais le plus souvent il n'y aura pas égalité des offres et des demandes de lettres de change, et le cours se fixera soit au-dessus, soit au-dessous du pair. — Il dépassera le pair si les lettres sur Londres sont à Paris en quantité insuffisante, et, comme ce fait suppose que les négociants de Paris sont plus débiteurs que créanciers des négociants de Londres, on dira en pareil cas que le change est *défavorable* à la place de Paris. — Dans l'hypothèse inverse, au contraire, le change tomberait au-dessous du pair; on donnerait moins de 25 fr. 21 par livre sterling payable à

Londres, et l'on dirait que le change est *favorable* à la place de Paris.

Il faut seulement remarquer que les variations du cours du change ne peuvent guère dépasser certaines limites. Ainsi l'on a constaté que le prix des lettres de change de Paris sur Londres ne tombe pour ainsi dire jamais au-dessous de 25 fr. 07 et ne dépasse pas 25 fr. 35. C'est qu'autrement il serait plus avantageux pour celui qui a un payement à faire d'envoyer directement de la monnaie, la perte à subir par l'effet de la baisse ou de la hausse du change dépassant les frais d'expédition et d'assurance contre les risques.

Le change ne rend pas seulement le service d'éviter les déplacements de monnaie dans le règlement des opérations commerciales; ses variations, constatées dans un tableau appelé *cote des cours du change,* fournissent aussi les indications les plus précieuses aux banquiers et en général à tous les commerçants. Quand, en effet, une place, Paris par exemple, a plus acheté à l'étranger qu'elle n'a vendu, il lui est impossible de régler tous ses achats avec des lettres de change : les commerçants songent d'abord, en pareil cas, à expédier de la monnaie et c'est naturellement aux banquiers qu'ils viennent en demander. Ceux qui ont des dépôts en banque les retirent, ceux qui possèdent des effets de commerce sur une autre ville de France cherchent à les faire escompter. Les banquiers, s'ils ne prenaient aucune précaution, risqueraient de voir disparaître l'encaisse métallique indispensable à leur sécurité. La cote des cours du change les avertit, leur signale le danger. Ils y obvient aussitôt en élevant le taux de l'escompte. Cette élévation du taux de l'escompte ralentit leurs opérations et leur permet de conserver le numéraire nécessaire pour faire face aux demandes de remboursement des déposants; en même temps, comme leurs bénéfices s'élèvent, ils peuvent faire venir de l'étranger des espèces pour remplacer celles qui leur sont retirées. D'autre part, le commerce est averti qu'il doit modérer ses achats pour ne pas aggraver la situation et se trouve contraint de prendre des mesures pour la liquider. Ceux qui possèdent des titres de rente, des actions, des obligations, les vendent à la Bourse plutôt que de subir une grosse perte en faisant escompter leurs effets de commerce. De leur côté, les marchands abaissent le prix de leurs marchandises pour en activer la vente. Ainsi les exportations augmentent en même temps que le numéraire est attiré; les payements nécessaires sont effectués et le cours du change revient au pair.

Quand, au contraire, le change est favorable, les banquiers abaissent le taux de l'escompte afin de multiplier leurs opérations et d'utiliser tout le numéraire dont ils peuvent disposer; par là, ils indiquent au commerce que la situation est bonne et le mettent à même de redoubler d'activité.

Balance du Commerce. — Comment elle se règle parfois par le numéraire ou par les fonds internationaux. — La pratique du Change, on le voit, a pour effet de réduire au strict minimum les payements en espèces. Grâce à elle, la plupart des échanges commerciaux ne sont que des *trocs* perfectionnés.

Ce résultat est particulièrement précieux dans le commerce extérieur parce que les distances à parcourir rendraient à la fois dispendieux et pleins de dangers les envois de monnaies. Aussi est-ce ce genre de commerce surtout qui use du change. Chaque année, il compense ainsi pour des milliards d'opérations.

Quelquefois cependant, même dans le commerce extérieur, le change ne suffit pas pour tout régler. Lorsqu'en effet un peuple est obligé, par quelque événement exceptionnel (mauvaise récolte, guerre, maladies des vignes, etc.), d'augmenter considérablement ses achats à l'étranger sans pouvoir accroître d'autant ses ventes, il se trouve avoir à payer beaucoup plus qu'à recevoir. La *balance du commerce extérieur*, c'est-à-dire la comparaison de ses dettes et de ses créances vis-à-vis de l'étranger, s'établit par un solde dont il est débiteur. Pour payer ce solde, il lui faut expédier à l'étranger, soit des fonds internationaux, c'est-à-dire des titres de bourse ayant une clientèle sur les divers marchés du monde, soit des espèces métalliques. Mais c'est là un cas relativement rare. En dehors des faits exceptionnels dont nous avons donné quelques exemples, les créances et les dettes nées des importations et des exportations se font à peu près équilibre, le change suffit presque entièrement à les régler et l'on a pu dire avec raison que, dans le commerce international, *les produits se payent avec des produits*. C'est ainsi que la France, par exemple, a pu régler, de 1874 à 1884, pour 47 milliards et demi d'importations et pour 38 milliards d'exportations sans que son stock métallique en fût sensiblement modifié.

THÉORIE DE LA BALANCE DU COMMERCE. — SA RÉFUTATION. — Une doctrine a pourtant universellement régné autrefois, d'après laquelle les choses se passeraient tout autrement. Connue sous le nom de « théorie de la balance du commerce », elle prétendait juger des résultats du commerce extérieur par la simple comparaison des statistiques douanières concernant les importations et les exportations. Si en effet, disait-elle, la valeur des exportations d'un pays dépasse celle de ses importations, l'excédent lui est nécessairement soldé en monnaie par l'étranger. Il s'enrichit donc, la balance du commerce lui est favorable. Elle lui est défavorable au contraire lorsque la valeur de ses importations dépasse celle de ses exportations, car il doit combler la différence par des envois de numéraire. Il subit alors une perte sèche, et si cette situation se maintenait longtemps il serait exposé à perdre toutes ses richesses métalliques. — Nous voilà loin de la règle d'après laquelle, dans l'échange international, les produits se payent en général avec des produits. Comme, en effet, pour tous les peuples, les tableaux de douane accusent de grandes différences entre la valeur des importations et celle des exportations, on devrait s'attendre à ce que le règlement du commerce extérieur nécessitât d'importants et fréquents envois de monnaie. La France, par exemple, qui importe en moyenne pour 4 milliards 300 millions de marchandises tandis qu'elle n'en exporte que pour 3 milliards 200 millions, devrait expédier chaque année à l'étranger pour près de 1 milliard d'or et d'argent; l'Allemagne serait à peu près dans le même cas; et, quant à l'Angleterre, c'est à près de quatre milliards que s'élèveraient ses déficits annuels. En une seule année son numéraire disparaîtrait entièrement!

Une doctrine qui aboutit à d'aussi fantastiques conclusions est évidemment fausse! La théorie de la balance du commerce a pourtant régné, à peu près sans conteste, depuis le xvie siècle jusqu'au xviii^o. Elle a fait beaucoup de mal parce que, engendrant des idées inexactes sur le commerce extérieur et ses résultats, elle a poussé les gouvernements à des mesures funestes dont nous parlerons dans le prochain paragraphe. Aujourd'hui encore, bien que la science en ait fait justice, on la voit reparaître de temps à autre. Bien des gens ne peuvent comprendre qu'un peuple ne se ruine pas quand ses importations dépassent ses exportations. Dans ces dernières années encore, en 1882, l'attention de la Chambre des députés était appelée sur l'état de notre commerce extérieur. Comme, depuis longtemps, nos importations dépassent nos exportations, on déclarait que la balance du commerce nous était défavorable, et l'on demandait qu'une commission d'enquête fût nommée pour chercher les moyens de remédier à cette situation anormale et dangereuse.

Il est cependant aisé de démontrer que ces craintes sont vaines. La théorie de la balance du commerce repose sur plusieurs erreurs : à divers points de vue elle se trompe dans la manière dont elle établit la balance du commerce extérieur.

1° Voulant établir le compte des créances et des dettes nées au profit ou à la charge d'une nation dans son commerce avec les autres, elle a d'abord le tort d'accorder une confiance aveugle aux indications des statistiques douanières. Ces statistiques, en effet, ne sauraient constituer un tableau exact des importations et des exportations d'un pays. — D'une part, il y a certains mouvements de marchandises qui lui échappent inévitablement. La France, par exemple, vend chaque année aux étrangers qui la viennent visiter une foule d'objets qu'ils emportent avec eux sans que la douane en ait connaissance. C'est une exportation favorisée par la réputation dont jouissent nos industries de luxe, exportation qui équivaut à des centaines de millions et qui est loin d'être compensée par une importation analogue. De son côté, l'Angleterre ne vend-elle pas aux autres peuples des navires construits dans ses chantiers et qui sortent de ses ports pour être livrés aux acheteurs sans que la douane puisse en tenir compte? — D'autre part, même pour les marchandises dont elle signale l'entrée ou la sortie, la douane est dans l'impossibilité de donner des renseignements concordants. Elle ne peut, en effet qu'évaluer les marchandises importées et les marchandises exportées d'après leur valeur au départ ou à l'entrée. Or les marchandises qui quittent le pays ne sont encore grevées, ni des frais d'assurance, ni des frais de transports, de commission, de courtage, etc., qu'ont déjà acquittés les marchandises importées. Pourtant ces frais se partagent nécessairement entre les pays qui commercent ensemble. Si nous payons les uns, on nous paye les autres, sous formes de rétribution à nos armateurs, à nos compagnies d'assurance, à nos commerçants, etc. Pour interpréter convenablement les statistiques douanières il faudrait donc majorer le chiffre des importations du montant de ces sommes, et l'écart serait alors sensiblement diminué.

2º En second lieu, la théorie de la balance du commerce a le tort grave de ne tenir compte, pour dresser le tableau des créances et des dettes d'un pays vis à vis de l'étranger, que de l'importation et de l'exportation des marchandises. Bien d'autres causes pourtant agissent qui peuvent aider à équilibrer les chiffres. — Certains peuples, par exemple, réalisent dans le commerce extérieur des bénéfices dont le tableau des exportations ne saurait faire mention. C'est ainsi que l'Angleterre, dont la marine marchande est si développée, opère une foule de transports pour le compte des autres pays. — Mais surtout, les nations les plus riches (et ce sont précisément celles-là chez qui les importations dépassent le plus les exportations) ont prêté à d'autres des capitaux dont l'intérêt leur est dû. Les Anglais, par exemple, en souscrivant aux emprunts des États étrangers, en achetant des titres de sociétés importantes qui fonctionnent dans les divers pays, en faisant des avances considérables à leurs colonies, sont devenus créanciers d'un revenu annuel qui atteint près de trois milliards. La France retire chaque année d'opérations analogues près d'un milliard et demi. Or, une grande partie de ces intérêts sont payés aux particuliers qui y ont droit, non pas en numéraire, mais en produits qu'ils se font expédier. Ces produits, à leur entrée, sont évalués par la douane et viennent augmenter la liste des importations, tandis que rien n'indique au tableau des exportations les contre-valeurs avec lesquelles on les a payés.

3º La théorie de la balance du commerce contient une troisième erreur, et celle-là est de beaucoup la plus grave, parce qu'elle n'engage pas seulement des questions de comptabilité, mais viole le fondement même de cette doctrine. Loin qu'on soit en droit de déclarer qu'un peuple se ruine quand les tableaux de la douane font ressortir un excédent des importations sur les exportations, c'est plutôt le contraire qui est vrai. La douane, en effet, estime les marchandises d'après la valeur qu'elles ont en France; mais elle ignore à quels prix celles qui sortent ont été cédées, à quels prix celles qui entrent ont été acquises. Or, n'est-il pas à présumer que, si nous exportons certaines marchandises, c'est que nous trouvons à les vendre au loin plus qu'elles ne valent chez nous, tandis que nous importons surtout celles qui ont plus de valeur en France que dans le pays où nous les achetons? « Permettez-moi, écrit Bastiat, d'apprécier le mérite de la règle selon laquelle les partisans de la balance calculent les profits et les pertes... J'étais à Bordeaux, j'avais une pièce de vin qui valait 50 francs ; je l'envoyai à Liverpool et la douane constata sur ses registres une exportation de 50 francs. Arrivé à Liverpool, le vin se vendit 70 francs. Mon correspondant convertit les 70 francs en houille, laquelle se trouva valoir, sur la place de Bordeaux, 90 francs. La douane se hâta d'enregistrer une importation de 90 francs. Balance du commerce en excédent de l'exportation, 40 francs. Ces 40 francs, j'ai toujours cru, sur la foi de mes livres, que je les avais gagnés. M. M... m'apprend que je les ai perdus et que la France les a perdus en ma personne. » — Rien de plus concluant, et l'on peut affirmer, en effet, que lorsqu'un peuple réalise des bénéfices dans son commerce extérieur, la valeur de ses importations dépasse nécessairement celle de ses exportations.

Ce n'est pas à dire qu'il faille toujours se réjouir quand une situation de ce genre se manifeste. Un écart trop considérable peut être l'indice de l'un de ces faits, dont nous avons parlé, qui obligent un pays à augmenter exceptionnellement ses achats à l'étranger sans pouvoir accroître proportionnellement ses ventes. Il faut bien alors solder l'excédent par des envois de numéraire ou de titres. Mais ces ruptures d'équilibre sont rares, et elles durent peu quand elles se produisent, car la hausse du change, obligeant en pareil cas les commerçants à abaisser leurs prix, les exportations deviennent plus actives et la balance du commerce est bientôt rectifiée. Il reste donc vrai de dire en thèse générale, que les produits se payent avec des produits dans le commerce extérieur et que les envois de numéraire ou de fonds internationaux n'y jouent qu'un rôle secondaire, le change suffisant presque toujours à en régler les opérations.

Les Crises commerciales : leurs causes et leurs remèdes. — Intermédiaire entre les entreprises, intermédiaire aussi entre la production et la consommation, se servant incessamment du crédit et des divers moyens de payement, l'industrie commerciale subit fatalement le contre-coup de tout ce qui se passe d'heureux ou de défavorable dans chacun de ces domaines. Par contre, elle réagit avec la même force sur tous ces éléments. Elle est, en un mot, comme un point central auquel aboutissent toutes les manifestations de la vie économique, et sa prospérité ou ses souffrances sont de sûrs indices de la situation générale.

Les périodes de prospérité sont celles pendant lesquelles un équilibre convenable se maintient entre les forces économiques. Dès que cet équilibre est rompu, on entre dans une phase de difficultés que l'on appelle une *crise*.

Bien des causes peuvent, malheureusement, amener ce dernier résultat. Une mauvaise récolte, en élevant tout à coup le prix des denrées de première nécessité, peut diminuer la consommation des autres produits et ruiner une partie des entreprises qui les fabriquaient. Elle peut aussi, en rendant nécessaires des achats exceptionnels à l'étranger, enlever au pays une partie de son numéraire et y rendre difficile le règlement des échanges. Une guerre, voire une menace de guerre, rend les affaires pénibles par les craintes qu'elle suscite. Les progrès industriels eux-mêmes, si bienfaisants qu'ils soient en définitive, provoquent d'abord, quand ils ont lieu brusquement et sont considérables, les plus vives souffrances parce qu'ils obligent les entrepreneurs à transformer leur organisation et les ouvriers à faire un nouvel apprentissage. Les conditions de la production et de la vente étant changées, il faut, pour que l'humanité profite complètement des perfectionnements accomplis, qu'un nouvel équilibre se soit établi.

Mais, entre tous les faits que l'on pourrait signaler, la cause la plus active des crises se trouve dans les *abus du crédit*, entraînant la *superproduction*. Comme, en effet, la prospérité rend les hommes imprudents, il arrive trop souvent que, au moment même où les produits se vendent le plus avantageusement, les entrepreneurs augmentent sans mesure leur fabrication. Ils y sont presque toujours encouragés par les commerçants et par les banquiers, les premiers faisant des commandes excessives dans l'espoir de réaliser de gros bénéfices sur la revente, les seconds voulant développer leurs opérations à un moment où ils peuvent aisément se procurer des capitaux à bon marché, et, dans ce but, accordant trop facilement le crédit. Les entreprises se multiplient, dans chacune d'elles la production augmente; les produits s'accumulent et il vient un moment où la consommation ne peut suivre un mouvement aussi rapide. La crise éclate alors, générale et intense. — On dit en pareil cas qu'il y a eu *superproduction*. Il est bien vrai que, le plus souvent, il s'agit d'objets dont l'humanité n'aura jamais trop : on a produit en abondance, par exemple, des étoffes, du charbon, du fer... choses dont il faudrait supposer d'invraisemblables approvisionnements pour que nous soyons dans l'impossibilité de les utiliser toutes. Mais il ne suffit pas, pour qu'un entrepreneur rentre dans ses débours, qu'il ait fabriqué un objet propre à satisfaire un besoin, il faut encore que le besoin soit ressenti par un individu pouvant acheter l'objet. Chaque industrie doit donc mesurer sa fabrication moins aux besoins qu'aux facultés d'achat du public ; si elle ne le fait pas, elle produit trop et s'expose à la ruine.

Comme on le voit, l'origine des crises varie selon les cas. On appelle plus spécialement *crises industrielles* celles qui ont leur point de départ dans une mauvaise direction imprimée à la production ou dans un désastre qui frappe directement cette dernière, *crises financières* celles qui viennent d'une rétraction du crédit, et *crises monétaires* celles qui débutent par une raréfaction de la monnaie.

Mais toutes se désignent indifféremment par les dénominations de *crises économiques* ou de *crises commerciales*. Et, en effet, d'une part, toutes intéressent le mouvement économique et, d'autre part, c'est en matière commerciale qu'elles produisent leurs conséquences les plus apparentes. Cette dernière assertion est si exacte que l'observation attentive du fonctionnement de l'industrie commerciale permet souvent de prévoir qu'une période difficile va commencer. — Lorsque le développement exagéré de certaines branches de la production a tendu à l'excès les ressorts économiques, ceux qui ont été les plus imprudents sont obligés, pour tenir leurs engagements, de faire un large appel au crédit. Ils s'adressent au commerce des capitaux, c'est-à-dire aux banquiers, et l'on voit bientôt les bilans des principales banques se modifier d'une façon anormale. Les encaisses métalliques diminuent, les portefeuilles se remplissent d'effets escomptés et la circulation des billets de banque augmente. Ce sont là les indices d'embarras commençants, d'où va sortir une crise. — D'autre part, aussitôt déclarée, la crise se manifeste par le ralentissement des transactions et par des modifications profondes des statistiques du commerce extérieur. Tantôt ce sont les chiffres des importations et des exportations qui baissent à la fois, tantôt ce sont certaines importations, celle des céréales, par exemple, qui s'élèvent extraordinairement pendant que tout le reste est en diminution. En même temps, les banquiers inquiets resserrent le crédit ; leurs portefeuilles se vident et le capital monétaire s'accumule dans leurs caisses. — Enfin, lorsque la crise est à peu près liquidée, des faits inverses : reprise des opérations d'escompte, circulation monétaire et fiduciaire plus active, relèvement des importations et des exportations, permettent de s'en rendre compte et d'annoncer le retour prochain de la prospérité.

Ces crises sont un grand mal car elles causent de vives souffrances. De nombreux entrepreneurs tombent en faillite, beaucoup de capitaux sont perdus, le taux des salaires est abaissé. Malheureusement, on ne voit guère de remèdes propres à les apaiser. On peut sans doute, quand une industrie est éprouvée par un fléau, l'aider à lutter en répandant la connaissance des moyens découverts par la science pour obvier au mal. Le phylloxera est actuellement combattu par des procédés de ce genre. Les autorités publiques peuvent aussi, quand la crise est locale, l'adoucir en faisant exécuter quelques travaux pour fournir du travail aux ouvriers. Mais une pareille intervention doit être très réservée. Beaucoup de moyens que l'on propose dans ces cas aggraveraient le mal au lieu de l'atténuer. A Paris, par exemple, dans ces dernières années, l'abus des constructions ayant engendré une crise, et de nombreux ouvriers venus du dehors se trouvant privés des hauts salaires qui les avaient attirés, on proposa que le gouvernement s'entendît avec le Crédit foncier pour assurer la construction de maisons à bon marché pour les ouvriers. Ce plan n'aboutit pas, et ce fut très heureux, car il ne pouvait avoir d'autre effet que de prolonger la crise en retenant à Paris des ouvriers qui n'y pouvaient trouver emploi.

Aussi, dans la plupart des cas, le mieux est-il de laisser la crise se liquider d'elle-même. La rétraction du crédit mettant ceux qui se sont trop avancés dans l'impossibilité de se soutenir, ils tombent et entraînent avec eux ceux dont la situation était le moins solide; une période d'atonie plus ou moins longue succède au désastre; puis la confiance renaît peu à peu, des réformes sont introduites dans les entreprises, le commerce et le crédit apportent la prudence voulue dans leurs opérations et, comme la baisse des prix, résultat de la crise, a développé les habitudes de la consommation, une nouvelle période de prospérité peut commencer.

Il semble que les leçons déjà reçues devraient nous mettre à l'abri des crises commerciales, de celles au moins qui viennent de l'abus du crédit et de la superproduction. Il n'en est pourtant pas ainsi. On a constaté que des crises générales se reproduisent à intervalles réguliers, tous les dix ou douze ans, et l'on a pu, trop exactement, les comparer à une sorte de maladie périodique qui serait inhérente à notre organisation économique. On ne peut attendre que des progrès du jugement et du savoir chez la plupart des hommes la modification si désirable de cet état de choses.

Lire dans les *Extraits* :

Quesnay : Balance du commerce (p. 58).
Courcelle-Seneuil : Les crises commerciales (p. 438).

VINGT-QUATRIÈME LEÇON

§ 2.

DE L'INTERVENTION DE L'ÉTAT DANS LE COMMERCE INTÉRIEUR ET EXTÉRIEUR.

Libre-échange et protection.

Programme officiel : Libre-échange, protection et prohibition ; traités de commerce ; droits de douane : entrepôts ; ventes publiques.

La liberté du commerce intérieur. — Si l'on réfléchit au rôle qui lui revient dans un pays, on ne s'étonnera pas que le commerce ait presque toujours été plus strictement réglementé que les autres industries. Le public, avec lequel il est en relations directes, le rend volontiers responsable de ses mécomptes. Lorsque les prix des denrées s'élève, surtout des denrées de première nécessité, lorsque les fraudes deviennent plus fréquentes, on est porté à s'en prendre à l'organisation ou au fonctionnement de l'industrie commerciale.

Aussi l'ancien régime a-t-il tenu le commerce dans une étroite tutelle. Le système des corporations[1], appliqué aux commerçants comme aux industriels, en limitait le nombre. Le gouvernement intervenait aussi parfois pour fixer les prix. Au moyen âge, plusieurs ordonnances furent rendues dans ce but[2] ; en pareil cas, le roi décrétait l'interdiction de vendre certaines marchandises, dont une liste était dressée, à des prix plus élevés que ceux qu'il indiquait. Souvent aussi, le gouvernement se préoccupait d'assurer les approvisionnements de certaines denrées, surtout du blé. A partir de 1765,

---

1. Voy. *suprà*, p. 76.
2. La Convention essaya, d'ailleurs sans succès, d'appliquer le même système par ses lois sur le *maximum*.

on alla dans cette voie jusqu'à créer une compagnie privilégiée qui fut chargée d'opérer une sorte d'accaparement officiel des céréales. Le roi, pour être à même de déjouer les spéculations des particuliers et de procurer au peuple le blé à bon marché, se faisait lui-même accapareur. Cette combinaison engendra de tels abus que l'opinion l'a flétrie du nom de *pacte de famine*. Enfin un système de douanes intérieures mettait obstacle à la libre circulation des produits de province à province.

La Révolution a fait disparaître ces entraves : cependant on ne peut pas dire qu'à l'heure actuelle l'État s'abstienne de toute intervention dans le commerce intérieur. — Certains commerces sont prohibés par la loi, les uns dans un intérêt de sécurité publique comme la vente des armes et munitions de guerre, des substances vénéneuses et des remèdes secrets, les autres par suite de combinaisons fiscales comme la vente du tabac ou des cartes à jouer. Des mesures spéciales de police sont aussi prises à l'égard de certains commerçants, de ceux, par exemple, qui tiennent des débits de boissons ou des auberges. En outre, un ensemble de dispositions légales a pour objet de prévenir ou réprimer les fraudes commerciales et les concurrences déloyales. Le législateur va plus loin encore, car il oblige parfois les particuliers à prendre comme intermédiaires pour leurs opérations des personnes investies par lui du droit exclusif d'exercer certaines fonctions commerciales. Le monopole des courtiers pour l'achat et la vente des marchandises n'a disparu qu'en 1866, celui des facteurs des Halles a duré jusqu'en 1878 et, actuellement encore, on en peut citer qui subsistent : celui des agents de change notamment et celui des courtiers inscrits chargés de présider les ventes de marchandises aux enchères publiques. Enfin l'on ne peut oublier que, en France même, le prix du pain a été soumis à la taxe officielle jusqu'en 1863 et aussi celui de la viande, au moins à Paris, de 1855 à 1858.

Toutes ces restrictions à la liberté commerciale ne doivent pas être appréciées de la même manière. Celles qui ont pour but d'assurer la sécurité extérieure, l'ordre à l'intérieur et la loyauté des contrats, peuvent être approuvées pourvu que les mesures prises ne soient pas vexatoires. Les autres sont, ou très contestables comme le monopole des agents de change, ou franchement mauvaises comme les règlements relatifs aux prix des marchandises.

Mais, en somme, quand on compare notre législation actuelle à l'ancienne, on ne peut nier qu'un progrès décisif ait été fait. Les restrictions qui subsistent sont peu nombreuses et affectées d'un caractère exceptionnel. En règle générale, le commerce intérieur est libre. L'État n'a plus la prétention d'en surveiller l'organisation ou le fonctionnement. Il ne limite plus le nombre des commerçants, il ne s'oppose ni à la concentration, ni à la division des entreprises commerciales, il ne limite plus les prix; enfin, les marchandises circulent librement d'un bout à l'autre du territoire sans payer aucun droit de douane [1].

Il est très heureux qu'il en soit ainsi. Il peut sans doute arriver que certains abus se produisent dans l'organisation et le fonctionnement de l'industrie commerciale. Comme nous l'avons déjà montré [2], le nombre des intermédiaires peut devenir excessif et, en pareil cas, le prix des marchandises s'élève en même temps que la diminution des bénéfices pousse à la sophistication des produits. Ce sont là choses regrettables, mais où l'État n'a rien à voir. Il n'est pas plus fait pour remédier à tout qu'il n'en a le moyen : les lois qu'on édicterait en pareil cas auraient pour effet inévitable d'aggraver le mal en enrayant l'activité économique par une réglementation gênante. C'est aux particuliers, guidés par leur intérêt, de trouver le remède. La concurrence découragera ou fera disparaître, au besoin en les ruinant, une partie des intermédiaires inutiles. De grands magasins se fonderont où le public trouvera, du moins pour certaines marchandises, les meilleures conditions de bon marché. Enfin les consommateurs eux-mêmes pourront, s'ils ont assez d'initiative, éviter les inconvénients de la cherté ou les dangers de la sophistication des produits en s'unissant pour former des sociétés coopératives de consommation. Ici, comme presque toujours, en un mot, c'est à la liberté de corriger elle-même les abus qu'elle a pu engendrer.

Intervention de l'État dans le commerce extérieur. — Libre échange. — Protection et prohibition. — Il semble que, si la liberté est bonne pour le commerce intérieur, elle doit l'être aussi pour le commerce extérieur. Tous deux, en effet, remplissent des rôles semblables, à l'aide des mêmes procédés. Au point de vue des principes, il n'existe entre eux aucune différence. Celles que l'on peut relever résultent seulement du degré de complication des rouages et du plus ou moins d'habileté qu'exigent les spéculations. — Agissant sur un terrain plus vaste puisqu'il doit réaliser l'échange des services, non plus entre les régions d'un même pays, mais entre toutes les nations du monde entier, le commerce extérieur est obligé de perfectionner son organisation. Ses principaux représentants doivent parfaitement connaître les pays avec lesquels ils entrent en relation. Il leur faut y étudier les conditions de la fabrication, les habitudes de la consommation, les moyens de

1. Les octrois des grandes villes ne sauraient être comparés aux douanes d'autrefois. En les établissant, on se propose de créer une ressource pour la ville et non d'entraver la circulation des denrées.

2. Voy. *suprà*, p. 52.

transports et les tarifs qui s'y rapportent, le régime des monnaies et des institutions de crédit, etc. Souvent même, ils ont à explorer des contrées nouvelles, à envoyer des émissaires qui étudient sur place les débouchés encore inconnus, à fonder des comptoirs, à installer des représentants à demeure, qui surveillent leurs intérêts. En même temps, les spéculations auxquelles ils se livrent sur l'achat et la vente demandent une grande habileté pour se renseigner, beaucoup d'expérience et beaucoup de flair, parce qu'elles exigent une appréciation sûre d'éléments très complexes. Comme, en effet, il faut, pour bien acheter, profiter des moments où les conditions faites par les vendeurs sont avantageuses, c'est presque toujours à l'avance que le commerçant doit évaluer les besoins probables du pays où il se propose d'importer la marchandise. Encore ne doit-il pas oublier de faire entrer en ligne de compte ce que, de leur côté, peuvent faire ses concurrents. — Ce sont là de grandes difficultés. Il est évidemment plus aisé d'obtenir un fonctionnement régulier du commerce intérieur que des échanges internationaux, et les diverses régions d'un même pays auront moins de peine à mesurer exactement leurs achats et leurs ventes réciproques qu'une nation à importer et exporter précisément ce qu'il convient, ni trop, ni trop peu. Si donc on tient pour démontré qu'à l'égard du commerce intérieur l'État est impuissant à résoudre les difficultés qui surgissent sans cesse et doit se remettre de ce soin à l'initiative privée, comment pourrait-il en être autrement à l'égard du commerce extérieur?

Cette vérité n'est cependant qu'imparfaitement reconnue. On admet bien sans doute, en général, que le commerce extérieur doit être laissé libre dans son organisation et dans le choix de ses procédés; mais la controverse reste vive sur un point essentiel. Doit-on laisser s'opérer librement l'entrée et la sortie des marchandises, ou convient-il que le gouvernement intervienne pour restreindre certaines importations et encourager certaines exportations? — Plusieurs doctrines sont ici en présence.

DOCTRINES RESTRICTIVES. — LA PROTECTION ET LA PROHIBITION. — Les partisans de l'intervention de l'État déclarent qu'il est nécessaire de *protéger* l'industrie nationale. Mais, comme une protection peut être plus ou moins énergique, ils se divisent en deux groupes.

Quelques-uns veulent pousser la protection jusqu'à la *prohibition*. Il faut, disent-ils, réserver absolument le marché intérieur aux produits de l'industrie du pays; toutes les marchandises étrangères susceptibles de faire concurrence à l'une des industries existant dans le pays doivent donc être frappées de droits de douane prohibitifs, c'est-à-dire tellement élevés qu'elles ne pourraient trouver acheteur après les avoir payées. C'est là une doctrine insoutenable, car elle ne va à rien moins qu'à renoncer presque entièrement aux bienfaits du commerce extérieur. Le peuple qui l'appliquerait ne tirerait guère de ce commerce d'autre avantage que de se procurer les quelques denrées qu'il est hors d'état de produire lui-même. Il renoncerait à tirer bénéfice des industries auxquelles il est particulièrement apte, car on ne peut espérer vendre lorsqu'on refuse d'acheter. Enfin ce peuple serait bientôt devancé par les autres car ses industriels, débarrassés de l'aiguillon de la concurrence étrangère, s'endormiraient dans la routine.

Aussi les adversaires de la liberté commerciale ont-ils, pour la plupart, renoncé à la prohibition pour s'en tenir au *protectionnisme*. Dans ce système on ne demande pas que les produits étrangers soient exclus du marché intérieur, on veut seulement que des droits de douane, convenablement mesurés, rétablissent l'équilibre pour celles de nos industries qui produisent plus chèrement que les industries similaires de l'étranger. Si, par exemple, le mètre d'une certaine étoffe ne peut être fabriqué en France à moins de 7 francs tandis qu'il est obtenu pour 5 dans les fabriques anglaises, on demandera que la marchandise anglaise soit frappée d'une taxe de 2 francs à son entrée en France. L'égalité étant ainsi rétablie, et le consommateur français ayant à choisir entre les deux produits, ce sera à nos industriels de s'ingénier pour obtenir la préférence.

Ces deux théories de la prohibition et de la protection n'en font en réalité qu'une seule. La seconde admet des tempéraments qui la rendent plus acceptable : elle évite, dans une certaine mesure, de constituer dans chaque pays, à l'industrie nationale, une sorte de monopole qui la dispenserait de se tenir au courant des perfectionnements. Mais l'une et l'autre se proposent le même but : soustraire l'industrie nationale aux prétendus dangers de la concurrence extérieure, et elles s'appuient sur les mêmes arguments.

Au point de vue économique, dit-on, un peuple doit surtout chercher à développer ses forces productives. Or, dans la production, tout se tient. Elle ne saurait progresser sans un développement proportionnel simultané de toutes ses branches. A une agriculture puissante il faut les centres de consommation que forment les agglomérations industrielles, et réciproquement; aux industries manufacturières il faut les matières premières que leur fournissent les industries extractives; enfin les industries manufacturières forment souvent elles-mêmes une sorte de filière par où doit passer le produit avant d'arriver à sa perfection. — Si donc l'une des industries d'un pays venait à succomber devant la concurrence étrangère, toutes les autres se trouveraient atteintes par contre-coup. Tout au plus pourraient-elles, dans certains cas, combler le vide en s'adressant à l'étranger, mais on se trouverait alors à la merci du bon ou du mauvais vouloir des autres pays. — Dans bien des cas d'ailleurs ce ne serait là qu'un remède insuffisant. Une industrie qui aurait cessé d'être maîtresse sur son propre marché compenserait difficilement cette perte sur le marché extérieur. Pour chaque pays, en effet, le marché intérieur l'emporte de beaucoup en importance sur le marché extérieur. Ce n'est que le trop-plein qui s'écoule au dehors, et tel peuple, qui aujourd'hui importe et exporte pour 7 ou 8 milliards de marchandises, en achète et vend peut-être pour dix ou vingt fois plus sur son propre marché. Le marché intérieur est donc le vrai débouché de l'industrie nationale; c'est celui qu'il faut lui assurer à tout prix.

On ajoute enfin qu'un régime libéral aurait vite pour effet de mettre le consommateur national à la merci des producteurs étrangers. Ceux-ci, ayant fait disparaître les industries similaires dans le pays libre-échangiste, se trouveraient investis d'un véritable monopole. L'Angleterre, par exemple, si nous l'admettions sans réserve à importer en France ses tissus de coton, nous les vendrait d'abord au moindre prix possible, peut-être même à perte, pour ruiner nos filatures; mais, ce résultat obtenu, rien ne l'empêcherait de relever ses prix et de s'indemniser largement à nos dépens.

LA DOCTRINE LIBÉRALE : LE LIBRE-ÉCHANGE. — A la prohibition et à la protection, il faut opposer le libre-échange. Les partisans de cette doctrine demandent que le gouvernement s'abstienne d'intervenir dans le commerce extérieur.

La liberté, disent-ils, en suscitant la concurrence internationale, permet seule de tirer du commerce extérieur tous ses avantages. Dans chaque pays, on renoncera aux industries pour lesquelles on rencontre plus d'obstacles qu'ailleurs, soit dans la nature, soit dans les aptitudes de la race, et l'on s'appliquera au contraire à développer celles pour lesquelles on possède une supériorité naturelle ou acquise. La division du travail entre les peuples sera ainsi assurée d'une façon parfaite. En même temps, les agriculteurs et les industriels, stimulés par la nécessité de conquérir la prépondérance ou de conserver celle qu'ils auront acquise, ne pourront s'endormir dans les préjugés et la routine; on les verra soucieux d'appliquer les procédés les plus perfectionnés et d'en imaginer de nouveaux. Ainsi, de toutes manières, la somme des produits dans le monde deviendra plus considérable, et chaque pays y gagnera, puisqu'il achètera aux autres les objets qu'il n'eût lui-même fabriqués que chèrement, et les payera avec ceux dans la fabrication desquels il excelle.

Ce système, s'il était franchement appliqué, ne produirait du reste pas les effets que redoutent les partisans de la protection. Un peuple ne se verrait pas obligé de restreindre son activité à l'exploitation de quelques branches seulement de la production : l'un ne deviendrait pas exclusivement agricole pendant qu'un autre se ferait uniquement manufacturier. Quand l'écart entre les frais de revient n'est pas trop considérable, les industriels d'un pays peuvent le plus souvent lutter avec avantage sur le marché intérieur contre leurs concurrents étrangers, soit parce que leurs produits supportent moins de frais de transports, soit parce qu'eux-mêmes sont mieux en mesure de comprendre et de satisfaire les goûts de leurs compatriotes. La pratique du libre-échange ne ferait donc disparaître, dans chaque pays, qu'un petit nombre d'industries, celles dont les conditions de production sont trop onéreuses. Quelques autres, au contraire, recevraient un extraordinaire développement, et c'est surtout avec leurs produits que l'on achèterait et que l'on payerait ce qu'on aurait renoncé à fabriquer. Enfin beaucoup d'industries se développeraient simplement d'une façon normale et, sans acquérir une prépondérance marquée, soutiendraient avec des alternatives de succès et de revers la concurrence des industries étrangères. Le marché intérieur n'échapperait donc pas, comme on l'affirme, à l'industrie nationale. Celle-ci n'y éprouverait qu'une légère diminution de ses débouchés, qui serait plus que compensée par une extension de sa clientèle étrangère.

Les partisans de la protection oublient aussi, quand ils rappellent la nécessité d'un développement proportionnel simultané de toutes les industries, que le commerce international a précisément pour effet d'en rendre plus facile la réalisation. Grâce à lui, c'est dans l'ensemble des nations qui commercent ensemble que cette condition doit être réalisée. Il importe peu que la production de tel objet diminue dans un pays, si elle augmente dans un autre. Quelques cas exceptés [1], il est chimérique de croire qu'une nation refusera de vendre à une autre des produits qu'elle aura fabriqués dans ce but, car la première aura tout autant besoin d'exporter que la seconde d'importer.

La constitution d'un monopole au profit des pays importateurs n'est pas plus à craindre. Il n'y a pas, en effet, de pays importateurs; on abuse des mots quand on dit, par exemple, que l'Angleterre vend des tissus à la France. Ce sont en réalité des particuliers habitant l'Angleterre qui vendent à des particuliers habitant la France, et supposât-on, contre toute vraisemblance, que la fabrication des tissus vînt à disparaître chez nous, il n'y aurait aucune raison pour que les industriels anglais ne se fissent pas les uns aux autres, sur le marché français, la concurrence qu'ils se font actuellement sur le marché anglais.

Les partisans du libre-échange ajoutent enfin que toute doctrine restrictive aboutit, dans l'application, à d'inextricables complications et à des injustices. Le législateur, quand il intervient dans le commerce extérieur, décide presque toujours à l'aveugle, ne pouvant mesurer exactement la portée de ses actes. — En protégeant une

____

[1] Voy. *infrà*, p. 273.

industrie, il nuit à d'autres parce qu'il les oblige à payer plus cher les matières premières ou l'outillage dont elles ont besoin. La taxe sur les filés de coton, par exemple, favorable aux filatures du Nord, cause un grand dommage à l'industrie lyonnaise mise hors d'état de se procurer à bon marché les fils spéciaux dont elle a besoin et que l'industrie étrangère seule fabrique bien. — D'autre part, n'est-il pas inique d'obliger les consommateurs à payer indirectement un impôt aux chefs de certaines industries? Les partisans de la protection affirment, il est vrai, que les taxes sont supportées par les producteurs étrangers. Il arrive en effet parfois que le producteur étranger hésite à augmenter ses prix du montant total de la taxe, dans la crainte de perdre sa clientèle ordinaire. Il restreint alors son bénéfice sur chaque objet vendu et supporte une partie du droit de douane. Mais, en général, il n'en est pas ainsi. Les droits ne sont pas établis pour prélever un impôt sur l'étranger, mais bien pour permettre à l'industrie nationale de vendre ses produits plus chèrement que si le commerce était libre, et il est contradictoire de les réclamer dans ce but et d'affirmer qu'ils ne léseront pas les intérêts des consommateurs !

Cette argumentation est décisive, et la doctrine libre-échangiste contient évidemment la vérité scientifique. On peut toutefois admettre quelques réserves dans l'application. — On comprend très bien qu'un peuple ne consente pas à dépendre de l'étranger pour certaines industries dont les produits sont nécessaires à sa défense, pour la fabrication des armes de guerre par exemple. En pareil cas, on peut dire que la question en jeu n'est pas celle du libre-échange et de la protection. Le législateur, en repoussant le concours de l'étranger, sacrifie l'intérêt économique à un autre, qu'il estime être d'ordre supérieur. — D'autre part, et, si ferme soit-on sur les principes, on ne saurait demander à un peuple qui a long-temps pratiqué un système restrictif, de le rejeter tout à coup pour adopter le libre-échange. Un changement aussi brusque dans les conditions de la production engendrerait fatalement une formidable crise. Il faut ménager la transition, et c'est avec prudence, en quelque sorte pas à pas, que l'on doit sortir de la mauvaise voie où l'on s'était engagé.

Histoire du libre-échange et des doctrines restrictives. — Ce n'est guère avant la fin du XVIᵉ siècle que les gouvernements songèrent à réglementer les importations et les exportations. Jusque-là, le commerce intérieur n'avait pris que peu de développement. Les droits de douane, dans les pays où il en existait, n'avaient d'autre objet que de prélever un impôt sur la circulation des marchandises. Mais, à cette époque, l'exploitation des mines du nouveau monde ayant jeté sur le marché de l'Europe une quantité extraordinaire d'or et d'argent, une théorie apparut que l'on désigne aujourd'hui du nom de système mercantile. On s'imagina que l'or et l'argent étaient des richesses particulièrement précieuses, au point que chaque peuple devait s'efforcer de les accumuler de préférence à toutes autres. Le système mercantile lui-même engendra la théorie de la balance du commerce. On crut qu'un pays qui importait plus qu'il n'exportait était obligé de solder la différence par des envois de monnaies, et la conclusion fut que le gouvernement devait, par un système douanier, restreindre les importations et augmenter les exportations. On aboutit ainsi à un régime dans lequel des droits frappaient les marchandises étrangères à leur entrée, tandis que des primes encourageaient la sortie des produits nationaux. — Cette politique reposait sur deux erreurs que nous n'avons plus à réfuter. On comprenait mal le rôle économique de l'or et de l'argent [1], et l'on méconnaissait la règle que, dans l'échange international, les produits se payent avec des produits [2].

Ces idées fausses régnèrent très longtemps. Colbert lui-même ne s'en dégagea pas ; elles ne furent cependant pas les seules dont il s'inspira. Comprenant que le développement des exportations dépend de la prospérité de l'industrie nationale, il s'efforça de rendre cette dernière florissante. Il permit l'entrée libre des matières premières et des denrées alimentaires, en même temps qu'il en prohibait la sortie ; c'était assurer l'approvisionnement à bon marché de nos manufactures et l'abaissement des prix de main-d'œuvre. D'autre part, des droits d'entrée sur les objets manufacturés réservaient le marché intérieur à nos industries, et des primes à l'exportation les aidaient à conquérir des débouchés au dehors. — Ce régime conciliait, en réalité, deux théories distinctes : par le but poursuivi, il se rattachait au système mercantile ; il était protectionniste par les moyens employés. Il fut d'ailleurs complété par le *pacte colonial*, ensemble de mesures prises pour réserver à la mèrepatrie le commerce avec ses colonies, ces dernières étant contraintes à demander à la mère patrie tous leurs approvisionnements et à lui réserver leurs exportations, et les navires de commerce de la mère patrie étant seuls admis à faire l'intercourse coloniale.

Le pacte colonial a subsisté jusqu'en 1866, causant le plus grand préjudice aux colonies. Quant au système principal de Colbert, s'il aida au développement des manufactures en France, ce ne fut qu'en ruinant l'agriculture. On l'abandonna enfin vers la fin du xviiie siècle. A ce moment, la politique libérale trouva dans les physiocrates des défenseurs ardents autant qu'autorisés, qui réclamèrent la liberté du commerce extérieur, de même qu'ils demandaient la suppression des

1. Voy. *suprà*, p. 200.
2. Voy. *suprà*, p. 250.

corporations; l'abolition des douanes intérieures, etc. A la suite de la guerre d'Amérique, la France signa avec l'Angleterre un traité de commerce par lequel les droits d'entrée furent abaissés à des taux moyens de 10 et 12 pour 100.

Le système mercantile était définitivement renversé, et pendant quelque temps les idées libérales triomphèrent. La Constituante rédigea un tarif très modéré; elle supprima même toute taxe sur les denrées alimentaires. Mais bientôt nous entrons en lutte avec l'Europe, et la guerre se fait avec les tarifs autant qu'avec les armées. On s'efforce par tous les moyens de mettre l'Angleterre hors d'état d'exporter ses produits. Ce fut la Convention qui inaugura ce périlleux système, dont la plus énergique application fut le blocus continental décrété par Napoléon Ier.

Quand la paix fut rétablie, le terrain se trouva préparé pour les idées anti-libérales. La théorie de la prohibition apparut alors. On ne craignit pas d'affirmer « qu'il est de droit politique et social que les fabricants français aient le droit exclusif de fournir à la consommation du pays. » La Restauration accueillit ces revendications et des tarifs formidables furent édictés.

Ils ont subsisté jusqu'en 1860; mais les premières protestations s'élevèrent bien avant cette époque. — L'Angleterre était entrée, dès 1846, dans la voie du libre-échange. Elle avait hésité longtemps : dès 1834, Cobden avait fondé, à Manchester, une ligue pour l'abolition des lois protectrices de l'agriculture, et il lui avait fallu dix années pour vaincre les résistances des protectionnistes; Enfin, en 1843, des meetings nombreux réclamaient de tous côtés la liberté commerciale ; en 1845, le ministre Robert Peel, jusque-là grand adversaire des libre-échangistes, était converti ; il acceptait la réforme et la faisait voter en 1846. — L'effet produit en France fut considérable. Bastiat, dans son ouvrage : *Cobden et la ligue*, raconta ce qui venait de se passer en Angleterre; une *association pour la liberté des échanges* se forma, deux journaux furent fondés pour soutenir la doctrine. De leur côté, les protectionnistes se constituèrent en *comité pour la défense du travail national;* ils avaient pour organe le *Moniteur industriel*, et la majorité dans le Parlement leur était acquise. Mais le gouvernement impérial, gagné au libre-échange et usant de son droit propre, signa, le 23 janvier 1860, avec l'Angleterre, un traité de commerce abaissant considérablement les droits d'entrée. La France renonçait ainsi à la prohibition et faisait un grand pas vers la liberté du commerce extérieur. La plupart des États de l'Europe continentale l'imitèrent. Les États-Unis, au contraire, restèrent fidèles au système prohibitif.

Aujourd'hui, l'Angleterre seule applique sans restriction le système libéral. Les droits de douane dont certaines marchandises sont frappées à l'entrée du Royaume-Uni n'ont pas pour objet de protéger l'industrie nationale mais de procurer un revenu au gouvernement, et l'on choisit de préférence, pour les imposer de cette manière, les denrées qui n'ont pas de similaires dans le pays, comme le thé, le café, le tabac, le vin, etc. Les États-Unis, au contraire, ont des tarifs extrêmement élevés : ils espèrent, en écartant la concurrence étrangère, favoriser le développement de leur industrie manufacturière. Enfin, les peuples de l'Europe continentale n'ont pas rompu avec la politique inaugurée en 1860. Cependant, presque partout, on a profité de ce que les premiers traités arrivaient à expiration et devaient être renouvelés pour relever les tarifs. On ne peut méconnaître qu'un mouvement de réaction s'est produit, et la France même, bien qu'elle ait mieux résisté que quelques-uns de ses voisins, n'y a pas échappé.

Les traités de commerce. — On aura sans doute remarqué que, dans l'histoire de notre politique douanière, les périodes favorables à la liberté se sont toujours ouvertes par la signature d'un traité de commerce. S'entendre avec les autres nations est, en effet, ce que peut faire de mieux un peuple qui, sans oser aller jusqu'à la liberté commerciale absolue, ne veut pas de la prohibition. Au cours des négociations qui s'engagent on se fait des concessions réciproques, et l'on aboutit finalement à un abaissement de la moyenne des droits d'entrée.

Aussi les partisans du libre-échange encouragent-ils les gouvernements à conclure des traités de commerce. C'est là, pensent-ils, un excellent procédé de transition. Ces traités sont d'ailleurs conclus pour un certain laps de temps, dix ans, vingt ans, et, pendant ce délai, nos industriels sont à l'abri de changements brusques dans les tarifs des nations en vue desquelles ils fabriquent. — Les partisans des doctrines restrictives voient, au contraire, les traités de commerce avec défiance. Ils s'élèvent surtout contre l'une des clauses que l'on y rencontre, *la clause de la nation la plus favorisée.* C'est une stipulation par laquelle chacun des signataires se réserve le droit de profiter des abaissements de tarifs que son co-contractant accorderait ultérieurement à une autre nation. On ne peut guère l'écarter, car aucun peuple ne voudrait signer un traité si les concessions qu'il obtient, en échange de celles qu'il fait, pouvaient lui être indirectement enlevées, l'un de ses concurrents en obtenant de plus considérables. Aussi est-elle de style; on la trouve aujourd'hui dans tous les traités de commerce. Il n'est pas douteux qu'elle tende à diminuer l'effet des mesures de protection puisque, grâce à elle, chaque concession faite à une nation profite à toutes celles avec qui nous sommes liés par des traités de commerce.

Le mécanisme douanier. — **Droits de douane et**

primes. — L'administration des douanes est l'instrument dont on se sert pour appliquer au commerce extérieur les mesures que l'on croit propres à protéger l'industrie nationale. Toutes les marchandises qui entrent sur le territoire d'un pays, ou qui en sortent, passent sous les yeux de cette administration qui est chargée, selon les cas, ou d'exiger le payement d'un droit, ou au contraire de remettre une prime.

Droits de douane. — Les droits de douane sont de deux sortes : droits à l'importation et droits à l'exportation. Les premiers, de beaucoup les plus nombreux, ont pour objet de défendre nos produits contre la concurrence étrangère en frappant les marchandises importées ; les seconds ont été jadis employés pour empêcher l'exportation des grains, lorsqu'on redoutait une disette, ou de certaines matières premières que l'on voulait réserver à nos industries.

Primes. — Les primes sont aussi de deux sortes : primes à l'importation et primes à l'exportation. — On a vu parfois des gouvernements payer des primes aux étrangers qui importaient certaines matières premières dont l'industrie nationale manquait, ou des denrées alimentaires dont on avait un besoin urgent. Récemment encore une nation européenne, l'Allemagne, voulant encourager sur son territoire la fabrication du sucre de betterave, accordait une prime à ceux de ses industriels qui exportaient ce produit au dehors. Dans le premier cas la prime était payée à l'importation, elle l'était à l'exportation dans le second.

Mais on a presque entièrement renoncé aujourd'hui aux droits de douane à l'exportation et aux primes. Les disettes et le manque de matières premières ne sont plus à craindre, le commerce extérieur étant assez actif pour distribuer, en l'absence de tout stimulant, les divers produits d'une façon régulière. Et, d'autre part, on a compris qu'il était déraisonnable d'imposer aux contribuables d'énormes sacrifices pour ouvrir des débouchés à une industrie quand elle ne peut les conquérir par elle-même.

L'administration des douanes n'est donc plus guère chargée que de percevoir des droits à l'importation. Ajoutons seulement que certaines mesures de protection sont parfois prises sans qu'elle ait à concourir à leur exécution : tel est, par exemple, le système des primes à la construction et à la navigation, institué en 1881, dans le but de protéger notre marine marchande au long cours.

Transit, drawback, admission temporaire, entrepôts et ventes publiques. — Un système de droits à l'importation ne peut, sous peine de dépasser le but, être appliqué sans quelques tempéraments. — Il serait déraisonnable, par exemple, de prétendre faire payer la taxe aux marchandises de *transit*, c'est-à-dire à celles qui ne font que traverser le territoire national pour aller d'un pays dans un autre, car on n'obtiendrait d'autre résultat que de les détourner de cette voie et de faire perdre à nos entreprises de transports une partie du fret qui les alimente. — Souvent aussi, on consent à exempter de droits les matières premières nécessaires à celles de nos industries qui travaillent pour l'exportation. On peut alors choisir entre deux procédés : le *drawback*, consistant à exiger le droit quand la matière première est importée, sauf à le restituer quand elle est réexportée sous forme de produit achevé, et *l'admission temporaire* consistant à admettre sous caution la matière première en franchise, en accordant au fabricant un certain délai pour la travailler et la réexpédier à l'étranger. — Enfin, il est indispensable que les commerçants étrangers ne soient pas empêchés d'apporter en France les marchandises qu'ils désirent y vendre, et de constituer ainsi des approvisionnements dont le pays ne pourrait se passer. On y parvient au moyen des entrepôts, vastes magasins qui sont considérés comme territoires neutres. Toute marchandise que l'on y dépose est provisoirement dispensée de la taxe; si elle en sort pour reprendre le chemin de l'étranger, elle n'acquitte pas le droit de douane; elle le paye au contraire lorsqu'elle est consommée à l'entrepôt ou vendue dans le pays. Les avantages de ce système sont si considérables qu'on l'a étendu, en imaginant ce que l'on appelle « l'entrepôt fictif ». Dans certains cas, lorsqu'il s'agit par exemple de marchandises dangereuses, encombrantes, ou lorsqu'une ville n'a pas d'entrepôt *réel,* on autorise tel commerçant français à recevoir des marchandises étrangères dans ses propres magasins sans acquitter la taxe, en l'obligeant seulement à présenter ces marchandises à toute réquisition, à ne pas les déplacer sans autorisation et à fournir une caution répondant du payement des droits le cas échéant.

La faculté d'entrepôt n'est pas le seul moyen qu'un peuple puisse employer pour encourager les commerçants à expédier leurs marchandises dans ses ports. Presque partout, on institue des ventes publiques de marchandises en gros; quelques-unes de ces ventes, celles de Londres par exemple, sont célèbres et attirent de nombreux acheteurs. En France, on pourrait les souhaiter mieux organisées. Le législateur a cependant pris soin de ne pas les soumettre à des règlements aussi étroits que ceux qu'il impose aux ventes publiques de marchandises au détail.

Lire dans les *Extraits :*

Condorcet : La liberté économique est commandée par la justice et par l'intérêt public (p. 173).

Bastiat : Deux pertes contre un profit (p. 310).

VINGT-CINQUIÈME LEÇON

QUATRIÈME PARTIE
CONSOMMATION DE LA RICHESSE

La consommation. — Consommer la richesse, c'est la détruire. La substance des choses échappe, il est vrai, à tout anéantissement, et, à travers toutes les transformations, les atomes subsistent, prêts pour des combinaisons nouvelles. Mais nous ne considérons comme richesses que les choses utiles; or l'utilité peut disparaître. Ce qui était richesse cesse alors de l'être; il y a consommation. Cette notion de la consommation se trouve, du reste, en parfait accord avec celle de la production. L'homme, quand il produit, crée seulement de l'utilité, il en détruit quand il consomme.

Cette destruction d'utilité est inévitable : elle est la raison d'être, le but final de toute activité économique. La richesse, une fois produite, en effet, ne peut rendre service à l'homme qu'à la condition d'être consommée. L'aliment ne le nourrit qu'en disparaissant en tant qu'aliment, le vêtement s'use quand il le porte, la machine se détériore à mesure qu'il l'emploie, etc. C'est donc pour consommer qu'il produit, et la consommation, en satisfaisant ses besoins, est la récompense de ses efforts.

Les diverses espèces de consommations. — Toute richesse est donc consommée. Mais les conditions et les résultats de la consommation peuvent être très différents selon les cas. D'une part, en effet, la destruction de la richesse ne nous procure pas toujours une satisfaction immédiate. L'homme satisfait sa faim quand il consomme du pain, tandis que lorsqu'il consomme de la farine, du levain, du bois, etc., pour fabriquer ce pain, il se met seulement en mesure d'apaiser sa faim. Au premier cas, la consommation satisfait directement son besoin ; elle ne le satisfait qu'indirectement au second. D'autre part, si l'homme produit pour satisfaire ses besoins en consommant, ses espérances ou ses prévisions sont parfois déçues. La richesse peut se trouver détruite sans qu'il l'ait employée, sans qu'il en ait tiré aucune satisfaction. Il y a donc plusieurs espèces de consommations, et la science a dû établir quelques classifications qu'il est bon de connaître.

1º CONSOMMATIONS REPRODUCTIVES OU INDUSTRIELLES. — Elle distingue d'abord des consommations qu'elle appelle *reproductives*. Ce sont toutes celles dont le résultat immédiat est une production équivalente ou supérieure de richesse. En pareil cas, la perte subie se trouve compensée, et presque toujours même plus que compensée, par un enrichissement, puisque la richesse détruite est remplacée par une autre souvent plus précieuse. Ces consommations sont donc bien des consommations reproductives. On les appelle aussi *industrielles*, parce que, ayant pour objet des capitaux, elles sont opérées par l'industrie. Agriculteurs, chefs d'industries extractives, manufacturiers, commerçants, entrepreneurs de transport, tous les producteurs consomment incessamment d'énormes quantités de matières premières et d'instruments de toute espèce ; mais, incessamment aussi, ils produisent, en créant, conservant et faisant circuler des richesses. Ce qu'ils détruisent est remplacé, et comme, dans l'ensemble, leurs opérations sont convenablement dirigées, le remplacement s'opère avec bénéfices. Les consommations industrielles, loin d'appauvrir l'humanité, sont donc une condition essentielle de son enrichissement ; elles sont indispensables pour créer, entretenir, remplacer et perfectionner l'outillage et pour fabriquer les produits achevés nécessaires à la satisfaction de nos besoins.

2º CONSOMMATIONS IMPRODUCTIVES. — Toutes autres consommations sont dites *improductives*, non pas que l'on entende, sans plus d'examen, les déclarer blâmables ou regrettables, mais parce qu'elles détruisent la richesse sans en produire immédiatement une autre qui la remplace. Il y a plusieurs sortes de consommations improductives.

a. — LES CONSOMMATIONS PERSONNELLES, comprenant celles d'entretien et de jouissance auxquelles nous devons le maintien de la vie et le bien-être. Elles ne sont pas indifférentes à la production, car elles servent souvent à entretenir ou développer les forces productives. Il en est ainsi de toutes celles grâce auxquelles sont entretenues la vie et la santé des hommes dont le travail profite à l'industrie d'une façon quelconque : Ouvriers, entrepreneurs, inventeurs, savants, professeurs, etc., qui s'emploient, nous l'avons vu, soit à créer, entretenir et développer les forces productrices, soit à les mettre en œuvre. — Le luxe lui-même, contenu dans certaines limites, peut avoir sur la production une influence bienfaisante, le désir d'une vie large et l'espoir de l'obtenir servant de stimulants au travail et à la capitalisation[1]. — Pourtant, de toutes ces consommations, nous disons qu'elles sont improductives, parce qu'elles n'aboutissent directement à la production d'aucune richesse. Lorsqu'un individu, serait-ce un producteur, consomme des denrées alimentaires, des vêtements, etc., la destruction de richesse ainsi effectuée n'est compensée immédiatement par aucune création de richesse nouvelle. Peut-être, par la suite, cette compensation sera-t-elle fournie, le consommateur étant mis à même, par les consommations supposées, de continuer à travailler. Mais il peut n'en pas être ainsi, bien des causes (accidents, maladie, mort, enrichissement subit, etc.) pouvant s'y opposer. Ce n'est pas là du reste le but qu'il s'est proposé en consommant, et, en tout cas, si la richesse anéantie est plus tard remplacée par une autre, ce n'est qu'indirectement que la première aura servi à produire la seconde.

b. — LES CONSOMMATIONS SUBJECTIVES. — Nous avons toujours supposé jusqu'ici des consommations *objectives*, c'est-à-dire résultant des changements de forme de la matière. Mais certaines consommations se produisent en dehors de toute modification matérielle. L'utilité d'une chose, en effet, ne dépend pas seulement des qualités intrinsèques de cette chose, mais aussi des besoins ressentis par les hommes. Le besoin venant à disparaître, la richesse qui était destinée à le satisfaire perd son utilité ; bien que restant identique à elle-même, elle cesse d'être richesse, elle est consommée *subjectivement.*

Les consommations subjectives sont souvent le résultat d'un changement dans les goûts. Les caprices de la mode en produisent presque périodiquement. Mais la principale cause de ce genre de consommation se trouve dans les inventions qui substituent des instruments perfectionnés à d'autres qui deviennent inutiles. Les machines ont détrôné la quenouille et le rouet ; nos musées sont remplis d'engins étranges, armes jadis, objets de curiosité aujourd'hui ; et si les peuples parvenaient à supprimer les guerres en soumettant leurs différends à l'arbitrage international, c'est un amas immense d'armes, de navires de guerre, de constructions de toute espèce, dont la valeur se chiffre par milliards, qui se trouverait tout à coup consommé subjectivement.

De quelque événement qu'elles résultent, favorable ou défavorable, les consommations subjectives ne sauraient être qualifiées de reproductives. Elles sont essentiellement improductives au contraire, et si l'on peut se féliciter que certains produits deviennent inutiles, on ne peut que regretter la peine prise pour les fabriquer.

c. Il arrive enfin que certaines richesses se trouvent consommées

1. Voy. *infrà*, p. 280.

objectivement sans que l'homme ait tiré de cette consommation aucune satisfaction. Les pertes industrielles dues à l'inexpérience, au gaspillage, à la malchance dans l'emploi des forces productives ; les fléaux naturels, incendies, naufrages, inondations, etc. ; enfin les ravages de la guerre, — anéantissent trop souvent de grandes quantités de richesses dont personne ne profite. Il n'y a pas lieu de s'effrayer outre mesure de ces pertes. Tant que ses forces productrices ne sont pas gravement atteintes, l'humanité est en mesure de les réparer. Elles n'en sont pas moins très regrettables. Aucune consommation ne mérite mieux l'épithète d'*improductive*, et l'on a même proposé de les appeler par un pléonasme énergique : des *consommations destructives*.

Pourquoi l'économie politique étudie la consommation. — Cette classification des consommations est intéressante, car elle rend exactement compte des divers aspects du phénomène de la destruction de la richesse. Mais toutes les catégories qu'elle distingue ne méritent pas au même point d'arrêter l'attention. Les consommations subjectives et les consommations destructives ont un caractère exceptionnel; il nous suffira de les avoir signalées.

Les consommations reproductives et les consommations personnelles présentent au contraire une importance capitale. C'est d'elles surtout que la science se préoccupe. — Analysant les faits pour en dégager des principes, elle recherche quelle part doit être faite aux consommations reproductives et à chaque espèce de consommations personnelles, quels sentiments dirigent ou devraient diriger les hommes à cet égard, et comment le progrès social est activé ou enrayé par les habitudes qu'ils adoptent. — En même temps, étudiant les institutions, elle décrit et apprécie certains arrangements, nés de l'initiative privée ou de la volonté des gouvernements, et par lesquels on se propose de diriger la consommation dans le sens que l'on croit être le meilleur.

Nous consacrerons un premier chapitre à l'examen des questions de principe, et nous passerons en revue les institutions dans un deuxième.

CHAPITRE PREMIER

Des habitudes de consommation et de leur influence sur le progrès social.

Programme officiel : 1° l'Épargne ; ses sources, la prévoyance. — 2° Le luxe.

Le progrès social et les principaux emplois de la richesse. — Faire vivre plus d'hommes, les rendre plus moraux, plus intelligents et plus heureux, tels sont les résultats du progrès dans une société quand ce progrès est normal, portant également sur tous les éléments de la vie sociale.

C'est là un idéal singulièrement complexe ; nombreuses sont les conditions de sa réalisation. Il faut, en même temps que la population s'accroît, que la puissance productrice de l'industrie augmente, qu'une division convenable des fonctions assure de mieux en mieux le bon gouvernement du pays et favorise le progrès de la science et de l'art, de l'éducation et de l'instruction des enfants ; il faut aussi que chacun obtienne plus de bien-être et de loisir, que les mauvaises chances de la vie soient atténuées, que la charité secoure plus efficacement les infortunes.

C'est à toutes ces améliorations que les hommes doivent consacrer leurs efforts ; c'est en vue d'elles qu'ils doivent employer la puissance productrice et régler la consommation des richesses dont ils disposent. Les sociétés civilisées modernes peuvent beaucoup à ces divers points de vue, parce qu'elles sont relativement riches. Mais elles ne doivent pas perdre de vue que le progrès doit être simultané dans tous les sens. Il leur faut être assez sages pour maintenir l'équilibre nécessaire, tout développement excessif dans une voie entraînant invariablement un retard ou même un recul dans une autre.

1° L'accroissement de la somme de vie humaine sur la terre est une condition que la nature impose à l'humanité comme à toutes les espèces. L'histoire prouverait au besoin qu'une nation ne peut être longtemps prospère lorsque le nombre de ses membres reste stationnaire ou diminue. L'augmentation de la population dans une société qui progresse est donc un fait normal, nécessaire même. Mais cette augmentation doit être contenue dans de justes limites. Toutes les forces de la société n'y doivent pas tendre, car à quoi servirait-il d'augmenter le nombre des hommes s'ils devaient rester, dans l'ensemble, ignorants et misérables? Comme on l'a très bien dit, la vie dans le monde ne doit pas s'accroître seulement par l'effet des naissances, elle doit augmenter aussi dans le temps et dans l'espace. « Elle augmente dans le temps par une durée plus longue, elle augmente dans l'espace par le développement de facultés plus puissantes, par une action plus étendue sur le monde extérieur [1]. »

Nous avons dit quelles inquiétudes avaient à cet égard conçues les premiers économistes. Malthus et Ricardo, surtout, deux des plus illustres représentants de l'ancienne école anglaise, avaient émis des prédictions décourageantes. Le premier voyant avec effroi la population toujours prête à déborder, le second convaincu que la production des aliments serait de plus en plus enrayée par l'infertilité du sol, ils avaient tous deux peint l'avenir de l'humanité des couleurs les plus sombres. Ils n'avaient pas, sans doute, condamné tout espoir de progrès. Mais, à les en croire, la marche en avant des sociétés serait nécessairement boiteuse, une élite seulement profiterait du progrès des idées et augmenterait ses jouissances de toute sorte, la masse resterait reclue de toute participation au bien-être et privée du loisir sans lequel il n'est pas de perfectionnement intellectuel.

Heureusement, nous l'avons montré, leurs conclusions sont excessives. S'ils ont, l'un et l'autre, utilement signalé à l'humanité des obstacles redoutables, c'est à tort qu'ils ont désespéré du résultat de ses efforts pour en triompher. Les faits ont prouvé, surtout depuis cent ans, que l'accroissement de la population n'est exclusif ni des perfectionnements intellectuels ni de la diffusion du bien-être et du loisir. Bien qu'il soit difficile de l'établir par des chiffres, on ne peut douter que la conscience et l'esprit des masses soient plus éclairés aujourd'hui qu'à la fin du siècle dernier, et les statistiques démontrent formellement que la classe ouvrière, astreinte de nos jours à un travail moins dur et moins prolongé qu'autrefois, jouit en même temps d'une plus grande aisance. Une société peut donc accroître le nombre de ses membres sans que toute l'augmentation annuelle de ses ressources se trouve absorbée. Une forte partie de cette augmentation peut et doit être réservée pour d'autres objets.

2° Les individus qui se consacrent aux fonctions gouvernementales, aux travaux scientifiques ou artistiques, à l'éducation et à l'instruction de la jeunesse, ne produisent directement, nous le savons [2], aucune richesse. Il est donc nécessaire qu'une portion de celles qui sont produites leur soient réservées. La part qui leur sera faite dépendra essentiellement des idées et des mœurs de la société. Le mépris de la science et de l'art, en réduisant outre mesure cette

<hr>

1. M. Courcelle-Seneuil. *Préparation à l'étude du droit*, p. 370.
2. Voy. *suprà*, p. 33.

part, rendrait impossible un développement suffisant de la source la plus féconde de progrès social. Le mépris du travail industriel, au contraire, et surtout un goût exagéré du fonctionnarisme, jetteraient dans le genre d'occupation dont nous parlons un trop grand nombre d'hommes. La société éprouverait alors une déperdition de forces; ses consommations seraient mal réglées puisque celles d'une importante catégorie d'individus se trouveraient hors de proportion avec les services par eux rendus.

3º Il est indispensable aussi qu'une portion considérable de la force productrice soit constamment consacrée à entretenir et à accroître le capital industriel. Nous avons étudié antérieurement la capitalisation et nous en avons analysé le mécanisme [1]. Une forte partie du capital étant incessamment détruite par la production, il faut que le personnel de l'industrie s'occupe à le réparer, à le reconstituer, à l'accroître. Ce personnel, il faut qu'il vive, son travail doit être rémunéré : c'est-à-dire qu'une partie des richesses produites doit être réservée pour sa consommation.

4º Il ne suffirait même pas de continuer à entretenir le personnel de l'industrie comme par le passé. Lorsqu'une société s'enrichit, il est naturel, il est juste que chacun, dans la mesure de sa coopération, voie son sort s'améliorer. Le progrès social serait donc incomplet si l'accroissement des richesses n'était en partie consacré à l'élévation du salaire et à l'allégement de la tâche de l'ouvrier. La hausse du salaire est nécessaire pour que l'augmentation du bien-être soit générale; c'est elle aussi qui permet à la classe laborieuse d'éliminer de sa vie, d'atténuer tout au moins (à l'aide de combinaisons que nous étudierons dans le prochain chapitre [2]) les risques de mort, de vieillesse, de maladie, d'accident, etc. Quant au loisir permettant l'étude et la réflexion, il est, nous l'avons dit, une condition essentielle du perfectionnement intellectuel.

Mais, si désirables que soient de pareilles améliorations, on sent aisément combien il est nécessaire qu'elles ne dépassent pas certaines limites. L'abus du bien-être dans la classe ouvrière rendrait impossible l'atténuation des risques, et, poussant aux désirs insatiables, provoquerait des jalousies qui compromettraient la paix sociale. Quant au loisir, outre que le goût n'en doit pas dégénérer en paresse, comme ses effets dépendent de la façon dont on l'emploie, il serait dangereux que l'augmentation n'en fût pas proportionnée aux progrès des intelligences et des mœurs.

5º Il n'est pas nécessaire d'insister longuement pour démontrer qu'une part de la richesse doit aussi être consacrée à l'assistance, au soulagement des infortunes. Outre l'intérêt social, qui ne permet

---

1. Voy. *suprà*, p. 97.
2. Voy. *infrà*, Épargne et assurance.

pas de laisser sans secours ceux que le désespoir pourrait porter au crime, un sentiment intime, la charité, nous pousse à la pitié. Ceux qui, obéissant à ce sentiment, prélèvent sur leurs revenus la part des pauvres, comprennent hautement le devoir : leur acte honore l'humanité.

Pourtant, si l'on prenait à la lettre certaines théories, on pourrait croire que la charité est condamnée par quelques philosophes.

Les uns, partisans d'une doctrine scientifique appelée « théorie de l'évolution », signalent avec force les dangers de l'assistance. Les espèces, disent-ils, se perfectionnent au cours des temps grâce à une sélection naturelle que dirige la loi de la *persistance des plus aptes*. L'élimination des éléments imparfaits étant la condition du progrès, il faut que les individus faibles ou vicieux disparaissent sans avoir transmis par l'hérédité leurs imperfections ; c'est-à-dire qu'il faut qu'ils meurent sans s'être reproduits. La nature y pourvoit. Dans la lutte pour l'existence, les plus faibles succombent tandis que les plus forts subsistent : c'est ainsi qu'une race tend vers la perfection. Il n'en est pas autrement de l'espèce humaine. La charité méconnaît ce principe : sauvant ceux qui, dans une société, représentent les éléments viciés, imparfaits, elle trouble le jeu des lois naturelles et retarde le progrès.

D'autres, avec des prétentions scientifiques moins élevées, déclarent simplement que la charité, encourageant la paresse et les vices, est plus dangereuse qu'utile.

De pareilles conclusions sont évidemment paradoxales. On aurait tort cependant de refuser toute portée aux arguments sur lesquels elles reposent. La charité — et c'est là sans doute tout ce que veulent dire les théoriciens les plus féroces — la charité, si respectable dans son principe, ne va pas sans danger et ne doit pas être pratiquée à la légère. Comme tous les autres, cet emploi de la richesse exige une juste mesure, une extrême attention. Il faut distinguer avec soin la vraie misère de celle qui, volontaire, n'est qu'une forme de la paresse et du vice. Et quand le secours peut être accordé, il doit être proportionné à l'effet qu'on en peut attendre : aider à se relever ceux qui en sont encore capables, adoucir le malheur des autres, mais sans les dispenser de l'effort personnel et de la prévoyance.

On voit combien le progrès social est chose complexe, difficile à réaliser. Pour qu'il eût lieu aussi rapidement que possible il ne suffirait pas que les individus qui composent une société comprissent l'importance des divers emplois que la richesse peut recevoir, il faudrait encore qu'ils sussent faire, avec une précision parfaite, la part de chacun de ces divers emplois. Il n'en a jamais été ainsi : les sociétés mêmes qui se sont le plus perfectionnées ont toujours péché en quelque point, et le progrès n'a, jusqu'ici, marché que d'un pas inégal. Mais si l'idéal paraît presque irréalisable, au moins faut-il y tendre. L'économie politique, en leur montrant le but, aide les hommes à s'en approcher.

L'épargne. — Ses sources : la prévoyance. — On comprendra maintenant sans peine de quelle importance est, pour un pays, le développement de l'esprit d'épargne chez les individus qui le composent. De tous les obstacles qui peuvent s'opposer au progrès social, le plus grave à coup sûr serait celui qui résulterait d'un goût démesuré pour le bien-être et les jouissances de toutes sortes. La richesse étant anéantie à mesure qu'elle serait produite, il serait impossible d'augmenter le capital confié à l'industrie, d'entretenir d'une façon suffisante le mouvement des idées, d'améliorer le sort des classes laborieuses, etc. Tous ces résultats si désirables, au contraire, l'épargne les rend possibles.

Nous avons déjà rencontré l'épargne[1] et nous l'avons définie. Elle consiste dans un effort d'abstinence par lequel l'individu réduit ses consommations personnelles. Elle a sa source dans la prévoyance. C'est parce que l'individu, songeant à l'avenir, escompte en quelque sorte ses besoins futurs et ceux des personnes dont il a la charge, qu'il modère ses dépenses et se réserve des ressources par l'épargne. Mais, comme il arrive presque toujours, l'acte qu'il a accompli en vue de son propre avantage ne l'intéresse pas seulement, mais aussi la société tout entière. Ce n'est en effet qu'à la condition que la plupart, ou tout au moins une portion suffisante de ses membres s'abstiennent de commander à l'industrie et de consommer tout ce qu'ils ont le pouvoir d'acquérir en objets propres à l'entretien de la vie et aux jouissances, que la société pourra employer une partie de ses forces productrices à l'augmentation des capitaux, à l'entretien des hommes qui cultivent la science, à l'éducation et à l'instruction de la jeunesse, à l'amélioration du sort des classes laborieuses, etc.

Il serait sans doute excessif d'imaginer qu'il suffit d'épargner pour obtenir toutes ces améliorations. Effort d'abstention, l'épargne laisse seulement disponible une partie des forces industrielles : il reste à savoir quel emploi en sera fait. Un peuple qui épargne beaucoup, peut, par impéritie, n'augmenter que lentement ses capitaux ou bien mépriser la science et l'art, ou se montrer dur aux infortunes. Il ne suffit donc pas d'épargner pour progresser de toutes manières. — Encore faut-il observer que l'habitude de l'épargne engendre inévitablement au moins deux bons résultats. Le capital mis à la disposition de l'industrie augmente nécessairement, car la plupart de ceux qui ont épargné, cherchant à employer productivement leur épargne, la lui confient. Par là même, le nombre des em-

<hr>

1. Voy. *suprà*, p. 95.

plois offerts aux ouvriers augmente et le taux des salaires s'élève.
Quant aux autres progrès désirables, si l'épargne ne suffit pas à
leur réalisation elle y est indispensable. Elle transforme en vertus
actives et fécondes ce qui resterait sans elle à l'état d'aspirations
impuissantes.

De la prodigalité. — Les mérites mêmes que nous reconnaissons à l'épargne montrent assez les dangers de la prodigalité. Le
prodigue est celui qui, ne mesurant pas ses dépenses à son revenu,
dilapide son patrimoine en consommations qui flattent ses goûts.
En agissant ainsi, non seulement il se met dans l'impossibilité de
coopérer au progrès social par un bon emploi de la richesse, mais
il enraye ce progrès parce qu'il absorbe, pour son propre entretien,
une trop forte part des forces productrices de la nation. Le penchant à la prodigalité engendrerait donc des conséquences funestes
s'il se généralisait dans une société.

Pourtant il est hors de doute que l'opinion publique est peu sévère pour les prodigues. Son indulgence s'explique parce que l'acte
accompli est comme dissimulé, l'analyse scientifique permettant
seule de l'apercevoir : c'est ici l'un des cas où, selon l'expression de
Bastiat, il faut, derrière *ce que l'on voit,* chercher *ce que l'on ne voit
pas.*

Ce que l'on voit, c'est une somme d'argent passant des mains
du prodigue en celles des industriels qui lui vendent leurs produits.
Celui qui dépense 100.000 francs, par exemple, en achats de vêtements, de denrées rares, d'œuvres d'art, etc., cesse sans doute de
posséder les pièces de monnaie avec lesquelles il a payé ses acqui-
sitions; mais ces pièces se retrouvent chez le fabricant d'étoffes,
chez le tailleur, chez l'agriculteur, chez l'artiste, auxquels il a commandé du travail. Il semble donc que la prodigalité n'ait d'autre
effet que de modifier la distribution des richesses. On pourrait
même penser qu'elle la modifie utilement puisque le prodigue *paye*
les divers objets qu'il consomme, c'est-à-dire *commande du travail,*
fait vivre des ouvriers. Et c'est bien en effet ce que le bon sens
populaire, pour une fois égaré, croit proclamer par cette maxime
un peu triviale : « La prodigalité fait aller le commerce. »

Mais, *ce que l'on ne voit pas* assez, c'est que le prodigue en gas-
pillant ses 100.000 francs a commandé des objets pour les consommer, tandis que, s'il eût placé la même somme, en la prêtant à un
fabricant de drap par exemple, il eût permis d'augmenter la masse
des richesses qui se distribuent entre tous, servent à entretenir les
producteurs et, par là, aident à produire de nouvelles richesses. Il
a fait vivre des ouvriers sans doute, mais pendant le temps seulement que ces ouvriers ont consacré à fabriquer les objets par lui
commandés, tandis que ses 100.000 francs, bien employés, pou-

vaient indéfiniment entretenir des travailleurs. C'est donc une erreur d'imaginer que la prodigalité déplace seulement la richesse, elle l'anéantit; c'est une erreur aussi de croire qu'elle « fait aller le commerce, » elle diminue au contraire la somme des capitaux disponibles.

Le luxe. — On ne peut donc hésiter à condamner la prodigalité. Nous n'en dirons pas autant du luxe.

Le luxe ne doit pas être confondu avec la prodigalité. Cette dernière suppose le luxe car c'est pour se procurer des jouissances que le prodigue se ruine : le luxe, au contraire, ne suppose pas la prodigalité. Il se combine même fort bien avec l'épargne, car un individu riche peut, tout à la fois, vivre luxeusement et placer chaque année une portion de ses revenus.

Il est impossible de préciser ce que l'on doit entendre par *le luxe*. Tout ce que l'on peut dire, c'est qu'il commence où finit le bien-être, supposant par conséquent dans les désirs un certain besoin de raffinement ou de somptuosité. La notion de luxe reste ainsi assez vague; mais elle est heureusement de celles que l'on conçoit généralement mieux qu'on ne les définit.

Des économistes rigoristes ont blâmé le luxe, le considérant comme un abus aussi fatal au développement de la richesse qu'aux progrès de la moralité. En consommant pour leurs jouissances, ont-ils dit, des richesses qui pourraient être épargnées, ceux qui font des dépenses de luxe arrêtent l'accumulation des capitaux, diminuent l'abondance de la production, restreignent le nombre des emplois et empêchent la hausse du salaire, etc..., ralentissent, en un mot, le progrès social!. N'est-il pas évident qu'une nation serait mieux pourvue des objets qui sont utiles à tous si une partie de ses forces productives n'était consacrée à produire des choses que quelques-uns seulement sont en mesure de consommer?

En réalité, ceux qui font ce raisonnement ne condamnent pas seulement le luxe. Le besoin de bien-être, lui-même, leur paraît blâmable. Préoccupés à l'excès du désir de voir les richesses s'accumuler dans une société, convaincus que l'abondance croissante des objets nécessaire à la vie permettra seule de supprimer la misère, ils voudraient proscrire toute consommation non reproductive en dehors de celles qui répondent aux besoins absolus de l'existence. La culture des arts leur apparaît presque comme une superfluité regrettable, et, quant à la science, ils n'en comprennent l'étude qu'à la condition qu'elle soit dirigée dans le sens des applications industrielles.

Mais, sans parler de ce qu'il y a de chimérique à vouloir que l'esprit humain se développe en poussant ses recherches d'un seul côté, il n'est pas vrai que le développement du luxe arrête l'accumulation des capitaux et des richesses au sein d'une société. Bien au contraire, il a un rôle économique qui consiste précisément à activer cette accumulation.

Le luxe, en créant la variété des occupations et le désir des perfectionnements, met en valeur les capacités spéciales des individus, entretient l'émulation, active le mouvement des idées, et finalement augmente la productivité de l'industrie. S'il n'existait pas, la production, devant se borner à fournir les seules choses jugées indispensables à la vie, n'offrirait au choix des individus qu'une variété d'emplois très restreinte : l'esprit de recherche et d'invention disparaîtrait, ce serait la médiocrité industrielle bientôt suivie de la décadence.

D'autre part, on ne saurait oublier que les hommes ne travaillent guère qu'en vue de satisfaire leurs besoins. Peu nombreux sont ceux qui trouvent dans la conscience du service rendu à l'humanité une récompense suffisante de leur peine. Combien, au contraire, intelligents et expérimentés, cesseraient de concourir à la production dès qu'ils se seraient mis à l'abri du besoin, si on leur refusait les jouissances dont le désir entretient leur activité.

Ajoutons enfin que le luxe chez les uns est le commencement d'un plus grand bien-être pour tous. Il en est ainsi pour tout dans l'humanité. Idées et besoins naissent chez un petit nombre pour se répandre ensuite dans la masse. Cela est si vrai que, selon l'observation de Mac-Culloch, « il n'est pas un seul objet parmi ceux qui sont tenus pour indispensables à l'existence, ou une seule amélioration d'une nature quelconque, qui n'ait été, à son apparition, dénoncée comme une superfluité ou comme étant nuisible ». « Les chemises étaient, au xɪvᵉ siècle, un luxe royal ; l'usage des mouchoirs s'introduisit chez les grands vers la fin du xvᵉ siècle. Un chroniqueur anglais de la fin du xvɪᵉ siècle s'indigne qu'on ait poussé la recherche jusqu'à remplacer la vaisselle de bois par la vaisselle d'étain ; l'emploi du chêne au lieu du saule dans les charpentes, le nombre des cheminées, tout ce qu'il y a de plus judicieux à nos yeux dans les dépenses a été à l'origine taxé de prodigalité inutile. Le scandale est surtout grand au xvɪᵉ siècle lorsque le luxe, tel qu'il est alors compris, se propage de la noblesse aux bourgeois enrichis. Un vieil auteur italien, Jean Musso, s'indigne quand, à l'éclairage des torches, on commence à substituer des chandelles de suif ou de cire placées sur des chandeliers ! A la fin du xvɪɪɪᵉ siècle, nos paysans ne portaient guère que des sabots, quand ils n'allaient pas pieds nus. Le plus rigoriste n'oserait de nos jours proposer le retranchement de la plupart des objets de consommation qui, en remontant à trois siècles en arrière, étaient encore ou ignorés, ou considérés comme des nouveautés dangereuses.[1] » Les riches sont donc, à ces points de

---

1. M. Cauwès. *Précis d'Écomon. polit.*, t. I, p. 397.

vue, les éducateurs du peuple. En s'inspirant eux-mêmes, dans leurs consommations de luxe, d'idées saines ou élevées, ils lui apprennent à embellir sa vie par les raffinements matériels ou à l'ennoblir par de pures jouissances.

L'économie politique ne peut donc pas condamner le luxe. De même que la morale doit voir dans le luxe bien compris un élément indispensable au perfectionnement de l'esprit humain, l'économie politique y trouve une manifestation nécessaire des progrès du grand moteur économique : le besoin.

Il faut seulement que le goût du luxe ne dégénère pas en un besoin de jouissances vulgaires ou d'orgueilleuse ostentation. L'histoire ne fournit que trop d'exemples de ce genre de perversion. Trop longtemps le luxe n'a été que le faste de souverains sans responsabilité qui ne songeaient point à mettre une proportion entre leurs dépenses et les services qu'ils rendaient; ou bien, comme au moyen âge, il n'a consisté qu'en débauches grossières ou en vaniteuses somptuosités. Il n'en est plus de même aujourd'hui. La civilisation tend sans cesse à l'épurer, en même temps qu'elle y fait participer un plus grand nombre de consommateurs. Pour les jouissances matérielles, de table, de vêtement, d'ameublement, etc., le goût tend à se substituer à la profusion et à l'apparat. D'autre part, l'industrie, par une foule de procédés : gravure, lithographie, photographie, publications à bon marché, met à la portée de tous les chefs-d'œuvre de l'art ou de la littérature et les découvertes de la science. Enfin l'État et les communes, en créant ou entretenant des jardins publics, des bibliothèques, des musées, etc., permettent aux plus déshérités certaines jouissances de luxe et diminuent ainsi l'effet des inégalités sociales. Avec ces caractères, et maintenu dans des limites convenables, le luxe est essentiellement civilisateur.

Lire dans les *Extraits* :

Franklin : Réflexions sur le luxe (p. 72).
Bastiat : La vitre cassée. — Toute destruction est un mal (p. 325).

VINGT-SIXIÈME LEÇON

CHAPITRE II

De quelques institutions ayant pour objet d'encourager certains emplois de la richesse. — Associations coopératives de consommation. — Caisses d'épargne. — Assurances. — Assistance publique.

Programme officiel : L'Épargne (*suite*). — Assurances sur la vie, contre l'incendie et les divers accidents. — Caisses d'épargne. — Sociétés de secours mutuels.

Parmi les divers emplois que les hommes peuvent faire de la richesse, il n'en est guère qui, dans les sociétés avancées, ne donnent lieu à certains arrangements entre les particuliers ou à quelque intervention de l'État. Mais notre intention n'est pas d'examiner ici toutes ces combinaisons.

On connaît déjà celles par lesquelles les producteurs incitent ceux qui épargnent à leur confier les fonds épargnés. La création des bourses et des titres qui s'y négocient, les nombreuses variétés de rémunération, d'amortissement, de primes de remboursement, etc., n'ont pas d'autre objet. Nous nous bornerons à renvoyer aux renseignements antérieurement fournis sur ces divers sujets.

Le développement de la science et de l'art est également facilité par divers procédés : associations des intéressés en vue de s'aider les uns les autres, d'éclairer le goût du public, etc., subventions de l'État ou des villes sous diverses formes. — De même, l'éducation et l'instruction de la jeunesse sont généralement l'objet d'une sollicitude spéciale de la part de l'État. En France, par exemple, l'État fait de grands sacrifices pour l'enseignement à ses trois degrés, le supérieur, le secondaire et le primaire, et l'on a récemment rendu l'instruction primaire obligatoire et gratuite. — Dans tous ces cas, on se trouve en présence d'arrangements ayant pour but de faire en sorte qu'une partie de la puissance productrice de la société soit employée d'une certaine façon que l'on croit bonne. Mais nous n'avons pas à entrer dans l'étude détaillée de ces arrangements. Une seule question intéresse directement l'économie politique en ce qui les concerne : celle de savoir si l'intervention de l'État y est légitime ou s'il ne ferait pas mieux de s'abstenir. Cette intervention, on l'approuve ou on la condamne, selon l'idée que l'on se fait du rôle qui revient à l'État dans l'ordre économique. C'est là un problème d'ordre général dont nous renvoyons l'examen au prochain chapitre.

Nous concentrerons donc pour le moment notre attention sur quelques institutions dont nous n'avons pas encore parlé, et qui, visant surtout la classe laborieuse, ont pour objet : d'augmenter son bien-être et ses chances d'avenir, d'atténuer les risques de l'existence et de soulager la misère. Ces institutions sont : les associations coopératives de consommation, les caisses d'épargne, les assurances et l'assistance. Toutes, elles influent sur les habitudes de la consommation.

Associations coopératives de consommation. — Nous avons déjà décrit les associations coopératives de consommation [1]. Plusieurs individus, souvent un très grand nombre, forment à l'aide de cotisations périodiques un fonds commun : ce fonds sert à acheter des objets de consommation personnelle, aliments, vêtements, etc., que l'on revend aux associés, ou même à tout venant, au prix du commerce de détail. Les bénéfices réalisés sont employés, partie à augmenter le capital de la société, partie à restituer aux associés, sous forme d'une distribution de dividendes, une portion du prix de leurs achats. C'est là une excellente combinaison, qu'on ne saurait qu'approuver. Elle exige une grande abnégation de la part de ceux qui dirigent ces sortes d'associations. Il leur faut apporter un soin extrême dans leurs opérations et une rigueur implacable dans la répression des fautes de leur personnel ou des tentatives de fraude, de sophistication, des commerçants auxquels ils achètent ; la prospérité de l'institution est à ce prix. Souvent aussi ils sont en butte aux colères des détaillants de la localité, auxquels l'association coopérative se trouve faire concurrence. Leur tâche est donc pénible et ingrate, et presque toujours c'est gratuitement qu'ils la remplissent. Mais le service rendu est considérable. Procurant aux associés, à un prix très modéré, des objets sérieusement contrôlés : vivres sains, vêtements solides, etc., l'association coopérative augmente leur bien-être tout en leur permettant d'épargner davan-

___
1. Voy. p. 105.

tage. En même temps, comme le payement au comptant y est de règle absolue, elle développe en eux de précieuses qualités d'ordre et d'exactitude.

Il n'existe aucune raison pour que ce genre d'association ne soit pas pratiqué par toutes les classes de la société, riches ou pauvres. Mais c'est surtout dans les milieux ouvriers qu'il est appelé à rendre de grands services. Malheureusement, en France, il n'a encore pris que peu de développement. C'est chez nos voisins les Anglais et les Allemands qu'il faut aller chercher des exemples dignes d'être cités. En Angleterre, le nombre des associations de consommation s'élève presque à 1,200, réunissant près de 600.000 membres et groupant 150 millions de capitaux. Chaque année, ces sociétés vendent pour plus de 500 millions de marchandises et réalisent pour 50 millions de bénéfices. En Allemagne, on en trouve environ 600, se partageant près de cent mille associés et un capital de 3 millions de marks. Nous restons bien loin de ces chiffres! A Paris, par exemple, il n'existe pas soixante associations de consommation, alors qu'on les y devrait compter par centaines.

Caisses d'épargne. — Les caisses d'épargne ont été instituées dans le but d'encourager la petite épargne, c'est-à-dire l'épargne des moins riches.

Il est, en effet, très important pour la prospérité d'un pays que l'habitude de l'épargne soit répandue dans la classe ouvrière comme dans les autres. Ce n'est sans doute pas de celle-là qu'on peut attendre, sinon pour une très minime partie, l'énorme accumulation annuelle de capitaux dont a besoin l'industrie. Ne gagnant pas beaucoup plus qu'il ne lui faut pour entretenir sa vie et se perpétuer, son épargne est nécessairement restreinte. En France, par exemple, c'est surtout à la classe bourgeoise et aux habitants des campagnes que l'industrie emprunte chaque année le supplément de capitaux dont elle a besoin. On calcule que ce supplément représente une valeur de 2 1/2 à 3 milliards, tandis que les sommes annuellement recueillies par les Caisses d'épargne ne vont guère au delà de 300 millions. Et pour l'ensemble de l'Europe, le total des fonds confiés d'une façon permanente aux caisses d'épargne ne dépasse pas 12 milliards, ce qui est bien peu comparé à un total de capitaux fixes et circulants atteignant plusieurs centaines de milliards.

Mais, outre que la proportion serait plus satisfaisante si l'épargne était aussi développée dans les milieux ouvriers qu'elle pourrait l'être, l'habitude de l'épargne a pour les moins riches des avantages particuliers qui la rendent très précieuse. D'abord, c'est en épargnant que l'ouvrier se met en mesure de profiter des avantages qui lui sont offerts par l'organisation sociale actuelle. L'égalité des droits, nous l'avons montré, permet à chacun de s'élever dans la hiérarchie des fonctions sociales aussi loin que peuvent le porter son courage et son intelligence. Former un capital par l'épargne, voilà la première condition à réaliser pour celui qui veut sortir de la situation médiocre où le sort l'a placé. Les exemples ne manquent pas aujourd'hui d'hommes qui, simplement ouvriers d'abord, sont parvenus à *s'établir* et même à fonder de grandes industries. — D'autre part, même pour ceux à qui la nature a refusé des aptitudes exceptionnelles, l'épargne est l'unique moyen d'atténuer les risques de l'existence. L'ouvrier vivant de son salaire est moins à plaindre pour la modicité de son gain que pour l'incertitude planant sur son avenir. N'a-t-il pas tout à craindre, pour lui-même et pour les siens, d'un chômage, d'une maladie, d'un accident, d'une mort prématurée, enfin de la vieillesse? La sécurité, voilà ce qu'il est le plus excusable d'envier aux riches : or il peut se la créer par l'épargne. — Celle-ci apparaît donc comme le meilleur moyen pour les classes laborieuses tout à la fois d'augmenter leurs chances d'avenir et de se mettre à l'abri des revers du sort. Si l'on ajoute que l'habitude de l'épargne, épurant les mœurs, empêchant les excès, est essentiellement moralisatrice, on comprendra combien elle peut aider au maintien de la paix sociale.

Mais on n'obtiendrait que de piètres résultats si on laissait la petite épargne livrée à elle-même. Le plus souvent, l'épargnant ne saurait ni où, ni comment placer les sommes économisées. Ces sommes, en effet, c'est peu à peu, en quelque sorte sou à sou, qu'elles se forment. Comment acheter une action, par exemple, quand on n'a encore amassé que quelques francs? Pourtant, laisser ces quelques francs sans emploi, c'est perdre l'intérêt qu'ils peuvent rapporter, c'est aussi s'exposer à la tentation de les dépenser.

Les caisses d'épargne obvient à cet inconvénient. Ce sont des espèces de banques qui reçoivent les petites sommes qu'on leur confie, les groupent pour les placer et servent un intérêt aux déposants.

En France, elles acceptent les dépôts à partir de 1 franc. On a en outre, au moins pour la *Caisse nationale d'épargne,* créé un bulletin d'épargne, délivré gratis, et sur lequel l'épargnant peut attacher des timbres jusqu'à ce qu'il ait parfait la somme de 1 franc. Ce bulletin est alors accepté par la caisse comme de la monnaie. On permet ainsi à l'épargne la plus minime de se réaliser immédiatement. — D'autre part, il est tenu compte aux déposants d'un intérêt qui varie entre 3 et 3 1/2 p. 100. — Enfin, comme les clients des caisses d'épargne économisent le plus souvent en vue d'événements qui peuvent survenir à l'improviste, il leur est loisible de retirer leurs fonds à volonté. — Comme on le voit, les caisses d'épargne donnent à ceux dont elles sollicitent les dépôts toutes les facilités possibles. Deux

réserves seulement sont faites. On a limité à 2,000 francs le total
des sommes que peut déposer un même individu. Les gros dépôts,
pouvant être retirés tout à coup, offrent un danger pour la caisse :
celle-ci fait du reste à ses clients, en leur servant un intérêt de
3 ou 3 1/2 p. 100, malgré la modicité des sommes remises et le droit
de les reprendre à volonté, un avantage considérable, qui doit être
réservé à ceux que l'on a en vue : ouvriers, employés, paysans, tous
gens de petite épargne. En même temps, les caisses d'épargne s'étant
trouvées, en 1848 et en 1871, époques de crises exceptionnelles,
dans l'impossibilité de remplir leurs engagements en restituant
immédiatement les dépôts qui leur étaient redemandés en masse, on
a, en 1881, introduit dans la législation relative à ces établissements
une *clause de sauvegarde*. Les caisses d'épargne ne sont tenues
d'opérer le remboursement que huit jours après l'avertissement qui
leur est donné ; le gouvernement peut même, en cas de force majeure,
les autoriser, par décret rendu après avis du conseil d'État, à frac-
tionner les restitutions en acomptes de 50 francs par quinzaine.

**L'ÉTAT ET LES CAISSES D'ÉPARGNE. — CAISSES D'ÉPARGNE PRIVÉES ET
CAISSE NATIONALE POSTALE. —** C'est en France qu'on eut pour la première fois l'idée de fonder des caisses d'épargne. Cependant, tandis
qu'il y en eut en Angleterre dès 1803, c'est seulement en 1818 que
l'initiative de quelques grands banquiers nous dota de cette institution. A leur exemple, un certain nombre de communes créèrent
des caisses municipales d'épargne.

Jusqu'en 1835 toutes ces caisses furent parfaitement libres, l'État
ne s'ingérant ni dans leur organisation, ni dans leur fonctionnement. Mais à cette époque les directeurs des caisses d'épargne eux-
mêmes firent appel au gouvernement. Embarrassés pour placer les
fonds à eux confiés et pour servir aux déposants l'intérêt convenu,
ils demandèrent que l'État assumât cette charge. La loi du 5 juin 1835
leur donna satisfaction, loi modifiée plus tard, en 1837 et en 1845.
Ces textes exigent que, pour fonder une caisse d'épargne, l'on se
munisse de l'autorisation du gouvernement. Ils édictent, en outre,
une réglementation générale dont nous avons donné plus haut un
aperçu. Ils donnent enfin aux administrateurs des caisses d'épargne
le droit de verser à la caisse des dépôts et consignations, qui appartient à l'État, les fonds par eux recueillis. Cette caisse place elle-
même les sommes qui lui sont ainsi confiées, soit en achetant des
titres de rente sur l'État, soit en les versant en compte courant au
Trésor. Dans tous les cas, elle doit tenir compte aux caisses dépo-
santes d'un intérêt fixé par la loi à 4 p. 100[1] et l'État est responsable
du déficit qui pourrait résulter de l'insuffisance des placements. —

1. Dont 3 fr. 50 pour les déposants et 0 fr. 50 pour les frais de gestion de
la caisse.

Telle est aujourd'hui encore la situation des *caisses d'épargne privées*. L'État n'en a pas la direction, mais il les autorise, les surveille et répond de la gestion de leurs fonds.

Les caisses d'épargne ne donnèrent jusqu'en ces dernières années en France que des résultats assez médiocres.

En 1879, sur 36,000 communes, 1332 seulement avaient une caisse, les deux tiers des chefs-lieux en restant dépourvus. La proportion du nombre des livrets au nombre des habitants était de 1 sur 12 seulement, pendant qu'elle s'élevait à 1 sur 10 en Angleterre, à 1 sur 11 en Prusse et à 1 sur 4 en Suisse. Enfin la moyenne des dépôts par habitant ne dépassait pas 28 francs, au lieu de 54 francs comme en Angleterre, de 63 francs comme en Prusse, de 81 francs comme en Autriche et de 85 francs comme en Suisse.

On voulut remédier à cette infériorité et l'on emprunta à l'Angleterre un système ingénieux inauguré par elle en 1861.

L'Angleterre, en effet, n'avait eu, pendant longtemps (1803 à 1861), que des caisses d'épargne privées : « savings banks ». — Mais la faillite de quelques-unes d'entre elles ayant ébranlé la confiance du public, on décida la création d'une caisse d'épargne nationale. Cette caisse fût une caisse *postale*. Dans chaque bureau de poste on ouvrit un guichet pour les déposants, et l'administration supérieure des postes fut chargée de centraliser les fonds. On utilisait ainsi une organisation déjà existante et l'on permettait à la caisse nationale de rayonner sur tout le territoire. Les savings banks ne disparurent du reste pas. Elles conservèrent même une clientèle considérable : en 1882 elles avaient dans leurs caisses 46 millions de livres versés par 1,638,000 déposants, pendant que la caisse nationale en détenait 39 correspondant à 3 millions de livrets.

C'est la loi du 9 avril 1881 qui inaugura ce régime en France. Elle créa une caisse d'épargne nationale et postale, qui fonctionne aujourd'hui à côté des caisses privées. La Belgique, l'Italie, la Suisse, la Hollande ont adopté un système semblable. L'Autriche même, longtemps citée en exemple par ceux qui voulaient que l'organisation des caisses d'épargne fût entièrement abandonnée à l'initiative privée, s'y est rangée en créant, par une loi du 28 mai 1882, une caisse nationale postale.

Il est certain que la caisse nationale n'a pas encore donné, en France, les résultats qu'en attendaient ceux qui en ont proposé la création. Comme elle ne tient compte aux déposants que d'un intérêt de 3 pour 100, tandis que les caisses privées leur accordent 3 1/2 pour 100, le public s'est plutôt porté vers ces dernières. En 1885, le nombre des livrets à la caisse nationale n'était encore que de 692,582 et le total des sommes reçues de 154 millions. Heureusement, dans le même temps, les caisses privées faisaient des progrès inespérés. Dès 1883 on en comptait 1482, et nos moyennes s'étaient relevées à

1 déposant sur 8 habitants et à 60 francs déposés par habitant. En 1885, le nombre des livrets dans les caisses privées était de 4 millions 900,000, représentant 2 milliards 212 millions de francs. Ainsi, au total, à cette époque, les caisses privées et la caisse nationale réunissaient des fonds déposés par 5,600,000 individus, et ces fonds s'élevaient à 2 milliards 366 millions de francs. Les caisses d'épargne d'Angleterre, de Prusse et d'Autriche ne réunissant pas plus de 2 milliards et demi en moyenne, notre ancienne infériorité se trouvait effacée.

L'intervention de l'État dans la création et le fonctionnement des caisses d'épargne a donné lieu à de vives critiques. Il est en effet mauvais que l'État centralise, en les faisant verser au Trésor, les sommes recueillies par ces caisses. Il emprunte ainsi à 4 pour 100, c'est-à-dire chèrement, en même temps que cette abondance de fonds disponibles pousse les gouvernants à des dépenses inutiles. — D'autre part, il empêche que la classe laborieuse profite complètement de son épargne. Mieux vaudrait que les fonds recueillis fussent employés à créer ou alimenter des institutions populaires de crédit : banques populaires, banques agricoles, monts-de-piété, etc. Sans doute les caisses d'épargne ne jouiraient pas, s'il en était ainsi, de la sécurité qu'elles doivent actuellement à l'intervention de l'État; mais leurs opérations, plus lucratives, leur permettraient de mieux rémunérer les déposants et il suffirait d'une législation bien combinée pour éviter les imprudences et les abus. L'exemple de ce qui se passe en Angleterre, en Autriche, en Belgique et en Italie, ne laisse sur ce point aucun doute. Dans ces pays, on a bien organisé une caisse nationale parce que c'est un moyen d'ouvrir d'un seul coup des guichets d'Épargne sur tous les points du territoire; mais les caisses privées ont conservé une grande liberté d'organisation et le droit, sous une réglementation générale, de gérer leurs fonds comme elles l'entendent. Il en est résulté de grands avantages, sans aucun inconvénient sérieux.

Assurances sur la vie, contre l'incendie et les divers accidents, etc. — L'assurance est le moyen le plus ingénieux que les hommes aient imaginé pour atténuer les risques de l'existence. Elle consiste à répartir entre de nombreux individus les conséquences du désastre dont un seul se trouve atteint. Dans ce but, celui qui veut s'assurer convient avec d'autres personnes qu'une indemnité lui sera payée par elles si tel malheur déterminé le frappe. En échange : tantôt il prend lui-même, vis-à-vis de ceux avec lesquels il traite, un engagement identique, c'est-à-dire qu'il promet de concourir à les indemniser le cas échéant; tantôt il s'oblige à leur payer chaque année une somme fixe comme rémunération du service qu'elles lui rendent. Au premier cas, il y a une association pour la mise en commun de risques auxquels tous les associés sont exposés. Au second cas l'assuré limite, en se résignant à la subir quand même, la perte que le désastre redouté peut lui causer [1].

L'idée initiale de l'assurance est, on le voit, très simple. Elle n'a pourtant, pendant longtemps, reçu que peu d'applications. Jusqu'au commencement du XIXe siècle, on ne connaissait guère que l'assurance contre les risques maritimes. — C'est que l'assurance repose sur des calculs de prévision compliqués. — Si des propriétaires de maisons, par exemple, songent à s'associer pour se garantir réciproquement contre le risque d'incendie pendant vingt ans, il faut qu'ils sachent à quoi ils s'engagent, quelles sont les probabilités dont ils ont à tenir compte, c'est-à-dire qu'ils sachent combien de maisons, sur cent placées dans des conditions analogues aux leurs, sont ordinairement détruites par le feu dans un espace de vingt ans. S'agit-il d'individus qui s'engagent à verser une prime annuelle, moyennant la promesse qu'à leur décès une certaine somme sera versée entre les mains de leurs héritiers? la prime à payer ne peut être déterminée que si l'on connaît le temps moyen de vie dont les hommes ont encore à jouir aux divers âges, etc. L'usage de l'assurance n'a donc pu se répandre que du jour où les données de la science mathématique et les renseignements de la statistique ont permis de dresser des tableaux de probabilités suffisamment exacts. Il va sans dire, d'ailleurs, que ces tableaux peuvent tromper. Si par exemple on a calculé, qu'en moyenne, cinq maisons sur cent sont anéanties par l'incendie en vingt ans, il peut fort bien arriver que cette proportion soit dépassée précisément pour celles appartenant aux propriétaires qui se sont associés pour s'assurer. Mais ces surprises sont d'autant moins à craindre que l'assurance porte sur un plus grand nombre d'objets ou d'individus. Fort à redouter, par exemple, si l'on n'assurait qu'une centaine de maisons, elles le seront bien moins si l'assurance en comprend mille, beaucoup moins encore si elle s'applique à dix mille, et ainsi de suite, les chances d'exactitude augmentant à mesure que le nombre des objets assurés s'élève.

L'assurance nécessite donc la réunion d'un très grand nombre d'assurés. Mais si l'on suppose cette condition réalisée, on n'aperçoit guère de risques qu'elle ne puisse servir à atténuer; car pour tous on peut, aujourd'hui, dresser avec sureté des tables de probabilités. Et en effet, l'assurance donne actuellement lieu à des applications très variées. Les unes (assurances contre l'incendie, assurances agricoles et assurances maritimes) ont pour objet les risques de la propriété; elles permettent aux propriétaires de se mettre à l'abri des conséquences des incendies, des fléaux naturels tels qu'inondations, gelées, grêles, épizooties, etc., et des nau-

_____

1. Voy. *infrà*, Mutualités et assurances à prime fixe.

frages ou accidents de mer. Les autres (assurances contre la maladie, contre les accidents, contre la vieillesse et sur la vie) visent les risques relatifs à la personne. Grâce à elles, chacun peut : acquérir le droit d'être secouru s'il tombe malade ou est victime d'un accident, éviter la misère à la fin de sa vie en se faisant promettre une pension à partir d'un certain âge, assurer l'avenir des siens en stipulant qu'une certaine somme leur sera payée quand il mourra. Il existe même, non pas en France, mais dans certains pays (en Angleterre et en Allemagne notamment), des sociétés qui assurent les ouvriers contre les risques de chômage involontaire en cas de crise industrielle.

UTILITÉ DE L'ASSURANCE. — Il n'est pas besoin d'insister longuement pour montrer quels services peut rendre l'assurance. Très utile à tous, elle est particulièrement précieuse aux moins riches. Elle constitue, pour celui qui n'a d'autre ressource que son gain journalier, le meilleur moyen d'écarter les dangers qu'entraînent, soit pour lui-même, soit pour sa famille, la maladie, les accidents, la vieillesse et la mort. — Cependant, l'assurance a été l'objet de certaines critiques. On a fait remarquer que l'assuré se lie par le contrat qu'il passe. Consacrant ses ressources à un certain genre d'assurance, il se trouvera peut-être hors d'état de faire face à des besoins qu'il n'aura pas prévus. Il est d'ailleurs exposé à des déchéances au cas où il cesse de verser les sommes convenues. Enfin, la certitude d'être indemnisé en cas de sinistre ne tend-elle pas à le rendre moins attentif? On en a conclu qu'il vaudrait mieux, qu'au lieu d'avoir recours à l'association, chacun se fît « son propre assureur », c'est-à-dire se constituât directement par l'épargne des ressources qu'il utiliserait selon l'occasion. — Ces critiques ne sont pas absolument sans fondement. Comme toute chose en ce monde, l'assurance a ses inconvénients. Elle ne doit pas être contractée à la légère, sans précaution vis-à-vis de soi-même et vis-à-vis de ceux avec qui l'on contracte. Mais elle a des avantages exceptionnels que n'ont pas assez apprécié ceux qui la condamnent. Elle force à l'épargne et transforme en obligation ce qui serait peut-être resté à l'état de bonne intention. Combien de gens payent régulièrement leurs primes d'assurances, qui n'arriveraient jamais à économiser et à placer par eux-mêmes la somme qui en forme le montant? Et surtout elle procure à l'assuré cet avantage inestimable qu'immédiatement son but est virtuellement atteint, puisque son droit à l'indemnité convenue est parfait dès la signature du contrat, quel que soit le nombre des cotisations ou primes versées lorsque le sinistre surviendra. Là est le trait caractéristique de l'assurance : c'est par là qu'elle permet d'éliminer ou d'atténuer les risques de l'existence, par là qu'elle procure aux assurés le calme et la tranquillité de l'esprit.

La pratique de l'assurance est donc une excellente chose. Il faut seulement en bien comprendre le mécanisme pour éviter des déceptions décourageantes. Bien des gens s'imaginent qu'elle a la magique vertu de faire beaucoup dé presque rien. Il n'en est pas ainsi. L'assurance n'exige pas seulement de l'assuré de l'ordre et de l'esprit de suite, mais aussi de sérieux sacrifices. Sans doute l'assurance contre l'incendie peut être obtenue moyennant une prime peu élevée; cette prime ne dépasse généralement pas 1 pour 1000 de la valeur de l'objet assuré : une maison valant 100.000 francs, par exemple, sera assurée moyennant 100 francs par an, ou même moins. C'est que, heureusement, les incendies sont relativement rares, et qu'il y a de grandes chances pour que l'assuré n'ait jamais à réclamer aucune indemnité. Il n'en est plus de même quand il s'agit d'assurance contre la maladie, contre les accidents, contre la vieillesse. Aussi les cotisations sont-elles, dans ces cas, généralement assez élevées. Enfin, l'assurance sur la vie coûte nécessairement très cher, parce que le payemént de la somme promise est certain, le doute n'existant qu'au sujet de l'époque où ce payement aura lieu. La prime varie, en pareil cas, selon l'âge de l'assuré, mais elle est toujours considérable. Celui, par exemple, qui, à 25 ans, souscrit une assurance de 10.000 francs payable à son décès, devra, d'après les tarifs ordinaires, s'engager à payer une prime annuelle de 187 francs environ; à 35 ans, cette prime serait de 248 francs; à 45 ans, elle s'élèverait à 353 francs, etc. C'est beaucoup, sans doute, mais nullement en disproportion avec l'avantage procuré.

MUTUALITÉS ET ASSURANCES A PRIME FIXE. — L'assurance peut être réalisée par deux procédés différents.

On peut recourir à la mutualité, c'est-à-dire à des associations dont les membres conviennent de répartir entre eux les pertes résultant de certains accidents ou sinistres. Les associés payent alors une contribution fixée provisoirement d'après le calcul des probabilités; si l'événement trompe l'attente des directeurs, un appel de fonds supplémentaires est adressé aux associés, ou, au contraire, ce qui reste des cotisations versées leur est restitué, selon le cas.

A côté des compagnies dites mutuelles fonctionnent des compagnies d'assurances à prime fixe. Ce sont des sociétés disposant de fonds considérables et qui offrent au public des assurances à forfait, c'est-à-dire moyennant un prix déterminé d'avance. L'assuré, en pareil cas, n'est point exposé à se voir jamais réclamer un supplément dé prime, les pertes, s'il y en a, étant supportées par la compagnie. Par contre, celle-ci garde les bénéfices et les distribue à ses actionnaires. Cependant, depuis un certain temps, la plupart des compagnies à prime fixe accordent aux assurés une part importante dans leurs bénéfices, part qui réduit d'autant pour eux la charge de la prime [1].

---

1. On peut dire aussi, pour expliquer la constitution des sociétés d'assu-

Chacun de ces procédés a ses avantages propres. L'assurance mutuelle est généralement moins coûteuse, mais l'assurance à prime fixe fait à l'assuré une situation plus nette, puisque la prime y est invariable. L'une et l'autre se prêtent, du reste, également bien à toutes les combinaisons d'assurance. Cependant on peut dire que la mutualité est mieux indiquée pour les assurances contre les risques relatifs à la personne, lorsqu'il s'agit d'individus exposés à des dangers analogues et pouvant exercer, les uns vis-à-vis des autres, une certaine surveillance : pour les assurances contre la maladie ou les accidents, entre ouvriers de même profession, par exemple. En dehors de ce cas, nous ne voyons aucune raison décisive pour préférer l'une des combinaisons plutôt que l'autre.

SOCIÉTÉS DE SECOURS MUTUELS. — Les sociétés de secours mutuels ne sont autre chose que des sociétés d'assurance rentrant dans la catégorie des mutualités. Moyennant une cotisation mensuelle très modérée (1 fr. 50 à 2 fr.), elles assurent à leurs membres des secours en cas de maladie, les frais d'enterrement en cas de mort, et parfois même un secours à la veuve. Au début, on voulait faire plus et assurer une retraite à tout sociétaire parvenu à la vieillesse. Mais c'était tenter l'impossible, vu l'exiguïté des ressources, et un décret de 1852 défendit à toute société de secours mutuels de promettre des pensions de retraite, si elles ne possédaient un certain nombre de membres honoraires affiliés par pur esprit de bienfaisance. Encore n'arrive-t-on, même en pareil cas, qu'à un résultat peu satisfaisant : on ne peut servir une pension à tous ceux que leur âge désigne, et l'on doit choisir entre eux ceux dont la situation est la plus intéressante. Le mieux serait donc, pour ces sociétés, de renoncer résolument à assurer des retraites à leurs membres et de concentrer leurs efforts sur la distribution des secours aux malades et sur les frais de funérailles.

Dans ces limites, les sociétés de secours mutuels rendraient de très grands services si elles étaient plus répandues. Malheureusement, on en compte assez peu en France. En 1883, il y en avait à peine 7.600, comprenant 1.167.000 membres, dont 200.000 environ honoraires, affiliés par esprit de libéralité. Elles réunissaient à peu près 24 millions de francs et secouraient, chaque année, 265.000 individus, à chacun desquels elles payaient en moyenne le prix de 20 journées de travail.

Il suffit, pour reconnaître l'insuffisance de ces résultats, de constater ce qui se passe en Angleterre. Près de 24.000 sociétés réunissent 7 millions de membres, et les secourent assez efficacement pour les mettre presque absolument à l'abri de la misère.

rances à primes fixes, qu'il, existe entre tous les assurés une véritable mutualité, mais dont la caisse est gérée par une société indépendante qui répond des pertes et se réserve les bénéfices s'il y en a.

INTERVENTION DE L'ÉTAT EN MATIÈRE D'ASSURANCE. — CAISSES NATIONALES D'ASSURANCE. — L'État, en France, ne laisse pas toute liberté à l'initiative privée en matière d'assurance. Une législation spéciale impose des conditions rigoureuses à la formation de presque toutes les sociétés de ce genre et réserve au gouvernement le droit de les surveiller. Sans prétendre approuver tous les détails de cette réglementation, nous la croyons légitime dans son principe. Il est bon que les sociétés d'assurance offrent au public de sérieuses garanties : et surtout leurs combinaisons reposent sur des calculs peu accessibles au vulgaire.

L'État fait plus; il est lui-même assureur. Trois caisses publiques d'assurance ont été fondées dans le but de venir en aide à la classe laborieuse : la caisse d'assurance en cas de décès, la caisse d'assurance contre les accidents et la caisse des retraites pour la vieillesse. — On ne peut, selon nous, douter que l'État, en agissant ainsi, sorte de son rôle et s'aventure imprudemment sur un domaine qui n'est pas le sien. Il n'existe aucune raison sérieuse pour qu'il entre ainsi en lutte contre les sociétés privées, parfaitement aptes à suffire à tous les besoins. Il s'expose, d'ailleurs, à déshabituer la classe ouvrière de la mutualité et des idées de solidarité qu'elle développe. Il risque enfin de subir de grandes pertes, parce qu'il lui est difficile de résister aux mille sollicitations dont il est l'objet et de fixer strictement les primes au taux convenable : presque fatalement les caisses d'assurance dirigées par l'État deviennent des œuvres d'assistance déguisées. — Les caisses nationales créées en France n'ont, d'ailleurs, donné que des résultats extraordinairement médiocres. Les deux premières n'ont qu'une existence nominale, leurs opérations n'ayant pris aucun développement. Quant à la caisse des retraites, c'est à peine si, de 1850 à 1881, elle a distribué 124,000 pensions. Pourtant, elle offrait à ses assurés les avantages d'une capitalisation à 4 1/2 pour 100, taux tellement excessif qu'en quelques années (1875 à 1881) l'État subissait de ce chef une perte de 33 millions. En 1886, une loi du 20 juillet la reconstitua, d'après des principes plus raisonnables. Cette loi est encore trop récente pour que l'on puisse juger de ses effets. Mais on peut prévoir qu'ils ne seront pas considérables et que, malgré toutes les précautions prises, l'État, responsable des insuffisances, éprouvera des pertes sensibles.

L'État agirait donc sagement en renonçant à jouer le rôle d'assureur. C'est pourtant tout le contraire que quelques-uns lui demandent, poussant l'État à organiser l'assurance obligatoire pour tous les ouvriers. Cette idée, qui n'a encore donné lieu en France qu'à des écrits et à des projets de loi, reçoit actuellement sa réalisation en Allemagne. Des lois de 1883 et de 1884 ont organisé l'assurance obligatoire contre les maladies et l'assurance obligatoire contre les accidents; et, en 1888, un projet a été soumis au Parlement allemand en vue d'instituer l'assurance obligatoire contre les infirmités et la vieillesse. Les dépenses nécessitées par ces œuvres gigantesques sont réparties par tiers entre les ouvriers (au moyen d'une retenue sur leurs salaires), les patrons et l'État. — Une pareille combinaison peut paraître séduisante; en réalité, elle ne saurait donner que de déplorables résultats. Elle écrasera d'un poids énorme l'industrie, et celle-ci essayera de s'indemniser par un abaissement des salaires, elle imposera à l'État une responsabilité des plus graves, une administration des plus compliquées, et surtout elle encouragera des prétentions et des convoitises dont il sera malaisé de rester maître après qu'on les aura déchaînées. Pourtant les résultats espérés sont étrangement modestes. Le projet déposé en 1888 promet seulement aux 12 millions d'assurés sur lesquels on compte des pensions variant entre 90 francs et 210 francs par an, à partir de soixante-dix ans! De pareils chiffres montrent assez que l'œuvre tentée est de réussite impossible, et nous ne pouvons mieux faire, en France, que de nous abstenir d'imiter cet exemple.

L'assistance. — Nous avons déjà montré la nécessité de l'assistance dans les sociétés civilisées modernes, mais il reste à savoir comment elle doit être organisée.

L'initiative des particuliers peut beaucoup à cet égard. La charité privée distribue tous les ans, à Paris, plus de 20 millions, et, dans la France entière, près de 80 millions. Elle ne se borne pas à l'aumône, au secours à domicile; ses fondations sont nombreuses. Des hospices, des orphelinats, des maisons d'apprentissage ont été créés et sont entretenus par elle. Pourtant, presque partout aujourd'hui, l'État intervient pour assurer la distribution des secours aux indigents.

Cette intervention nous paraît utile, au moins temporairement. La charité privée peut être insuffisante, faire même défaut sur certains points du pays, et, d'une façon générale, ses ressources sont encore trop restreintes pour faire face à tous les besoins. On ne peut, du reste, oublier que l'assistance intéresse hautement l'ordre et la sécurité à l'intérieur, et c'est assez pour que l'État soit en droit de diriger les efforts de tous et de suppléer à leur insuffisance. Mais il est essentiel que l'État, dans cette tâche, se montre très réservé. Il ne doit, à aucun prix, enlever aux secours accordés leur caractère de *libéralités*.

C'est pourtant ce que fait la législation anglaise, prise à cet égard comme modèle par l'Allemagne. Elle proclame le *droit* de l'indigent à l'assistance, celle-ci n'étant pas considérée par elle comme une marque de bienveillance mais comme l'exécution d'une obligation. Rien ne justifie ce prétendu principe. La liberté suppose la responsabilité; celle-ci est le complément nécessaire de celle-là, et la société qui proclame l'une ne peut supprimer l'autre sans commettre une injustice, sans commettre aussi une imprudence, car elle encourage l'imprévoyance, la paresse et le vice. L'histoire de l'assistance, en Angleterre, servirait au besoin à le démontrer. C'est en 1601 qu'un statut d'Élisabeth imposa aux paroisses (c'est-à-dire aux communes) l'obligation d'assister leurs indigents au moyen de la « taxe des pauvres ». Au début, les secours furent assez largement accordés; les indigents les recevaient à domicile et l'on n'exigeait d'eux, en échange, qu'un travail peu pénible. Mais on s'aperçut bientôt que le nombre des pauvres ne cessait d'augmenter. On essaya, mais en vain, de remédier à cette situation. En 1834, elle s'était aggravée à ce point que la taxe des pauvres absorbait le sixième du revenu net foncier et qu'il y avait, en Angleterre, un assisté sur dix habitants! Depuis longtemps les mineurs de Newcastle chantaient ce refrain : « Au diable le souci, au diable le chagrin, la paroisse n'est-elle pas chargée de tous nos besoins? » On se décida enfin à substituer au secours à domicile l'internement dans le *workouse,* maison de travail où l'indigent est astreint à une tâche inutile autant que fastidieuse : semblable à l'écureuil en cage il fait, sans fin, tourner une roue. On réduisit ainsi le nombre des assistés, et la taxe des pauvres rentra dans les limites convenables. Mais, en même temps, on rendit la pauvreté infâme, on substitua à l'assistance une pénalité dégradante et cruelle. Tant il est vrai qu'une législation ne viole pas impunément les principes !

En France, nous avons évité ces excès. On a bien organisé l'assistance en service public : les bureaux de bienfaisance ont un caractère officiel, ne pouvant être créés sans autorisation et fonctionnant sous la surveillance de l'administration, mais on a laissé une grande indépendance aux volontés locales. L'État et les communes imposent bien aussi aux citoyens certaines taxes pour entretenir les établissements hospitaliers et grossir les budgets des bureaux de bienfaisance, mais on fait surtout appel à la charité volontaire des particuliers. Ce système peut être critiqué dans ses détails, on peut même prévoir qu'il devra, un jour, céder la place à l'initiative privée devenue assez active pour suffire à tout. Mais, actuellement, il rend des services et ne présente pas d'inconvénients graves parce qu'il respecte le principe fondamental : il n'admet au profit de l'indigent aucun droit à être secouru, il laisse au secours accordé son caractère de libéralité.

Lire dans les *Extraits :*

Rossi : Insuffisance de la charité comme remède à l'excès de la population (p. 272).

VINGT-SEPTIÈME LEÇON

CINQUIÈME PARTIE

APPLICATION DE L'ÉCONOMIE POLITIQUE A LA LÉGISLATION FINANCIÈRE

L'État. — Son rôle. — Ses dépenses.

L'État. — On appelle Nation, dans le langage ordinaire, une réunion d'hommes habitant le même territoire et obéissant aux mêmes lois. Mais une nation n'est pas une simple juxtaposition d'individus qu'aucun lien n'unirait; c'est une collectivité, un groupe humain. Doué de la perpétuité qui manque à chacun de nous, ce groupe subsiste pendant que les hommes passent et se remplacent les uns les autres. Il a donc une existence et des destinées propres, un passé et un avenir en même temps qu'un présent. Il forme, en un mot, une véritable entité distincte, capable de droits et d'obligations, chargée de certaines fonctions et investie des pouvoirs publics nécessaires à l'accomplissement de sa mission. D'une façon générale, muni des pouvoirs exécutif et législatif, il commande aux individus, l'intérêt de chacun devant plier devant celui de la collectivité.

De là naît la notion de *l'État*. L'État n'est autre chose, en effet, que la nation même, envisagée comme entité juridique. Des droits, obligations, fonctions et pouvoirs de la nation, on dit que ce sont les droits, les obligations, les fonctions et les pouvoirs de l'État. Tandis que l'on dira, par exemple, que la Nation française est une nation intelligente et guerrière, on dira que l'État français possède tels droits en vertu d'un traité, qu'il est débiteur de tant de milliards empruntés par lui autrefois, qu'il s'oppose à la libre importation des produits étrangers, etc. Les mots Nation et État servent ainsi à désigner deux manières d'être, ou, si l'on veut, deux aspects du groupe [1].

1. Ce que nous disons de l'État, il faut le dire aussi des *départements* et des *communes*. Groupes secondaires dans le groupe principal, ils forment

Enfin le gouvernement : Président de la République, Ministres et Chambres, représente l'État. Il est composé d'hommes qui, momentanément aux affaires, exercent au nom de l'État les pouvoirs publics.

Les fonctions de l'État. — Essentiellement, l'État a le droit de légiférer et d'assurer, au besoin par la contrainte, l'exécution des lois qu'il a édictées. Mais les fonctions à l'occasion desquelles il use de ces pouvoirs changent avec le temps.

Au début, lorsque la société n'est encore qu'une agglomération de quelques familles fortement constituées, les fonctions de l'État se réduisent à peu de chose. Il veille à la sécurité extérieure, assure l'ordre à l'intérieur, préside aux partages périodiques des terres, etc. La direction de l'activité individuelle, au contraire, lui échappe entièrement : les individus appartiennent à la famille, et celle-ci est jalouse de ses droits[1].

Mais, plus tard, lorsque le régime patriarchal a pris fin et que l'omnipotence de la famille ne s'interpose plus entre l'État et les individus, l'action de l'État devient envahissante. Sous des formes diverses selon les cas : autorité des prêtres, autorité du roi, autorité des seigneurs, ou même autorité des communes, l'État intervient et réglemente. Il restreint le droit de propriété, surveille le travail de chacun, accorde des monopoles, prohibe telle fabrication. En un mot, s'il reconnaît aux citoyens le droit de produire la richesse et de l'approprier, c'est seulement dans les limites d'une étroite réglementation. En réalité, il dirige tout et assume la plus grande part des responsabilités de la vie sociale.

Il vient enfin une époque où ce régime de tutelle cède la place à un régime libéral reposant essentiellement sur la liberté de la propriété individuelle et sur la liberté du travail. C'est désormais aux individus, maîtres de leur initiative et responsables de leurs actes, qu'est confié le soin d'assurer le progrès.

Cette évolution n'a rien d'arbitraire : elle est inévitable pour un peuple qui progresse, et, en même temps que l'histoire affirme la tendance, la science en donne l'explication. A mesure que les rapports sociaux se multiplient et se compliquent, l'État devient moins apte à tout diriger. Il faut qu'une force plus puissante, celle de l'initiative privée, se substitue à la sienne. L'action de l'initiative privée, en effet, quand les individus sont arrivés à un degré suffisant de perfectionnement, est à divers égards supérieure à celle de l'État. Très souple et très variée, puisqu'elle émane d'individus nombreux et différant par la tournure de l'esprit, elle est aussi active et atten-

---

aussi des entités ayant des fonctions et des pouvoirs. Ils sont assimilables à l'État, dont ils ne diffèrent que par la moindre importance de leurs attributions.

1. Voy. *suprà*, p. 107.

tionnée parce que les conséquences d'une erreur, d'une faute, retombent immédiatement sur celui qui l'a commise. L'action de l'État, au contraire, exercée par l'intermédiaire de ses agents, de son administration, est fatalement lourde et uniforme ; elle risque en outre d'être molle et maladroite, les responsabilités étant vagues, souvent même illusoires. L'action des individus, il est vrai, est moins puissante, car les ressources d'un particulier ne peuvent être comparées à celles dont le gouvernement dispose. Encore faut-il observer que les particuliers peuvent s'unir, et nous avons montré de quoi sont capables les associations libres de toute sorte : sociétés commerciales, associations de bienfaisance, etc.

Ce n'est pas à dire cependant que, lorsqu'un peuple en est là, l'État doive disparaître. Il subsiste au contraire, élément indispensable de l'organisation sociale, et conserve d'importantes fonctions. L'initiative privée, en effet, quels que soient ses mérites, ne saurait suffire à tout. Certains besoins collectifs ne peuvent être satisfaits qu'au moyen d'une concentration d'efforts que l'État seul peut réaliser ; et, d'autre part, les particuliers, obéissant surtout aux suggestions de l'intérêt personnel, sont nécessairement bornés dans leurs vues. Certains intérêts collectifs leur échappent, ou les laissent indifférents, ou même se trouvent en contradiction avec les intérêts de quelques-uns d'entre eux. L'État doit alors intervenir et user de son double droit de légiférer et de contraindre.

C'est ainsi que l'État est naturellement chargé de veiller à la sécurité extérieure, de pourvoir au service de la dette publique, de maintenir l'ordre à l'intérieur, d'assurer l'exécution des contrats, de réprimer les fraudes, de protéger les incapables (femmes, mineurs, aliénés, infirmes), de réglementer en vue de l'avenir le régime des eaux, la chasse, la pêche, de veiller à la conservation des forêts, d'imposer certaines mesures d'hygiène, etc. On comprend aussi qu'on lui confie la construction et l'entretien des routes, canaux, ports et phares, la direction du système des monnaies, le soin d'assurer l'enseignement, etc.

Mais, en dehors de ces cas et de quelques autres semblables, il devrait laisser toute latitude aux particuliers. Le domaine économique leur appartient, car c'est là que l'initiative privée se montre vraiment supérieure. A eux revient le soin de produire la richesse, de la faire circuler, de se la partager et de la consommer librement. L'État, s'il veut diriger les uns, encourager et protéger les autres, ne peut qu'entraver l'activité de tous. Il s'expose en outre à commettre des injustices, toute faveur accordée à quelques-uns retombant sur les autres. Nous avons eu à plusieurs reprises l'occasion de le démontrer.

Tel serait le départ rationnel des fonctions sociales entre l'État et les individus. Cet idéal n'est encore entièrement réalisé chez aucun peuple. Si, à peu près partout, le régime libéral est aujourd'hui reconnu par les gouvernements comme étant le meilleur, ce régime n'est pas encore pratiqué sans réserves. Les particuliers, qui aiment la liberté, fuient volontiers la responsabilité qui en est le corollaire. Dans leurs embarras ils font appel à l'État, le pressent de leur venir en aide, de jouer le rôle d'une providence. Les gouvernants, de leur côté, peu faits encore à l'esprit de l'organisation nouvelle, cèdent souvent à ces sollicitations, ou même, manquant de confiance dans l'initiative privée, imposent leur intervention et multiplient les réglementations protectrices. Nous avons rencontré, dans les chapitres qui précèdent, des exemples nombreux de ces interventions de l'État : limitation du taux de l'intérêt, monopole d'émission des billets de banque au profit d'un établissement, protection de certaines industries contre la concurrence étrangère, organisation de l'assistance en service public etc. Quelques-unes peuvent être approuvées, nous l'avons dit, à titre provisoire, pour une période de transition pendant laquelle l'individu achèvera de se perfectionner[1]. Les autres doivent être condamnées sans hésitation. Restes de l'ancienne organisation, toutes sont en désaccord avec les principes du régime actuel; il faut s'efforcer de les faire disparaître en habituant les particuliers à ne compter que sur eux-mêmes. C'est à leur habileté et à leur énergie qu'ils doivent demander le succès; c'est par l'association libre qu'ils doivent réaliser les combinaisons exigées par l'importance de leurs entreprises ou propres à atténuer les risques de l'existence. Le progrès social est directement intéressé au triomphe de ces tendances : tout pas fait dans la voie inverse serait un recul.

Les dépenses et les ressources de l'État. — L'État, pour remplir ses fonctions, est obligé de faire de grandes dépenses. Ces dépenses augmentent même à mesure qu'une société se développe, car si, d'un côté, le champ d'action de l'État tend à se restreindre, de l'autre les fonctions qu'il conserve vont croissant en importance. Il faut actuellement des ressources bien plus considérables qu'autrefois pour payer l'intérêt des dettes publiques, pour préparer la défense du pays, pour exécuter les travaux publics indispensables, etc. Aussi les dépenses de l'État n'ont-elles jamais été aussi élevées qu'aujourd'hui.

Il y pourvoit, en temps normal, au moyen des revenus du *domaine public* et à l'aide de l'*impôt*. Dans certains cas, en outre, il a recours à l'*emprunt*. Enfin dans le but d'équilibrer les recettes et les dépenses, un état de prévision des unes et des autres, appelé *budget*, est dressé à l'avance pour chaque année.

Une description du domaine public ne serait pas ici à sa place.

---

1. Voy. notamment p.237 et 305.

Les revenus de ce domaine ne fournissent du reste à l'État qu'une faible partie des fonds dont il a besoin pour ses dépenses annuelles. Quant à l'emprunt, nous en avons déjà traité. Nous nous bornerons donc à étudier successivement, dans deux chapitres distincts : l'impôt et le budget.

CHAPITRE PREMIER.

L'impôt.

Programme officiel : 1. Impôt. — Différentes espèces d'impôts. — L'impôt proportionnel et l'impôt progressif.

L'impôt. — On a proposé nombre de définitions de l'impôt. Il serait selon les uns le prix des services rendus par l'État, selon les autres une *prime d'assurance* payée par le contribuable à l'État considéré comme un assureur; quelques-uns l'ont aussi considéré comme représentant l'ensemble *des frais généraux d'exploitation du capital national.* Aucune de ces définitions n'est satisfaisante. L'État n'a pas à vendre ses services; il n'est pas non plus un assureur car, s'il cherche à mettre les particuliers à l'abri de certains dommages, il ne les indemnise pas lorsque, malgré ses efforts, ils les ont subis; enfin si les dépenses qu'il fait aident au développement de l'industrie, elles favorisent aussi l'expansion de la vie sociale à tous les points de vue. D'ailleurs, en proposant ces définitions, on oublie que l'impôt ne sert pas seulement à solder les dépenses des services publics, mais aussi à payer l'intérêt des dettes nationales et à les amortir.

Nous dirons donc simplement que l'impôt est « la quote-part que chaque particulier doit supporter dans les dépenses communes dont l'État est chargé », dépenses qui comprennent : 1° l'entretien des services publics, 2° l'intérêt et l'amortissement des dettes nationales.

De la distribution de l'impôt. — Impôt proportionnel et impôt progressif. — Tous les citoyens profitant de l'existence de l'État et des services qu'il rend à la société, l'impôt doit frapper tout le monde. Ce principe est particulièrement équitable dans les pays démocratiques où chacun, investi du droit de vote, peut influer sur la marche des affaires publiques. Mais il s'agit de savoir comment sera fixée la quote-part de chacun.

L'équité absolue voudrait que chacun supportât une part de l'impôt exactement proportionnelle à l'avantage qu'il tire personnellement des dépenses de l'État et à la responsabilité qu'il a dans ces dépenses. Mais on sent aisément qu'il est impossible d'arriver directement à ce qu'il en soit ainsi. Dans quelques cas seulement, l'État peut établir une taxe spéciale destinée à couvrir les dépenses d'une administration déterminée. Il en est ainsi en France pour les postes. Chacun alors paye proportionnellement aux services qui lui sont rendus. Mais ce système ne pourrait être généralisé : il introduirait dans les finances du pays une inextricable complication et la plus grande incertitude, en outre il serait, pour une partie des dépenses publiques, absolument impraticable. Comment déterminer, par exemple, les responsabilités de chacun dans les dettes contractées il y a trente ou quarante ans?

Il faut donc renoncer à atteindre la perfection et s'efforcer seulement d'en approcher autant que possible. Le meilleur moyen, croyons-nous, est de taxer les contribuables proportionnellement à leurs revenus. En partant de ce principe, on s'efforcera de faire en sorte que, celui qui a 1.000 francs de revenu payant par exemple 100 francs d'impôts, celui qui en a 2.000 paye 200 francs, que celui qui en a 10.000 paye 1.000 francs, et ainsi de suite. C'est l'*impôt proportionnel*, presque partout appliqué. Il est évident, en effet, que les particuliers profitent d'autant plus des services de l'État qu'étant plus riches ils ont plus d'intérêts à sauvegarder et mènent une vie plus large, et l'on peut admettre qu'à ces points de vue les différences se proportionnent à peu près aux revenus.

Ce principe n'est pourtant pas admis sans conteste : il rencontre deux catégories d'adversaires.

Les uns admettent bien que l'impôt doit être proportionnel, mais estiment qu'il doit l'être au capital et non au revenu. Dans cette doctrine, les détenteurs de capitaux devraient seuls être taxés, et ils le seraient proportionnellement à la quantité de capitaux que chacun d'eux possède. Cette opinion se comprend très bien de la part de ceux qui définissent l'impôt : « L'ensemble des frais généraux d'exploitation du capital national. » Mais nous avons montré combien une pareille définition est insuffisante. Il n'y a aucune raison pour exempter de l'impôt des individus qui, médecins, avocats, artistes, fonctionnaires, commerçants, peuvent ne posséder que peu ou point de capitaux et réaliser cependant chaque année des gains considérables en exerçant leur profession. On ne voit pas non plus pourquoi les ouvriers, rémunérés par un salaire, munis d'ailleurs du droit de vote, ne prendraient aucune part aux dépenses de l'État. En réalité, cette théorie viole le principe d'après lequel la charge de l'impôt doit être répartie entre tous. Il faut donc l'écarter.

Les autres adversaires de l'impôt proportionnel sur le revenu se placent à un point de vue tout différent. Ils reconnaissent que chacun doit payer l'impôt à raison des revenus qu'il perçoit, mais ils ne veulent pas que la répartition se fasse proportionnellement à ces revenus. Au principe de l'impôt proportionnel, ils opposent celui de l'*impôt progressif*. L'équité, disent-ils, veut que l'on s'attache, non à proportionner la charge aux facultés de chacun, mais à égaliser pour tous le sacrifice à faire. Or, à coup sûr, il est plus lourd de payer 100 francs sur un revenu de 1000 francs que de payer 1,000 francs sur un revenu de 10,000 francs. Ils proposent donc de prélever sur le revenu du contribuable un tant pour cent d'autant plus élevé que ce revenu est plus considérable. Si, par exemple, celui qui a 1,000 francs de revenu paye 50 francs, c'est-à-dire 5 pour 100, celui qui en a 10,000 payera 1000 francs, c'est-à-dire 10 pour 100, celui qui en a 100,000 payera 15,000 francs, c'est-à-dire 15 pour 100, etc.

Ce système, encore préconisé aujourd'hui dans certains milieux, a séduit jadis de grands penseurs comme Montesquieu et J.-B. Say. Il prête pourtant aux critiques les plus graves. Il est injuste, car il ne proportionne pas la charge au bénéfice obtenu et rejette sur les uns des dépenses qui doivent profiter aux autres : inconvénient particulièrement grave dans un pays de suffrage universel, où les dépenses publiques sont votées par des députés nommés par tous les citoyens. Il est dangereux, car, absorbant une forte portion des gros revenus, il tend à décourager l'esprit d'entreprise et le goût de l'épargne. Enfin il est arbitraire, car on ne peut déterminer rationnellement la progression susceptible d'égaliser les charges imposées à chacun. Pourquoi celui qui a un revenu double payerait-il le triple par exemple, plutôt que le quadruple ou le quintuple ? Il est impossible de le savoir.

En réalité, on ne pourrait justifier le système de l'impôt progressif qu'en démontrant que le profit tiré par chacun des dépenses de l'État augmente avec le revenu plus que proportionnellement; que celui qui a 10,000 francs de revenu, par exemple, profite de ces dépenses, non pas dix fois, mais quinze ou vingt fois plus que celui qui n'a que 1,000 francs de revenu. Or, il s'en faut de beaucoup qu'il en soit ainsi. Il n'en coûte guère plus à l'État pour protéger les riches que pour protéger les pauvres, les gros revenus que les petits. Celui qui a 10,000 francs de revenu ne se sert pas dix fois plus des routes entretenues par l'État que celui qui n'en a que 1,000, etc. Enfin, de nos jours, certains services publics, comme l'assistance, les caisses d'épargne et d'assurance, l'instruction publique au moins en partie, etc., sont organisés surtout, quelques-uns même exclusivement, dans l'intérêt des classes les moins riches.

L'assiette de l'impôt. — Pourquoi il est impossible de s'en tenir à un impôt unique. — L'impôt proportionnel aux revenus étant reconnu le meilleur, on pourrait croire qu'il suffit pour l'appliquer d'établir un *impôt unique* portant sur l'ensemble des revenus du contribuable. Si, par exemple, on estime que les dépenses de l'État représentent 10 pour 100 de l'ensemble des revenus des habitants du pays, pourquoi ne pas décréter que chacun payera 10 pour 100 de son revenu ? On l'a proposé en effet, et il est certain que, s'il était praticable, ce procédé offrirait de grands avantages. Les frais de perception seraient réduits au minimum, car il est moins dispendieux de percevoir un seul impôt qu'un grand nombre. Chacun pourrait aisément se rendre compte de ce qu'il doit payer. Enfin, tout arbitraire serait exclu, puisque, pour tous, la taxe résulterait d'un tant pour cent identique. Malheureusement, des raisons décisives obligent à écarter ce système.

Il est très difficile de déterminer l'importance des revenus de chaque individu. Deux moyens seulement permettraient d'y arriver. Ou bien on procéderait par voie d'inquisition, les agents du fisc étant chargés de vérifier la fortune de chacun et d'estimer les revenus. Mais un pareil procédé, irritant et prêtant d'ailleurs à mille erreurs, paraîtrait intolérable. Ou bien on s'en remettrait à la déclaration des contribuables, mais il serait alors presque impossible d'empêcher des fraudes nombreuses grâce auxquelles les moins honnêtes rejetteraient sur les autres une forte partie de la charge qui devrait leur incomber. Ces fraudes seraient d'autant plus à redouter qu'un impôt unique serait nécessairement fort élevé. En France, par exemple, où les dépenses de l'État, des départements et des communes dépassent, au total, 4 milliards, alors que l'ensemble des revenus varie entre 30 et 35, c'est à 13 pour 100 au moins qu'il faudrait fixer le taux de l'impôt. Combien de gens trouveraient une pareille taxation excessive et chercheraient à s'y soustraire ! En fait, il est vrai, de quelque façon que l'on procède, c'est bien là ce que l'impôt prélève chaque année sur le revenu de chacun, mais, disséminée en des taxes nombreuses et variées, la charge, dont on se rend moins clairement compte, est plus aisément acceptée : centralisée en un seul impôt, elle irriterait le contribuable et provoquerait des résistances.

Un système d'impôt unique rencontre du reste un autre obstacle dans un phénomène d'ordre spécial que l'on appelle l'*incidence de l'impôt.*

INCIDENCE DE L'IMPOT. — L'individu, quand il a payé un impôt, cherche en général à en rejeter la charge sur d'autres. Obligé d'acquitter certaines taxes, le producteur, par exemple, cherche à élever d'autant le prix de ses marchandises, c'est-à-dire à s'indemniser aux frais du consommateur, le capitaliste essaye d'obtenir un intérôt plus élevé, etc. Ils n'y arrivent pas toujours car l'augmentation du prix des marchandises peut rendre la demande plus rare, ou bien la hausse de l'intérêt éloigne les emprunteurs. Mais souvent ils réussissent au moins dans une certaine mesure, et l'on dit alors qu'il y a *répercussion* ou *incidence* de l'impôt.

L'incidence de l'impôt est un fait très fréquent et avec lequel l'État doit toujours compter lorsqu'il organise un système de taxation. Dans certains cas, il peut la prévoir et nous verrons en effet, qu'il existe actuellement des impôts que l'État réclame à certains individus alors qu'en réalité il entend qu'ils soient supportés par d'autres [1]. Mais très souvent aussi il est impossible de déterminer exactement les répercussions probables, car il dépend de mille circonstances que ces répercussions soient ou non possibles. Nous le prouvions il y a un instant par des exemples.

Dans ces conditions, un système d'impôt unique aboutirait fatalement à de grandes inégalités, c'est-à-dire à de graves injustices. Chacun payerait bien à l'État un même tant pour cent sur ses revenus, mais les uns trouveraient le moyen de s'indemniser tandis que les autres ne le pourraient pas. Si, par exemple, certains entrepreneurs arrivaient à augmenter le prix de leurs produits du montant de l'impôt qu'ils auraient payé, il n'est nullement certain que les autres entrepreneurs pourraient faire de même, que les rentiers verraient l'intérêt de leurs capitaux s'élever, que les ouvriers obtiendraient une augmentation de salaire. On peut même affirmer que quelques catégories au moins d'individus échoueraient dans leurs tentatives : celles-là seraient obligées de payer intégralement leur part d'impôt, et en outre tout ce que les autres seraient parvenues à rejeter sur elles. Il est bien vrai que des faits de ce genre se produisent quel que soit le régime adopté; mais, lorsque les taxes sont nombreuses et variées on peut les choisir de façon que, n'agissant pas dans le même sens, elles se corrigent à peu près les unes les autres, tandis que les inégalités qui se produiraient dans un système d'impôt unique resteraient sans compensation.

Système des taxes multiples. — C'est donc à l'aide d'un système de taxes multiples que l'État doit s'efforcer de partager entre tous la charge de l'impôt proportionnellement aux revenus de chacun. Pour y arriver, il faut frapper toutes les sources de revenus, atteindre la richesse dans toutes ses manifestations. On établira, par exemple, un impôt foncier pour taxer le revenu que le propriétaire tire de sa terre, une patente que le commerçant payera à raison des bénéfices que lui procure son industrie, des droits de mutation exigibles lorsque certaines richesses passeront d'une main dans l'autre, etc.

1. Voy. plus bas : *Impôts indirects.*

Un pareil système peut sembler bizarre, dangereux, incohérent. Pourtant, sans prétendre qu'il soit parfait, on peut affirmer qu'il est préférable à tout autre. Seul il permet de rendre supportable au contribuable la charge de l'impôt, parce qu'il la fractionne et la dissimule en partie, seul aussi il permet de réaliser à peu près la proportionnalité des taxes. Chacune d'elles étant spéciale, on peut en prévoir l'incidence et éviter les inégalités que nous signalions tout à l'heure, et si l'on s'est trompé, on peut toujours réparer le mal à l'aide d'une nouvelle taxe calculée de manière à frapper ceux que la première avait épargnés et réciproquement. Ajoutons enfin qu'à la longue les injustices qui peuvent subsister s'atténuent parce qu'il se fait peu à peu dans la société des arrangements pour en tenir compte. Si, par exemple, un impôt sur le vin ou sur le sucre pèse d'un poids excessif sur la classe ouvrière obligée d'en supporter une part plus que proportionnelle à ses facultés, une hausse des salaires finira par compenser cet effet regrettable. Pour peu que son système d'impôts multiples fût convenablement agencé, un pays pourrait donc, s'il avait la sagesse et la possibilité de laisser subsister très longtemps les mêmes taxes sans les modifier, s'approcher très près de l'idéal d'une départition parfaitement proportionnelle, sinon y atteindre.

LES DIFFÉRENTES ESPÈCES D'IMPOTS : IMPOTS DE RÉPARTITION ET IMPOTS DE QUOTITÉ. IMPOTS DIRECTS ET IMPOTS INDIRECTS. — Les nombreux impôts nécessités par un système de taxes multiples peuvent être distingués les uns des autres à deux points de vue très différents.

1° Ils sont tous, ou des impôts de *répartition*, ou des impôts de *quotité*.

L'impôt de répartition est celui dont la loi fixe à l'avance le total, des mesures étant prises pour que la charge soit ensuite répartie entre les contribuables. L'impôt foncier, par exemple, est organisé en France, de la façon suivante. La loi budgétaire en fixe chaque année le rendement (360 millions environ[1]) : cette somme est d'abord répartie entre les départements, puis entre les arrondissements, puis entre les communes, enfin la portion afférente à chaque commune est partagée entre les propriétaires des terres qui s'y trouvent.

Tout autre est l'impôt de quotité. Au lieu d'en fixer le montant total, la loi indique le tant pour cent à réclamer de chacun, de telle sorte que, tant que l'impôt n'a pas été perçu, son rendement reste incertain. En France, par exemple, il existe un impôt de 3 p. 100 sur les valeurs mobilières : cela veut dire que tous les propriétaires d'actions et d'obligations subissent un prélèvement de 3 p. 100, sur

---

1. Sur cette somme, 175 millions seulement reviennent à l'État : le reste est affecté aux dépenses départementales et communales.

les revenus de leurs titres, et naturellement l'État perçoit, au total, une somme plus ou moins considérable selon que ces valeurs se multiplient ou diminuent en nombre et donnent droit à des revenus plus ou moins élevées.

Chacune de ces sortes d'impôt a ses avantages et ses inconvénients. L'impôt de répartition n'expose le trésor à aucun aléa puisque son total est fixé d'avance, mais la situation faite au contribuable y est moins nette puisque ce n'est pas la loi qui détermine la part que chacun doit payer. D'un autre côté l'impôt de quotité offre ce grand avantage de suivre exactement les progrès de la richesse publique, car il rend d'autant plus que cette richesse augmente, circule davantage, etc., tandis que l'impôt de répartition ne peut suivre ces progrès que de loin en loin, lorsque le législateur se décide à élever le rendement exigé.

2° Les impôts sont encore : ou *directs*, ou *indirects*.

On doit considérer comme des impôts directs tous ceux qui, ayant pour objet d'atteindre les personnes ou bien la possession et la jouissance des biens, sont réclamés par l'État directement à celui qu'il entend frapper. Les impôts indirects, au contraire, sont ceux que l'État perçoit à l'occasion d'un fait, d'un acte du contribuable, sans se préoccuper de savoir à qui en incombera la charge, comptant sur les phénomènes d'*incidence* pour la rejeter finalement sur celui qui, rationnellement, doit la supporter[1].

Des deux classifications que nous venons de signaler, la seconde, celle qui distingue les impôts en directs et indirects, est de beaucoup la plus importante. C'est elle que nous choisirons pour passer en revue les principales taxes établies en France.

IMPÔTS DIRECTS. — Les principaux impôts directs sont :

1° L'*impôt personnel et mobilier*. — Cet impôt en comprend en réalité deux parfaitement distincts : l'impôt personnel et l'impôt mobilier.

Le premier est une *capitation*, c'est-à-dire une taxe sur les personnes. Tout le monde doit le payer et il est identique pour tous. Il est fixé à la valeur de trois journées de travail, les conseils généraux devant fixer cette valeur, pour chaque département, dans les limites de 0 fr. 50 à 1 fr. 50. Les villes qui ont un octroi peuvent d'ailleurs être autorisées à exempter leurs habitants de cet impôt en en payant à l'État la valeur sur les produits de leur octroi. — Cet

---

1. L'administration comprend d'une autre façon la distinction qui nous occupe. Préoccupée surtout des moyens à employer pour percevoir les taxes, elle considère comme directes celles-là seulement qui, visant des situations permanentes, donnent lieu à l'établissement de rôles nominatifs : toutes les autres, selon elle, sont indirectes. Il résulte de là qu'elle classe parmi les impôts indirects ceux sur les donations et les successions et sur les valeurs mobilières, que nous rangeons au contraire parmi les impôts directs.

impôt n'est évidemment pas proportionnel, mais, étant très léger, il ne tient qu'une petite place dans l'ensemble des taxes et il est légitime parce que tout le monde profite de l'existence de l'État et doit contribuer à ses dépenses.

L'impôt mobilier est un impôt sur le loyer, ou, plus exactement, sur le revenu que le chiffre du loyer fait présumer. Malheureusement, la présomption est souvent peu justifiée : il n'est pas rare que, de deux individus ayant le même revenu, l'un soit contraint, par exemple s'il a une famille nombreuse, de payer un loyer beaucoup plus élevé que ne fait l'autre. L'impôt mobilier prête donc à de graves critiques.

Il est d'ailleurs regrettable que la loi ait réuni la taxe personnelle et la taxe sur le loyer pour en faire un seul et même impôt. Comme cet impôt a le caractère d'un impôt de répartition, les Conseils généraux se trouvent investis d'un pouvoir exorbitant, car il leur suffit d'augmenter ou de réduire l'estimation de la journée de travail en argent pour aggraver la capitation, qui pèse également sur tous, au profit de ceux qui ont un loyer élevé, ou pour charger plus lourdement ces derniers en dégrevant les autres.

2° *L'impôt sur les portes et fenêtres.* — Ici encore, c'est le logement que l'on vise. Mais cet impôt a le tort de frapper ce qu'il faudrait encourager : la bonne distribution de l'air et de la lumière dans les constructions.

3° *La contribution des patentes* est une taxe sur les bénéfices présumés des industriels et des commerçants. L'organisation en est assez compliquée. La patente comprend à la fois un droit *fixe* et un droit *proportionnel*. Le droit fixe, qui varie selon la profession de l'industriel et le nombre des habitants de la localité, repose sur cette présomption que les bénéfices sont plus considérables dans certaines industries que dans certaines autres, et s'élèvent pour chacune avec le chiffre de la population. Le droit proportionnel, au contraire, dépend du montant du loyer de chaque industriel et d'après un taux spécial pour chaque profession. On présume que, dans la même industrie, les bénéfices varient avec l'importance des locaux occupés.

Comme on le voit, la fixation du montant de chaque patente repose sur des présomptions contestables. Un pareil impôt est légitime dans son principe, mais l'application n'en peut pas être très satisfaisante.

4° *L'impôt de 3 p. 100 sur le revenu des valeurs mobilières,* dont nous avons déjà parlé, est un impôt qui se justifie aisément. Il frappe le revenu d'une façon directe et non par voie de présomption, et il est assez léger pour être facilement supporté.

5° *L'impôt sur les successions et donations* est parmi les plus légitimes. Il faut seulement éviter de l'élever à un taux excessif, car l'État doit éviter d'obliger les particuliers à entamer leurs capitaux, ou à grever les entreprises d'emprunts considérables pour payer l'impôt[1].

Malheureusement, il n'en est pas ainsi en France, en ce qui concerne les droits de succession. Variant selon les degrés de parenté, ils s'élèvent assez vite à des taux exagérés. De plus certaines règles injustes devraient être supprimées, celle notamment d'après laquelle le droit est fixé proportionnellement à l'actif brut, sans aucune déduction des dettes.

6° Enfin l'*impôt foncier* est le plus important des impôts directs — Il est absolument légitime dans son principe, car il porte sur le revenu net des terres, c'est-à-dire sur le revenu de l'une des principales catégories de capitaux d'un pays. — Malheureusement, il est très difficile de l'asseoir d'une façon équitable.

Il donne lieu, depuis longtemps, en France, à de vives récriminations. D'une part, on a eu le tort de ne pas distinguer entre la propriété non bâtie et les constructions; il est cependant évident que la taxe ne devrait pas être identique sur des biens de nature aussi différente. Mais surtout la répartition entre les départements, puis entre les individus, est mal faite. Elle repose sur ce que l'on appelle le *cadastre parcellaire*, immense tableau d'estimation du revenu net probable des diverses terres dans toute la France. Pour le dresser, on dut diviser les terres en parcelles et ranger chaque parcelle dans une certaine classe d'après sa nature et ses qualités. Commencé en 1808, le cadastre ne fut terminé qu'en 1850. Mais il n'atteignit que très imparfaitement le but. Il fut impossible, en effet, d'imposer aux répartiteurs un taux unique d'évaluation pour toute la France : en fait, le cadastre fut dressé pour chaque commune séparément, sans concordance sérieusement établie. En outre, depuis l'époque où il a été dressé, de grands changements se sont produits dont on n'a pu tenir suffisamment compte. Il en résulte qu'actuellement de graves inégalités existent entre les départements. On en cite qui ne payent guère que 3 ou 4 pour 100 de leur revenu net foncier, tandis que d'autres sont imposés au taux de 9 pour 100. Et, parmi les communes d'un même département, les inégalités sont parfois encore plus choquantes. On a bien, il est vrai, pour atténuer ces inconvénients, dégrevé les départements les plus imposés, mais on a ainsi diminué les revenus de l'État sans remédier sensiblement au mal.

Peut-être le mieux serait-il de renoncer à asseoir l'impôt foncier sur le revenu net et de prendre comme base la valeur d'échange de la terre. Le travail d'évaluation serait facilité par l'existence des contrats de vente, des actes de partage, etc., concernant chaque terre. On aurait l'avantage de pouvoir transformer l'impôt foncier

---

1. Voy. nos observations à ce sujet, p. 113.

en impôt de quotité. Enfin la taxe ne porterait plus seulement sur les terrains qui fournissent effectivement un revenu, mais aussi sur ceux que leurs propriétaires n'exploitent pas, préférant attendre l'occasion d'une revente avantageuse.

IMPOTS INDIRECTS. — Comme on le voit, les impôts directs ont de grands inconvénients. Théoriquement proportionnels aux facultés des contribuables, ils ne le sont en réalité que d'une façon très imparfaite, parce qu'on ne peut pas arriver à les asseoir équitablement. On est obligé, pour apprécier les biens frappés, de recourir à des présomptions vagues ou à des estimations qu'on ne peut faire avec exactitude. Les impôts directs ne frappent du reste pas tous les membres de la nation : ceux-là seuls qui possèdent certaines espèces de biens ou qui sont à la tête d'entreprises déterminées se trouvent touchés par eux. Les autres sont épargnés. Ajoutons enfin que les impôts directs rapportent relativement peu. Portés actuellement, en France, à des taux que les contribuables estiment considérables et que l'on ne pourrait guère dépasser, c'est à peine s'ils fournissent 35 ou 45 pour 100 des sommes nécessaires à l'équilibre du budget.

Ces considérations expliquent pourquoi, dans tous les pays, il existe une autre catégorie d'impôts : celle des impôts indirects. Prélevés à l'occasion d'actes de la vie courante, ils frappent tout le monde, ont dès lors une assiette très large, et rapportent beaucoup en même temps qu'ils permettent de rétablir l'équilibre entre les diverses classes de la société.

On peut distinguer deux classes d'impôts indirects :

1° Les uns sont établis sur la circulation des richesses. Ce sont :

Les droits de timbre et d'enregistrement visant les actes et mutations. — Tout acte destiné à produire un effet juridique doit être constaté sur un papier timbré, vendu par l'État à un prix fiscal. De même, sous des formes diverses, l'impôt du timbre frappe l'affichage, la publication d'écrits périodiques, les pétitions et mémoires adressés aux autorités publiques et les quittances. — Quant aux droits d'enregistrement, ils sont perçus à l'occasion de la constatation (imposée dans de nombreux cas par la loi) des mutations qui se produisent dans les droits de propriété, de jouissance, etc.

Les droits sur les transports, auxquels il faut joindre les bénéfices que procure à l'État l'exploitation des postes et des télégraphes.

Ces divers impôts sur la circulation sont légitimes, mais doivent être très légers, afin que la circulation de la richesse ne soit pas entravée. Malheureusement, en France, la limite convenable se trouve dépassée. Pour les transports, on a bien, en 1878, supprimé la taxe de 5 pour 100 établie en 1870 sur le transport des marchandises par petite vitesse, mais l'impôt sur les voyageurs et sur les expéditions de marchandises en grande vitesse est encore du cinquième du prix, ce qui est énorme. Quant aux droits d'enregistrement, ils sont parfois tellement excessifs que, dans les procès de peu d'importance, le montant de l'enregistrement des actes que l'on veut produire en justice[1] dépasse parfois l'intérêt engagé.

2° Les autres impôts indirects sont établis sur la consommation des richesses. Ce sont :

Les droits de douane, droits qui frappent les marchandises étrangères à leur entrée en France. Ces taxes se justifient parfaitement quand elles sont établies dans un but purement fiscal, frappant par exemple des objets que le pays ne produit pas, comme les denrées coloniales, ou bien combinées sans la préoccupation de protéger l'industrie nationale. Nous avons montré combien, au contraire, ils sont condamnables quand ils affectent le caractère de droits protecteurs.

Les impôts sur la consommation des produits nationaux. — Cette catégorie d'impôts indirects est de beaucoup la plus importante. Elle l'est au point que souvent c'est elle seule que l'on entend désigner quand on parle des impôts indirects. Mieux que toutes autres, en effet, les taxes à la consommation permettent d'atteindre tous les contribuables et d'obtenir un fort rendement. Il suffit pour cela d'imposer des objets de consommation usuelle.

Les objets taxés de cette façon en France sont : les boissons, le sel, le sucre et le tabac. L'impôt sur le tabac est évidemment un excellent impôt. Il est au contraire regrettable que l'on ait dû taxer les boissons, le sel et le sucre, denrées très utiles, sinon indispensables à l'entretien de la vie. Mieux vaudrait assurément que les objets de luxe, ceux que l'on peut s'abstenir de consommer sans inconvénient pour la santé, fussent seuls frappés ; mais s'il en était ainsi le rendement serait tout à fait insuffisant. Il a donc fallu choisir pour les imposer des objets que tout le monde consomme. On a toutefois pris soin de ne pas taxer la consommation du pain.

Les quatre contributions qui nous occupent rapportent annuellement à l'État près de 1 milliard, le rendement moyen étant : pour les droits sur les boissons de 460 millions, pour l'impôt sur le sel de 35 millions, pour la taxe sur le sucre de 150 millions et pour la vente des tabacs de 300 millions.

Il est à remarquer que l'impôt sur le tabac est perçu d'une façon tout à fait spéciale : par voie de monopole. L'État s'est réservé le droit exclusif de la fabrication et de la vente de cette denrée, dont il fixe le prix de manière à réaliser un bénéfice considérable. On peut encore citer comme monopoles fiscaux l'exploitation des postes

---

1. Un acte ne peut être utilement produit en justice s'il n'a été enregistré.

et télégraphes et la fabrication des allumettes. L'emploi de ce procédé peut n'avoir pas d'inconvénients quand il s'agit d'industries secondaires, comme celle des tabacs, pour laquelle un capital de 70 millions suffit, ou faciles à conduire comme celle des postes et télégraphes qui exige surtout de la régularité. Il serait dangereux au contraire de l'étendre à des industries de premier ordre, et, par exemple, bien qu'on ait proposé de le faire, à l'achat, à la manipulation et à la vente des alcools.

DE L'ÉQUILIBRE A MAINTENIR ENTRE LES IMPOTS DIRECTS ET LES IMPOTS INDIRECTS. — Si les impôts directs ne sont pas proportionnels faute d'atteindre tous les contribuables, les impôts indirects ne le sont pas davantage, parce qu'ils frappent tout le monde sans que la charge qui en résulte soit mesurée aux facultés de chacun. Ce défaut de proportionnalité des impôts indirects ne doit pas être exagéré, mais il est incontestable et se fait surtout sentir pour les plus importants des impôts indirects : les taxes à la consommation. Ces taxes ne sont pas, comme on le dit souvent, des capitations, car le riche dépense plus que le pauvre en achats de boissons, de sucre, de sel, de tabac, mais il est bien évident que la différence est loin d'être en proportion des fortunes. Ce genre de dépenses absorbera peut-être le quart du gain annuel d'un ouvrier vivant cependant petitement, alors que, sans se restreindre, l'individu qui jouit, par exemple, d'un revenu de 20,000 francs y fera aisément face avec la sixième ou même la septième partie de ses ressources. Ce résultat est d'autant plus inévitable que, faute d'avoir trouvé un moyen pratique pour le faire, on ne tient pas compte des qualités, mais seulement des quantités. Le vin, notamment, acquitte à peu près les mêmes droits, qu'il soit fin ou d'espèce commune.

Cette considération n'est pas un motif pour renoncer aux taxes indirectes, puisque ces taxes doivent servir à rétablir l'équilibre entre ceux qui sont atteints par les impôts directs et ceux qui ne le sont pas. Mais elle est de nature à inspirer aux gouvernements une grande prudence. Si, en effet, on abuse des contributions indirectes, l'équilibre que l'on veut rétablir au profit des uns se trouve compromis aux dépens des autres, et le mal est d'autant plus grave que les moins riches sont le plus lourdement frappés. Il est bien vrai qu'à la longue, ainsi que nous l'avons dit précédemment, il se fait des arrangements tendant à corriger l'inégalité, mais si celle-ci est considérable il se peut qu'elle subsiste malgré tout, au moins en partie. Malheureusement, comme les impôts indirects rapportent beaucoup et sont assez aisément supportés par les contribuables, les gouvernements y recourent volontiers. — En France, notamment, à la suite de la guerre, on les a beaucoup augmentés, et l'on estime généralement que notre système d'impôts n'est pas, actuellement, équilibré d'une façon convenable. Aussi s'est-on souvent préoccupé des moyens à employer pour corriger ses imperfections.

L'IMPOT COMPLÉMENTAIRE DE REDRESSEMENT SUR LE REVENU. — Parmi les propositions faites dans ce but, la plus intéressante est celle d'un *Impôt complémentaire de redressement sur le revenu.* Cette taxe frapperait le contribuable sur l'ensemble de ses revenus. Ce serait là un impôt complémentaire puisqu'il s'ajouterait aux autres impôts actuellement existants, qui, pour la plupart, seraient maintenus. En même temps, ce serait un impôt de redressement parce que l'on en exempterait les petits revenus frappés trop lourdement aujourd'hui par les taxes indirectes, et que l'on profiterait même de l'augmentation de ressources obtenue pour supprimer ou réduire quelques-unes de ces taxes. Enfin, comme il serait léger (de 1 pour 100 par exemple), ceux qui le préconisent pensent qu'on le supporterait aisément, et que la détermination des revenus ne serait pas entravée par la fraude.

Il est certain que, dans des conditions données, un pareil impôt peut fonctionner avec avantage. L'existence de l'*Income-taxe* en Angleterre, celle de l'*Einkommensteuer* et du *Classensteuer* en Allemagne, le prouveraient au besoin. Mais on ne pourrait qu'en redouter l'introduction dans un pays où le gouvernement serait peu stable, parce que, l'organisation des cadres de cet impôt une fois faite, il serait facile aux divers partis se succédant au pouvoir d'user de ces cadres pour mettre en application les idées les plus contestables : utopies dangereuses, comme celle de l'impôt unique sur le revenu, ou même théories iniques, comme celle de l'impôt progressif.

En réalité, le meilleur procédé pour réformer la législation fiscale consisterait à diminuer progressivement les dépenses, de manière à rendre possible la réduction des taxes les plus inégalement réparties.

Taxes locales. — Les dépenses de l'État ne forment pas la totalité des dépenses publiques. En France, elles représentent un peu plus de 3 milliards sur un ensemble d'au moins 4 milliards et demi. La différence, soit près de 1,500 millions, est à la charge des départements et des communes, ces dernières dépensant à elles seules environ 1,100 millions.

Les départements et les communes trouvent d'abord des ressources dans les produits annuels de leurs domaines. Mais la plus grande partie de leurs recettes est fournie par des taxes. Les principales de ces taxes sont les suivantes :

1º *Les centimes additionnels* qui s'ajoutent au principal des impôts directs perçus par l'État. Sur les 357 millions produits par l'impôt foncier, par exemple, 175 seulement reviennent à l'État, 182 étant distribués entre les départements et les communes. Et, pour l'ensemble des contributions directes, le principal, revenant à à l'État, est de 375 millions, et les centimes additionnels de 324 millions.

2° *Les prestations pour les chemins vicinaux.* — Perçue au profit des communes, cette contribution présente une certaine analogie avec la contribution personnelle due à l'État, car elle est aussi fixée à trois journées de travail. Mais il est au choix du contribuable de l'acquitter en nature ou en argent. Au total, elle représente une valeur de 110 à 120 millions.

3° Enfin *les Octrois,* établis à l'entrée des principales communes, fournissent un produit net qui dépasse 270 millions. Perçus sur des objets de consommation locale de toute sorte : viandes, vins, fruits, beurre, combustibles, matériaux, etc., les octrois sont très gênant s et frappent lourdement la classe ouvrière. Depuis longtemps, on demande qu'ils soient supprimés et remplacés par de nouveaux centimes additionnels ajoutés à l'impôt foncier et à l'impôt mobilier. Cette réforme ne paraît guère réalisable actuellement, car on ne pourrait l'opérer qu'en élevant l'impôt foncier et l'impôt mobilier à des taux excessifs. A Paris, par exemple, où il faudrait les tripler, le premier atteindrait près de 20 pour 100 du revenu net et le second environ 30 pour 100 des valeurs locatives ! Mais dans l'avenir, si les dépenses locales n'augmentent pas démesurément, on peut espérer qu'elle deviendra possible, grâce au développement graduel de la richesse et à l'accroissement de la valeur des propriétés bâties.

Lire dans les *Extraits :*

De Laveleye : Influence du régime politique sur la productivité du travail (p. 459).

Léon Say : La démocratie et l'impôt (p. 469).

VINGT-HUITIÈME LEÇON

CHAPITRE II

Le Budget.

Programme officiel : 2. Le Budget. — Comment un Budget s'établit.
Vote du Budget. — Annualité et spécialité du Budget.

Le Budget. — Un particulier ne manque guère de dresser périodiquement, pour chaque année par exemple, un état de prévision de ses recettes et de ses dépenses. Le gouvernement, maniant des sommes énormes, et chargé de fonctions nombreuses et variées, doit agir de même, c'est-à-dire dresser le *budget de l'État*. Plus encore qu'un particulier, il doit apporter dans cette opération une exactitude et une précision méticuleuses. Grâce à cette précaution, il se rendra aisément compte des dépenses qu'il peut faire sans détruire l'équilibre de son actif et de son passif, et il se mettra en mesure d'exercer un contrôle sérieux sur ses innombrables agents. S'il négligeait ce soin, se contentant de dépenser au jour le jour à mesure que la nécessité s'en ferait sentir, il perdrait vite la notion du rapport qui doit exister entre ses dépenses et ses recettes, manquerait souvent d'argent pour faire face à ses engagements, céderait au contraire à toutes les sollicitations dès qu'il aurait des fonds disponibles, enfin ne pourrait vérifier en connaissance de cause les comptes de ses ordonnateurs et de ses comptables. Ce serait le désordre, la dilapidation, le gaspillage et bientôt la banqueroute.

L'évolution politique et le budget. — Le budget est donc indispensable ; mais il reste à savoir selon quelles règles on doit l'établir et le mettre à exécution. — Il semble, à première vue, que ces questions soient des plus simples. De quoi s'agit-il, en somme ?

D'abord de dresser avec exactitude et précision un état de recettes et de dépenses, puis d'assurer le respect des décisions prises, en enrayant les velléités de dépenses du pouvoir exécutif exposé aux tentations de la puissance et en butte à mille sollicitations. De bonnes règles de comptabilité et quelques précautions sages doivent y suffire. — Malheureusement, pendant longtemps, le problème ne s'est pas posé dans ces termes, et l'histoire montre combien d'obstacles peuvent s'opposer à l'élaboration d'une bonne législation budgétaire au cours de l'évolution politique des peuples.

A certaines époques et dans certains pays, le gouvernement étant despotique, le budget était l'œuvre du monarque et de ses ministres. Établi sans contrôle, il était respecté ou modifié au gré de la volonté royale. Si le roi était à la hauteur de sa fonction, la gestion des finances publiques était bonne; au cas contraire, elle était désastreuse, rien n'arrêtant les gaspillages.

Mais plus souvent l'histoire nous fait assister à une lutte entre la royauté jalouse de son autorité et la nation qui prétend voter les impôts et contrôler l'emploi des fonds par l'intermédiaire de ses représentants. Contraint de céder, le roi s'efforce de restreindre ses concessions au minimum. D'abord il ne consulte les représentants du pays qu'à intervalles très éloignés, lorsqu'il est nécessaire de créer de nouveaux impôts, et reste ainsi, en temps ordinaire, maître absolu du budget. Plus tard, obligé de subir leur intervention permanente, il les admet à voter le budget chaque année, mais seulement en bloc ou par grandes divisions. Il rend ainsi impossible un contrôle sérieux et conserve une grande liberté d'action. Presque toujours, du reste, il se réserve le droit de modifier le budget en cours d'exercice, sauf à demander plus tard une ratification qu'on ne pourra guère lui refuser.

Il faut qu'enfin la nation soit mise en pleine possession de ses droits normaux, et qu'un juste départ des fonctions gouvernementales soit fait entre le pouvoir exécutif et le pouvoir législatif, pour que ces entraves disparaissent. Alors, seulement, il devient possible d'instituer une législation budgétaire rationnelle. On peut et l'on doit s'efforcer, d'une part, de réserver au pouvoir exécutif l'initiative et le droit d'appréciation dans la mesure où ils lui appartiennent naturellement, et, d'autre part, de mettre le pouvoir législatif en mesure de se rendre clairement compte de la situation financière, de dresser un budget exact et précis en toute connaissance de cause, enfin de contrôler sérieusement l'exécution de ce budget. Sans doute, les mesures prises, si parfaitement combinées qu'on les suppose, ne suffiront pas à assurer une bonne gestion des finances publiques. Les meilleures lois sont parfois violées, et, d'autre part, il ne servirait guère de se mettre en garde contre certains entraînements du pouvoir exécutif, si les représentants du pays s'y laissaient aller à leur tour. Au moins de bonnes lois ont-elles cet avantage de rendre possible une bonne gestion, tandis que de mauvaises stérilisent les meilleures volontés en engendrant l'obscurité et la confusion.

Parmi les nations modernes, l'Angleterre est arrivée la première à un régime politique permettant une bonne législation budgétaire. Depuis plusieurs siècles déjà, la Chambre des communes est investie, dans des conditions très larges, du double droit de voter le budget et de contrôler l'emploi des fonds. Aussi l'Angleterre jouit-elle aujourd'hui des avantages d'une organisation financière très perfectionnée. En France, au contraire, c'est seulement depuis 1789 que les assemblées sont devenues permanentes : encore leurs pouvoirs ont-ils été, à plusieurs reprises, singulièrement restreints par nos constitutions. Pendant le premier empire, si les budgets étaient soumis au Corps législatif, c'était dans des conditions telles qu'aucun contrôle n'était possible. Ces budgets, comme l'a dit M. Thiers, « n'offraient, pour les revenus, comme pour les charges, qu'une expression incomplète et trompeuse qui ne révélait ni les moyens du Trésor ni les dépenses du gouvernement, et qui n'opposait qu'une limite illusoire aux dispositions des ordonnateurs (de dépenses) ». En réalité, le Corps législatif n'était consulté que pour la forme ; l'empereur restait presque absolument maître de la gestion financière. Sous le règne de Napoléon III, les pouvoirs du Corps législatif étaient réels, mais bien insuffisants. Le budget n'était voté que par grandes divisions (par ministères) au lieu de l'être en détail ; les ministres n'étaient pas responsables devant le Corps législatif ; enfin le pouvoir exécutif avait le droit d'ouvrir des crédits supplémentaires et extraordinaires, sauf à demander une ratification ultérieure.

Ainsi, en réalité, la France n'a joui qu'à trois époques de régimes politiques permettant l'établissement d'une bonne législation financière : de 1789 à 1801, de 1815 à 1852 et de 1871 jusqu'à nos jours. C'est surtout pendant ces périodes qu'a été constitué l'ensemble des règles appliquées aujourd'hui. Il n'est pas étonnant qu'en si peu de temps on n'ait pas atteint la perfection, et que, malgré les progrès réalisés, quelques lacunes ou quelques mesures contestables puissent être signalées.

Comment un budget s'établit. — Préparation et vote du budget. — Le budget est l'œuvre, à la fois, du pouvoir exécutif et du pouvoir législatif. Aux ministres revient le soin de le préparer, aux Chambres celui de l'examiner, de l'amender au besoin, et de le voter. Cette division des fonctions est naturelle et nécessaire. L'initiative première, en effet, ne peut appartenir qu'aux ministres. Chefs des services publics, ils demandent les crédits dont ils croient avoir besoin et indiquent les voies et moyens pour faire face aux dépenses. Les Chambres ne pourraient, du reste, aborder utilement une étude aussi complexe que celle du budget si un projet, coordonnant les éléments multiples des recettes et des dépenses, n'avait été préalablement dressé : ce projet, les ministres sont tout désignés pour l'établir, parce qu'ils ont à leur disposition tous les moyens d'information désirables.

PRÉPARATION DU BUDGET. — Le projet de budget comprend essentiellement un tableau détaillé des dépenses à prévoir et un tableau détaillé des recettes à espérer. Le premier de ces tableaux est dressé de la façon suivante : chaque ministre établit la liste des sommes nécessaires à son administration, en prenant pour base le budget précédent auquel il ajoute ou retranche selon le cas; puis ces projets partiels sont remis au ministre des finances, chargé d'arrêter le projet d'ensemble. Quant au tableau des recettes, il est établi par le ministre des finances qui s'efforce d'évaluer aussi exactement que possible les ressources futures. Pour éviter des désillusions, on se contente ordinairement d'inscrire comme recettes probables les sommes recueillies pendant la dernière année écoulée. . Comme, en effet, en temps normal, le rendement des impôts tend à s'accroître un peu chaque année par suite du développement graduel de la richesse, on peut, en agissant ainsi, espérer que les recettes effectives ne resteront pas au-dessous des prévisions admises et même qu'elles les dépasseront.

VOTE DU BUDGET. — Le projet de budget est déposé devant les Chambres plusieurs mois avant l'ouverture de l'année financière qu'il concerne. Elles ont ainsi le temps nécessaire pour l'examiner et le discuter avant de le voter. Dans chaque Chambre, la procédure suivie est la même. A la Chambre des députés, par exemple, les députés se réunissent dans les divers bureaux entre lesquels le sort les a répartis. Dans chaque bureau une discussion sommaire s'engage, après laquelle on procède à la nomination de commissaires qui seront chargés d'examiner dans tous leurs détails les propositions du pouvoir exécutif. La commission du budget ainsi constituée a, du reste, le droit de demander aux ministres tous les renseignements dont elle a besoin. Elle approuve, rejette, modifie, selon qu'il lui paraît utile de le faire, les divers éléments du projet. Puis elle nomme des rapporteurs ayant mission de défendre ses résolutions au cours de la discussion qui va s'engager devant la Chambre. Dans cette discussion, du reste, tout député peut intervenir et proposer des amendements. Enfin, il est à remarquer que la délibération commence par la partie du projet consacrée aux dépenses, les recettes impliquant des charges à imposer aux contribuables, charges que les besoins des services peuvent seuls justifier. Les choses se passent de la même façon devant le Sénat.

Cette procédure est-elle de tous points excellente? Il est permis d'en douter. On a souvent critiqué le système consistant à élire une commission du budget. D'une part, en effet, il laisse en dehors des études préliminaires la plus grande partie des députés, alors que tous doivent finalement voter le budget. D'autre part, il tend à donner aux commissaires une importance excessive, et l'on peut craindre que ceux-ci ne résistent mal à la tentation de tout modifier, de bouleverser le projet qui leur est soumis, de substituer, en un mot, leur action à celle du gouvernement. — En Angleterre, on procède tout autrement. Le système des commissions n'y est pas inconnu, le Parlement l'emploie même souvent, mais non pas quand il s'agit de questions aussi graves que les questions de finance. En pareil cas, on estime que « chaque député doit payer de sa personne, étudier par soi-même et apporter aux délibérations sa quote-part d'expériences et d'idées ». Aussi est-ce devant la Chambre entière que s'élabore le budget, dans des réunions spéciales que l'on appelle *séances en comité*. Elles ne sont pas publiques et tout s'y passe de la façon la plus simple et la plus pratique: «On y discute sans façon sur le ton de la conversation plutôt que dans une forme oratoire. Les membres de la Chambre des communes qui font partie du cabinet prennent naturellement la plus grande part aux débats; la pensée du gouvernement se trouve ainsi exposée à tout moment de la manière la plus simple et la plus expéditive, et les liens qui relient le ministère à la majorité se maintiennent plus facilement au moyen de ces communications incessantes [1] ».

Le droit d'amendement reconnu à tous les membres des deux Chambres n'est pas non plus sans inconvénient. On ne peut guère le leur refuser en principe, mais il est à désirer que, dans la pratique, ils en usent peu, l'abus de ce droit entraînant fatalement une grande confusion et des votes insuffisamment réfléchis. En Angleterre, la Chambre des communes a renoncé, en fait, à demander des ouvertures de crédit par voie d'amendement.

Enfin, il est regrettable que les pouvoirs respectifs des deux Chambres, en matière budgétaire, n'aient pas été nettement déterminés par la loi. La Constitution ne contient à cet égard qu'une règle : « Les lois de finances doivent être, en premier lieu, présentées à la Chambre des députés et votés par elle. » Ce texte accorde au moins une prérogative à la Chambre des députés : la priorité pour le vote du budget. Le Sénat ne peut le discuter et le voter qu'après elle. Mais on pourrait être tenté d'en conclure, en outre, que le Sénat n'a que le droit de ratifier ou de rejeter les crédits votés par la Chambre, qu'il ne peut ni en ajouter de nouveaux, ni même rétablir ceux que le gouvernement demandait et que la Chambre a

1. Voy. M. Desmousseaux de Givré, *Législation du budget*, III, pp. 10 et 11.

refusés. On a soutenu, en effet, qu'il en était ainsi ; mais nous ne saurions partager cette manière de voir. Ce n'est pas voter une loi budgétaire nouvelle que d'ajouter un crédit à ceux adoptés par la Chambre, c'est seulement modifier la loi budgétaire déjà examinée et votée par la Chambre conformément à la Constitution. Il serait du reste illogique, dans un pays où les deux Chambres sont des assemblées élues, de réduire les pouvoirs budgétaires de l'une d'elles à un simple droit de veto. Le Sénat peut donc, selon nous, modifier le budget voté par la Chambre dans le sens d'une augmentation ou d'un rétablissement de crédits. Mais, en pareil cas, la Chambre doit être consultée à nouveau, car aucune loi ne peut-être promulguée sans l'accord absolu des deux assemblées. Si donc la Chambre repousse les crédits introduits ou rétablis par le Sénat, et si celui-ci s'obstine à les réinscrire, on aboutit à un conflit insoluble. Des difficultés de ce genre se sont plusieurs fois présentées et n'ont été résolues que grâce à des concessions réciproques, — Comme on le voit, de quelque façon qu'on l'interprète, la Constitution laisse à désirer sur ce point. Le mieux, à notre avis, serait de décider que tous crédits nécessaires au fonctionnement des services publics existants, dans les conditions fixées par les lois et décrets organiques en vigueur, seront considérés comme maintenus pourvu que l'une des Chambres les ait votés. Car il serait peu raisonnable qu'une Chambre pût, à elle seule, modifier l'organisation de services qui existent déjà. Pour les autres crédits, au contraire, ayant pour objets par exemple la création de services nouveaux, l'amélioration des anciens, l'exécution de travaux publics, etc., on devrait les tenir pour rejetés dès que l'une des Chambres refuserait de les inscrire au budget.

Annualité et spécialité du Budget. — Notre législation budgétaire est actuellement dominée par deux grands principes : l'annualité et la spécialité du budget.

Par l'*annualité du budget*, on entend d'abord qu'un budget distinct doit être voté pour chaque année financière, celle-ci commençant en France le 1ᵉʳ janvier, et dans certains pays le 1ᵉʳ avril ou le 1ᵉʳ juillet. Mais, en outre, l'annualité du budget suppose que toutes les recettes et dépenses, sans exception, doivent être chaque année soumises au vote des Chambres. Cette dernière règle est logique et elle a des avantages : il convient, en effet, que les Chambres soient appelées à se prononcer sur un projet complet de gestion des finances, et qu'elles puissent ainsi introduire peu à peu dans le fonctionnement des services ces économies dont la pratique seule révèle la possibilité. Mais l'annualité du budget présente aussi des inconvénients, les Chambres pouvant se laisser entraîner à remettre trop souvent en question des crédits indispensables. — Dans quelques pays, on a cru devoir apporter des restrictions au principe de l'annualité du budget. En Angleterre, par exemple, certaines dépenses, représentant près de la moitié du chiffre total, sont soustraites au vote annuel de la Chambre des communes et considérées comme autorisées d'une façon permanente. Ce sont celles concernant le service de la dette publique, les pensions, la liste civile, la dotation du président des communes, les émoluments des hautes-cours de justice, etc.., toutes dépenses qu'on ne pourrait refuser sans porter atteinte au crédit de l'Angleterre et aux bases organiques de son régime politique. Ce n'est pas à dire que le Parlement ne puisse les accroître ou les diminuer, mais il doit, pour le faire, procéder au moyen de lois spéciales, et non pas par voie budgétaire. D'autre part, en Allemagne, les ministres ont, à deux reprises, obtenu que le Reichstag votât les dépenses militaires pour un laps de sept années.

La *spécialité du budget* implique que les dépenses sont votées par *chapitres*, au lieu de l'être, comme jadis à diverses époques, en bloc, ou par ministères, ou par grandes sections. C'est là une règle excellente. Nous avons déjà dit que le vote du budget en bloc, ou par ministères ou par sections, aboutit à diminuer l'autorité des Chambres en matières de finances. Si, en effet, le vote a lieu, par exemple, par ministères, chaque ministre est maître d'employer à son gré la somme qui lui est allouée : rien ne l'empêche d'opérer des *virements* entre les crédits, et d'opérer une dépense condamnée par le Parlement au moyen des économies réalisées sur d'autres points. Le vote par chapitres rend impossibles de pareilles pratiques. Pour chacun des ministères, toutes les dépenses de même nature font l'objet d'un chapitre qui, lui-même, est divisé en articles. Le seul budget du ministère des finances, par exemple, comprend plus de cent-vingt chapitres ; et quelques-uns se subdivisent en huit, neuf, dix articles et même plus. Les Chambres délibèrent sur chaque article, puis émettent un vote d'ensemble pour le chapitre ; et c'est finalement le chapitre dans son entier qui est considéré comme accordé au ministre. Celui-ci, dès lors, peut bien opérer des virements entre les articles d'un même chapitre, mais il lui est interdit de reporter une somme d'un chapitre à un autre. Le respect des volontés du Parlement est ainsi assuré dans une large mesure. Il le serait plus encore, il est vrai, si le vote avait lieu par articles, puisqu'en pareil cas aucun virement ne serait plus possible. Mais on a voulu, avec raison, laisser aux ministres une certaine latitude, leur permettre de tenir compte de certaines difficultés de fait qui ont pu échapper à l'attention des Chambres. Si, en effet, il est bon de s'opposer aux abus de pouvoir, il ne faut pourtant pas refuser aux ministres, responsables, les droits d'initiative et d'appréciation qui leur reviennent naturellement ; on doit contrôler leur administration, mais non les mettre en tutelle.

Crédits supplémentaires et crédits extraordinaires. — Il arrive parfois, au cours d'une année financière, qu'il faut faire des dépenses non prévues dans le budget. De nouveaux crédits doivent alors être ouverts. On les appelle *supplémentaires* quand il s'agit d'augmenter un crédit déjà inscrit au budget, comme si, par exemple l'évaluation d'une dépense a été insuffisante ou bien si un accident a causé des pertes dans le fonctionnement d'un service. Ils sont dits *extraordinaires* quand la dépense qu'ils doivent couvrir ne se rattache à aucun chapitre du budget, si par exemple il s'agit de porter secours aux victimes d'un incendie, d'une inondation, d'un naufrage, alors qu'aucun crédit de ce genre n'est inscrit au budget.

Il est aujourd'hui de principe que les ministres ne peuvent engager des dépenses supplémentaires ou extraordinaires sans avoir au préalable obtenu des Chambres les crédits nécessaires pour y faire face. Cependant, ils ont le droit pendant la prorogation des Chambres d'ouvrir des crédits par décret, sauf à demander la sanction du Parlement dans la première quinzaine de sa réunion. — Ce droit ne leur est toutefois accordé, quant aux crédits supplémentaires, que pour un petit nombre de services formellement désignés par les Chambres lorsqu'elle votent le budget. Ces services sont ceu qu'on ne peut laisser en souffrance et dont les dépenses ne sont pas susceptibles d'être strictement déterminées à l'avance, comme les frais de justice criminelle, les achats de fourrage pour les chevaux de troupe, l'entretien des routes nationales, etc. — Pour les crédits extraordinaires, au contraire, comme ils correspondent à des dépenses dont il n'est pas question dans le budget, le droit de les ouvrir par décrets pendant la prorogation des Chambres ne peut être restreint.

Contrôle de l'exécution du budget. — Il ne suffit évidemment pas de reconnaître aux Chambres le droit de voter le budget : il est nécessaire de les mettre à même d'en contrôler l'exécution. Dans ce but, nos lois organisent une série de délais à observer et une procédure à suivre.

L'année pour laquelle un budget est voté s'appelle un *Exercice* financier. Commençant au 1er janvier, chaque exercice est *expiré* après le 31 décembre et fait place à un autre qui commence, mais on ne peut pas arrêter immédiatement les opérations du budget expiré, car il reste toujours, le 31 décembre, des rentrées à faire et des dettes à payer. En conséquence on accorde jusqu'au 31 août pour compléter les opérations de recouvrement des sommes dues et le payement des dépenses. Encore les créanciers de l'État ne peuvent-ils demander et obtenir les ordonnances et mandats dont ils ont besoin pour être payés que jusqu'au 31 juillet. Après le 31 août, l'exercice est *clos*[1] ;

1. Ces délais ont été récemment modifiés. Aux termes d'une loi du 25 jan-

les crédits non employés par des payements effectifs sont reportés aux exercices suivants ; les ordonnances ou mandats de payement non acquittés sont annulés et remplacés par de nouvelles ordonnances portant sur l'exercice courant[1].

Or, c'est seulement lorsque l'exercice est clos qu'on peut songer à contrôler l'ensemble des opérations qui le composent. La loi ordonne donc aux ministres de présenter aux Chambres, avec tous documents à l'appui, une *loi des comptes,* portant réglement définitif du budget, avant le 1er mars de l'année qui suit celle où ce budget s'est clos. Ainsi le budget de 1889, ouvert le 1er janvier 1889, sera expiré le 31 décembre 1889 et sera clos après le 31 août 1890[2] : la loi des comptes le concernant devra donc être présentée aux Chambres avant le 1er mars 1891.

Malheureusement, ces règles ne sont pas respectées, les lois des comptes étant toujours déposées tardivement. En outre les Chambres attendent souvent un très long temps avant d'examiner les comptes qui leur sont soumis. C'est ainsi que l'on a pu voir à la fois neuf budgets non réglés, alors qu'il ne devrait jamais y en avoir que trois dans cette situation : le dernier de ceux qui sont clos, celui qui est expiré mais non encore clos et celui qui est en cours d'exercice. Un pareil arriéré produit la confusion et énerve singulièrement le contrôle du Parlement.

Ce contrôle du reste ne saurait être complet, car il ne peut porter que sur les tableaux présentés aux Chambres par les ministres eux-mêmes. Les Chambres s'assurent que les opérations qu'on leur indique sont conformes aux crédits votés, mais elles ne peuvent entrer dans les détails pour constater si les déclarations faites répondent bien à la réalité. Aussi le Parlement est-il secondé dans le contrôle des opérations financières par divers rouages administratifs dont le principal est la Cour des comptes. Malheureusement, toute cette organisation présente de graves lacunes et le contrôle financier reste, dans notre législation budgétaire, le point sur lequel il serait le plus utile d'introduire des réformes.

Résultats de la gestion financière. — Excédents et déficits. — Le grossissement des Budgets. — Lorsqu'à la fin

---

vier 1889, la liquidation de l'ordonnancement des dépenses devra être terminée au 31 mars et le paiement des mandats au 30 avril. Toutefois pour les exercices 1888, 1889 et 1890, les dates de clôture sont transitoirement reculées jusqu'au 21 mai.

1. Les créanciers qui négligent ainsi de se faire payer peuvent faire réordonnancer leurs créances pendant cinq ans. Après ce temps l'État est libéré par prescription et l'exercice auquel ces créances se rapportent est dit *périmé.* Quelques créances cependant échappent à cette prescription, mais elles ne peuvent être payées qu'en vertu de crédits extraordinaires.

2. Après le 21 mai, d'après la loi nouvelle. (Voy. la note de la page précédente.)

d'un exercice les recettes réalisées l'emportent sur les dépenses faites, le budget de cet exercice se solde par un excédent ; il se règle en déficit dans l'hypothèse inverse. Au premier cas les Chambres statuent sur la destination que recevra l'excédent. On peut l'employer, par exemple, à mettre en équilibre le nouveau budget en préparation, à alléger la dette flottante, à diminuer la dette consolidée, ou même, s'il est l'indice d'une augmentation durable des revenus de l'État, en profiter pour alléger les impôts. Les déficits au contraire seront reportés au compte des découverts et avances du trésor, c'est-à-dire qu'ils iront grossir la dette flottante jusqu'au moment où on les consolidera [1].

Malheureusement, de tout temps, les excédents ont été rares et les déficits fréquents, et cette tendance s'accentue de nos jours, en même temps que les budgets ne cessent de grossir.

Le budget des dépenses qui, en 1830, s'élevait à 1 milliard 95 millions, et, en 1869 à 2 milliards 145 millions, atteint pour l'année 1889 : 3 milliards 11 millions. Encore n'est-ce là que le chiffre des dépenses ayant un caractère normal. Si l'on y ajoute certains comptes, qu'on peut espérer supprimer plus tard, on arrive à un ensemble de 3 milliards 500 millions. — L'augmentation réelle des budgets depuis 1830 n'est pas, il est vrai, exprimée d'une façon exacte par ces chiffres, les découvertes de mines d'or et d'argent qui ont eu lieu depuis 1848 ayant produit une hausse générale des prix dont il faudrait tenir compte. Mais, les corrections convenables une fois faites, l'accroissement resterait encore considérable, surtout pour les vingt dernières années, tel que le développement normal des services de l'État et l'augmentation graduelle de la richesse en France ne sauraient suffire à l'expliquer. Des causes moins favorables ont, en effet, puissamment contribué à ce grossissement inquiétant de nos budgets. Les principales sont : l'énorme augmentation de notre dette publique, conséquence des guerres entreprises ou subies, des travaux publics effectués, etc., et les dépenses exceptionnelles nécessitées par le soin de la défense nationale. Des causes semblables ont d'ailleurs agi presque partout en Europe ; aussi l'accroissement des dépenses publiques est-il un fait général.

Mais dans aucun pays elles n'ont fait sentir leur action aussi fortement qu'en France. Le budget ordinaire du ministère de la Guerre dépasse actuellement 550 millions (auxquels il faut ajouter, en 1889, 138 millions de dépenses extraordinaires), et celui du ministère de la Marine ne descend guère au-dessous de 200 millions. Quant à notre dette publique, nous avons précédemment indiqué [2] à quel chiffre énorme elle s'élève et montré de combien elle dépasse les

1. Voy. *suprà*, p. 240.
2. Voy. *suprà*, p. 240.

dettes des autres États. Dans le budget de 1889, le service de cette dette n'absorbe pas moins de 1 milliard 292 millions, soit plus du tiers du total des dépenses !

Tous ces faits permettent d'affirmer que nos budgets ont atteint l'extrême limite au delà de laquelle ils imposeraient au pays une charge tout à fait excessive. Aussi s'efforce-t-on, depuis plusieurs années, d'en enrayer le développement. On ne peut qu'aspirer à voir enfin le temps où il sera possible de faire plus encore, c'est-à-dire de consacrer chaque année une part de nos ressources à l'amortissement des dettes de l'État.

Lire dans les *Extraits* :

Maurice Block : De la formation du budget (p. 448).

CONCLUSION

Les lois naturelles.
Les enseignements de l'économie politique.

L'économie politique, disions-nous en commençant ce livre, est
à la fois une science et un art : une science parce que l'observation
permet de découvrir et de formuler des lois naturelles dirigeant les
phénomènes économiques, un art parce que, de la connaissance de
ces lois, se dégagent pour les hommes de précieux enseignements.
L'étude que nous venons de faire justifie cette double assertion.

I

Les lois naturelles mises en lumière par l'économie politique sont
de deux sortes :

1° Les unes ont le caractère de *lois d'évolution*. En consul-
tant l'histoire et en comparant entre eux les peuples actuellement
existants, on s'aperçoit que toutes les sociétés traversent une série
de phases au cours desquelles l'individu, passant successivement sous
la domination de collectivités de moins en moins absorbantes, se perfectionne, tend vers l'indépendance et finit par s'affranchir. Cette
évolution est générale, impliquant une lente transformation de l'organisation sociale tout entière ; elle se traduit au point de vue économique par la conquête de deux libertés : la liberté d'appropriation
individuelle et la liberté du travail. Dès lors, libres dans leur initiative et responsable de leurs actes, les particuliers deviennent les
principaux agents de la civilisation.

L'économie politique ne se borne pas à constater ces tendances :
elle les explique. Les régimes autoritaires ne sauraient se perpétuer
indéfiniment. Utiles à l'origine et pendant une longue période de
préparation, parce qu'ils répriment la brutalité des instincts et substituent la direction relativement éclairée des chefs à l'aveuglement
d'individus ignorants, ils perdent peu à peu de leurs mérites à
mesure que les hommes se perfectionnent et que la vie sociale se
complique. Il vient un moment où une direction unique serait

impuissante à assurer la marche en avant; il faut alors s'en remettre à l'initiative individuelle dans la mesure où son action peut s'exercer, et le régime libéral apparaît. — Au reste, quoi de plus rationnel? — Nous nous refusons sans doute à dire que les individus, quand ils obtiennent le droit d'approprier la richesse et celui de travailler librement, ne font que rentrer dans la jouissance de droits naturels à eux propres, droits primordiaux que les régimes antérieurs auraient violés. Tout régime social est selon nous légitime, ne méconnaissant aucun droit, lorsque, tout à la fois, il établit entre les individus l'égalité des droits et répond aux nécessités de la vie sociale[1]. L'homme, être sociable, n'a donc pas de droits préexistants aux divers arrangements sociaux; ses droits naissent et se modifient à mesure que ces arrangements sociaux se succèdent. Si le progrès des sociétés n'était possible qu'au moyen d'une succession de régimes qui, sans violer l'égalité entre les individus, tendraient à les soumettre de plus en plus étroitement à l'autorité directrice de l'État, on ne pourrait pas dire que les lois du développement humain et celles de l'équité fussent en contradiction. — Mais combien l'esprit n'est-il pas satisfait de constater des tendances précisément inverses, les droits reconnus aux individus augmentant graduellement avec la civilisation, chacun devenant plus libre à mesure que le groupe dont il fait partie devient plus fort.

2° Outre les lois d'évolution que nous venons de rappeler, l'économie politique en découvre d'autres, lois économiques proprement dites, régissant le mouvement des richesses dans les sociétés.

Parmi ces lois, il en est quelques-unes dont l'action ne dépend en rien de l'organisation sociale des divers peuples. Telles sont, par exemple, la loi du moindre effort, celle des transformations de la matière, celle du rendement moins que proportionnel dans l'agriculture, etc.[2].

Mais il en est d'autres qui ne reçoivent pleinement leur application qu'autant que la législation admet les individus à approprier librement la richesse et à disposer de leur travail. Ces dernières offrent pour nous un intérêt particulier, car elles expliquent le fonctionnement du régime économique libéral et en font comprendre les avantages.

Et, en effet, l'esprit encore ignorant de ces lois pourrait, avec quelque apparence de raison, s'inquiéter. Constatant que l'État devient, à un moment donné, impuissant à diriger la vie économique dans la société, qu'un nouvel agent de progrès doit lui être substitué pour cette tâche, et que ce nouvel agent ne peut être que l'individu affranchi, il se demandera si de l'impuissance gouverne-

1. Voy. *suprà.* p. 120.
2. Voy. pp. 31 et 66.

mentale la société ne va pas tomber dans le chaos des initiatives individuelles. Chacun agissant à sa guise, comment ne pas redouter une sorte d'anarchie économique ? Craintes chimériques que l'économie politique réduit à néant. Loin d'être désordonnée, l'action des particuliers obéit à la direction des lois économiques (loi de la concurrence, loi de l'offre et de la demande, loi du coût de production, etc...), qui, entrant spontanément en jeu, activent la production et la circulation, excitent l'esprit d'invention, tempèrent la prodigalité et l'avarice, assurent enfin une répartition équitable en proportionnant la rémunération aux services rendus. Ces lois n'ont, du reste, rien de mystérieux ; elles ne sont que les diverses manifestations du sentiment auquel les hommes sont le plus portés à obéir, celui de l'intérêt personnel [1]. Comme, en effet, le plus souvent, l'intérêt de chacun concorde avec l'intérêt général, chacun, bien qu'agissant pour soi, se trouve agir pour tous, être investi d'une fonction sociale et la bien remplir. Comme, aussi, chacun de nous est plus apte que quiconque à juger de ce qu'il doit faire dans son intérêt propre, les lois économiques introduisent dans la production, dans la circulation, dans la consommation et dans la répartition de la richesse, une exactitude, une précision, une équité, non pas sans doute parfaites, mais infiniment supérieures à ce que l'on pourrait attendre d'une autorité directrice quelle qu'elle fût.

II

En possession de ces vérités, l'économie politique a le droit d'affirmer que la voie libérale, dans laquelle les sociétés s'engagent et progressent au cours d'une évolution spontanée, est la meilleure, et que leur marche n'y doit pas être enrayée. Elle indique donc, comme idéal, l'extension des libertés individuelles avec la responsabilité comme corollaire. Ce n'est pas qu'elle ne méconnaisse les services que sont appelées à rendre les deux collectivités primitives, la famille et l'État. Dans l'évolution, en effet, aucun des éléments primordiaux ne doit disparaître : mais leurs rôles se modifient, la famille et l'État abandonnant à l'individu une partie du domaine

---

1. Qu'on l'observe bien, l'économie politique, en constatant la puissance d'action de l'intérêt personnel, ne fait aucunement l'apologie de l'égoïsme. De ce que chacun doit calculer ses actes afin de se conduire d'une façon raisonnable et utile, il ne résulte pas qu'il faille se montrer âpre au gain et dur aux autres. L'économie politique reste ici en parfait accord avec la morale. Celle-ci ne pourrait, en effet, condamner le sentiment de l'intérêt personnel. Elle en désapprouve seulement les excès, voulant qu'il soit tempéré par un sentiment de générosité.

qu'elles occupaient antérieurement. L'économie politique demande avec raison que ce départ rationnel des fonctions s'accomplisse intégralement, chacun se confinant sur le terrain qui doit lui rester en propre; et elle constate que nulle part encore le mouvement n'est terminé en ce qui concerne l'État.

A d'autres points de vue, du reste, l'évolution reste actuellement inachevée. Les individus, à peu près indépendants aujourd'hui, n'ont pas encore organisé d'une façon suffisante les institutions qui doivent atténuer pour eux les dangers de l'indépendance. Nous sommes, à cet égard, dans une phase de transition, mais par le passé l'on peut préjuger de l'avenir. C'est toujours à une collectivité que l'individu a demandé la force dont, isolé, il se sentait dépourvu. C'est avec l'aide de l'État qu'il a secoué le joug de l'autorité patriarcale; plus tard, les communautés de village, les corporations, les communes l'ont secouru contre la féodalité. Inquiet aujourd'hui des responsabilités parfois lourdes, de l'isolement quelquefois excessif, qui accompagnent la liberté, il n'agira pas autrement. Mais deux moyens s'offrent à lui : appeler de nouveau l'État à son aide ou créer des associations libres. De vieilles habitudes et sans doute quelque mollesse le poussent au premier parti, tandis que l'amour de la liberté l'engage au second. Nous constatons actuellement ces hésitations, les uns conseillant les initiatives hardies, les autres formulant tout un programme d'interventions gouvernementales. Entre ces tendances, l'économie politique ne saurait hésiter : elle repousse l'appel à l'État qui serait un recul, et montre le progrès du côté de l'association libre.

Telles sont les conclusions de l'économie politique. On lui a souvent reproché de se laisser entraîner à un optimisme systématique. Rien n'est moins exact. Elle sait que le régime libéral n'est pas parfait. Les individus ne sont pas impeccables et certaines injustices du sort nous déconcertent. Mais ces imperfections tiennent à la nature ; la société n'en saurait être responsable. Le sentiment de la responsabilité, l'énergie, la prévoyance, la charité sont d'ailleurs de puissants remèdes. Enfin la science n'a pas à découvrir une organisation sociale parfaite : l'utopie seule ose entreprendre une pareille tâche. Simple recherche de la vérité, l'économie politique borne son rôle à indiquer, parmi les régimes passés, présents et imaginables, le plus propre à assurer le bonheur des hommes. Et c'est, en effet, pour que les hommes soient plus heureux qu'elle les veut libres et responsables.

TABLE DES MATIÈRES

VINGTIÈME LEÇON

VINGT ET UNIÈME LEÇON

VINGT-DEUXIÈME LEÇON

VINGT-TROISIÈME LEÇON

VINGT-QUATRIÈME LEÇON

VINGT-CINQUIÈME LEÇON

VINGT-SIXIÈME LEÇON

VINGT-SEPTIÈME LEÇON

VINGT-HUITIÈME LEÇON

Maison Quantin ... mur
G. Benoit ... zapit

A LA LIBRAIRIE L. LAROSE ET FORCEL

Essai sur la théorie du salaire. — La main-d'œuvre et son prix, par
P.-V. BEAUREGARD, professeur agrégé à la Faculté de droit de Paris, 1887,
1 vol. in-8° . . . . **10** »

Précis du cours d'Économie politique professé à la Faculté de droit
de Paris, contenant, avec l'exposé des principes, l'analyse des questions
de législation économique, par PAUL CAUWÈS, professeur à la Faculté de
droit de Paris. 2° édition revue et augmentée, 1882, 2 vol. gr. in-8° . . **20** »

Principes d'Économie politique, par CHARLES GIDE, professeur d'économie politique à la Faculté de droit de Montpellier. 2° édition complètement refondue. 1889, 1 vol. in-18 . . . . **6** »

La question des salaires ou la question sociale, par EDMOND VILLEY,
professeur d'économie politique à la Faculté de droit de Caen, ouvrage
récompensé par l'Institut en 1887. 1 vol. in-18 . . . . **3 50**

Précis de Droit civil, contenant, dans une première partie, l'exposé des
principes, et, dans une deuxième, les questions de détail et les controverses, par G. BAUDRY-LACANTINERIE, doyen et professeur de droit civil à la
Faculté de droit de Bordeaux. 3° édition revue et mise au courant de la
législation, de la doctrine et de la jurisprudence, 1889, 3 forts vol. grand
in-8°. **37 50**
Chaque volume se vend séparément. **2 50**

Précis de Procédure civile contenant les matières exigées pour le
deuxième examen de baccalauréat, par E. GARSONNET, professeur à la
Faculté de droit de Paris. 1885, 1 vol. in-8° . . . . **12** »

Précis de Droit criminel contenant l'explication élémentaire de la
partie générale du code pénal, du code d'instruction criminelle et des lois
qui ont modifié ces deux codes, par P. GARRAUD, avocat à la Cour d'appel,
professeur de droit criminel à la Faculté de droit de Lyon, membre de
la commission de surveillance des prisons du Rhône. 3° édition revue et
corrigée, 1888, 1 vol. in-8°. . . . . **10** »

Traité élémentaire de Droit international privé, par André
WEISS, professeur agrégé à la Faculté de droit de Dijon, associé de
l'Institut de droit international. 2° édition, 1890, 1 vol. in-8°. . . . . . **12** »
La première édition de cet ouvrage a été couronnée par l'Institut (Académie des
sciences morales et politiques. — Concours Wolowski — 1888).

Précis de Droit international privé, par Frantz DESPAGNET, avocat à
la Cour d'appel, professeur agrégé à la Faculté de droit de Bordeaux.
1886, 1 vol. in-8°. . . . . **10** »

www.ingramcontent.com/pod-product-compliance
Lightning Source LLC
LaVergne TN
LVHW050148030726
842520LV00002B/343